Olbrich · Quick · Schweikart: Computerkartographie

Springer
*Berlin
Heidelberg
New York
Barcelona
Budapest
Hongkong
London
Mailand
Paris
Santa Clara
Singapur
Tokio*

G. Olbrich   M. Quick   J. Schweikart

Computerkartographie

Eine Einführung
in das Desktop Mapping am PC

2., überarbeitete und erweiterte Auflage

Mit 129 Abbildungen

Springer

Dipl.-Geogr. Gerold Olbrich
Geographisches Institut der Universität Heidelberg
Im Neuenheimer Feld 348
69120 Heidelberg

Dipl.-Geogr. Michael Quick
Dr. Jürgen Schweikart
Universität Mannheim
Mannheimer Zentrum für Europäische Sozialforschung (MZES)
Postfach 103462
68131 Mannheim

ISBN 3-540-60518-5 Springer-Verlag Berlin Heidelberg New York
ISBN 3-540-57140-x 1. Auflage Springer-Verlag Berlin Heidelberg New York

Die Deutsche Bibliothek - CIP-Einheitsaufnahme
Computerkartographie: eine Einführung in das Desktop mapping am PC/Gerold Olbrich; Michael Quick; Jürgen Schweikart. - Berlin; Heidelberg; New York; London; Paris; Tokyo; Hong Kong; Barcelona; Budapest: Springer.
  Ausg. ohne CD-ROM u.d.T.: Olbrich, Gerold: Computerkartographie
  ISBN 3-540-60518-5
NE: Olbrich, Gerold; Quick, Michael; Schweikart, Jürgen
Buch. - 2., überarb. und erw. Aufl. - 1996

Dieses Werk ist urheberrechtlich geschützt. Die dadurch begründeten Rechte, insbesondere die der Übersetzung, des Nachdrucks, des Vortrags, der Entnahme von Abbildungen und Tabellen, der Funksendung, der Mikroverfilmung oder der Vervielfältigung auf anderen Wegen und der Speicherung in Datenverarbeitungsanlagen, bleiben, auch bei nur auszugsweiser Verwertung, vorbehalten. Eine Vervielfältigung dieses Werkes oder von Teilen dieses Werkes ist auch im Einzelfall nur in den Grenzen der gesetzlichen Bestimmungen des Urheberrechtsgesetzes der Bundesrepublik Deutschland vom 9. September 1965 in der jeweils geltenden Fassung zulässig. Sie ist grundsätzlich vergütungspflichtig. Zuwiderhandlungen unterliegen den Strafbestimmungen des Urheberrechtsgesetzes.

© Springer-Verlag Berlin Heidelberg 1994, 1996
Printed in Germany

Die Wiedergabe von Gebrauchsnamen, Handelsnamen, Warenbezeichnungen usw. in diesem Werk berechtigt auch ohne besondere Kennzeichnung nicht zu der Annahme, daß solche Namen im Sinne der Warenzeichen- und Markenschutz-Gesetzgebung als frei zu betrachten wären und daher von jedermann benutzt werden dürften.

Satz: Reproduktionsfertige Vorlage vom Autor
SPIN 10518217   30/3136-5 4 3 2 1 0 - Gedruckt auf säurefreiem Papier

Vorwort

Mit der 2. Auflage bot sich uns die Gelegenheit zur Korrektur fehlerhafter oder mißverständlicher Textstellen sowie zu Ergänzungen und Aktualisierungen. Letzteres ist in diesem sich rasch wandelnden Themenbereich von besonderer Bedeutung. Unser Dank gilt allen Lesern, die mit kritischen Hinweisen diese Überarbeitung erleichtert haben. Ausdrücklich möchten wir die bereits in der ersten Auflage geäußerte Bitte um Korrektur- und Verbesserungsvorschläge wiederholen.

Da die Überarbeitung relativ kurzfristig durchzuführen war, konnten umfassende, den Aufbau und die Inhalte betreffende Änderungen nicht vorgenommen werden, was auch nicht erforderlich schien. Mit zwei Ausnahmen wurden alle Programmbesprechungen neu bearbeitet und zwei weitere Programme wurden zusätzlich aufgenommen. Außerdem wurde ein Abschnitt über "Computerkartographie und Internet" eingefügt und neu ist auch die beiliegende CD-ROM mit Testversionen vieler Programme, die jedem Zugang in die Welt der Computerkartographie gestatten.

Mannheim, im März 1996

Gerold Olbrich, Michael Quick und Jürgen Schweikart

Vorwort zur ersten Auflage

> *Karten zu erzeugen ist vielleicht zu einfach geworden,
> die ungewollte Selbsttäuschung ist unvermeidlich.*
> *(nach Monmonier 1991)*

Lange wurde die Computerkartographie nur von wenigen Spezialisten beherrscht. Dies hat sich grundlegend geändert. Mit jedem Schritt, bei dem die Programme einfacher und bedienerfreundlicher werden, erhöht sich unter den Anwendern der Anteil der kartographischen Laien. Dies wird bei der kritischen Betrachtung der Resultate, sprich Karten, immer deutlicher sichtbar.

Obwohl es eine Vielzahl von Programmen gibt, fehlt bisher eine praxisbezogene Einführung in die Computerkartographie am PC. Dieses Buch ist nicht als umfassendes Lehrbuch konzipiert und erhebt keinen Anspruch auf die vollständige und lückenlose Darstellung. Vielmehr wurde versucht, die Aspekte auszuwählen, die von vielen Anwendern häufig gebraucht werden. Die Autoren sind für Anregungen einer kritischen Leserschaft dankbar.

Das Thema wurde auch im Zusammenhang mit dem Aufbau der Computerkartographie am Mannheimer Zentrum für Europäische Sozialforschung erarbeitet. Für die Möglichkeit zur Inanspruchname der Infrastruktur bedanken wir uns herzlich. Ferner bedanken wir uns bei den Softwareherstellern, die uns großzügig ihre Programme zum Test zur Verfügung stellten.

Die Verfasser danken Frau Dipl.-Geogr. Sabine Quick und Frau Gabriela Pecht-Schweikart M.A. für die kritische Durchsicht des Manuskripts und die zahlreichen Anregungen. Für seine Hilfe in allen Fragen zur Hardware bedanken wir uns bei Herrn Christoph Bartoschek. Den Herren Marcel Emami, Dipl.-Geogr. Bernd Goldschmidt und Dipl.-Ing. Stephan Scherer gilt unser Dank für die Unterstützung beim Zusammenstellen der Literatur und Anfertigen der Abbildungen. Für vielfältige Unterstützung und anregende Diskussionen danken wir allen Kollegen und Freunden, die hier nicht namentlich erwähnt sind.

Nicht zuletzt sind die Autoren dem Springer Verlag zu großem Dank verpflichtet, besonders Herrn Christian Witschel M.A. für die angenehme Zusammenarbeit.

Mannheim, im März 1994

Gerold Olbrich, Michael Quick und Jürgen Schweikart

Inhaltsverzeichnis

1 Einleitung 1
1.1 Wesen und Funktion thematischer Karten 2
1.1.1 Funktion thematischer Karten 2
1.1.2 Definition der thematischen Karte 4
1.1.3 Typologie 5
1.1.4 Anforderungen und Grenzen 8
1.2 Einsatz thematischer Karten in der räumlichen Forschung 9
1.3 Vorteile der Computerkartographie 11
1.4 Geschichte der Computerkartographie 14

2 Einführung in die thematische Kartographie 19
2.1 Aufbau einer thematischen Karte 19
2.1.1 Formale Bereiche 20
2.1.2 Graphische Elemente 21
2.1.3 Inhaltliche Schichten 23
2.2 Grundkarte 25
2.2.1 Kartengrundlage 26
2.2.2 Maßstab 27
2.2.3 Netzentwürfe 29
2.2.4 Entwurf der Grundkarte 32
2.3 Ausdrucksformen und ihr Entwurf 35
2.3.1 Symbolkarten 36
2.3.2 Choroplethenkarten 38
2.3.3 Diagrammkarten 44
2.3.4 Mehrschichtige Karten 53
2.3.5 Andere Kartentypen 54
2.4 Darstellung der Sachdaten 55
2.4.1 Darstellung qualitativer Daten 56
2.4.2 Darstellung quantitativer Daten 57
2.4.3 Darstellung zeitlicher Veränderungen und Abläufe 60
2.4.4 Darstellung von Richtungsdaten 65

VIII Inhaltsverzeichnis

2.4.5 Darstellung von Zusammenhängen 68
2.5 Gestaltung 68
2.5.1 Graphischer Aufbau 69
2.5.2 Graphische Grundelemente 71
2.5.3 Farbe 78
2.5.4 Beschriftungen 86
2.5.5 Legende, Kartenmaßstab und Nordpfeil 87
2.5.6 Zusammenspiel der kartographischen Elemente 91

3 Einführung in die Computerkartographie 97
3.1 Computerkartographische Hardware 97
3.1.1 Aufbau eines PCs 98
3.1.2 Komponenten im Rechnergehäuse 99
3.1.3 Bildschirm 105
3.1.4 Drucker und Plotter 106
3.1.5 Digitalisiertablett 112
3.1.6 Beispielkonfigurationen 114
3.2 Computerkartographische Software 115
3.2.1 Betriebssysteme DOS und Windows 116
3.2.2 Anforderungen an ein Kartographieprogramm 120
3.2.3 Dateien 122
3.3 Geometrie- und Sachdaten 128
3.3.1 Koordinaten als Grundlage der Computerkarte 128
3.3.2 Digitalisierung und Erwerb von Koordinaten 131
3.3.3 Sachdaten: Vorbereitung und Einlesen in die Karte 136
3.3.4 Dynamischer Datenaustausch (DDE) 139
3.4 Kartenexport 140
3.4.1 Raster- und Vektordaten 141
3.4.2 Graphikdateien 144
3.4.3 Einbinden von Graphik in andere Anwendungen 148

4 Software zur Computerkartographie 155
4.1 Datenbanken mit Kartographiemodul 156
4.2 Kartographie in Tabellenkalkulations- und Statistikprogrammen 163
4.3 PC-Kartographieprogramme 170
4.3.1 ArcView 171
4.3.2 EASYMAP 177
4.3.3 GeoStat 184
4.3.4 GoMAP 190
4.3.5 MapInfo 196
4.3.6 Map-It! 203
4.3.7 MapViewer 210

4.3.8 MERCATOR	217
4.3.9 PCMap	226
4.3.10 PolyPlot	233
4.3.11 RegioGraph	241
4.3.12 THEMAK2	247
4.4 Kartographieprogramme auf anderen Rechnertypen	253
4.4.1 Desktop Mapping mit Apple Macintosh	253
4.4.2 Kartographie mit Workstations unter UNIX	255
4.5 Geoinformationssysteme (GIS)	255
4.6 Zeichenprogramme	260
4.7 Programme zur Bildbearbeitung	263
4.8 Computerkartographie und Internet	264
5 Zusammenfassung	**267**
Anhang 1: Statistische Ämter	**273**
Anhang 2: Kartographische Software	**276**
A. Im Text aufgegriffene Software	276
B. Desktop Mapping Software in USA	278
Anhang 3: Geometriedaten im Preisvergleich	**281**
Anhang 4: Dokumentation der CD-ROM	**283**
Literatur	**285**
Sachverzeichnis	**293**

1 Einleitung

Während in den 80er Jahren Karten noch überwiegend manuell hergestellt wurden, nimmt die Kartenerstellung am PC heute nur noch wenig Zeit in Anspruch. Diese Entwicklung verläuft parallel zu dem gestiegenen Informationsbedürfnis unserer Gesellschaft, in der Aktualität und schnelle Verfügbarkeit von Daten aller Art einen großen Stellenwert einnehmen. Die Darstellung raumbezogener Daten erfolgt in thematischen Karten, die sich bezüglich Wesen und Funktion voneinander unterscheiden. Dabei kommt der computergestützten Kartenerstellung eine besondere Bedeutung zu, die eine schnelle und flexible Visualisierung ermöglicht.

Die Computerkartographie nimmt zwar dem Autor die Handarbeit ab, liefert aber keine Patentrezepte für die Anfertigung einer Karte. Um in einer Karte die Inhalte leicht verständlich darzustellen, ist "eine kartographische Ausbildung als Grundlage wichtig, da so eine Darstellung nicht nur nach inhaltlichen Gesichtspunkten, sondern auch nach formalen und optisch-ästhetischen Regeln aufgebaut wird" (Mocker, Mocker u. Werner 1990). Diese Überlegungen sind für die Konzeption und Gliederung dieses Buches maßgeblich gewesen.

So beginnt der Hauptteil des Buches mit Kapitel 2, das in die Theorie der thematischen Kartographie einführt. Im Rahmen dieses Kapitels werden die kartographischen Ausdrucksformen, die Darstellung der Sachdaten und der wichtige Aspekt der Gestaltung von Karten behandelt. Daran anschließend führt Kapitel 3 in die Computerkartographie ein. Es beginnt mit der Beschreibung der hardware- und softwareseitigen Grundlagen, gefolgt von einer Erörterung der grundlegenden computerkartographischen Arbeitsmethoden. Während diese Erörterung noch weitgehend unabhängig von spezifischen Kartographieprogrammen erfolgt, wird in Kapitel 4 dann die Software zur Computerkartographie systematisch beschrieben, und wichtige PC-Programme werden vorgestellt. Kapitel 5 faßt die wesentlichen Punkte des Buches zusammen. Das Buch schließt mit einem Literaturverzeichnis und einem Anhang, in dem u.a. Bezugsquellen von Software, Daten und Koordinaten angegeben werden, ab.

Doch zuvor gibt das einleitende Kapitel Auskunft über Wesen und Funktion thematischer Karten und zeigt die Vorteile der Computerkartographie auf. Ein kurzer Ausflug in die Geschichte der Computerkartographie soll jedoch auch zeigen, daß der heutige Stand der Technik sich erst allmählich entwickelte, was auch für die Kartenerstellung am PC gilt.

1.1 Wesen und Funktion thematischer Karten

Während die thematische Kartographie als eigenständige Teildisziplin der kartographischen Wissenschaft noch relativ neu ist, besitzen thematische Karten schon eine lange historische Tradition und stellen gegenwärtig ca. 85 % aller herausgegebenen Karten dar (Hake 1985, 20). Die derzeit wachsende Bedeutung der thematischen Kartographie geht insbesondere auf die Computerkartographie zurück, die eine schnelle Kartenproduktion ermöglicht.

Die Darstellung räumlicher Informationen in Form von Karten hat in den letzten Jahren sprunghaft zugenommen und ist nicht nur auf den Wissenschafts- und Planungsbereich beschränkt, sondern wird auch im Zeitalter der Massenkommunikation von den Medien gezielt angewendet. Im Fernsehen sind neben der aktuellen Wetterkarte auch Übersichtskarten von politischen Krisengebieten täglich zu sehen; in der Zeitungslandschaft werden Karten ebenfalls für die verschiedensten Themenbereiche eingesetzt. Vor diesem Hintergrund erscheint es notwendig, Sinn und Funktion des Einsatzes von Karten zu klären.

1.1.1 Funktion thematischer Karten

Die Vorteile einer Karte sind offensichtlich. Es bedarf nur weniger Argumente, um zu zeigen, daß die räumliche Darstellung von Daten nicht nur dekorativer aussieht und häufig einen Aha-Effekt nach sich zieht, sondern auch einen Zugewinn an Information bedeutet. Denn neben dem schlichten Datenwert gibt es die zusätzliche und neue Information, *wo* sich dieser Wert befindet. Ein simples Beispiel läßt sich konstruieren, indem z.B. zur Tabelle 1.1 die Frage gestellt wird: Wo lebt man in Frankreich gefährlicher, im Süden oder an der Westküste? Die Daten seien im folgenden unreflektiert der Statistik entnommen, und es wird davon ausgegangen, daß die Zahl der kriminellen Delikte ein geeigneter Indikator für Gefahr ist. Die Beantwortung dieser Frage ist dann für jemanden einfach, der zum einen mit der regionalen Gliederung des Landes vertraut ist und zum anderen ein gutes räumliches Vorstellungsvermögen hat. Zwei Eigenschaften die im allgemeinen nicht immer zusammentreffen und daher nicht grundsätzlich vorausgesetzt werden können.

Tabelle 1.1. Anzahl der gemeldeten kriminellen Delikte in Frankreich 1984-1989

Département	Einwohner in 1000 1.1.1990	kriminelle Delikte innerhalb eines Jahres				
		1985	1986	1987	1988	1989
Alsace	1624	90938	80393	78345	80638	87130
Aquitaine	2795	172396	153961	143536	137274	142600
Auvergne	1321	52193	47903	44053	44096	46688
Bourgogne	1609	78082	65960	63854	65411	64851
Bretagne	2795	116457	104298	95518	94960	94554
Centre	2371	106123	102001	101199	99687	97189
Champagne-Ardenne	1347	69131	62101	60648	58941	62886
Corse	250	15714	17869	18954	18923	19050
Franche-Comté	1097	53283	45203	43800	42727	41493
Île de France	10660	945974	870194	832710	807535	858735
Languedoc-Roussillon	2115	165129	160859	149161	157274	160898
Limousin	722	24807	24217	22607	21996	22733
Lorraine	2305	114584	98095	96014	90783	89347
Midi-Pyrénées	2430	112517	112278	110116	109245	115548
Nord-Pas-de-Calais	3965	259294	236483	222569	223145	230754
Basse Normandie	1391	68914	58598	60376	60716	63802
Haute Normandie	1737	101844	98649	91401	90824	91433
Pays de la Loire	3059	121929	113713	110583	108607	114164
Picardie	1810	103595	96228	88975	83644	84589
Poitou-Charentes	1595	74250	65502	65593	61260	60476
Prov.-Alpes-Côte d'Azur	4257	408560	381212	376849	375581	401033
Rhône-Alpes	5350	315139	287590	293034	298035	315087

Quelle: INSEE 1992, 75/109

Hier kann eine Karte Abhilfe schaffen. Dabei spielt es zunächst keine Rolle, wie diese Karte zustande kommt, ob es sich um eine einfache Skizze oder eine Karte, die mit konventionellen Methoden hergestellt wurde oder um ein Produkt der Computerkartographie handelt. Der wichtigste Effekt ist immer der gleiche, und zwar der Informationsgewinn. Dieser besteht im vorgestellten Beispiel zum einen darin, daß die Daten durch die Klasseneinteilung in ihrer Struktur, d.h. der Verteilung, leichter und schneller zu erfassen sind, und zum anderen in dem wichtigeren und allgemeingültigen Aspekt, daß deren räumliche Struktur deutlich wird. Informationen, die in Tabellenform kaum zu erfassen waren, sind in der Karte mit einem Blick sichtbar wie Abbildung 1.1 deutlich zeigt.

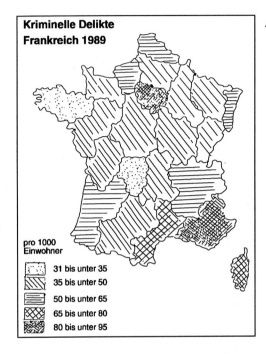

Abb. 1.1. Von Hand gezeichnete thematische Karte

1.1.2 Definition der thematischen Karte

Unter einer Karte wird ein verebnetes, maßstabsgebundenes, generalisiertes und inhaltlich begrenztes Modell räumlicher Informationen verstanden (Hake 1982, 23). Im Gegensatz zu den traditionellen Begriffsbestimmungen, die die Karte - in Papierform - als Grundrißbild der gesamten oder eines Teils der Erdoberfläche bzw. anderer Weltkörper ansah, wird nun auch die Computertechnik berücksichtigt, die Karten in digitaler Form ermöglicht. Digitale Karten können einerseits in analoge Produkte umgewandelt werden, andererseits können diese latent als gespeicherte kartographische Modelle vorliegen, d.h. die klassische Karte wird zunehmend zur graphischen Aussage digital gespeicherter Informationen (Hake 1988, 66).

Karten werden nach dem Inhalt in topographische und thematische Karten unterschieden. Topographische Karten dienen in erster Linie der Orientierung im Gelände und haben die Aufgabe, Geländeformen und sonstige Phänomene der Erdoberfläche darzustellen, wobei exakte Vermessungen und Kartierungen notwendig sind.

Thematische Karten dagegen haben den Zweck, über bestimmte raumbezogene Themen (z.B. Geologie, Klima, Bevölkerung, Verkehr) zu informieren. Das Ziel dieser Karten ist es, für den Betrachter ein bestimmtes Wissen schnell und anschaulich zu übermitteln. Dabei handelt es sich um die Dokumentation von Beobachtungsmaterial bzw. von abstrakten wissenschaftlichen Ergebnissen, aber auch die sogenannten Übersichtsskizzen in Zeitungen und Fernsehen zählen dazu. Die Abgrenzung thematischer von topographischen Karten ist nicht eindeutig zu vollziehen, da eine topographische Karte auch als Spezialfall der thematischen Karte angesehen werden kann. Auch sind viele Karten im Bereich des Tourismus und der Freizeit, wie z. B. Radwanderkarten oder illustrierte Stadtpläne als Übergangsformen anzusehen (Hake 1982, 19).

Während topographische Karten vom Erscheinungsbild her hauptsächlich nur vom Maßstab abhängen, lassen sich im Vergleich dazu die thematischen Karten wie folgt charakterisieren:

- Sie weisen selbst bei gleichen Maßstäben entsprechend den verschiedenen thematischen Aussagen eine sehr große Vielfalt graphischer Gestaltungen auf.
- Sie besitzen je nach Thema einen unterschiedlichen Grad geometrischer Exaktheit, der teilweise sogar bis zur bloßen Raumtreue reduziert ist. In diesem Zusammenhang sind die Begriffe *Karte* und *Kartogramm* zu unterscheiden. Während in einer *Karte* die Sachverhalte in Situations- bzw. Positionstreue dargestellt sind, verzichtet das *Kartogramm* auf eine genaue Lagetreue und bildet die Sachverhalte nur "raumtreu" ab. Kartogramme können nach Arnberger (1987) je nach der Darstellungsart noch weiter untergliedert werden:
- In *Flächenkartogrammen* werden u.a. administrative Einheiten oder auch naturräumliche Einheiten dargestellt, die sich durch unterschiedliche Farben oder Füllmuster voneinander unterscheiden.
- In *Diakartogrammen* werden die Variablen mittels verschiedener Diagrammarten wie Kreise, Quadrate usw. abgebildet.

Der Begriff des Kartogramms trifft besonders für thematische Karten am PC zu, da diese Karten aufgrund technischer Einschränkungen kein maßstäblich verkleinertes Abbild der Realität vermitteln können. Da bei diesen Karten, wie oben erwähnt, die Informationsvermittlung im Vordergrund steht, müssen auch zwangsläufig Abstriche bei der Exaktheit hingenommen werden. Eine Zwischenrolle nehmen z.B. Stadtpläne ein, die auf der Grundlage topographischer Karten erstellt sind, aber auch allgemeine Informationen wie Sehenswürdigkeiten etc. vermitteln.

1.1.3 Typologie

Durch die ständig wachsende Zahl von Themenbereichen in der Wissenschaft und im täglichen Leben gibt es eine Vielzahl thematischer Karten. Da viele Themenbereiche einer gleichartigen graphischen Gestaltung unterworfen sind, ist es notwendig, die verschiedenen Klassifikationsmöglichkeiten thematischer Karten vorzustellen und die entsprechenden Begriffe zu erläutern. Aus einer Fülle von Möglichkeiten werden im folgenden die wichtigsten Gliederungsmöglichkeiten und die daraus resultierenden Kartentypen vorgestellt (vgl. Tabelle 1.2).

Tabelle 1.2. Gliederungsaspekte und die daraus resultierenden Kartentypen

Gliederungsaspekt	Kartentypen
Themengebiet	Geologische Karten / Bevölkerungskarten usw.
Art der Information	Qualitative Karten / Quantitative Karten
Art und Umfang der Wiedergabe	Analytische Karten / Komplexe Karten / Synthetische Karten
Zeitliches Verhalten	Statische Karten / Dynamische Karten
Kartographisches Gestaltungsmittel	Symbolkarten / Choroplethenkarten / Diagrammkarten usw.

Quelle: Witt 1970, 25ff.

Gliederung nach Themengebieten. Die Kartengruppierung erfolgt nach dem behandelten Thema bzw. Inhalt, wobei die Themen bestimmten Fachgebieten zugeordnet werden. In diesem Zusammenhang bietet sich eine Gliederung nach den Forschungsgebieten der Geographie an, die die Bereiche des Naturraums - Atmosphäre, Lithosphäre, Hydrosphäre - und des vom Menschen gestalteten Wirtschafts- und Kulturraums umfaßt. Für den Naturraum können beispielsweise folgende Kartenarten auftreten:

- Geologische Karten
- Klimatologische Karten
- Bodenkarten

Für den Kulturraum dagegen sind beispielsweise diese Kartenarten zu nennen:

- Bevölkerungskarten
- Wirtschaftskarten
- Verkehrskarten

Gliederung nach der Art der Information. Je nach der Art der dargestellten Information können *qualitative* von *quantitativen Karten* unterschieden werden. Qualitative Karten beantworten die Frage: Was ist wo? Solche Informationen, wie Lagerstätten, Fundorte oder Anbauprodukte, können vor allem durch unterschiedliche Symbole oder Schraffuren zum Ausdruck gebracht werden. Beispiele für qualitative Karten sind u.a. geologische und politische Karten sowie allgemein alle Standort- und Fundkarten.

Bei quantitativen Karten können die entsprechenden Informationen, die sich auf Größen bzw. Mengen beziehen, entweder absolut oder relativ dargestellt werden, sie beantworten demnach die Frage: Wieviel ist wo? Solche Informationen sind beispielsweise die Bevölkerungsdichte (relativ) oder die Einwohnerzahl (absolut). Als Gestaltungsmittel werden hier in erster Linie Diagramme eingesetzt.

Gliederung nach Umfang und Art der Wiedergabe. Wird bei einer thematischen Karte nur eine einzige Variable dargestellt, handelt es sich um eine *analytische Karte*. Solche Variablen sind z.B. einzelne Klimaelemente wie Temperatur, Niederschlag, Luftdruck oder die absolute Bevölkerungsverteilung, die Bevölkerungsdichte, die Verkehrsbelastung der Straßen usw.

Komplexe Karten geben mehrere Variablen mit oder ohne sachlichen Zusammenhang wieder und sind eigentlich nichts anderes als die Zusammenschau mehrerer analytischer Karten. Werden in einer Karte beispielsweise Temperatur und Niederschlag dargestellt, so handelt es sich um zwei unterschiedliche Variablen und deshalb um eine komplexe Karte.

Bei *synthetischen Karten* wird das Zusammenspiel mehrerer Variablen, die für die Fragestellung relevant sind, dargestellt. Jeder Punkt oder jede Fläche auf der Karte wird einem Typ zugeordnet. In die Typisierung fließen nicht nur die Zahlenwerte ein, sondern auch deren Bewertung aufgrund von wissenschaftlichem Hintergrundwissen.

Eine Weltkarte der Jahresmitteltemperaturen ausgewählter Klimastationen ist eine *analytische Karte*. Wird in dieser Karte zusätzlich noch die jährliche Niederschlagsmenge abgebildet, so handelt es sich um eine *komplexe Karte*. Ein Beispiel für eine *synthetische Karte* ist die Klimakarte nach Köppen/Geiger. Sie zeigt die Klimate der Erde und unterscheidet zum Beispiel tropische Klimate, Trockenklimate usw. Ein anderes Beispiel für eine synthetische Karte ist eine Deutschlandkarte, auf der strukturschwache Regionen oder Krisenregionen abgegrenzt sind und von Wachstumsregionen unterschieden werden.

Gliederung nach dem zeitlichen Verhalten. Die meisten thematischen Karten sind Zustandsdarstellungen zu einem bestimmten Zeitpunkt und werden demnach als *statische Karten* bezeichnet. *Dynamische Karten* zeigen dagegen räumliche Veränderungen von Objekten, wie z.B. Transporte oder Vogelflüge, und vermitteln somit stetige Bewegungsabläufe. Allgemein werden unter dynamischen Phänomenen alle in der Zeit und/oder im Raum stattfindenden Veränderungen von Objekten oder Erscheinungen sowie die damit in Verbindung stehenden qualitativen und/oder quantitativen Differenzierungen verstanden (Bär 1976).

Während die kartographische Gestaltung statischer Objekte oder Erscheinungen im wesentlichen keine oder kaum Probleme bereitet, ist die Wiedergabe dynamischer Phänomene mit Schwierigkeiten verbunden, da es nur wenig aussagekräftige Darstellungsformen gibt.

Gliederung nach der kartographischen Darstellungsform. Während die oben genannten Typisierungen sich auf den Inhalt bezogen, lassen sich Karten auch nach ihrem Aussehen unterscheiden. Raumbezogene Informationen können durch unterschiedliche Darstellungsformen wiedergegeben werden, zum Beispiel durch Symbole, Diagramme oder Flächen. Je nach der vorherrschenden Darstellungsform können thematische Karten in die Kategorien Symbolkarten, Diagrammkarten usw. eingeteilt werden. Werden mehrere Formen verwandt, liegt eine mehrschichtige Karte vor.

1.1.4 Anforderungen und Grenzen

Immer wenn raumbezogenene Sachinformationen vorliegen, ist die Darstellung in Form einer thematischen Karte möglich. Aber nicht immer, wenn eine Karte möglich ist, ist sie auch sinnvoll. Die Kartendarstellung kann auch Nachteile haben, oder die Vorteile können bei bestimmten Konstellationen nicht zur Geltung kommen. In den folgenden Ausführungen werden Anforderungen und Grenzen skizziert.

- Variablen mit Flächenbezug sollten nur dann in eine Karte umgesetzt werden, wenn die Anzahl der räumlichen Einheiten groß genug ist, um eine geographisch relevante Aussage zu vermitteln. Eine Karte, in der lediglich zwei Flächen abgebildet werden, bringt gegenüber einer Tabelle keinen Informationsgewinn. Werden allerdings Flächendaten dargestellt, die sich auf Staaten, Staatengruppen, Bundesländer, Stadtteile usw. beziehen, so können nicht nur Aussagen über die Werte an sich gemacht werden, sondern vor allem auch räumliche Strukturen aufgezeigt werden.

   So bietet beispielsweise die Umsetzung der Bevölkerungsdichte von Frankreich und Deutschland in einer Karte, in der nur diese beiden Staaten abgebildet werden, keinen nennenswerten Informationsgewinn. Demgegenüber zeigt eine Karte, in der die Bevölkerungsdichte von allen Staaten der Erde wiedergegeben wird, nicht nur die absolute Lage von dicht- oder dünnbesiedelten Gebieten, sondern auch deren relative Lage in bezug auf beliebige Raumkategorien wie Nordhalbkugel/Südhalbkugel usw.

- Die Vollständigkeit der Daten kann die Aussagekraft einer Karte entscheidend beeinflussen. Ist die Anzahl fehlender Werte zu groß, so weist die Karte Lücken auf und läßt keinen geschlossenen Eindruck zu.

   Liegen Werte zur Bevölkerungsdichte nur für die Hälfte aller 16 deutschen Bundesländer vor, so kann eine entsprechende thematische Karte keinen Gesamteindruck vermitteln.

- Bei den Sachdaten ist die zeitliche Dimension zu berücksichtigen. Die Daten aller Regionen einer Variablen sollten dem gleichen Zeitpunkt bzw. der gleichen Periode entstammen, so daß sie vergleichbar sind.

Bei der kartographischen Darstellung des Pro-Kopf-Einkommens in den Staaten der Erde für das Jahr 1990 ist zu beachten, daß alle Werte für 1990 vorliegen, ansonsten entsteht ein verzerrtes Bild der wirklichen Verhältnisse.

- Bei den Sachdaten sollte die Zahl der darzustellenden Variablen begrenzt sein. Es gilt der Grundsatz, daß die Darstellung eines oder weniger Themen zur schnelleren Erfassung der Inhalte beiträgt. Hier haben gerade Computerkarten den entscheidenden Vorteil, daß ganze Kartenserien rasch produziert werden können. Allzu komplexe Thematiken lassen sich häufig besser in textlicher Form erläutern. Die kartographische Darstellung beschränkt sich besser auf ausgewählte Teilaspekte des Themas.

    So ist es beispielsweise nicht möglich, ein komplexes Themengebiet, wie die Wirtschaft, in einer einzigen Karte darzustellen. Deshalb werden die Themen oft aufgegliedert und entsprechend wiedergeben; im Bereich der Wirtschaft sind z.B. Karten des Bergbaus, der Fischerei, des Handels usw. zu nennen.

- Bei den geometrischen Daten stehen Fragen wie Generalisierungsgrad, Maßstab, Kartennetz usw. im Vordergrund. Der Generalisierungsgrad bestimmt neben dem Maßstab die Genauigkeit, mit der die Sachdaten dargestellt werden können. Grundsätzlich gilt hier die Regel, daß die Geometriedaten der Güte der Sachdaten anzupassen sind, d.h. die Geometriedaten sollen keine Genauigkeit vortäuschen, die es in Wirklichkeit nicht gibt.

    Das ist beispielsweise bei der Umsetzung von Kartierungsergebnissen wichtig. Wird eine Geländekartierung im Maßstab 1:25.000 durchgeführt, so sollte auch die kartographische Umsetzung der Ergebnisse nicht größer als im Maßstab 1:25.000 erfolgen.

Selbst wenn die genannten Anforderungen erfüllt sind, kann eine thematische Karte nie das Thema selbst abbilden, sondern dieses nur vereinfacht wiedergeben. Eine Karte ist nur ein Modell der Realität, mit dem Vorteil gegenüber der komplizierten Wirklichkeit, daß sich die dargestellten Variablen auf das gewünschte Thema beschränken.

So können Landnutzungskarten, die z.B. Wald- und Wiesenflächen ausweisen, nie den genauen natürlichen Grenzverlauf wiedergeben. Um solche Informationen zu erhalten, müssen z.B. hochauflösende Luftbilder verwendet werden.

1.2 Einsatz thematischer Karten in der räumlichen Forschung

Karten sind grundsätzlich überall dort einsetzbar, wo räumlich differenziert oder vergleichend gearbeitet wird, sowohl in der Wissenschaft als auch in der Praxis. Das Ausmaß der Bedeutung von Karten in den einzelnen Disziplinen ist demzufolge unterschiedlich, je nach dem Gewicht räumlicher Fragestellungen. In der

Geographie beispielsweise ist Raumbezug in den meisten Studien vorhanden, in anderen Natur- oder Geisteswissenschaften ist dies eher die Ausnahme.

Um die Bedeutung thematischer Karten für die Präsentation von Ergebnissen in den räumlich arbeitenden Wissenschaften abschätzen zu können, wurden verschiedene Fachzeitschriften im Hinblick auf darin enthaltene Kartenabbildungen analysiert. Um einen eventuellen Einfluß der sich entwickelnden Computerkartographie beurteilen zu können, wurde der Zeitraum von 1975 bis Mitte 1993 betrachtet. Das erste Ergebnis lag sehr schnell vor und zeigte, daß, von den Geowissenschaften abgesehen, die allermeisten Zeitschriften überhaupt keine Karten enthalten, auch wenn sie vergleichende oder räumlich differenzierende Themen behandeln. Hiervon existieren nur wenige Ausnahmen, von denen eine in der folgenden Abbildung wiedergegeben ist. Als Indikator dient der Anteil jener Aufsätze, die mindestens eine Karte enthalten.

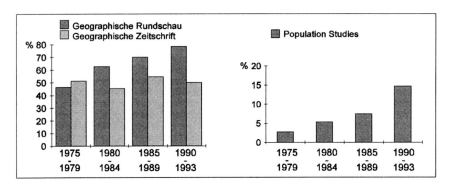

Abb. 1.2. Anteil der Artikel mit Karten an allen Artikeln in ausgewählten Fachzeitschriften; Entwicklung im Zeitraum 1975-1993

Die Abbildung 1.2 zeigt die Diskrepanz zwischen geowissenschaftlichen, hier geographischen, und anderen Fachzeitschriften. In der Geographie spielten Karten naturgemäß schon immer eine große Rolle. Praktisch alle geographischen Institute verfügen deshalb traditionell über eine kartographische Abteilung, die von den Institutsangehörigen genutzt wird. Die aufkommende Computerkartographie hat den Einsatz von Karten in geographischen Zeitschriften daher nur partiell beeinflußt. Im nichtgeowissenschaftlichen Bereich dagegen dürften fehlender Sachverstand und fehlende technische Möglichkeiten bis heute zahlreiche Autoren daran hindern, räumliche Ergebnisse in Kartenform zu präsentieren. Gerade hier finden die leicht bedienbaren Desktop-Mapping-Programme einen fruchtbaren Boden. Der Trend zum Karteneinsatz in der sozialwissenschaftlichen Zeitschrift *Population Studies* scheint diese Vermutung zu bestätigen. Während der Anteil der Autoren, die Karten verwenden, seit 1947 konstant um die 5 % lag, ist er seit den späten 80er Jahren klar angestiegen.

1.3 Vorteile der Computerkartographie

Es wurde vielfach die Bedeutung der Kartographie nachgewiesen, damit ist jedoch noch kein Argument für die Anwendung der Computerkartographie gefunden. Das Beispiel über die Kriminalität in Frankreich (vgl. 1.1.1) zeigt, daß eine Karte relativ leicht und preisgünstig mit konventionellen Methoden zu erzielen ist (vgl. Abb. 1.1). Der Einsatz von ein paar Tuschestiften läßt eine solche Karte, etwas Geschick vorausgesetzt, in wenigen Stunden entstehen. Werden Klebebuchstaben und Transparentfolie benutzt, kann das Outfit noch weiter optimiert werden. Warum also eine Menge Geld und eine Menge Zeit aufwenden, um eine solche Karte zu produzieren? Soll ein Computer eingesetzt werden, um ein ähnliches Ergebnis zu erzielen, müssen nicht nur viele Tausend DM für Hard- und Software investiert werden, sondern auch viel Zeit, um die Kenntnisse zu erwerben, damit zu arbeiten. Dabei ist die Überwindung, die dieser Schritt für viele bedeutet, noch völlig außer acht gelassen, und der Einsatz eines Computers, das hat sich inzwischen herumgesprochen, ist nicht immer die Garantie für schnellen Erfolg. Häufig ist er besonders in der Anfangsphase eher die Quelle für Chaos als für die gewünschte Erleichterung.

Sollen nur eine oder vielleicht auch ein paar Karten hergestellt werden und ist nicht zu erkennen, daß in nächster Zeit nochmals Karten erstellt werden sollen, hat es wenig Sinn, nur modern sein zu wollen und sich eines Computers zu bedienen. Dann wird entweder gezeichnet oder jemand gefunden, der die Arbeit übernimmt und seinen Computer bemüht.

Alles erscheint in anderem Licht, wenn weitere Informationen gebraucht werden, z.B. wenn es von Interesse ist, wie es mit der Kriminalität im Jahre 1983 aussah oder wie sich die Kriminalität regional entwickelt hat. In welchen Regionen hat sie in den letzten Jahren zugenommen, und in welchen Regionen ist sie rückläufig? Es kann leicht die Neugierde erwachen, die jedoch mit konventionellen Methoden nicht schnell befriedigt werden kann, denn um jede dieser Fragen zu beantworten, bedarf es ja einiger Stunden, um eine Karte zu realisieren. Schnell können sich auch weitere Fragen auftun, wie z.B.: Gibt es einen Zusammenhang mit dem Tourismus? Ist die Kriminalität, insbesondere ausgewählte Straftaten, dort hoch, wo es viele Touristen gibt? Viele weitere, sicherlich interessante Fragen könnten sich ergeben, wodurch sich die Anzahl gewünschter Karten potenziert.

Wird solchen Fragen mit Hilfe einer kartographischen Software nachgegangen, werden sich die anfangs hohen Investitionen schnell amortisieren. Immer dann, wenn viele Daten für ein und denselben Raum dargestellt werden und häufig aktualisiert werden müssen, ist eine Voraussetzung erfüllt, die den Einsatz der Computerkartographie rechtfertigt. Die dafür notwendigen digitalen Kartengrundlagen sind inzwischen reichhaltig im Handel vorhanden, so daß das aufwendige Erstellen von digitalen Grundkarten häufig entfällt. In bezug auf die entstehenden Kosten darf dieser Faktor allerdings nicht vernachlässigt werden.

Des weiteren erlauben viele Kartographieprogramme, bei der Umsetzung der Daten spielerisch vorzugehen und zu experimentieren. Häufig kann zwischen vielen verschiedenen Möglichkeiten gewählt werden, um die Daten in der Karte darzustellen (vgl. Abb. 1.3). Der schnelle Wechsel unterschiedlicher Methoden erlaubt es, Alternativen zu entwickeln und in ihrer Wirkung zu überprüfen. Dies ist in der konventionellen Kartographie nur mit viel Aufwand zu verwirklichen.

Gleichzeitig birgt diese Eigenschaft eine Gefahr: Der Entwurf einer Karte folgt nicht der Überlegung, welches die beste Darstellung ist, das Thema zu vermitteln, sondern es wird häufig versucht, die Daten an die Möglichkeiten der Software anzupassen. Das Ziel der Computerkartographie ist identisch mit der konventionellen Kartographie, nämlich das Thema objektiv, leicht verständlich, klar und zielgruppengerecht darzustellen. Der Computer ist dazu das Werkzeug, nicht mehr.

Die Kartographie am Computer steigert nicht nur die Effizienz in der Kartenherstellung, sondern birgt kreative Möglichkeiten mit Daten umzugehen und fördert damit nicht selten das Verständnis für räumliche Probleme und trägt dazu bei, Zusammenhänge leichter und schneller zu erkennen. Die Sensibilität für die Beziehung zwischen Raum und Daten kann im interaktiven Umgang mit dem Medium Karte geschult werden. Der einfache Austausch und die schnelle Modifikation der Daten und damit der Karte selbst, hat ein analytisches Potential, das der Tabelle und der konventionellen Kartenherstellung weit überlegen ist. Die Computerkartographie eröffnet die Möglichkeit, sich an räumliche Fragestellungen explorativ anzunähern, wenn auch die computerkartographische Software in dieser Beziehung nur über begrenzte Methoden verfügt. Steht die räumliche Analyse im Vordergrund, ist der Einsatz eines Geoinformationssystems (GIS) vorzuziehen, wenn auch diese meist nur limitierte Möglichkeiten in der Gestaltung der Karten besitzen.

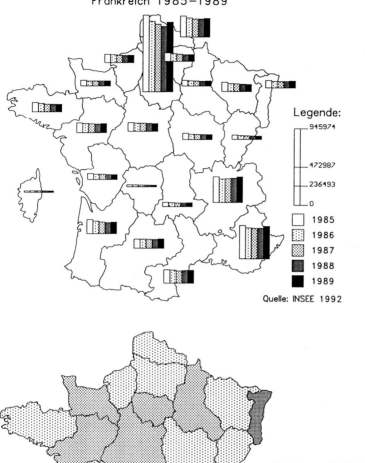
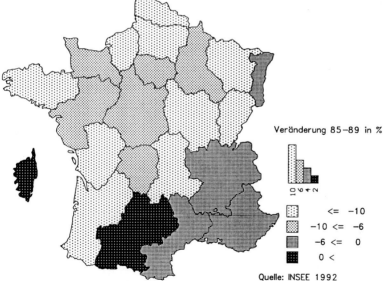

Abb. 1.3. Zeitreihe in unterschiedlichen Darstellungsformen

1.4 Geschichte der Computerkartographie

Obwohl Computerkartographie von den meisten erst seit wenigen Jahren wahrgenommen und für eine sehr aktuelle Entwicklung gehalten wird, besitzt sie aber doch Ursprünge, die weit genug zurückreichen, um schon von einer Geschichte der Computerkartographie sprechen zu können. Diese ist eng verknüpft mit der rasanten Entwicklung im EDV-Bereich, da Neuerungen in der Computertechnik stets den Fortschritt in der automatisierten Kartenerstellung erst ermöglichten. Dabei gilt es zu berücksichtigen, daß sich der Prozeß der automatisierten Kartenerstellung in vier Teilschritte gliedert, und zwar in die Datenerfassung, Datenspeicherung, Datenverarbeitung und Datenausgabe (Weber 1991). Während die Schritte bis zur Datenverarbeitung mit Rechenautomaten bereits in den 40er Jahren möglich war, konnten raumbezogene Daten erst viel später kartographisch visualisiert werden.

Vor diesem Hintergrund unterscheidet Meusburger (1979) verschiedene Entwicklungsphasen in der Computerkartographie, die hauptsächlich durch unterschiedliche Ausgabetechniken bei der Kartenerstellung begründet sind. Die Anfangsphase wird durch die Kartenausgabe mittels Zeilendrucker bestimmt. Für die nächste Generation der Computerkartographie steht der Einsatz von Plottern. Von der dritten Generation an bis zum heutigen Stand der Computerkartographie verbessert sich die Ausgabequalität der Karten ständig. Die anfänglich mindere graphische Qualität der Karten wird im Laufe der Zeit durch druckreife Vorlagen, die auch Farbdarstellungen ermöglichen, abgelöst.

Die folgenden Ausführungen stellen schlaglichtartig die wichtigsten Entwicklungen in der Computerkartographie vor, ohne daß ein Anspruch auf Vollständigkeit erhoben wird. Ausführliche Übersichten zu diesem Themenbereich bieten u.a. Arnberger (1979), Oest und Knobloch (1974/76), Taylor (1991) oder Weber (1991). Des weiteren beschränken sich die Ausführungen in erster Linie auf die computergestützte Erstellung thematischer Karten.

Anfänge in der Computerkartographie. Mit dem steigenden Bedarf an Umweltdaten in neuen, schnell reproduzierbaren Kartenformen hat die Computerkartographie bei der Kartenerstellung besonders an Bedeutung gewonnen. Obwohl es schon um 1945 digitale Rechenanlagen gab, haben Geographen und Kartographen erst seit den 60er Jahren deren Kapazität bei Speicherung, Aufbereitung und Ausgabe von großen Mengen von raumbezogenen Daten genutzt. Das Anfangsstadium der Computerkartographie ist eng verknüpft mit der sogenannten quantitativen Revolution in der Geographie, einer Strömung, die in den 50er Jahren u.a. von Wissenschaftlern in den USA vorangetrieben wurde. In diesem Zusammenhang schrieb Tobler 1959 einen Artikel über Automation und Kartographie. In diesem Artikel wird "the map as a data-storage element" beschrieben (Tobler 1959). 1964 stellten Bickmore und Boyle auf der IKV-Konferenz in Edinburgh ein erstes automatisches System für die Kartographie vor (vgl. Brassel 1988).

Die ersten Institutionen, die sich intensiv mit der Computerkartographie beschäftigten, waren ab Mitte der 60er Jahre die *Experimental Cartographic Unit* in Oxford und das *Laboraty for Computer Graphics and Spatial Analysis* an der Harvard University. Aber auch schwedische Wissenschaftler nahmen in zahlreichen Artikeln Stellung zur Automation in der Kartographie. Nordbeck sah die Computerkartographie als Chance an, den subjektiven Einfluß des Kartographen so weit wie möglich auszuschalten (vgl. Oest und Knobloch 1974).

Die erklärten Ziele in der Automation von Karten, die in dieser Anfangsphase postuliert wurden, können folgendermaßen zusammengefaßt werden:

- Bewältigung der Datenfülle
- Verbesserung bestehender Informationsmöglichkeiten
- schnelle Darstellung des statistischen Materials
- gleichbleibende Qualität des Erscheinungsbildes

Computerkarten mit Zeilendruckern. Die oben genannten Ziele in der Automation von Karten sind nur zu dann zu verwirklichen, wenn die Karte als Endprodukt eines Datenverarbeitungsprozesses auch EDV-gestützt hergestellt werden kann. Dies war erst mit der Erfindung von Zeilendruckern möglich. Auf diese Ausgabetechnik aufbauend, entwickelten Wissenschaftler der Harvard University in Cambridge/Massachusetts das Programm SYMAP (Synagraphic Mapping Technique). SYMAP besteht aus einer Sammlung von Programmen, wobei die Karten auf einem Zeilenschnelldrucker durch die Kombination von alphabetischen und numerischen Zeichen zustande kommen. Durch das Übereinanderdrucken von Zahlen und Buchstaben können verschiedene Schattierungen erreicht werden, die in Choroplethenkarten und Isolinienkarten die entsprechenden Dichtewerte wiedergeben. Zur Darstellung heller Flächen eignen sich Buchstaben wie O oder U. Wird dagegen ein X mit einem Z und einem H überdruckt, entsteht an dieser Stelle eine sehr dunkle Farbschattierung. Anfang der 70er Jahre wurden erste Farbkarten erzeugt, indem farbige Drucktücher in die Zeilendrucker eingelegt wurden. Durch einen additiven Druck konnten somit Karten mit sechs Farben hergestellt werden (Seele u. Wolf 1973). Das Ausgabeformat solcher Zeilendruckerkarten war in der Breite durch die Zahl der Druckstellen beschränkt und betrug ca. 32 cm, d.h. größere Karten mußten streifenartig zusammengesetzt werden. Ein entscheidender Nachteil dieser Art von Choroplethenkarten ist neben der mangelnden Druckqualität auch die Tatsache, daß Gebiete nicht durch Linien voneinander abzugrenzen sind, was die Lesbarkeit einer Karte erheblich einschränkt (vgl. Abb. 1.4).

Auch im deutschsprachigen Raum wurden Computerkartographieprogramme entwickelt, die Karten mittels Zeilendrucker ausgeben konnten. Neben der Anwendung von SYMAP bei der BfLR (Rase und Peuker 1971) oder an der Freien Universität Berlin (Fehl 1967) sind auch stellvertretend die Programme GEOMAP, SYMVU oder THEMAP zu nennen. In diesem Zusammenhang ist auch der Computer-Atlas der Schweiz zu erwähnen, der am Geographischen Institut der Universität Zürich von Kilchenmann, Steiner, Matt und Gächter bearbeitet und 1972 von Kümmerly und Frey verlegt wurde. Dieser Atlas zeigt z.T. auch farbige Karten von Themengebieten der Bevölkerungs- und Agrargeographie.

Computerkarten mit Linien-Plottern. Im Gegensatz zu den Zeilendruckern bieten Plotter eine größere Flexibilität und eine erheblich verbesserte Qualität bei der Kartenherstellung. Unter Plottern werden allgemein Zeichengeräte verstanden, bei denen ein Schreibgerät die Karte entweder auf ein ebenes Papier zeichnet (Flachbett-Plotter) oder bei denen die Zeichenfläche zylindrisch, d.h. rollenförmig angeordnet ist (Trommel-Plotter). Der erste kartographische Zeichenautomat wurde 1963 vom *US Naval Oceanographic Office* eingesetzt. Während die ersten Plotter-Generationen im Farbbereich sehr eingeschränkt waren, zeichnete sich das in den 70er Jahren von Applicon Inc. entwickelte Color Plotting System durch die Darstellungsmöglichkeit von 15.625 Farbschattierungen aus (Meusburger 1979).

Großrechnerprogramme mit Bildschirmausgabe. Die Visualisierung von Computerkarten war zunächst auf die gedruckten Ergebnisse beschränkt, da es in der Anfangsphase der EDV keine geeigneten Sichtgeräte gab. Der Datenverarbeitungsprozeß fing mit der Dateneingabe mittels Lochkarten an und endete mit der Kartenausgabe auf dem Drucker, ohne daß die Möglichkeit bestand, das Ergebnis zwischenzeitlich zu sehen. Erst durch die Einführung von Sichtgeräten, die mit Hilfe von Kathodenstrahlröhren (CRT) ein- oder mehrfarbige Bilder erzeugen, konnten Karten auf dem Bildschirm schnell und flexibel visualisiert werden.

Außerdem war die Computerkartographie in den 60er und 70er Jahren weitgehend auf Großrechner beschränkt. Dies schränkte den Benutzerkreis dieser Technik erheblich ein, da die Kosten im Hardwarebereich für Einzelanwender viel zu hoch waren. Der Einsatzbereich der Computerkartographie erstreckte sich daher vor allem auf Universitäten, Großforschungseinrichtungen oder große Behörden. Zu nennen sind zum Beispiel das von W.D. Rase entwickelte CHOROS und das an den Universitäten Innsbruck und Heidelberg entwickelte GEOTHEM (Schön und Meusburger 1986).

Computerkarten am PC. Ab Mitte der 80er Jahre waren erstmals PCs für die Computerkartographie einsetzbar. Bahnbrechend war in diesem Zusammenhang die Einführung des AT (Advanced Technology)-Standards mit 16 Bit Verarbeitungsbreite und 16 Bit Datenbus sowie die Definition des VGA-Standards. Diese Entwicklungen vollzogen sich im Laufe der 80er Jahre.

Dem Entwicklungsstand dieser PCs entsprechend waren die Programmpakete wie beim Großrechner vielfach *batch-orientiert*, d.h. die Ausführung eines Programms erfolgt auf Betriebssystemebene durch schrittweises Abarbeiten entsprechender Befehle. Das Kennzeichen solcher batch-orientierter Programme ist die fehlende Möglichkeit, in den Prozeßablauf einzugreifen.

Nach und nach wurden diese Programme durch Programme mit *Benutzeroberflächen* ersetzt. Eine Benutzeroberfläche ermöglicht die direkte Anwendung eines Programms, ohne auf die Betriebssystemebene angewiesen zu sein. Vorbild für diese Entwicklungen stellten CAD-Programme dar, die aufgrund ihrer flexiblen Oberflächen eine maximale Effektivität gewährleisteten.

Die nächste Phase in der Computerkartographie am PC bilden Programme, die unter Verwendung geeigneter Hardware - 386er/486er Rechnerarchitektur - in die dem Betriebssystem aufgesetzten Benutzeroberflächen (OS/2 oder WINDOWS) integriert sind und somit bezüglich Schriftauswahl, Im- und Exportmöglichkeiten usw. flexibel anwendbar sind.

Ausblick. Der heutige Stand der Computerkartographie am PC, der bezüglich Technik und Anwendung ausführlich in den Kapiteln 3 und 4 vorgestellt wird, wird am besten durch den Begriff *Desktop Mapping* zum Ausdruck gebracht (Herzog 1988). Die Entwicklung im Bereich der Automation ist so weit fortgeschritten, daß es durch den Stand der Technik möglich ist, die vier Schritte bei der Erstellung von Computerkarten, nämlich Datenerfassung, Datenspeicherung, Datenverarbeitung und Datenausgabe in einer Systemeinheit umzusetzen. Darauf aufbauend ist es beim Desktop Mapping möglich, Karten interaktiv in Texte einzubinden und erwünschte Änderungen in der Karte sofort durchzuführen.

Wie schon bei den Anfängen der Computerkartographie wird auch die zukünftige Entwicklung durch den technischen Fortschritt im EDV-Bereich mitgetragen. Leistungsfähige Farbmonitore konnten schon seit Ende der 80er Jahre brillante Farbkarten auf den Bildschirm ausgeben, die Ausgaben auf Stiftplotter waren aber von vergleichsweise geringerer Qualität. Farbdrucker in Tintenstrahl- oder Lasertechnik werden zu bezahlbarem Preis erst seit Beginn der 90er Jahre angeboten.

Weitere Trends werden durch Schlagworte wie Multimedia oder Elektronische Atlanten angezeigt. Sie deuten darauf hin, daß die Computerkartographie immer mehr in andere EDV-Anwendungen integriert wird (Mayer 1992).

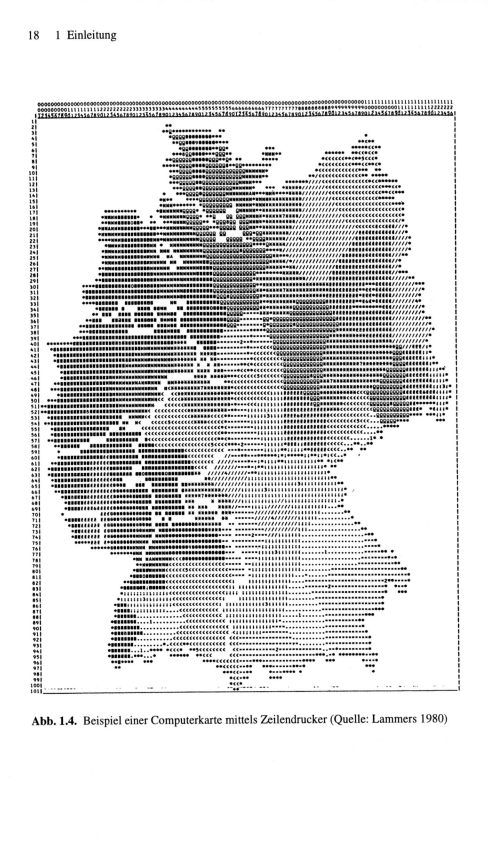

Abb. 1.4. Beispiel einer Computerkarte mittels Zeilendrucker (Quelle: Lammers 1980)

2 Einführung in die thematische Kartographie

Wer als Anfänger die Vorführung einer computerkartographischen Software verfolgt, ist häufig geneigt, die Kartographie auf den technischen Aspekt zu reduzieren. Das einzige Problem bei der Kartenerstellung scheint die Bedienung der Software zu sein. Alles ist im Rechner gespeichert, und nach einigen Eingaben mit Tastatur oder Maus stellen sich die schönsten Ergebnisse auf Knopfdruck ein. Die Karten entstehen quasi automatisch.

Der Begriff "automatisch" ist im Zusammenhang mit der Computerkartographie allerdings mißverständlich. Denn lediglich der letzte Arbeitsschritt, die Kartenausgabe, läuft völlig automatisch ab, wenn zuvor alles richtig eingestellt wurde. Kartenentwurf und Kartengestaltung sind hingegen nach wie vor arbeitsintensive Vorgänge, die einiges an kartographischem Sachverstand und an gestalterischen Fähigkeiten verlangen. Auch wenn keine manuellen Zeichentechniken mehr beherrscht werden müssen, so sind dennoch die kartographischen Gestaltungsgrundsätze zu beachten. Andernfalls ergeben sich zwar technisch einwandfreie Karten, die aber den kartographischen Grundsätzen vollständig oder teilweise widersprechen können (Junius 1991, 142). Schlimmer ist noch, daß die Aussage der Karte vernebelt oder verfälscht werden kann. Dies ist der Grund, warum den computerkartographischen Ausführungen ein Kapitel mit den wichtigsten Grundlagen der thematischen Kartographie vorangestellt wird.

Diese Grundlagen gelten allgemein, d.h. unabhängig von der Art der Herstellungstechnik. Aus dem umfangreichen Lehrgebäude der thematischen Kartographie wurden aber bewußt die für die Computerkartographie relevanten Aspekte ausgewählt. Eine umfassendere Darstellung geben unter anderem Arnberger 1966, Arnberger 1987, Hake 1985, Hake und Grünreich 1994, Imhof 1972, Wilhelmy 1990 und Witt 1970.

2.1 Aufbau einer thematischen Karte

Jede thematische Karte ist eine Sammlung unterschiedlichster Zeichen und Formen, die im Idealfall zu einem Ganzen verschmelzen, nämlich einer inhaltlichen Aussage mit räumlichem Bezug. Wird versucht, dieses Ganze in Bestandteile zu zerlegen, bestehen dazu verschiedene Möglichkeiten. Zunächst läßt sich die Karte *formal* in *Bereiche* gliedern. Des weiteren können einzelne Bestandteile wie Diagramme, Grenzlinien, Beschriftungen, Schraffuren, der Maßstab usw. unterschieden werden. Diese *graphischen Elemente* bilden in immer neuer Zusammensetzung und Variation thematische Karten. Ein weiterer möglicher Aspekt ist schließlich die Zerlegung in *inhaltliche Schichten*. Inhaltlich besteht eine Karte zum einen aus den topographischen Geometriedaten, zum anderen aus den Sachdaten.

2.1.1 Formale Bereiche

Formal zerfällt eine Karte in drei Bereiche (vgl. Abb. 2.1; im folgenden in Anlehnung an Hake 1982, 26ff.):

- Das *Kartenfeld*: Es enthält jene Teile der Karte, die in einem räumlichen Bezug stehen. Darunter sind auch jene Elemente, die im folgenden unter der Bezeichnung *Grundkarte* zusammengefaßt werden. Dazu zählen die fest in einem Koordinatensystem verorteten Punkte, Linien und Flächen, die auf der Karte dargestellt und von den Sachdaten unabhängig sind. Diese können administrative Grenzen, Flüsse, Standorte und vieles mehr sein. Die Grundkarte dient einerseits dazu, sich im dargestellten Raum zu orientieren, andererseits bildet sie das Gerüst, in das sich die weiteren Teile der Karte einfügen. Werden der Grundkarte die räumlich zugeordneten Sachdaten beigefügt, beispielsweise in Form von Diagrammen, ergibt sich das Kartenfeld.

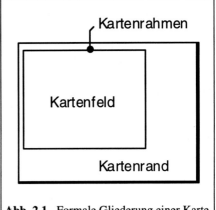

Abb. 2.1. Formale Gliederung einer Karte

- Den *Kartenrahmen*: Er stellt die äußere Begrenzung des Kartenfeldes dar und kann aus einer oder mehreren Linien bestehen. Bei topographischen Karten ist zwischen inneren und äußeren Rahmenlinien eine schmale Fläche vorhanden, in der u.a. Koordinaten- und Ortsangaben stehen (vgl. Abb. 2.6).
- Den *Kartenrand*: Er ist die verbleibende Fläche zwischen dem Kartenrahmen und der physischen Begrenzung der Karte, die durch das Papierformat vorgegeben wird. Der Kartenrand enthält alle Zusatzinformationen, die notwendig sind, um das Thema der Karte zu verstehen, z.B. Titel und Legende.

Auf der Grundlage der Ausgestaltung des Kartenfeldes können zwei Kartentypen unterschieden werden, die Rahmen- und die Inselkarte. Während bei der *Rahmenkarte* die benachbarte Umgebung der dargestellten Region mit einbezogen ist, wird bei der *Inselkarte* ausschließlich die Region wiedergegeben, auf die sich die Daten beziehen. Dadurch hat das Kartenfeld bei der Rahmenkarte meistens eine rechteckige Form, bei der Inselkarte entspricht die Form der dargestellten Region (vgl. Abb. 2.2).

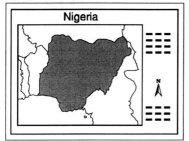 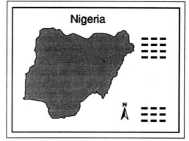

Abb. 2.2. Rahmen- und Inselkarte

2.1.2 Graphische Elemente

Die einzelnen Bereiche der Karte bestehen aus unterschiedlichen Elementen. Es wird vielfach diskutiert, welche Elemente unabdingbar notwendig sind, um die Abstraktion räumlicher Informationen auf der Karte nachvollziehen zu können. Freitag (1987) nennt z.B. fünf Elemente, die jede Karte enthalten sollte: Titel, Maßstab, Projektion, Datum und Zeichenerklärung. Nicht alle diese Angaben sind jedoch wirklich in jedem Fall für das Verständnis einer Karte erforderlich. So werden z.B. die Projektion oder der Maßstab nicht immer gebraucht. Eine endgültige Entscheidung, welche Informationen in eine Karte aufgenommen werden müssen, ist letztlich von der individuellen Karte abhängig. Das wichtigste Ziel ist immer, daß das Thema klar, schnell und unmißverständlich übermittelt wird.

Die graphischen Elemente sind formale Teile einer Karte und nicht zwangsläufig mit einem bestimmten Inhalt verknüpft. Soll z.B. die inhaltliche Information über den in der Karte dargestellten Indikator vermittelt werden, kann sich diese in verschiedenen formalen Elementen wiederfinden, etwa im Titel oder als Teil der Legende. Es muß also unterschieden werden zwischen den Informationen in der Karte und den Ausdrucksmitteln als Träger dieser Informationen. Entscheidend ist, daß alle notwendigen Informationen übermittelt werden, nicht so sehr mit welchen Elementen dies geschieht. Neben dem Kartenfeld sollte jede thematische Karte mindestens folgende Informationen enthalten:

- *Thema der Karte*, meist in Form einer Überschrift. Diese kann aber in der Karte selbst entfallen, wenn das Kartenthema in einer Abbildungsunterschrift angegeben wird.

- *Zeichenerklärung*: Entschlüsselung aller verwendeten Punkt-, Linien- und Flächensymbole sowohl qualitativer als auch quantitativer Angaben.
- *Definitionen* der dargestellten Indikatoren.
- *Quellenangabe*: Angabe der Quelle der dargestellten Sachdaten und des zeitlichen Bezugs der Daten, eventuell auch Quelle der Kartengrundlage, zum Beispiel bei historischen Karten.

Der zeitliche Bezug der Daten ist besonders wichtig, denn ohne diese Angabe ist eine thematische Karte nahezu wertlos. Eine Karte behält nur dann ihren Wert, wenn sie sich zeitlich einordnen läßt (Boesch 1968). Von ebenso großer Bedeutung sind die Definitionen der dargestellten Indikatoren. Besonders wenn es sich um aufwendig berechnete Indikatoren handelt, sollte die Karte möglichst detailliert Aufschluß geben. Des weiteren kann die Karte um folgende Informationen erweitert werden:

- Vermerk über das Copyright
- Name des Autors
- Name des Kartographen
- Jahr der Kartenerstellung
- Maßstab
- Symbolische Angabe der Nordrichtung
- Name der Herstellerfirma, Herausgeber bzw. Verleger
- Aggregationsniveau der räumlichen Einheiten
- Projektion

Diese Informationen werden mit Hilfe graphischer Elemente in die Karte eingebracht. Dabei können die meisten der Informationen in verschiedenen Elementtypen vermittelt werden, z.B. kann die Zeitangabe im Titel, in der Legende oder in einem eigenem Schriftblock vermittelt werden. Folgende Elementtypen stehen zur Verfügung (vgl. Abb. 2.3):

- Titel: Hauptüberschrift
- Untertitel: Weitere untergeordnete Überschriften
- Frei positionierbare Schriftblöcke
- Balkenmaßstab
- Nordpfeil
- Legende

Die zusätzlichen Informationen sollten dann aufgenommen werden, wenn sie geeignet sind, das Verständnis der thematischen Karte zu ermöglichen oder zu erleichtern. Dies gelingt nur dann, wenn diese Informationen zielgerichtet eingebracht und positioniert werden. So kann trotz Widerspruch zum klassischen Kartographieverständnis eine Karte ohne Maßstabs- und Richtungsangaben ausreichend sein. Dies ist solange möglich, wie die Aussagekraft des dargestellten Themas erhalten bleibt oder unterstützt wird (Rey 1991, 22). Nicht selten tragen zusätzliche Angaben in Karten mehr zur allgemeinen Verwirrung bei, anstatt das Verständnis zu fördern.

2.1 Aufbau einer thematischen Karte   23

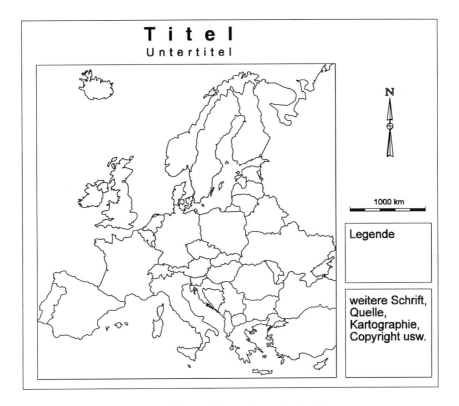

Abb. 2.3. Schematisches Beispiel einer Karte mit graphischen Elementen

2.1.3 Inhaltliche Schichten

Dem formalen Aufbau steht der inhaltliche Aufbau gegenüber. Während beim formalen Aufbau die Karte in übertragener Form mit der Schere zerlegt wurde, handelt es sich bei der inhaltlichen Gliederung um eine vertikale Zerlegung in verschiedene Schichten (vgl. Abb. 2.4). Dabei lassen sich prinzipiell zwei Schichten unterscheiden:

- *Geometriedaten*: Das sind die Daten, die die Grundkarte bilden. Dabei handelt es sich um Daten, die in ein Koordinatensystem, z.B. Gauß-Krüger-Koordinaten, eingebettet sind.
- *Sachdaten*: Dabei handelt es sich um jene Sachinformationen, die dargestellt werden sollen. Sie stehen in einem indirekten räumlichen Bezug, und zwar entweder zu einem Punkt, einer Linie oder einer Fläche.

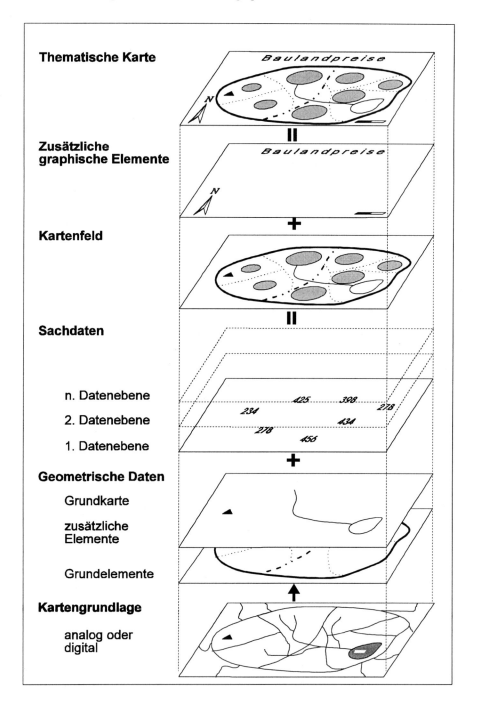

Abb. 2.4. Schichtenmodell des inhaltlichen Aufbaus einer thematischen Karte

Die Geometriedaten in der Grundkarte entwickeln sich aus der Kartengrundlage, d.h. den analogen oder digitalen Ausgangsdaten, und lassen sich in zwei Ebenen unterteilen. Zum einen sind dies die Teile, die unabdingbar notwendig sind, um die Daten zu verorten, wie z.B. Punkte, an denen Symbole oder Diagramme plaziert werden sollen. Die zweite Ebene kann zusätzliche Elemente enthalten, die zumeist zur Orientierung dienen oder erklärenden Charakter in bezug auf die dargestellte Variable haben können, z.B. Flußläufe.

Sofern mehrere Variablen dargestellt werden, lassen sich diese eventuell in mehrere Sachdatenebenen teilen. Eine gegliederte Variable, z.B. die Bevölkerung nach Geschlecht, ist als eine Datenebene zu werten, sofern sie in einem Diagramm dargestellt wird. Nur eine Datenebene liegt auch dann vor, wenn Zeitreihen in einem Diagramm abgebildet werden. Die Definition der Datenebenen orientiert sich an der formalen Darstellung und nicht nach der Zahl der Variablen.

Die Zerlegung in vertikale Schichten wird in Abb. 2.4 veranschaulicht. Eine Karte mit zwei Sachdatenebenen enthält zum Beispiel die Abb. 4.41 auf Seite 234. Die erste Ebene ist die Variable *Einwohner je Hektar* und wird in einer Choroplethendarstellung abgebildet. Die zweite Ebene besteht aus der gegliederten Variablen *Wohnungsbestand nach Baujahr* und ist als Diagramm dargestellt.

Die Grundkarte und die Sachdatendarstellung bilden zusammen das Kartenfeld. Wird dieses Kartenfeld um weitere erklärende Elemente ergänzt, entsteht eine vollständige thematische Karte.

2.2 Grundkarte

Das Kennzeichen einer Karte ist die räumliche Fixierung von Informationen. Um den auf der Karte dargestellten Raum einordnen zu können, bedarf es zweierlei Informationen. Zum einen muß die Lage des Gebiets in Relation zu einer bekannten geographischen Einheit erkannt werden und zum zweiten die Ausdehnung der dargestellten Fläche. Die erste Information wird häufig über den Umriß der dargestellten Fläche assoziiert, z.B. werden Europa und seine Nationen meist richtig erkannt. Ansonsten gibt es die Möglichkeit, Beschriftungen in die Karte einzubringen, wie z.B. Städte- oder Ländernamen. Die Ausdehnung einer Region wird ebenfalls häufig assoziiert oder kann über die Maßstabsangabe vermittelt werden.

Alle Punkte, Linien und Flächen, die in einer thematischen Karte direkt oder indirekt geographisch verortet sind, bilden die Grundkarte. Sie ist ein wesentliches Element jeder thematischen Karte. Im folgenden werden die Bestandteile der Grundkarte sowie die wichtigsten Grundsätze für ihren Entwurf erläutert.

2.2.1 Kartengrundlage

Um eine thematische Karte erstellen zu können, wird eine Kartengrundlage benötigt, quasi als Vorlage. In der Kartengrundlage müssen alle nötigen topographischen Informationen verortet sein. Es kommen sowohl gedruckte topographische oder thematische Karten in Frage als auch digitale Koordinaten, Luftbilder und Fernerkundungsdaten. Die Auswahl der richtigen Grundlage hängt in erster Linie vom Ziel der thematischen Karte ab. Alle Elemente, deren räumliche Verortung wichtig ist, müssen in der Kartengrundlage lagerichtig enthalten sein.

Die Kartengrundlage ist eine abstrakte Darstellung räumlicher Informationen, wobei sich Punkt-, Linien- und Flächeninformationen unterscheiden lassen. Während Flächen, wie Städte oder Seen, per Definition einen bestimmten abgegrenzten Raum belegen, haben Punkte und Linien zum Teil in der Realität keine Ausdehnung, so zum Beispiel Grenzen oder Höhenpunkte. Für die kartographische Darstellung ist es aber unumgänglich, diesen eine Ausdehnung zuzuweisen und sie damit flächig darzustellen (Bertin 1974, 293). Punkte und Liniengeometrien werden also auf der Kartengrundlage zumeist symbolisch dargestellt und auch so in die Grundkarte übernommen.

> Auch manche Flächen können nicht in ihrer wirklichen Ausdehnung übernommen werden, sondern werden symbolisch dargestellt. Beispiel hierfür sind Städte, die auf einer Deutschlandkarte nicht in ihrem wirklichem Umriß, sondern als Punktsymbole abgebildet sind.

Je nach Ziel und Art der thematischen Karte werden auch mehrere Kartengrundlagen benötigt, um die Grundkarte konstruieren zu können. In der Computerkartographie wird man natürlich eine bereits digital vorhandene Karte bevorzugen. Enthält diese nicht alle notwendigen Informationen, so müssen diese aus anderen Quellen erhoben und hinzugefügt werden. Des weiteren können Orientierungshilfen eingebracht werden, die nicht in direktem Bezug zum Thema stehen. Diese Hilfen sollen es ermöglichen, die geographische Einordnung der Karte zu erleichtern.

> Soll eine Karte der Bevölkerungsdichte der Bundesrepublik Deutschland auf der Basis der Kreise erstellt werden, sind die Grenzen der Kreise notwendig, um sie mit einer Schraffur oder einem Raster zu füllen, unabhängig davon, ob sie später als Grenze eingezeichnet werden oder nicht. Als weitere Orientierungshilfen können z.B. Flüsse, Städtenamen oder Ländergrenzen eingezeichnet werden.

> Sollen in einer Karte Diagramme gezeichnet werden, so ist es notwendig, ihre Position festzulegen. Dabei kann es sich um eine lagegenaue Position handeln, z.B. um Probenentnahmestellen, oder um nicht lagegenaue Positionen, z.B. bei Informationen über Regionen.

2.2.2 Maßstab

Die Karte ist immer ein verkleinertes Abbild der Erdoberfläche. In welcher Größe und Genauigkeit die Grenzlinien und die topographischen Zusatzelemente auf der Grundkarte abgebildet werden und welche Größe die Symbole und Diagramme besitzen, hängt vom Maßstab der Grundkarte ab. Der Maßstab ist das wichtigste Charakteristikum einer Karte. Er bestimmt die Gestaltung einer Karte, ihre Genauigkeit, Vollständigkeit und Ausführlichkeit.

Der Maßstab sollte unter Berücksichtigung des Themas und des Ziels der kartographischen Darstellung gewählt werden. Allgemein gilt, je detaillierter und genauer die Wiedergabe von Objekten erfolgen soll, desto größer muß auch der Maßstab der Kartengrundlage sein.

> Sollen auf einer Europakarte die Unterschiede zwischen den einzelnen Staaten dargestellt werden, so genügt es völlig, den Maßstab so zu wählen, daß die Information für das kleinste Land gerade noch gut zu erkennen ist. Eine größere Darstellung verwirrt nur, weil der Eindruck erweckt wird, als sei die Karte detailgenauer und gebe z.B. auch Informationen über Teilregionen der Staaten. Außerdem läßt sich das Gesamtbild dann nicht mehr so schnell erfassen.
> Welche Maßstabszahl dies nun konkret bedeutet, kann nur unter Berücksichtigung der Präsentationsform entschieden werden. Eine Karte in einem Buch kann natürlich kleiner sein als eine, die zum Wandaushang bestimmt ist.

Der Maßstab wird über die Maßstabszahl m beschrieben, die den Grad der Verkleinerung angibt, d.h. das Verhältnis des verkleinerten Karteninhalts zu den entsprechenden Dingen in der Natur. Generell gilt: je kleiner m ist, desto größer ist der Maßstab, je größer m ist, desto kleiner ist der Maßstab. Oder: Je größer der Maßstab, desto größer erscheinen auf der Karte auch alle Einzelheiten.

> Ob ein Maßstab als groß oder klein bezeichnet werden kann, hängt vom dargestellten Gebiet ab. Zum Beispiel kann 1:25.000 für die Darstellung von ganz Deutschland als großer Maßstab bezeichnet werden, für die Darstellung eines Stadtteils dagegen als kleiner Maßstab. In der allgemeinen Terminologie werden Maßstäbe von 1:25.000 an aufwärts, wie z.B. 1:10.000, 1:5.000 als groß bezeichnet. Der mittlere Maßstabsbereich reicht von 1:50.000 bis 1:200.000, kleine Maßstäbe liegen unter 1:200.000. Kleine Maßstäbe liegen allen Karten zugrunde, die die gesamte Erde oder Kontinente bzw. Staatengruppen abbilden. Solche Karten besitzen einen hohen Generalisierungsgrad und sind nicht dazu geeignet, Punkte exakt einzutragen.

Ist auf der Kartengrundlage kein Maßstab angegeben, so läßt sich dieser annäherungsweise selbst berechnen, wenn die Entfernung zwischen zwei beliebigen Punkten auf der Karte bekannt ist, weil zum Beispiel auf einer anderen Karte nachgemessen wurde. Zur Berechnung der Maßstabszahl wird die Entfernung in der Realität durch die Entfernung auf der Kartengrundlage, jeweils in Meter, geteilt.

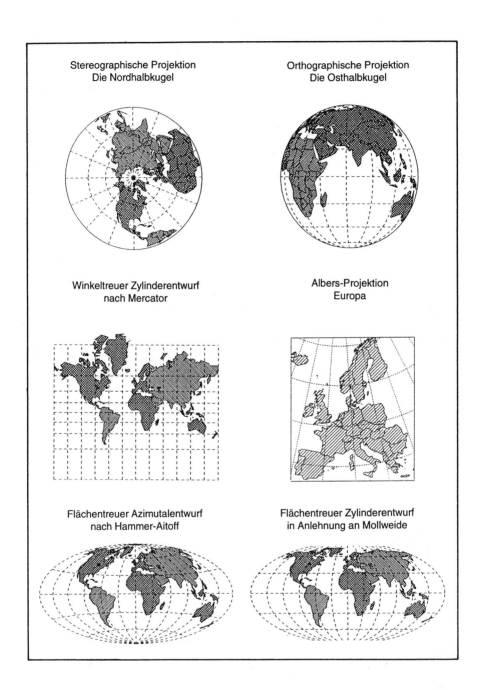

Abb. 2.5. Auswahl von Kartennetzentwürfen (Quelle: Fasbender 1991, 131ff.)

2.2.3 Netzentwürfe

Bei allen Darstellungen der Erde oder von Teilen derselben stellt sich immer wieder das Problem, daß sich die gekrümmte Fläche des Erdellipsoids - oder vereinfacht: der Erdkugel - nicht verzerrungsfrei in die Kartenebene ausbreiten läßt. In diesem Zusammenhang wird das ebene, aber verzerrte Abbild des Kugelnetzes als *Kartennetzentwurf* bezeichnet.

Bei der Abbildung der Erdoberfläche treten Winkel-, Flächen- oder Längenverzerrungen auf, und nur der Globus als verkleinerte Abbildung der Erde ist gleichzeitig winkel-, flächen- und längentreu. Bei Karten ist es allerdings nur möglich, entweder die Winkeltreue oder die Flächentreue oder in bestimmten Richtungen die Längentreue zu erhalten (Hake 1982, 128).

Je nach dem darzustellenden Gebiet und nach den Verzerrungseigenschaften stehen verschiedene Netzentwürfe zur Auswahl. Diese können in zwei Kategorien eingeteilt werden, nämlich in Netzentwürfe mit geographischen Koordinaten und in Netzentwürfe mit ebenen rechtwinkligen Koordinaten.

Netzentwürfe mit geographischen Koordinaten. Diese Kartennetze sind für Karten mit kleinen Maßstäben (1:1.000.000 und kleiner) gebräuchlich. Als Abbildungsgrundlage wird bei diesen Karten die Erde als Kugel angenommen.

Das Kugelnetz der Erde ist ein Koordinatensystem, das aus sich rechtwinklig schneidenden Kreislinien aufgebaut ist und auch Gradnetz heißt. Dieses Gradnetz besteht aus Breitenkreisen und Längenkreisen. Die Breitenkreise verlaufen parallel zum Äquator, der die Erde in Nord- und Südhalbkugel teilt. Zwischen dem Äquator und der Nord- bzw. Südhalbkugel werden je 90 Breitenkreise gezählt, wobei dem Äquator der Wert 0 und den beiden Polen jeweils die Werte 90 zugeordnet werden. Die Längenkreise, auch Meridiane genannt, gehen durch den Nord- und Südpol und sind ausgehend vom Nullmeridian, der durch Greenwich bei London verläuft, in 180 östliche bzw. westliche Längenkreise eingeteilt.

Wie der Name Gradnetz schon sagt, werden die Werte in diesem Koordinatensystem in Winkelgraden angegeben und als *geographische Koordinaten* bezeichnet. Bei den Breitenkreisen sind Werte zwischen 0° und 90° nördlicher bzw. südlicher Breite, bei den Längenkreisen Werte zwischen 0° und 180° östlicher bzw. westlicher Länge möglich. So wird beispielsweise die Lage Hamburgs im Gradnetz durch die Koordinaten 53°33'57" nördliche Breite und 9°59'33" östliche Länge beschrieben.

Für die Wahl des Kartennetzentwurfs sind die Größe, die Breitenlage und die Form des darzustellenden Gebiets wichtig, vor allem aber der Verwendungszweck. Für Navigationskarten sind winkeltreue Abbildungen wichtig, Verbreitungskarten, z.B. Klimakarten oder Bevölkerungsdichtekarten, müssen dagegen eine flächentreue Abbildung als Grundlage haben. Ansonsten gelten für die Auswahl des Kartennetzentwurfs folgende Regeln (Wilhelmy 1990):

- Für die Abbildung von Polargebieten bzw. polnaher Regionen eignen sich besonders Azimutalprojektionen (vgl. Abb. 2.5 oben).

- Für äquatoriale Gebiete und Länder mit Nord-Süd-Erstreckung, wie Nordamerika, stellen Zylinderprojektionen die beste Grundlage dar (vgl. Abb. 2.5 Mitte links).
- Für Gebiete mittlerer Breite und Länder mit westöstlicher Erstreckung sind Kegelprojektionen ideal (vgl. Abb. 2.5 Mitte rechts).

Ein Sonderfall bei den Kartennetzentwürfen stellt die Abbildung der gesamten Erde, die sogenannte *Planisphäre* dar. Solchen Planisphären liegen meistens vermittelnde Abbildungen zugrunde, die durch die Kombination zweier oder mehrerer Kartennetzentwürfe entstehen und einen Mittelweg zwischen winkel- und flächentreuer Projektion darstellen. Es gibt eine Reihe von vermittelnden Projektionen wie z.B. die von Hammer-Aitoff, Mollweide, Peter, Robinson oder Winkel (vgl. Abb. 2.5 unten). Der Entwurf von Winkel wird häufig in deutschsprachigen Atlanten für Verbreitungskarten aller Art verwendet. Er liefert ein dem Globus sehr ähnliches Bild, da die Pole als Linien und die Breiten- und Längenkreise als gekrümmte Kreise abgebildet werden.

Netzentwürfe mit ebenen rechtwinkligen Koordinaten. Karten großer und mittlerer Maßstäbe, die oft als Kartierungsgrundlage oder Planungskarten eingesetzt werden, müssen sehr genau sein und dürfen nur geringe Verzerrungen aufweisen. Die Kartennetze solcher Karten beruhen auf einem ebenen rechtwinkligen Koordinatensystem und resultieren aus *geodätischen Abbildungen*.

> Der Begriff geodätische Abbildungen bezieht sich auf die *Geodäsie,* die Wissenschaft, die sich u.a. mit der Ausmessung und Abbildung der Erde beschäftigt. Die Landesvermessung als Teildisziplin der Geodäsie verwendet zur Festlegung von Punkten sog. ebene geradlinige rechtwinklige (kartesische) Koordinaten (vgl. Hake 1982, 50). Diese entstehen durch die Abbildung des Gradnetzes der Erde in die Ebene, wobei aufgrund der geforderten Genauigkeit ein genau definiertes Ellipsoid verwendet wird. Als Projektionsgrundlage dient zumeist eine Zylinderprojektion, bei der die Zylinderachse den Äquator berührt. Das Koordinatensystem solcher geodätischer Abbildungen ist so aufgebaut, daß die positive x-Achse nach oben und die positive y-Achse nach rechts zeigt (vgl. Hake 1982, 51).

In Deutschland ist das *Gauß-Krüger-System* gebräuchlich. Bei dieser geodätischen Abbildung berührt der Zylinder das Erdellipsoid längs eines Meridians, der längentreu abgebildet wird und die x-Achse des Systems bildet. Der Äquator ist die y-Achse. Da mit zunehmender Entfernung von diesem sog. Hauptmeridian die Verzerrungen immer größer werden, werden durch Drehung des Zylinders um je 3° weitere längentreue Hauptmeridiane abgebildet, die jeweils eigenständige Koordinatensysteme bilden. Beim Gauß-Krüger-System sind dies die Meridiane 6°, 9° und 12°. Jedes dieser Koordinatensysteme dehnt sich um 1,5° östlich und westlich eines Hauptmeridians aus.

Im Gauß-Krüger-System werden die x-Achsen als Hochwerte H und die y-Achsen als Rechtswerte R bezeichnet (vgl. Abb. 2.6). Der Hochwert gibt die Entfernung vom Äquator (in Metern) an. Der Rechtswert bezeichnet den Abstand vom Hauptmeridian und setzt sich aus zwei Komponenten zusammen:

- Aus der Kennziffer des jeweiligen Hauptmeridians, die ein Drittel der Gradzahl beträgt (bei den in Deutschland gebräuchlichen Hauptmeridianen 6°, 9° und 12° sind dies die Kennziffern 2, 3 und 4).
- Der zweite Bestandteil gibt die Entfernung vom Hauptmeridian an. Um negative Werte zu vermeiden, erhält jeder Hauptmeridian den Wert 500.000. Demnach werden Punkte, die östlich des Hauptmeridians liegen, zu 500.000 addiert, und Punkte, die westlich des Hauptmeridians liegen, werden subtrahiert.

Der Nullpunkt eines Koordinatensystems ist der Schnittpunkt zwischen dem Hauptmeridian und dem Äquator und hat beispielsweise bezogen auf den 9. Längengrad die Koordinaten R 3500000 / H 0.

Die Gauß-Krüger-Koordinaten einer Lokalität mit den Werten R 3.593.571 / H 5.902.863 beziehen sich auf den Hauptmeridian 9° östlicher Länge, da die erste Ziffer des Rechtswertes ein Drittel der Gradzahl des Hauptmeridians ist (9:3=3). Der Ort liegt 93.571 m östlich von diesem Hauptmeridian (500.000+93.751=593.571) und 5.902.863 m nördlich des Äquators.

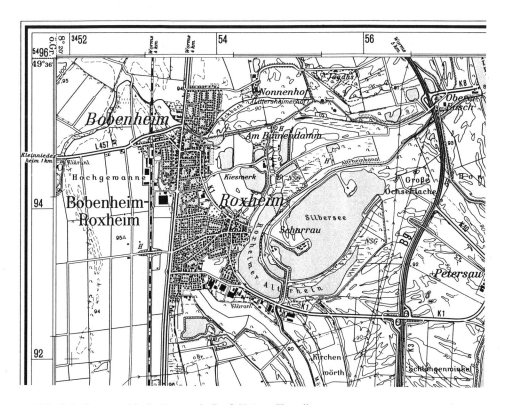

Abb. 2.6. Topographische Karte mit Gauß-Krüger-Koordinaten

32　2 Einführung in die thematische Kartographie

Bei der abgebildeten Karte handelt es sich um einen verkleinerten Ausschnitt der topographischen Karte L 6516, Blatt Mannheim (herausgegeben vom Landesvermessungsamt Baden-Württemberg, Büchsenstraße 54, 70174 Stuttgart; Vervielfältigung genehmigt unter Az.: 5.13/1068). Die Gauß-Krüger-Koordinaten werden außerhalb des Kartenfeldes angegeben. In der linken oberen Ecke steht der Rechtswert als vierstellige Zahlenangabe, wobei die ersten Ziffern hochgestellt sind (3452). Diese abgekürzte Form ist bei allen deutschen topographischen Karten üblich und bedeutet, daß die Koordinaten in Kilometern angegeben werden. Bei allen weiteren Rechtswerten, die im Abstand von 2 km folgen, sind nur die beiden letzten Ziffern vorhanden (54, 56 usw.). Der Rechtswert 3452 bedeutet, daß sich der Kartenausschnitt westlich des Hauptmeridians 9° östlicher Länge befindet (452 < 500). Die Hochwerte sind am linken Kartenrand verzeichnet, wobei von oben nach unten zunächst die vierstellige Angabe (5496) von den zweistelligen Angaben (94, 92 usw.) abgelöst wird. Der Hochwert 5496 besagt, daß ein Abstand von 5496 km zum Äquator besteht. Durch die Angabe von Rechts- und Hochwerten können alle Lokalitäten in der Karte bestimmt werden. So hat beispielsweise die Straßenkreuzung westlich von Petersau die Koordinaten R 3456500 / H 5492500.

2.2.4 Entwurf der Grundkarte

Ist eine Kartengrundlage vorhanden und sind die Vorentscheidungen bezüglich Maßstab und Netzentwurf gefallen, so kann mit dem eigentlichen Entwurf der thematischen Karte begonnen werden. Die unterste Schicht dieser Karte bildet, wie bereits erläutert (vgl. 2.2.3), die Grundkarte. Diese wird aus der Kartengrundlage entwickelt, die meist viel mehr Informationen enthält, als zum Verständnis der thematischen Karte nötig sind. Der erste Arbeitsschritt zum Entwurf der Grundkarte besteht daher darin, aus den verfügbaren Informationen diejenigen auszuwählen, die zweckmäßig sind.

> Zum Beispiel kann die Kartengrundlage für eine Stadtteilkarte mit Wahlergebnissen ein Stadtplan sein. Dieser enthält eine große Menge an Informationen, die für das Verständnis der thematischen Karte unerheblich sind, etwa Straßennamen und öffentliche Gebäude. Wird diese Informationsvielfalt nicht reduziert, so lenken diese Informationen von der eigentlichen Kartenaussage ab, und die Aussagekraft der Karte wird geschwächt.

In der Computerkartographie sind eine Reihe von Eigenschaften der Grundkarte von temporärer Natur und jederzeit änderbar, so zum Beispiel Größe, Format und Ausgabemedium. Die Entscheidung über diese Eigenschaften kann deshalb zweckmäßigerweise in der Arbeitsabfolge erst später erfolgen, z.B. bei der Gestaltung des Layouts (vgl. 2.5.6) oder bei der Kartenausgabe (vgl. 3.1.4 und 3.4).

Neben den genannten äußeren Eigenschaften ist die Grundkarte durch ihre inhaltlichen Bestandteile definiert. Diese lassen sich vereinfacht in zwei Kategorien teilen:

- die auf der Karte eingezeichneten Grenzlinien
- zusätzliche Elemente wie z.B. Flüsse, Städte, Höhenpunkte etc.

Auch diese Elemente der Grundkarte können in der Computerkartographie prinzipiell jederzeit geändert werden. Es ist aber dennoch sinnvoll, die Entscheidung darüber frühzeitig zu treffen, da Veränderungen an der Grundkarte häufig bei den Vorarbeiten berücksichtigt werden müssen und sehr arbeitsaufwendig sein können.

> Sollen zum Beispiel auf der Karte Grenzlinien in verschiedenen Typen und Farben erscheinen, so muß dies je nach Software zum Teil schon bei der Digitalisierung entsprechend angelegt werden. Auch Flüsse, Städte etc. können in der Grundkarte nur dann enthalten sein, wenn ihre räumliche Anordnung zuvor digital verfügbar gemacht wurde.

Grenzen. Bei punktbezogenen Darstellungen mittels Symbolen oder Diagrammen spielen die Grenzen eine untergeordnete Rolle und dienen allenfalls der Orientierung. Bei flächenbezogenen Daten haben die Grenzen dagegen zusätzlich die Funktion, die Bezugseinheiten der Symbole, Diagramme oder Schraffuren sichtbar zu machen. Deshalb sollten generell die Grenzen der von den Daten repräsentierten Gebietseinheiten eingezeichnet werden. Verschiedene Hierarchieebenen, wie z.B. Gemeinde-, Kreis- und Bundeslandgrenzen, sollten entsprechend visualisiert werden (vgl. 2.5). Von diesem Prinzip ist nur im begründeten Einzelfall abzuweichen:

- Bei der Darstellung von vielen Gebieten auf kleiner Fläche können die Grenzlinien zu einer Überfrachtung der Karte führen, vom eigentlichen Inhalt ablenken und die Lesbarkeit erschweren. Dies trifft in besonderem Maße zu, wenn Choroplethenkarten mit Schraffuren dargestellt werden. Oft kommen räumliche Strukturen ohne Grenzlinien optisch besser zu Geltung.

  > Wird beispielsweise Europa auf regionaler Ebene dargestellt, so ergeben sich rund 420 Einheiten (vgl. Abb. 2.7). Werden hier alle Grenzen eingezeichnet, sind die Grenzlinien so zahlreich, daß sie zum auffallendsten Kartenelement werden. Zur Orientierung kann es hier genügen, die nationalen Grenzen einzuzeichnen und die Aggregationsniveaus der einzelnen Länder zu nennen.

- Sind die Einzelwerte auf der Karte von untergeordneter Bedeutung und geht es in erster Linie um die Veranschaulichung der Struktur des Raumes, können die Grenzen unter der Bedingung entfallen, daß das Aggregationsniveau der Daten auf der Karte angegeben wird und dieses als bekannt gelten kann.

  > Zum Beispiel genügt es bei einer gemeindeweisen Darstellung des Fremdenverkehrsaufkommens in Deutschland, die Aggregationsebene *Gemeinde* zu nennen. Die Grenzen müssen nicht eingezeichnet werden. Der Kartenzweck, Regionen mit großer Bedeutung des Fremdenverkehrs sichtbar zu machen, wird dennoch erfüllt.

Werden die Grenzen weggelassen, muß die Aggregationsebene genannt werden. Kommen mehrere Karten des gleichen Gebiets vor, so lohnt es sich, eine Übersichtskarte mit allen Grenzen zu erstellen und beizufügen, evtl. als Folie zum Auflegen.

34   2 Einführung in die thematische Kartographie

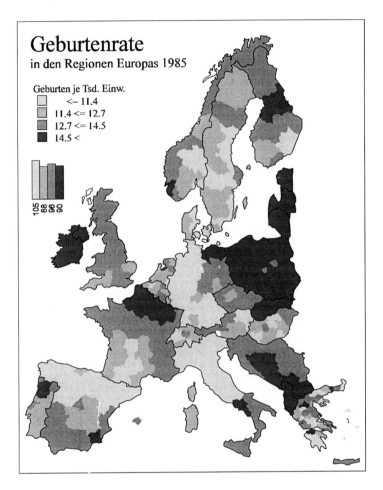

Abb. 2.7. Choroplethenkarte ohne Regionalgrenzen. Die Aggregationsebenen in den einzelnen Ländern bedürfen der zusätzlichen Erläuterung

Zusätzliche Elemente. Das Einzeichnen von zusätzlichen Elementen wie Flüssen, Städten, Höhenpunkten, Höhenlinien, Verkehrswegen etc. kann zweierlei Funktionen erfüllen:

• Die zusätzlichen Elemente können die Orientierung erleichtern, wenn die Struktur des Kartengebiets über die äußere Form schwer assoziierbar ist.

Stellt beispielsweise eine Karte die Stadt Frankfurt nach Stadtteilen dar, so finden sich nur wenige anhand der Stadtteilgrenzen auf der Karte zurecht. Hier kann das Einzeichnen des Flusses Main und einiger markanter Punkte abhelfen.

- Mitunter kann ein Zusammenhang der Zusatzelemente mit dem Inhalt begründet werden. Die zusätzlichen Elemente erleichtern in diesem Fall die Interpretation des Kartenbilds.

  Eine Karte, welche die Baulandpreise in einer Stadt darstellt, ist mit einigen Angaben über Relief, Wasserflächen, Standorte von emittierenden Industrieanlagen etc. wesentlich einfacher zu interpretieren. Die Abbildung auf Seite 24 zeigt ein solches Beispiel. Die Baulandpreise werden offensichtlich von der Nähe zum Wasser bzw. der Fabrik beeinflußt.

Ist keiner der beiden genannten Fälle gegeben, so sollte vom Einzeichnen zusätzlicher Informationen abgesehen werden.

2.3 Ausdrucksformen und ihr Entwurf

Die stilistischen Möglichkeiten, die zur Verfügung stehen, um Daten in Kartenform zu präsentieren, sind praktisch unbegrenzt. Dies gilt zumindest für die traditionelle Kartographie, bei der jede Karte als Einzelstück von Hand angefertigt wird. In der Computerkartographie reduziert sich die Vielfalt der automatisiert erstellbaren Formen je nach Software auf eine unterschiedlich große Auswahl. Eine leistungsstarke Software sollte aber immerhin noch eine gewisse Spannbreite bieten. Dann stellt sich die Frage, welcher Kartentyp ausgewählt werden soll. Diese Problematik wird ausführlich in den Abschnitten 2.3 und 2.4 behandelt.

Im ersten Abschnitt werden alle für die Computerkartographie relevanten Darstellungsformen vorgestellt und die wichtigsten Begriffe erklärt. Die beim jeweiligen Kartentyp zu berücksichtigenden Gesichtspunkte werden herausgestellt und die wichtigsten Vor- und Nachteile genannt. Im folgenden Abschnitt (2.4) werden die Kriterien für die Auswahl des Kartentyps behandelt. Wer eine thematische Karte konzipiert, geht nicht vom Kartentyp aus, sondern von den darzustellenden Daten. Daraus folgt, daß die Auswahlkriterien nach Dateneigenschaften gegliedert behandelt werden.

Zum Verständnis der im folgenden verwendeten Begriffe muß darauf hingewiesen werden, daß die Terminologie der Kartentypen in der Literatur sehr wechselhaft ist, was sich in die Graphiksoftware hinein fortsetzt. Die Darstellung der möglichen Kartenarten erfolgt geordnet nach den im folgenden abgegrenzten Kategorien:

- *Symbolkarten* stellen *qualitative Daten* dar, d.h. sie geben die Information, wo eine bestimmte Eigenschaft vorhanden ist und wo nicht. Sie beantworten aber nicht die Frage nach dem *Wieviel*, d.h. die Daten sind nicht quantitativ.

- *Choroplethenkarten* sind *flächenhafte Darstellungen* flächenbezogener quantitativer Daten. Die Areale in einer Karte werden mit bestimmten Füllmustern versehen, die jeweils einem bestimmten gruppierten Datenwert entsprechen.
- *Diagrammkarten* sind Karten, auf denen Diagramme und flächenabhängig gestaltete Symbole, sog. *Symboldiagramme*, räumlich angeordnet sind. Diese Darstellungsformen liefern *quantitative* Informationen.
- *Mehrschichtige Karten* sind Karten, auf denen sich *mehrere Darstellungen* des gleichen oder verschiedenen Typs in einer Karte *überlagern*. Dies kann zum Beispiel eine von Diagrammen überlagerte Choroplethenkarte sein oder eine Karte mit mehreren Schichten von Symbolen oder Symboldiagrammen. Nicht zu verwechseln ist diese Kategorie mit der Darstellung mehrerer Variablen in *einem* Diagramm.

Diese Gruppierung bildet keine allgemeingültige Typologie. Die Problematik von Typologien thematischer Karten wurde bereits in Abschnitt 1.1.3 behandelt. Die folgende Darstellung berücksichtigt hauptsächlich jene Darstellungsformen, welche mittels computerkartographischer Standardsoftware erstellt werden können.

2.3.1 Symbolkarten

Symbole liefern qualitative Aussagen über Verortung und Eigenschaften von Objekten im Raum. Diese Objekte können Punkte, Linien oder Flächen sein, zum Beispiel Flächen, die bezüglich einer bestimmten Eigenschaft homogen sind, wie Wasser- oder Waldflächen.

Die qualitative Aussage muß sich nicht auf die reine Ortsangabe beschränken. Durch die Verwendung verschiedener Symbole in einer Karte können zusätzliche Informationen über Eigenschaften der Objekte vermittelt werden, so zum Beispiel auf einer Lagerstättenkarte die Art der jeweiligen Lagerstätte. Auch ordinal skalierte Aussagen über Größe oder Bedeutung, die sich zum Beispiel auf Gruppen wie *groß/mittel/klein* beschränken, zählen noch zu den qualitativen Daten. Kommt hingegen eine quantitative Aussage hinzu, so liegt ein *Symboldiagramm* vor (vgl. 2.3.3).

2.3 Ausdrucksformen und ihr Entwurf

Sprechende und geometrische Symbole. Symbole lassen sich nach ihrem Erscheinungsbild grob in zwei Kategorien aufteilen (vgl. Abb. 2.8). *Sprechende Symbole* weisen in ihrer Form einen konkreten Bezug zum dargestellten Objekt oder zur dargestellten Eigenschaft auf. *Geometrische Symbole* sind völlig abstrakt und weisen keinen sichtbaren Bezug zum Dargestellten auf. Sie bestehen aus einfachen geometrischen Elementarfiguren. Beide Symbolarten haben Vor- und Nachteile. Sprechende Symbole erklären sich zum Teil selbst und ihr Inhalt ist leicht erkennbar, weil sie wenig abstrahiert sind. Dadurch kann die Zahl verschiedener Symbole in einer Karte höher sein als bei den geometrischen Symbolen. Diese haben den Vorteil, daß sie graphisch viel einfacher sind, klein noch gut erkennbar und dadurch bei Symbolhäufungen überlegen sind.

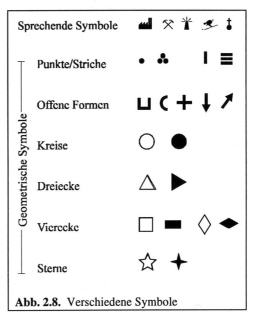

Abb. 2.8. Verschiedene Symbole

Ein weiterer Vorteil geometrischer Symbole ist die bessere Gruppen- und Kombinationsfähigkeit (vgl. Abb. 2.9). *Gruppenfähigkeit* bedeutet, aus dem Grundtyp jedes Symbols verschiedene Varianten ableiten zu können, um so ähnliche Objekte auf der Karte ähnlich darstellen zu können. Unter *Kombinationsfähigkeit* wird die Eignung von Symbolen verstanden, durch Kombination mehrerer Grundformen die gegenseitigen Beziehungen und Kombinationen verschiedener Sachverhalte zum Ausdruck zu bringen (ausführlicher zur Gruppenbildung und Kombination vgl. Arnberger 1987, 50ff. oder Wilhelmy 1990, 239ff.).

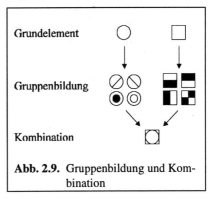

Abb. 2.9. Gruppenbildung und Kombination

Buchstaben, Linien und Flächen. Im weiteren Sinne können auch Buchstaben, Linien und Flächen als Symbole aufgefaßt werden, wenn sie eine qualitative Information in abstrahierter Form darstellen.

- Buchstaben werden zum Beispiel in Lagerstättenkarten eingesetzt, indem die chemischen Kurzbezeichnungen die jeweiligen Vorkommen charakterisieren.

Buchstaben oder Ziffern können aber auch völlig abstrakt verwendet und in der Legende erläutert werden.
- Lineare Symbole kommen auf Karten von Verkehrswegenetzen vor, in denen Straßen, Flüsse und Schienen durch verschiedene Linienarten dargestellt werden.
- Flächenbedeckende Symbole werden zum Beispiel auf Bodennutzungskarten eingesetzt. Wald, Wasser, Rebflächen usw. werden durch verschiedene, meist sprechende und flächig angeordnete Symbole dargestellt.

Symbole können alleinige Darstellungsform zur Vermittlung des Kartenthemas sein. Häufig werden sie jedoch auch als eine zusätzliche Ebene in mehrschichtigen Karten eingesetzt und mit quantitativen Choroplethen- oder Diagrammkarten kombiniert.

2.3.2 Choroplethenkarten

Viele raumbezogene Daten sind flächenbezogen, d.h. sie geben Eigenschaften von Flächen wieder. Die betreffende Flächeneigenschaft kann beispielsweise durch in die Gebiete plazierte Diagramme dargestellt werden. Naheliegender ist es jedoch, eine flächenhafte Darstellung zu wählen. Die am häufigsten verwendete flächenhafte Darstellungsform ist die Choroplethenkarte (vgl. Abb. 2.14). Andere Bezeichnungen für diese Darstellungsform sind Flächenmosaik und Chorogramm (vgl. Arnberger 1987, 129ff.).

Echte und unechte Flächen. Flächenhafte Darstellungen zeigen nur selten *echte* flächenhafte Erscheinungen wie z.B. Wasserflächen, Anbauflächen oder auch den Geltungsbereich eines bestimmten Gesetzes. Diese werden als echt flächenhaft bezeichnet, weil die dargestellte Eigenschaft tatsächlich an jedem Punkt der betreffenden Fläche gilt. Dagegen zeigen die meisten Flächendarstellungen *unechte* Flächen, deren Abgrenzung mehr oder weniger willkürlich ist.

Beispiele für unechte Flächendarstellungen:
- Eine Karte, die die Durchschnittslöhne in den Ländern der Europäischen Gemeinschaft darstellt. Durchschnittswerte unterschlagen immer die Unterschiede innerhalb der Areale.
- Eine Verbreitungskarte von Bodentypen in Mitteleuropa, die riesige Areale mit einem bestimmten Bodentyp darstellt. In Wirklichkeit handelt es sich zwar um den dominanten, aber nicht den einzigen Bodentyp im jeweiligen Gebiet.
- ine Darstellung der Bevölkerungsdichte in den Gemeinden Hessens. Auch wenn sich dabei ein sehr differenziertes Bild ergibt, darf das nicht darüber hinwegtäuschen, daß Dichtedarstellungen immer künstlich flächenhaft sind. Je nach Gebietsabgrenzung können sie sehr unterschiedlich ausfallen.

Geeignete Datentypen. Qualitative Daten werden in Symbolkarten dargestellt (vgl. 2.3.1). Die in diesem Abschnitt für Choroplethenkarten gemachten Ausführungen gehen daher von quantitativen Daten aus. Bei diesen Daten handelt es sich zumeist um *Verhältniszahlen*, d.h. um Quotienten wie z.B. *Anteil der SPD* *an den Wählerstimmen* oder *PKW je 1.000 Einwohner*. Werden hingegen *Absolutwerte*, z.B. die Bevölkerungszahl, in flächiger Form dargestellt, so kann aufgrund unterschiedlicher Bezugsgrößen, d.h. Flächen, ein völlig fehlleitender optischer Eindruck entstehen. Die flächige Darstellung von Absolutwerten ist deshalb nur bei gleich großen Flächeneinheiten zulässig.

Abb. 2.10. Fehlinformation durch Darstellung von Absolutwerten in einer Choroplethenkarte

tatsächliche Verteilung | Relativwertdarstellung | Absolutwertdarstellung

In Abbildung 2.10 verteilen sich Objekte in einem Areal, welches in zwei unterschiedlich große Regionen geteilt ist. Die tatsächliche Verteilung zeigt eine eindeutige Häufung in der westlichen, sehr viel größeren Region. Diese Raumstruktur wird aber nur bei der Relativwertdarstellung in Form eines Dichteindikators richtig wiedergegeben. Die Absolutwertdarstellung ergibt ein genau gegensätzliches Bild.

Klassifizierung. Ein Hauptmerkmal der Choroplethenkarte besteht darin, daß sie metrische Daten grundsätzlich in klassifizierter Form darstellt. Deshalb ergibt sich bei jeder Konzeption einer Choroplethenkarte die Frage nach Klassenzahl und Abgrenzung der Klassenober- und -untergrenzen. Eine allgemeingültige Lösung gibt es hierfür nicht. Die Klassenbildung orientiert sich an der Fragestellung und den vorliegenden Daten. Sie läßt sich in zwei Aspekte aufteilen, *Klassenzahl* und *Klassengrenzen*.

Die *Klassenzahl* hängt von der Verteilung der Datenwerte und der Elementenzahl, d.h. der Zahl räumlicher Einheiten, ab und sollte eine gewisse Obergrenze, die sich auch an der Reproduktionstechnik der Karten orientiert, nicht übersteigen.

- Falls metrische klassifizierte Daten in einer kontinuierlich gestalteten Abfolge von Schraffuren oder Rastern dargestellt werden, sollten Helligkeitsabstufungen 6 Klassen nicht überschreiten. Für Schwarzweißdarstellungen bedeutet dies, daß insgesamt 6 Graustufen möglich sind.
- Bei Farbausgabe sind mehr, z.B. beim Einsatz von zwei Farben bis zu 12 Klassen möglich.

Inwieweit diese Maximalzahl an Klassen ausgeschöpft wird, hängt von den Daten und der Methode der Klassengrenzenbildung ab. Teilweise ergibt sich die Klassenzahl aus der Methode der Klassengrenzenbildung. Muß die Zahl aber vorgegeben werden, so stehen als Richtschnur verschiedene Faustformeln zur Verfügung. Es seien zwei Methoden beispielhaft genannt:

- Die maximale Anzahl der Klassen läßt sich berechnen nach dem gerundeten Ergebnis der Formel

$$\text{Maximale Klassenzahl} = \sqrt{\text{Zahl der Elemente}}$$

- Die Regel nach Sturges (Bahrenberg, Giese und Nipper 1990, 32):

$$\text{Klassenzahl} = 1 + 3{,}32 * \log(\text{Zahl der Elemente})$$

Für die Bestimmung der *Klassengrenzen* läßt sich ebenfalls kein allgemeingültiger Weg empfehlen. Die Verwendung einer der gängigen Methoden ist aber dennoch angeraten, um dem Verdacht der willkürlichen oder manipulierenden Klassenbildung aus dem Weg zu gehen. Im folgenden seien fünf gängige Methoden genannt:

- *Äquidistante Klassenbildung.* Alle Klassen haben die gleiche Breite, d.h. den gleichen Abstand zwischen oberer und unterer Klassengrenze. Die Klassenzahl muß vorgegeben werden. Diese Methode hat den Vorteil, daß sie von der Verteilung der Datenwerte unabhängig ist. Dadurch wird ein Vergleich über Raum und Zeit hinweg ermöglicht, indem verschiedene Karten mit den gleichen Klassen erstellt werden. Der Nachteil ist darin zu sehen, daß es sich bei dieser Methode um eine weitgehend willkürliche, nicht sachlogisch begründbare Einteilung handelt.

    Im Beispiel in Abbildung 2.11 reichen die Datenwerte von 10.000 bis zu einem Maximum von 120.000. Bei äquidistanter Klassifizierung ergibt sich bei vier Klassen eine Intervallbreite von 30.000. Die vier Klassen sind: 10.000 bis unter 40.000; 40.000 bis unter 70.000; 70.000 bis unter 100.000; 100.000 bis unter 130.000.

- *Logarithmische Klassenbildung.* Die Methode ähnelt der äquidistanten Klassenbildung, da die Klassenbreite das entscheidende Kriterium ist. Diese Breite ist jedoch nicht konstant, sondern nimmt exponentiell zu oder ab. Die Methode ist für Daten mit großer Spannweite geeignet, deren Verteilung nach einer Seite hin stark streut.

    Die Daten in der Abbildung 2.11 sind für die logarithmische Methode ungeeignet. Daher ein anderes Beispiel für eine Einteilung mit fünf Klassen: unter 10; 10 bis unter 100; 100 bis unter 1.000; 1.000 bis unter 10.000; 10.000 und mehr.

- *Quantilbildung.* Die Grenzen werden so gewählt, daß alle Klassen gleich häufig besetzt sind. Vorteil ist, daß die Karte ein differenziertes Bild zeigt. Dies ist in der Computerkartographie eine gute Methode, um in der Arbeitsphase einen ersten Kartenentwurf zu erstellen und die Verteilung der Datenwerte abschätzen zu können. Nachteile sind, daß die Klassifizierung nicht sachlogisch begründbar ist, daß die Klassen nur auf eine bestimmte Karte anwendbar sind und daß die Klassenbreiten sehr unterschiedlich sein können. Lücken in der Verteilung der Werte werden nicht visualisiert.

    In Abbildung 2.11 werden die 30 Werte in fünf Klassen mit jeweils sechs Werten eingeteilt. Die Klassenbreite variiert dabei stark. Durch die ungleichmäßige Verteilung werden Städte zwischen 50.000 und 80.000 Einwohnern in vier verschiedene

Klassen eingeteilt. Im Gegensatz dazu werden alle Städte zwischen 80.000 und 120.000 in die gleiche Kategorie aufgenommen, obwohl die absoluten Zahlen weiter auseinanderklaffen. Dies veranschaulicht einen Nachteil dieser Methode.

- *Sinnklasseneinteilung.* Hierbei erfolgt die Klassenbildung nach einem Ordnungsprinzip. Die Klassengrenzen ergeben sich durch eine sachlogische Begründung. Diese Methode ist selten anwendbar, weil sich oft keine sinnvollen Grenzen finden lassen.

   Ein Beispiel wäre, bei einer Karte der Luftverschmutzung die gesetzlichen Grenzwerte für die Smog-Warnstufen als Klassengrenzen zu wählen. In Abbildung 2.11 werden die Städte in Klein-, Mittel- und Großstädte klassifiziert. Beide Beispiele zeigen die Problematik. Die Einteilung ist im konkreten Fall zwar sinnvoll, ließe sich aber nur bedingt auf andere Räume anwenden.

- *Natürliche Klassenbildung.* Diese Methode geht von der Verteilung der Datenwerte aus und sucht in dieser Verteilung nach lokalen Minima, z.B. Lücken. Die Klassenzahl wird nicht vorgegeben. Die Klassen, die sich hierbei ergeben, sind häufig *Sinnklassen* und sollten sich auch sachlogisch begründen lassen. Andernfalls überwiegen die Nachteile, daß die Klassen unterschiedlich groß sind und die Klassengrenzen unter Umständen schon bei einem einzelnen sich verändernden Datenwert nicht mehr haltbar.

   In der Abbildung 2.11 zeigt die Verteilung zwei Lücken bei 20.000 und 90.000 Einwohnern. Die Klassenbildung ergibt daher drei Klassen mit diesen Werten als Grenzen.

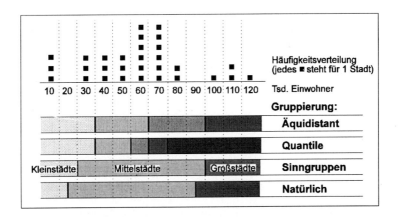

Abb. 2.11. Verschiedene Methoden der Klassenbildung anhand der Verteilung der Einwohnerzahlen von 30 Städten

Aggregation. Liegen keine echten Flächen vor, so stellen die Daten nur Mittel- oder Summenwerte unechter Flächen dar. Es ist klar, daß dabei die Art der Abgrenzung der Gebietseinheiten einen großen Einfluß auf den jeweiligen Wert hat. Bei Choroplethenkarten ist die Gefahr der verzerrten Datendarstellung deshalb besonders groß. Durch Änderungen bei Klassengrenzen und räumlicher Aggregation können dieselben Daten auf der Karte völlig andere Strukturen zeigen (Monmonier 1991, 123). Deshalb ist es sehr wichtig, eine sinnvolle, sachlich begründbare Aggregationsebene zu wählen. Niemals sollte an der Aggregation manipuliert werden, um Ergebnisse in eine bestimmte Richtung zu lenken.

Der Art der räumlichen Aggregation kommt besondere Bedeutung zu, sofern Relativwerte dargestellt werden. Werden Areale mit sehr unterschiedlichen Werten zu größeren Einheiten zusammengefaßt, so ergeben sich Mittelwerte, die die tatsächlichen Disparitäten verschleiern. In gewissem Rahmen ist dies meist unvermeidbar und kann hingenommen werden. Problematisch ist es, wenn das Aggregationsniveau innerhalb einer Karte uneinheitlich ist. Dies kann zu Fehlinterpretationen führen. Deshalb sollte innerhalb einer Karte das Aggregationsniveau konstant gehalten werden.

Die meisten Karten verwenden administrative Einheiten als Grundlage, z.B. Gemeinden oder Kreise. Aber das kann problematisch werden. So werden zum Beispiel thematische Karten der deutschen Bundesländer häufig falsch interpretiert, weil sich die Extremwerte bei den Stadtstaaten Bremen, Hamburg und Berlin zeigen. Dieser Effekt ist meist durch die Aggregation künstlich hervorgerufen. Andere Städte wie München, Köln oder Frankfurt haben wahrscheinlich ähnliche Werte, zeigen diese aber auf der Karte nicht, weil sie in den sie umgebenden Bundesländern aufgehen. Auch die Werte der ländlichen Regionen werden dadurch verändert dargestellt. Würde Hamburg mit Schleswig-Holstein zusammengefaßt, so würde dieses Bundesland auf der Karte ganz anders erscheinen.

Aufgrund dieser Problematik ist es unbedingt erforderlich, das Aggregationsniveau der Karte aufzuzeigen oder zu nennen, besonders dann, wenn nicht alle Gebietsgrenzen als Linien in der Karte eingezeichnet werden.

Wie Aggregation das Kartenbild völlig verändern kann, wird in Abbildung 2.12 deutlich. In einem aus 28 rechteckigen Gemeinden bestehenden Gebiet ist die absolute Verteilung von PKWs und von Haushalten angegeben. Im unteren Teil der Abbildung wird aus diesen beiden Variablen ein Indikator berechnet, nämlich die durchschnittliche Anzahl PKWs je Haushalt. Bei gemeindeweiser Berechnung und Darstellung ergibt sich ein ganz eindeutiges Süd-Nord-Gefälle. In Ost-West-Richtung liegt keine Variation vor. Werden die Gemeinden aber in einer bestimmten Weise zu Regionen aggregiert, so entsteht aus den gleichen Daten das Bild eines ausgeprägten Ost-West-Gefälles, diesmal ohne Variation in Nord-Süd-Richtung. Die Ausgliederung der drei einwohnerstärksten Gemeinden aus dem Gesamtraum ergibt wiederum eine völlig neue Struktur. Nun wirkt der Gesamtraum homogen mit zwei Extremen im Nordwesten und im Südosten.

2.3 Ausdrucksformen und ihr Entwurf   43

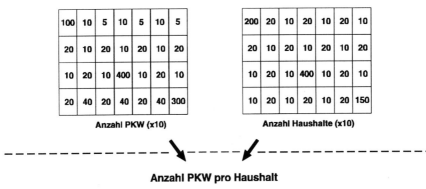

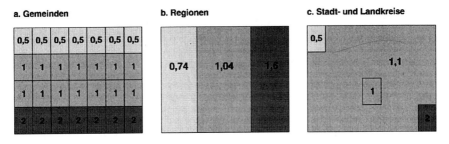

Abb. 2.12. Wie Aggregation das Ergebnis verändert (nach Monmonier 1991, 124)

Zweidimensionale Choroplethenkarten. Sollen zwei oder mehr Variablen mit Choroplethenkarten dargestellt werden, so gibt es mehrere Möglichkeiten. Die am häufigsten angewandten Methoden sind Diagrammkarten (vgl. 2.3.3) sowie mehrere nebeneinander gestellte Choroplethenkarten. Eine weitere Alternative ist die Erstellung einer zwei- oder mehrdimensionalen Choroplethenkarte. In einer zweidimensionalen Choroplethenkarte überlagern sich quasi zwei einzelne Choroplethenkarten mit einem jeweils eigenständigen Indikator. Durch die Überlagerung sieht die Kartenlegende aus wie eine Kreuztabelle.

In Abbildung 2.13 überlagern sich zum Beispiel die Variablen A und B. Für die graphische Umsetzung sind zwei Möglichkeiten abgebildet. Im Fall (a) werden die Variable A durch einen Farbverlauf von Blau nach Rot und die Variable B durch einen Verlauf von hell nach dunkel dargestellt. Dadurch entstehen im abgebildeten Fall vier Felder, bei differenzierterer Einteilung wären auch mehr Felder möglich. Hellrot bedeutet beispielsweise, daß der Wert der Variable A hoch und jener der Variable B niedrig ist.

Die unter (b) dargestellte Methode ist bei Schwarzweißausgabe der Karte anwendbar. Die Variable A wird durch eine horizontale Schraffur, die Variable B durch eine vertikale Schraffur dargestellt. Mit zunehmendem Variablenwert wird die Schraffur dichter.

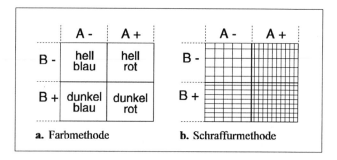

Abb. 2.13. Legenden von zweidimensionalen Choroplethenkarten (Vierfelderkarten)

2.3.3 Diagrammkarten

Thematische Karten und Diagramme haben beide das Ziel, Daten zu visualisieren und dadurch Strukturen zu verdeutlichen. Karten visualisieren primär räumliche, Diagramme dagegen nichträumliche Strukturen. Sollen bei der kartographischen Darstellung neben den Raumstrukturen auch inhaltliche Beziehungen verdeutlicht oder z.B. zeitliche Tendenzen und Änderungen sichtbar gemacht werden, so bietet sich die *Diagrammkarte* an. Diagrammkarten können die Vorteile von Karte und Diagramm verbinden.

In Abb. 2.14 soll zum Beispiel die räumliche Struktur der Ergebnisse von aufeinanderfolgenden Umfragen dargestellt werden. Ohne den Einsatz von Diagrammen müssen mehrere Choroplethenkarten nebeneinander gestellt werden, um die zeitliche Variation zu zeigen (a). Diagramme können die zeitliche Abfolge direkt darstellen, verlieren dabei aber die räumliche Struktur (b). Erst die Diagrammkarte verbindet räumliche und zeitliche Strukturinformation (c).

Bevor näher auf Diagrammkarten eingegangen wird, ist zunächst zu klären, was unter diesem Begriff zu verstehen ist. Hier wird als *Diagrammkarte* eine thematische Karte bezeichnet, die Diagramme in räumlicher Anordnung enthält. Ein *Diagramm* ist die graphische Umsetzung quantitativer Daten. Damit setzen sich Diagramme einerseits ab gegen die nicht graphischen Tabellen und andererseits gegen die nicht quantitativen Symbole.

Die Diagramme werden in einer Diagrammkarte räumlich angeordnet. Jedes Diagramm enthält Informationen für eine bestimmte räumliche Bezugseinheit. Sind diese Bezugseinheiten auf der Karte Punkte, so liegt eine *Positionsdiagrammkarte* vor, zum Beispiel bei der Darstellung von Klimameßwerten. Geben die Diagramme dagegen Summen oder Mittelwerte für Flächen an, so handelt es sich um eine *Gebietsdiagrammkarte*. Diese Unterscheidung ist für die Positionierung der Diagramme auf der Karte wichtig. Positionsdiagramme sollten entweder auf den Bezugspunkt zentriert werden, was vor allem bei Kreisdiagrammen gut möglich ist, oder direkt neben einen auf der Karte eingezeichneten

Punkt plaziert werden. Die Positionierung von Gebietsdiagrammen kann dagegen pragmatisch erfolgen, möglichst überschneidungsfrei in der Gebietsmitte.

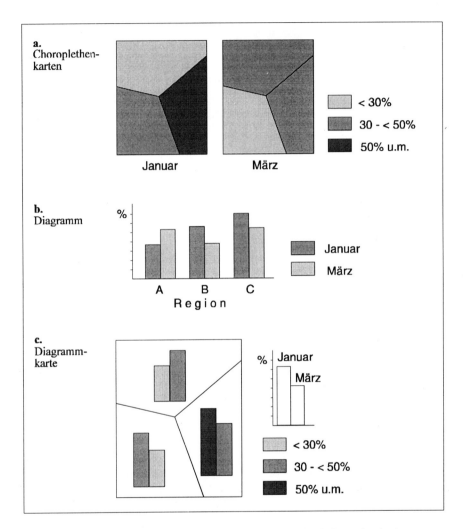

Abb. 2.14. Kombination von räumlicher und zeitlicher Strukturinformation in der Diagrammkarte

Im folgenden werden Typen von Diagrammkarten vorgestellt, was zunächst gleichbedeutend ist mit der Vorstellung von Diagrammtypen. Allerdings gelten für Diagramme in Karten besondere Bedingungen. Es liegt in der Natur der Sache, daß eine Diagrammkarte eine Vielzahl von Diagrammen enthält, die relativ klein abgebildet sind. Deshalb kommen nur sehr einfache, leicht lesbare Diagrammtypen ohne Beschriftung für den Karteneinsatz in Frage. Die Verwendung einfacher Formen ist auch deshalb angeraten, weil die komplexe Information, die in einer Vielzahl von räumlich angeordneten Diagrammen steckt, den Betrachter einer Karte leicht überfordern kann. Der Hauptnutzen der Kartendarstellung, die Anschaulichkeit, ist damit zunichte gemacht.

Es gibt eine praktisch unbegrenzte Vielfalt von Diagrammtypen, und viele davon können auch in Karten eingesetzt werden. Bei systematischer Betrachtung und bei Beschränkung auf die für die thematische Kartographie relevanten Typen ist es möglich, einen großen Teil der Vielfalt in vier Gruppen zu ordnen:

- *Symboldiagramme* sind alle in Karten vorkommenden Diagrammtypen, die nur einen einzigen Zahlenwert pro Diagramm visualisieren, unabhängig vom äußeren Erscheinungsbild des Diagramms.
- *Balkendiagramme* setzen Zahlenwerte in unterschiedlich lange horizontale oder vertikale Balken um. Ein Diagramm kann aus einem geschichteten Balken oder aus mehreren Balken bestehen und damit mehrere Variablen repräsentieren.
- *Kurvendiagramme* stellen kontinuierlich angeordnete Daten in Kurvenform dar. Die einzige sinnvolle Anwendung sind Zeitreihen.
- *Kreisdiagramme* bestehen aus in Sektoren aufgeteilten Kreisen. Die Größe der Sektoren variiert proportional zum Zahlenwert.

Die drei letztgenannten Typen dienen generell der Darstellung mehrerer Variablen. Wird nur eine Variable dargestellt, so liegt unabhängig von der äußeren Form immer ein Symboldiagramm vor.

> Wird zum Beispiel die Anzahl Wohnhäuser nach Regionen in Form von flächenproportionalen Kreisen dargestellt, so ist dies nur eine Variable. Die Darstellungsform fällt daher in die Kategorie Symboldiagramme. Werden die Wohnhäuser dagegen nach Baujahr unterschieden, so sind das mehrere Variablen. Erfolgt deren Darstellung durch flächenproportionale, in Sektoren aufgeteilte Kreise, so liegt ein Kreisdiagramm vor.

Symboldiagramme. Symboldiagramme können sehr unterschiedliche Formen annehmen, zum Beispiel Kreise, Rechtecke oder Umrisse von Tieren, Häusern und vielem mehr (vgl. Abb. 2.15). Karten mit Symboldiagrammen können leicht mit *Symbolkarten* (vgl. 2.5.1) verwechselt werden. Der entscheidende Unterschied zwischen Symbolen und Symboldiagrammen ist, daß Symbole eine rein *qualitative* Information liefern, d.h. eine bestimmte Eigenschaft ist an einem Ort vorhanden, Diagramme dagegen zusätzlich eine *quantitative* Information, d.h. eine Information über Anzahl oder Größe. Diese Diagrammkartenform erscheint in Literatur und Software unter verschiedenen anderen Bezeichnungen, zum Beispiel als Figurenkartogramm (Arnberger 1987, 16) oder Zahlenwertsignatur (Imhof 1972, 71). Es sind verschiedene Methoden zu unterscheiden, wie die Zahlenwerte optisch umgesetzt werden können, nämlich die proportionale Methode, die Mengen- und Kleingeldmethode sowie die Umrißmethode.

Proportionale Methode: Ein geometrisches Grundelement wie Kreis, Quadrat oder Dreieck verändert seine Größe proportional zum repräsentierten Zahlenwert (vgl. Abb. 2.15a). Wichtig ist, daß die Größenänderung flächenproportional erfolgt. Was der Betrachter eines Diagrammes optisch quantitativ wahrnimmt, ist bei zweidimensionalen Objekten wie Kreisen oder Quadraten nämlich nicht Radius oder Seitenlänge, sondern die von dem Diagramm belegte Fläche. Deshalb werden die Zahlenwerte, nach denen sich die Diagrammgröße berechnet, nicht an Radius oder Seitenlänge, sondern an die jeweilige Fläche gekoppelt.

> Dies bedeutet zum Beispiel, daß sich die Seitenlänge eines Quadrates nicht verdoppelt, wenn sich der zu repräsentierende Wert verdoppelt, sondern daß sich die Seitenlänge nur um die Differenz der Quadratwurzeln erhöht.

Diese Berechnungsmethode gilt im Prinzip auch für alle anderen zweidimensionalen Formen, wenn anstatt der Seitenlänge die jeweils maximale horizontale und vertikale Ausdehnung herangezogen wird. Wichtig ist außerdem, daß das gesamte Objekt vergrößert bzw. verkleinert wird und nicht nur einzelne Teile. So muß bei einer Menschfigur zum Beispiel auch die Stärke verändert werden und nicht nur die Länge der Arme und Beine.

Mengenmethode: Ebenfalls zu den Symboldiagrammen sind die Diagrammtypen zu rechnen, bei denen sich nicht die Größe, sondern die Menge der Diagramme mit dem Datenwert ändert (vgl. Abb. 2.15b). Gängig sind zum Beispiel Karten, auf denen die Bevölkerungsverteilung nach Regionen auf diese Weise dargestellt wird. Dabei werden dann beispielsweise jeweils 1.000 Einwohner durch eine Menschfigur dargestellt. Die Größe der Figur bleibt unverändert, jedoch ändert sich die Anzahl der Figuren von Region zu Region. Die Figuren sollten hierbei schematisch in der Regionsmitte angeordnet werden.

Ein Sonderfall der Mengenmethode sind *Punktdichte-Darstellungen* (vgl. *Density Map*, Seite 212). Hierbei werden Punkte, die jeweils eine bestimmte Menge repräsentieren, zufällig in der betreffenden Fläche verteilt. Diese Darstellung, die von verschiedenen Computerprogrammen angeboten wird, ist problematisch, da sie eine Verteilung vortäuscht, die so nicht stimmt und äußerlich nicht als Zufallsverteilung erkennbar ist.

Kleingeldmethode. Eine Mischform zwischen flächen- und mengenproportionaler Darstellung ist die Kleingeldmethode (Abb. 2.15c). Hierbei werden unterschiedliche Mengen durch unterschiedlich große Symbole repräsentiert, die sich flächenproportional verhalten. Die Anordnung erfolgt ansonsten wie bei Mengendiagrammen. Der Vorteil der Kleingeldmethode gegenüber dem Mengendiagramm liegt darin, daß auch Variablen mit sehr großen Spannweiten zwischen Minimal- und Maximalwert dargestellt werden können, ohne die Werte zu stark runden zu müssen.

48 2 Einführung in die thematische Kartographie

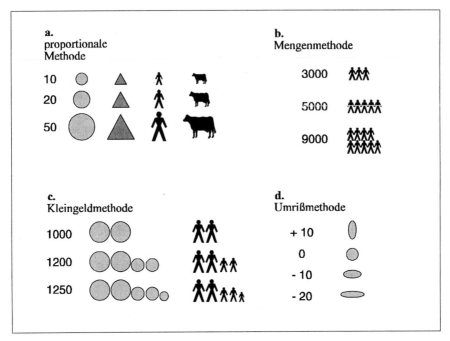

Abb. 2.15. Verschiedene Formen von Symboldiagrammen

Umrißmethode: Die letzte zu nennende Möglichkeit, quantitative Einzelwerte in Diagrammen zu veranschaulichen, liegt darin, nicht Größe oder Anzahl der Symbole zu variieren, sondern die Umrißform (*Formdiagramm*). Sehr anschaulich ist beispielsweise das sogenannte Zigarrendiagramm (Abb. 2.15d). Dabei ist die Grundform ein Kreis, der einen Mittelwert repräsentiert (oder den Nullwert). Positive und negative Abweichungen von diesem Mittelwert werden durch vertikale bzw. horizontale Verzerrungen umgesetzt. Der Flächeninhalt wird konstant gehalten.

Obwohl Symboldiagramme primär nur eine Variable visualisieren, ist es durchaus auch möglich, mehrere Variablen in einer Karte darzustellen, so etwa durch eine Überlagerung mehrerer Schichten von Symboldiagrammen in einer Karte. Eine weitere Möglichkeit ist der Einsatz der Farbe bzw. der Schraffur als Darstellungsform für eine zweite Variable. Zum Beispiel können Bevölkerungszahlen durch unterschiedlich große Kreise, die Bevölkerungsdynamik durch unterschiedliche Kreisfüllungen ausgedrückt werden (klassifiziertes Symboldiagramm, vgl. Abb. 4.19, S. 193).

Balkendiagramme. Balkendiagramme setzen Zahlenwerte in unterschiedlich lange Stäbe oder Säulen um, die horizontal oder vertikal angeordnet sein können.

Im Gegensatz beispielsweise zu Kreisdiagrammen sind mittels Balkendiagrammen sowohl positive als auch negative Zahlenwerte darstellbar (vgl. Abb. 2.16a). Sie eignen sich deshalb besonders für die Analyse von zeitlichen Veränderungen oder Bilanzen, die um einen Nullwert pendeln, zum Beispiel Wanderungssalden. Ist die Spannweite sehr groß, so ist die Säulendarstellung zu bevorzugen (vgl. Abb. 2.16c), weil hierbei die Zahlenwerte nicht flächenproportional, sondern volumenproportional umgesetzt werden, wodurch sich Abstände verkürzen. Bei extrem großen Spannweiten kann auch eine logarithmische Umsetzung der Zahlenwerte gewählt werden.

Wenn die Balken eines Diagramms jeweils den gleichen Inhalt darstellen, z.B. bei den bereits erwähnten Zeitreihendaten, läßt sich ein Vergleich über die Balkengröße leicht vornehmen. Wenn die y-Achse bei den einzelnen Balken nicht die gleiche ist, z.B. weil ein Balken Prozentwerte und der andere Absolutwerte darstellt, ist der Vergleich hingegen schwieriger. Trotzdem ist es in Einzelfällen zulässig, mehrere verschiedene Indikatoren in einem Diagramm zu verbinden. Zu empfehlen ist dies, wenn ein inhaltlicher Zusammenhang besteht und wenn dieser Zusammenhang optisch umgesetzt wird.

> Optische Umsetzung bedeutet, daß der Zusammenhang dann am größten ist, wenn die Balken gleich lang sind. In einer Entwicklungsländerstudie wäre es ungünstig, die Darstellung von Sozialprodukt und Analphabetenquote zu kombinieren, weil zum Beispiel besser entwickelte Länder ein *hohes* Sozialprodukt und eine *niedrige* Analphabetenquote haben. Damit dieser Zusammenhang auch optisch sichtbar wird, wäre es günstiger, anstelle der *Analphabetenquote* die *Alphabetisierungsquote*, das heißt, den schreib- und lesekundigen Bevölkerungsanteil zu verwenden.

Stapelbalkendiagramme stellen gegliederte Summen dar (vgl. Abb. 2.16b). Diese Form kann beispielsweise auch eingesetzt werden, um geologische Schichtmächtigkeiten oder Bodenprofile darzustellen.

Kreisförmige Balkendiagramme (vgl. Abb. 2.16d) sind einsetzbar, wenn eine Abhängigkeit der Variablen von Himmelsrichtungen oder aber vom Kreislauf der Stunden, Tage oder Monate besteht. Entscheidendes Kriterium für die Brauchbarkeit der Daten für diesen Diagrammtyp ist, daß sich Anfangs- und Endwert der unabhängigen Variablen treffen. Die dargestellten Richtungen können Windrichtungen sein, weshalb diese Form oft auch als *Winddiagramm* bezeichnet wird, aber auch nach Himmelsrichtungen gruppierte Migrations- oder Pendlerströme. Ist der Bezugsrahmen kein räumliches Koordinatensystem, sondern die Tageszeit, so liegt ein *Zifferblattdiagramm* vor. Dieses kann zum Beispiel angewendet werden, um das Verkehrsaufkommen an einer Straße nach Tageszeiten differenziert darzustellen. Adäquat kann das Zifferblatt der Uhr auch durch eine radiale Anordnung der Wochentage oder Monate ersetzt werden.

50   2 Einführung in die thematische Kartographie

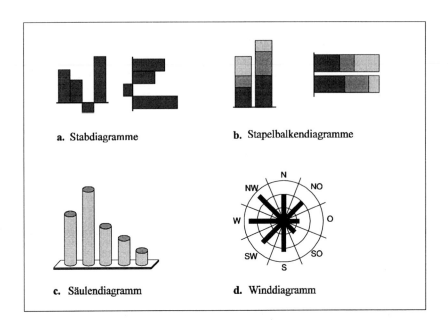

Abb. 2.16. Verschiedene Formen von Balkendiagrammen

Kurvendiagramme. Kurvendiagramme finden für die Darstellung zeitlicher Verläufe Verwendung. Im Vergleich zu Balkendiagrammen sind sie dabei vor allem dann überlegen, wenn die Anzahl der Zeitpunkte sehr groß ist. Allerdings sollten sie nur eingesetzt werden, wenn die Zeitreihen lückenlos vorliegen. Existieren Lücken, so muß die Kurve zumindest an den entsprechenden Stellen unterbrochen sein.

Da die Kurvendiagramme in Karten sehr klein abgebildet sind, kann die Beschriftung der Achsen in der Karte selbst entfallen oder stark vereinfacht werden. Ein komplett beschriftetes, maßstabsgleiches Diagramm muß dann in der Legende vorhanden sein. Eine gute Möglichkeit ist es, dieses Legendendiagramm mit den aggregierten Gesamtwerten für das gesamte Kartengebiet zu erstellen und so eine zusätzliche Information zu geben.

Es gibt im wesentlichen drei Typen von Kurvendiagrammen: *Liniendiagramme* verbinden einfach die Datenpunkte im Diagrammbereich mit einer Linie (vgl. Abb. 2.17a). Es sind problemlos auch mehrere Linien pro Diagramm möglich, wenn mit verschiedenen Linientypen

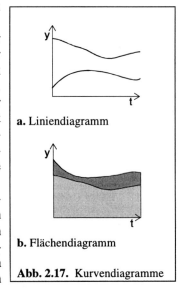

Abb. 2.17. Kurvendiagramme

gearbeitet wird. Beim *Flächendiagramm* wird der Bereich zwischen der Linie und der t-Achse als Fläche ausgefüllt (vgl. Abb. 2.17b). Beim Einzeichnen mehrerer Kurven müssen diese Flächen übereinandergeschichtet werden. Dies ist nur sinnvoll, wenn sich die Werte der beiden Kurven sinnvoll addieren lassen. Ist die unabhängige Variable ein ringförmig darstellbares Kontinuum, wie z.B. Uhrzeit oder Himmelsrichtungen, so lassen sich auch *ringförmige Kurven* darstellen, analog zum ringförmigen Balkendiagramm in Abbildung 2.16d.

Kreisdiagramme. Ein Kreis bietet sich für die Darstellung mehrerer Variablen geradezu an, da er sich leichter als jede andere graphische Figur in Teilflächen aufspalten läßt. Ein vollendeter Kreis hat einen Drehwinkel von 360 Grad. Wird dieser aufgeteilt, so ergeben sich *Kreissektoren*.

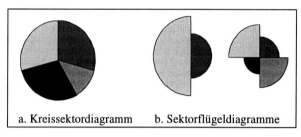

Abb. 2.18. Kreisdiagramme

a. Kreissektordiagramm   b. Sektorflügeldiagramme

Aus dem Prinzip, daß beim Kreisdiagramm eine Gesamtheit in Teile aufgespalten wird, folgt eine Bedingung, der die darzustellenden Daten genügen müssen. Die in einem Kreisdiagramm abgebildeten Variablen sollten sich nämlich zu einer logischen Gesamtheit addieren, so wie sich die Sektoren zu einem Kreis addieren. Ansonsten sagen die optisch sichtbaren Anteile nichts aus oder vermitteln sogar einen falschen Eindruck.

> Eine häufige Anwendung ist es, daß ein Kreis die gültigen Stimmen einer Wahl repräsentiert, die sich auf mehrere Parteien verteilen. Dabei müssen sich die Kreissegmente insgesamt zu 100 Prozent addieren. Will man nicht alle kleinen Parteien separat ausweisen, so kann man sie zusammenfassen ("sonstige") oder anstelle der Stimmenverteilung die Verteilung der Mandate darstellen, so daß kleine Parteien wegfallen.

> Ein anderes Beispiel für eine unterteilte Gesamtheit wären alle in einem Biotop vorkommenden Pflanzenarten, die nach der Vegetationsperiode unterschieden werden. Die Beschränkung auf einige ausgewählte Pflanzenarten ist hingegen in einem Kreisdiagramm unzulässig, wenn nicht die Auswahl selbst wiederum eine neue Gesamtheit bildet, z.B. Gräser.

Die am häufigsten verwendete Form eines Kreisdiagramms ist das *Kreissektordiagramm* (vgl. Abb. 2.18a). Dieses wird häufig auch dreidimensional dargestellt, was einen guten optischen Effekt ergibt und dann als *Tortendiagramm* bezeichnet wird. Für die thematische Kartographie ist aber von der dreidimensionalen Darstellung abzuraten, weil sie die ohnehin schon schwierige Lesbarkeit einer Karte mit Kreissektordiagrammen noch weiter reduziert.

Grundsätzlich gibt es zwei Möglichkeiten, eine Karte mit Kreissektordiagrammen zu konzipieren. Entweder zeigen die Diagramme allein die Aufteilung einer Gesamtheit in mehrere Teilgruppen und alle Diagramme in der Karte sind gleich groß. Das bedeutet, daß die zugrundeliegenden Daten relative Daten sind, d.h. Prozentwerte, und der Gesamtkreis 100 Prozent entspricht. Die zweite Möglichkeit besteht darin, neben der Aufteilung des Kreises in Sektoren auch die Kreisgröße zu variieren, d.h. Proportionalkreise zu zeichnen. Auch hier entspricht der Gesamtkreis 100 Prozent. Es wird aber die zusätzliche Information in die Karte gepackt, wie groß diese 100 Prozent als absoluter Wert sind. Die zugrundeliegenden Daten sind also keine Prozent-, sondern Absolutwerte. Der Karte ist, wie beim Kreissymboldiagramm, eine Legende beizufügen, aus der der Zusammenhang zwischen Zahlenwert und Kreisgröße hervorgeht.

Sektorflügeldiagramme (vgl. Abb. 2.18b) stellen mehrere Variablen dar, indem der Kreis in mehrere Sektoren *mit gleichem Drehwinkel* geteilt wird. Deren Radien variieren wie beim Kreissymboldiagramm, so daß sich die Fläche des Kreissektors proportional zum Zahlenwert verhält. Im Vergleich mit dem Kreissektordiagramm zeigt das Sektorflügeldiagramm aber einige Nachteile. So läßt sich zwar der von einem Sektorflügel repräsentierte Zahlenwert optisch recht gut abschätzen, aber die vom jeweiligen Diagramm repräsentierte Gesamtzahl dagegen kaum. Auch die Relationen der Variablen zueinander und deren Anteile sind sehr schwer abzuschätzen, sobald mehr als zwei Variablen verwendet werden. Es ist auch kaum möglich, Summen zu bilden.

> Betrachten wir beispielsweise das rechte, aus vier Sektorflügeln gebildete Diagramm in Abbildung 2.18b und versuchen, seine Aussage zu interpretieren: Wieviel Prozent der Gesamtheit repräsentiert etwa das linke obere Kreissegment? Ergeben die beiden rechten Kreissektoren zusammengenommen mehr oder weniger als die Hälfte vom Ganzen? Wir stellen fest, daß sich diese Fragen ohne Nachmessen nicht beantworten lassen. Eine Karte, die nur durch Nachmessen zu verstehen ist, veranschaulicht aber nichts und gehört in den Papierkorb.

Sektorflügeldiagramme sollten aus den genannten Gründen nicht mehr als zwei Variablen beinhalten. Mehr Variablen lassen sich weitaus besser mit anderen Diagrammformen wie z.B. dem Kreissektordiagramm visualisieren. Bei Beschränkung auf zwei Variablen wird das Sektorflügeldiagramm jedoch zu einer sehr aussagekräftigen Darstellungsform. Die Größenrelation der beiden Sektorflügel ist auf den ersten Blick zu erfassen, und auch der Vergleich zwischen den verschiedenen Diagrammen, d.h. Gebieten, fällt leicht, vor allem wenn die Sektoren mit unterschiedlichen Farben oder Schraffuren gefüllt werden.

> Die Beispielkarte in Abbildung 2.19 stellt die Analphabetenraten in den spanischen Provinzen dar. Das linke Kreissegment gibt die Werte für die männliche Bevölkerung wieder, das rechte Kreissegment die Werte für die weibliche Bevölkerung. Auf den ersten Blick ist zu erkennen, daß die Werte der weiblichen Bevölkerung generell höher sind. Auch die regionale Struktur wird sehr gut visualisiert. Eine weitere sinnvolle Anwendung dieses Diagrammtyps wäre der Vergleich zweier Zeitpunkte. Zu- oder Ab-

nahme der Werte zwischen den beiden Zeitpunkten würde sich über eine optische Rechts- bzw. Linkslastigkeit der Diagramme visualisieren.

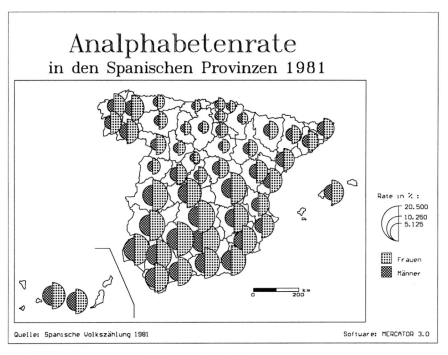

Abb. 2.19. MERCATOR-Karte mit Sektorflügeldiagrammen

2.3.4 Mehrschichtige Karten

Die bisher vorgestellten Kartentypen sind in ihrer Grundform *einschichtig*. In einschichtigen Karten gibt es nur eine Informationsebene, deren Inhalt durch Symbole, Symboldiagramme oder Choroplethen dargestellt ist. Hingegen werden in *mehrschichtigen* Karten durch Überlagerung mehrerer Informationsschichten für Flächen, Linien oder Punkte qualitativ und quantitativ verschiedene Aussagen geboten, wobei es dem Betrachter überlassen bleibt, in einem Denkprozeß die Aussagen der einzelnen Schichten zu summieren (Arnberger 1987, 17). Mehrschichtige Karten sind also genaugenommen keine eigene Darstellungsform, sondern eine Kombination der zuvor beschriebenen Formen. Der Sinn der mehrschichtigen Karten besteht darin, daß komplexe, aus mehreren Ebenen bestehende Sachverhalte dargestellt und Zusammenhänge aufgezeigt werden können.

Soll beispielsweise der Zusammenhang zwischen der Krebssterblichkeit und der Luftbelastung in einem Gebiet untersucht werden, so wäre es sinnvoll, eine Choroplethenkarte mit den aggregierten Mortalitätsziffern zu überlagern durch eine Positionsdiagrammkarte, auf der Meßwerte für Luftschadstoffe dargestellt sind. Weitere Beispiele für mehrschichtige Karten sind auf den Seiten 182, 224 und 234 abgebildet.

2.3.5 Andere Kartentypen

Die vorangehende Abhandlung gibt selbstverständlich nur einen Ausschnitt aus der Vielfalt der möglichen kartographischen Darstellungsformen wieder. Von den mittels der Computerkartographie automatisiert herstellbaren Formen dürften allerdings die meisten dargestellt sein. Nicht behandelt wurden zum Beispiel *3D-Oberflächenkarten* und *transformierte Karten*.

Bei den bisher vorgestellten Kartentypen blieb die geographische Kartengrundlage unverändert, es wurden lediglich unterschiedliche Darstellungsformen über die aus einer maßstabsgebundenen Darstellung bestehende Kartenfläche gelegt. Bei den zuletzt genannten Typen wird das der Kartendarstellung zugrundeliegende zwei- oder dreidimensionale Koordinatensystem dagegen selbst zur variablen Darstellungsform.

- Bei 3D-Oberflächenkarten wird die Fläche der Gebietseinheiten je nach Zahlenwert unterschiedlich stark vertikal hervorgehoben (vgl. *Prism Map* auf Seite 212). Dies ergibt in sehr begrenzten Ausnahmefällen ein anschauliches Bild, zumeist sind solche Darstellungen aber kaum lesbar.
- Bei transformierten Karten (vgl. Abb. 2.20; Rase 1992) wird die Fläche der dargestellten Areale zur variablen Größe. Solche Karten können nur unter Einsatz der elektronischen Datenverarbeitung korrekt und zu vertretbaren Kosten erstellt werden, weil ihnen komplexe Berechnungen zugrundeliegen (Rase 1992, 101). Ihre Herstellung ist aber kaum automatisierbar.

Der Einsatz dieser Kartentypen ist nur in Einzelfällen sinnvoll. Meist wird das dargestellte Gebiet so stark deformiert, daß Strukturen kaum noch erkennbar sind.

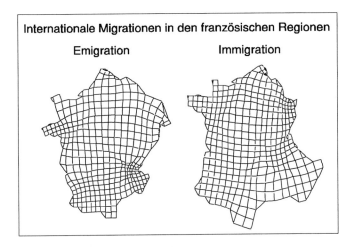

Abb. 2.20. Beispiel für transformierte Karten (nach Cauvin 1991, 491)

2.4 Darstellung der Sachdaten

Mit denselben Daten und Zielformulierungen kann eine Vielzahl unterschiedlich aussehender Karten konstruiert werden. Dies resultiert nicht nur aus den unzähligen Möglichkeiten, das Erscheinungsbild gestalterisch zu beeinflussen, sondern folgt bereits aus den verschiedenen Möglichkeiten für den inhaltlichen Entwurf des Kartenfeldes, des zentralen Bereiches einer thematischen Karte. Der wesentlichste Teil des Kartenfelds ist die Sachdatenschicht, welche die Daten in geeigneter Form wiedergibt und in das räumliche Netz der Grundkarte eingebettet ist. Variationen bei der Darstellungsform der Sachdaten verändern nicht nur das äußere Erscheinungsbild, sondern auch die inhaltliche Aussage der Karte. Deshalb zählt ihre inhaltliche Festlegung, unabhängig von Farben, Strichstärken etc., nicht zur Kartengestaltung (vgl. 2.5), sondern zum Entwurf.

Bei der Durchsicht der für die Computerkartographie wichtigsten Darstellungsformen (vgl. 2.3) fällt auf, daß sich die meisten Formen für verschiedene Datentypen eignen. Dies gilt auch in umgekehrter Richtung, d.h. die Daten können meist in vielen Formen umgesetzt werden, z.B. verschiedenen Diagrammtypen. Aber nur wenige der technisch möglichen Formen bringen die Daten auch inhaltlich sinnvoll zur Geltung. Wird es versäumt, die Karte von den Daten ausgehend systematisch zu konzipieren und Alternativmöglichkeiten zu betrachten, werden leicht interessante räumliche Muster übersehen. Die folgenden Abschnitte gehen vom Sachdatentyp aus und bieten eine Hilfestellung bei der Auswahl der Darstellungsform. Dabei handelt es sich um Anregungen, denn *die* "richtige" Karte für einen Sachverhalt gibt es nicht. Es existieren immer mehrere sowohl kartographisch korrekte wie inhaltlich aussagekräftige Alternativen.

Tabelle 2.1. Charakterisierung der Sachdaten nach dem Skalenniveau

Skalenniveau	Eigenschaft	Beispiele
Nominal (Qualitativ)	Die Datenwerte sind nur durch eine Bezeichnung im Sinne eines Namens charakterisiert.	Geschlecht, Farbe, Gebäudenutzung, naturräumliche Gliederung
Ordinal (Qualitativ)	Die Datenwerte sind untereinander vergleichbar, beschränkt auf die Aussage größer, gleich oder kleiner. Sie können dadurch sortiert werden.	Schulnoten, Schwierigkeitsgrad einer Wanderstrecke
Metrisch (Quantitativ)	Den Datenwerten liegt eine konstante Maßeinheit, z.B. Meter oder Kilogramm, zugrunde. Mit den Daten kann gerechnet werden.	Fertilitätsrate, Bevölkerungsdichte, Temperatur, Gewicht, Umsatz

2.4.1 Darstellung qualitativer Daten

Qualitative Daten, das sind ordinal und nominal skalierte Variablen (vgl. Tabelle 2.1), müssen stets in Symbolkarten dargestellt werden (vgl. 2.3.1). Für die Auswahl der Symboltypen ist zu prüfen, ob die darzustellenden Phänomene gruppierbar sind oder ob Kombinationen vorkommen. In diesen Fällen sollten gruppierte bzw. kombinierte Symbolformen gewählt werden (vgl. Abb. 2.9). Ansonsten sind sprechende Symbole zu bevorzugen, was vor allem dann empfehlenswert ist, wenn eine große Zahl verschiedener Symbole eingesetzt werden soll. Sind die auf der Karte dargestellten Objekte von unterschiedlicher Bedeutung, kann dies durch entsprechende Symbolgestaltung veranschaulicht werden.

Die Abbildung 2.21 gibt ein Beispiel für die Symbolwahl. Die Bildungs- und Gesundheitssymbole sind jeweils als Quadrat- bzw. Kreissymbole gruppiert. Das Symbol für "Gesamtschule" stellt eine Kombination aus den Symbolen der einzelnen Schultypen dar. Die Bedeutung der wichtigsten Bildungs- und Gesundheitseinrichtungen ist durch die kräftige Füllung hervorgehoben. Für "sonstiges" wurden sprechende Symbole gewählt.

Abb. 2.21. Beispiel für die Auswahl von Symbolen zur Darstellung ausgewählter Infrastruktureinrichtungen

Beziehen sich die qualitativen Daten auf echt flächenhafte Erscheinungen, so können neben den abgebildeten Figurensymbolen auch Flächensymbole verwendet werden, d.h. homogene Flächen werden mit Füllrastern versehen.

Synthetische Karten. Flächensymbole sind auch für synthetische Karten geeignet. Diese zeigen zumeist strukturelle Gebietstypen, in deren Definition nicht nur statistische Daten, sondern auch Bewertungen eingegangen sind und die deshalb subjektiv beeinflußt sein können (Arnberger 1987, 20). Die Einzelelemente sind der synthetischen Aussage nicht mehr zu entnehmen.

> Charakterisiert eine synthetische Stadtkarte zum Beispiel bestimmte Gebiete als Villenviertel, Arbeiterviertel usw., so sind in die Abgrenzung der Typen wahrscheinlich gewisse Vorstellungen über das Einkommen und die Berufsstruktur der Bewohner, die Gebäudeformen etc. eingeflossen. Diese einzelnen Elemente können aber auf der Karte nicht mehr aufgelöst werden, selbst wenn die Typisierungsmethode im Text erläutert wird.

Die Verwendung synthetischer Karten ist nicht unproblematisch. Thematische Karten sollten, wo immer dies möglich ist, aus sich heraus verstehbar sein. Ihre Aussage soll sich dem Betrachter ohne zusätzliche textliche Erläuterungen eröffnen. Synthetische Karten können diese Bedingung nur dann erfüllen, wenn die verwendeten Begriffe und Korrelationsbedingungen als allgemein bekannt betrachtet werden dürfen.

2.4.2 Darstellung quantitativer Daten

Der Bereich quantitativer Daten umfaßt sehr unterschiedliche Variablentypen. Einige der wichtigsten werden deshalb in eigenen Abschnitten behandelt:

- zeitliche Veränderungen und Abläufe (vgl. Kap. 2.4.3)
- Richtungsdaten (vgl. Kap. 2.4.4)
- Zusammenhänge (vgl. Kap. 2.4.5)

Um Ordnung in die Vielfalt sonstiger quantitativer Daten zu bringen, ist es hilfreich, die darzustellende Variablenzahl sowie verschiedene Dateneigenschaften als Kriterien heranzuziehen. So ist beispielsweise von Bedeutung, ob es sich um *Absolutwerte* oder *Relativwerte* handelt und wieviele Variablen darzustellen sind. Eine weitere Eigenschaft betrifft den *Raumbezug* der Daten:

- *Flächenbezogene Daten* geben im Idealfall eine Eigenschaft eines homogenen Raumes wieder, zumindest einen auf den Raum bezogenen Mittelwert oder eine Summe.
- *Linienbezogene Daten* geben Eigenschaften einer linearen Struktur auf der Karte wieder. Beispiele sind der Schadstoffgehalt eines Flusses oder das Verkehrsaufkommen in einer Straße. Wichtig ist bei den genannten Fällen, daß nicht nur punktuelle Meßergebnisse dargestellt werden, sondern daß die Gül-

tigkeit der Werte jeweils für einen ganzen Linienabschnitt zumindest behauptet wird.
- *Punktbezogene quantitative Daten* beanspruchen nur für einen bestimmten Ort Gültigkeit. Dieser Ort kann ein Punkt sein, z.b. die Entnahmestelle einer Wasserprobe an einem Flußlauf, oder eine Fläche, die wegen des Kartenmaßstabs nur als Punktsymbol dargestellt wird, z.B. eine Stadt auf einer Europakarte.

Eine Variable. Wird nur eine Variable dargestellt, so kommen zwei Darstellungsformen in Betracht, *Choroplethenkarte* und *Symboldiagrammkarte* (vgl. Tabelle 2.2).
- Bei *punktbezogenen Daten* kommen nur Symboldiagramme in Frage.
- Auch bei *flächenbezogenen Absolutwerten* ist diese Form die beste.
- Für eine Variable mit *flächenbezogenen Relativwerten* ist dagegen die Choroplethenkarte zu bevorzugen.

Bei der Entscheidung zwischen Diagrammkarte oder Choroplethenkarte ist auch die Fragestellung ein zu berücksichtigendes Kriterium. Choroplethenkarten veranschaulichen sehr gut die Struktur des Raumes, stellen die Werte allerdings nur in klassifizierter Form dar, so daß die Einzelwerte der Gebiete nicht exakt ablesbar sind. Kommt es also weniger auf die Raumstruktur als auf die Präsentation der Einzelwerte an, so ist die Diagrammkarte überlegen.

Eine Kombination von Symboldiagramm- und Choroplethendarstellung läßt sich bei punktbezogenen Daten konstruieren. Jeder Punkt wird auf der Karte durch einen Kreis repräsentiert, der dann entsprechend der klassifizierten Variablen schraffiert wird.

Tabelle 2.2. Darstellungsformen für eine punkt- oder flächenbezogene quantitative Variable

	Punktbezogene Daten z.B. Hauptstädte Europas *	**Flächenbezogene Daten** z.B. Deutsche Bundesländer
Zeitliche Veränderungen	vgl. 2.4.3	
Richtungsdaten	vgl. 2.4.4	
Zusammmenhänge	vgl. 2.4.5	
sonstige Absolutwerte, z.B. Bevölkerungszahl	Symboldiagramme	Symboldiagramme
sonstige Relativwerte, z.B. Bevölkerungsdichte	Symboldiagramme	Choroplethen (Symboldiagramme)

* Der Punktbezug bezieht sich hier nur auf die Darstellung. Städte bestehen eigentlich aus Flächen, werden aber auf kleinmaßstäbigen Karten punkthaft dargestellt.

Linienbezogene Daten können über die Form, Farbe und Strichstärke der Linien visualisiert werden (vgl. Abb. 2.22). Nur die Strichstärke erlaubt hierbei eine stufenlose, das heißt nicht klassifizierte Darstellung der Werte. Allerdings sind gestufte Darstellungen sowohl einfacher herzustellen als auch besser lesbar.

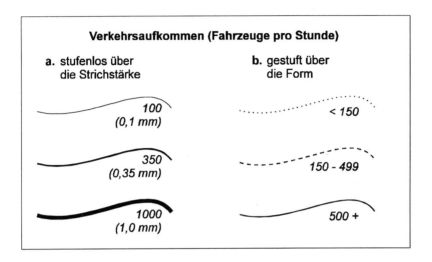

Abb. 2.22. Beispiele linienhafter Darstellung linienbezogener quantitativer Daten

Mehrere Variablen. Eine zentrale Forderung an jede Karte ist deren Übersichtlichkeit. Dies ist besonders dann zu beachten, wenn komplexe Sachverhalte mit mehreren Variablen dargestellt werden sollen. Im Interesse dieser Forderung ist die Zahl der in einer Karte dargestellten Variablen auf das absolut erforderliche Mindestmaß zu begrenzen. Insbesondere sollten nicht mehrere Variablen, die inhaltlich zueinander in keinem Sinnzusammenhang stehen, gemeinsam in einer Karte präsentiert werden, nur um Platz zu sparen. Auch bei inhaltlich begründbaren Zusammenhängen ist eine Beschränkung anzuraten. Hierfür können allerdings keine allgemeinen Prinzipien festgelegt werden. Kriterium sollte sein, daß die Karte die dargestellte Thematik tatsächlich visualisiert und nicht nur über langwieriges Lesen verstehbar ist.

Mehrere Variablen liegen bezüglich der Darstellung immer dann vor, wenn je Gebietseinheit mehr als ein Zahlenwert repräsentiert wird, also z.B. die Arbeitslosenquote und den Frauenanteil an den Arbeitslosen. Dies umfaßt auch Zeitreihen, z.B. die Bevölkerungszahl 1960, 1970, 1980 sowie gegliederte Variablen, z.B. Beschäftigte nach Wirtschaftssektor.

Die wichtigste Form zur Darstellung mehrerer Variablen ist die Diagrammkarte. Es gibt allerdings Fälle der Darstellung von zwei Variablen, in denen eine zweidimensionale Choroplethenkarte zu bevorzugen ist:

- Steht die Struktur des Gesamtraumes bei der Fragestellung völlig im Vordergrund, so kann die gute Visualisierung dieser Struktur durch die Choroplethenkarte den Nachteil des Genauigkeitsverlustes aufgrund der Klassifizierung ausgleichen.
- Soll die Karte sehr klein ausgegeben werden und sind viele Gebietseinheiten darzustellen, so sind Diagramme oft nicht mehr lesbar. Als ungefähre Richtschnur mag dienen, daß diese Möglichkeit in Erwägung zu ziehen ist, sobald die Zahl der Gebietseinheiten die Zahl der Quadratzentimeter des Kartenfeldes übersteigt.

Soll die Darstellung mehrerer Variablen mit einer Diagrammkarte erfolgen, so ist die Frage nach dem geeigneten *Diagrammtyp* zu klären. Der Typ ist unter Berücksichtigung der Variablenzahl und der Beziehung der Variablen zueinander auszuwählen.

- Für den *Vergleich zweier Variablen* eignen sich Sektorflügeldiagramme. Sie sind aber nur einsetzbar, wenn die beiden Variablen gleich skaliert sind, d.h. wenn die beiden Kreissektoren über eine einheitliche Legende erklärt werden können. Optimal ist diese Darstellungsform z.B. für die Darstellung bestimmter Bevölkerungseigenschaften, die getrennt für Männer und Frauen präsentiert werden (vgl. Abb. 2.19, Seite 53). Da die Größe der Sektorflügel flächenproportional berechnet wird, werden relativ kleine Unterschiede schlecht visualisiert. In diesem Fall sind Balkendiagramme besser geeignet.
- *Gegliederte Summen* sind über Stapelbalken- oder Kreissektordiagramme darstellbar. Kommt es stärker auf die absoluten Werte an, so sind Stapelbalken zu bevorzugen, Relationen dagegen, d.h. die Anteile der einzelnen Komponenten, werden besser von Kreissektordiagrammen veranschaulicht.
- Andere Datentypen, die von den bisher genannten Kriterien nicht erfaßt werden, sind im allgemeinen über *Balkendiagramme* darzustellen. Ist die Spannweite der Werteverteilung sehr groß, so ist die dreidimensionale Darstellung überlegen, es sei denn, die extremen Unterschiede in der Diagrammgröße bis hin zum optischen "Verschwinden" einiger Balken ist im Sinne der Kartenaussage erwünscht.

2.4.3 Darstellung zeitlicher Veränderungen und Abläufe

Die in thematischen Karten dargestellten Daten sind immer an einen bestimmten Zeitpunkt oder Zeitraum gebunden. Dieser zeitliche Bezug wird an geeigneter Stelle auf der Karte genannt und spielt bei der Interpretation des Kartenbildes eine erhebliche Rolle, besonders beim Vergleich verschiedener Karten für den gleichen Raum. Noch größere Bedeutung erlangt die zeitliche Dimension, wenn die Sachdaten für mehrere Zeitpunkte vorliegen und in einer Abbildung dargestellt werden sollen. Zum *räumlichen* Vergleich tritt dann der *zeitliche* Vergleich hinzu.

Im wesentlichen gibt es vier Möglichkeiten, zeitliche Veränderungen kartographisch umzusetzen (vgl. Tabelle 2.3), nämlich mit Hilfe von Choroplethenkarten, einer Karte mit Zeitreihendiagrammen, der Darstellung eines statistischen Veränderungsindikators oder schließlich durch eine Kombination der genannten Möglichkeiten. Welche Darstellungsform jeweils zu bevorzugen ist, hängt wesentlich von folgenden Faktoren ab:

- *Dateneigenschaften*: Liegen stetige oder diskrete Daten vor?
  Daten sind *stetig*, wenn zu jedem beliebigen Paar erhobener Daten ein Datenwert existiert, der zwischen diesen Zeitpunkten liegt. Es ist in der Praxis äußerst selten, daß stetige Daten im beschriebenen mathematischen Sinn vorliegen. Wird aber eine gewisse Kontinuität zeitlicher Verläufe angenommen, so können viele Daten als stetig akzeptiert werden. In diesen Fällen kann die Darstellungsform des Kurvendiagramms benutzt werden, in den anderen Fällen ist das Balkendiagramm zu bevorzugen.

  > Liegen zum Beispiel stündlich gemessene Temperaturwerte vor, kann davon ausgegangen werden, daß zwischen den Meßzeitpunkten keine extremen Schwankungen stattgefunden haben. Die Darstellung kann in Kurvenform erfolgen, obwohl streng mathematisch keine Stetigkeit vorliegt.

  > Soll die Karte eine Zeitreihe von Bevölkerungszahlen darstellen, die in 10-Jahres-Abständen vorliegen, so sind die Daten nicht stetig, sondern diskret. Es ist nicht unwahrscheinlich, daß zwischen den einzelnen Zeitpunkten erhebliche Schwankungen der Einwohnerzahl stattgefunden haben. Deshalb sollte die Balkendarstellung der Kurvenform vorgezogen werden.

- *Anzahl der räumlichen Einheiten*
  Je größer die Anzahl räumlicher Einheiten ist, desto einfacher muß die Darstellung sein. Kurvendiagramme lassen sich zum Beispiel nicht mehr sinnvoll ablesen, wenn sie zu klein werden. Bei sehr vielen Gebietseinheiten kann unter Umständen eine symbolhafte Darstellung der zeitlichen Veränderung, zum Beispiel in Kategorien wie Zunahme, Stagnation oder Abnahme die räumliche Aussage am besten vermitteln.

- *Raumbezug*, d.h. Fläche, Linie oder Punkt, und *Fragestellung*: Soll die zeitliche Entwicklung der Teilgebiete oder die Raumstruktur in Abhängigkeit von der Zeit im Vordergrund stehen?
  Raumstrukturen werden am besten durch Choroplethenkarten visualisiert. Flächenbezogene Daten für mehrere Zeitpunkte können über mehrere Choroplethenkarten dargestellt werden, allerdings nur unter bestimmten Bedingungen bezüglich der Anzahl an Variablen und Zeitpunkten (s.u.). Punktbezogene Daten lassen sich nur über Symbole oder Diagramme darstellen.

- *Anzahl der Variablen und Anzahl der Zeitpunkte*
  Ob eine einzelne Variable für mehrere Zeitpunkte vorliegt, ob es eine gegliederte Variable ist oder ob es mehrere verschiedene Variablen sind, ist für die

Darstellungsart von großer Bedeutung, ebenso wie die Anzahl der Zeitpunkte. Die Thematik wird im folgenden ausführlicher behandelt.

Eine Variable für mehrere Zeitpunkte. Wenn nur eine einzige Variable, wie z.B. die Arbeitslosenrate oder die Niederschlagsmenge für mehrere Zeitpunkte vorliegt, so besteht eine Vielzahl von Möglichkeiten für deren kartographische Umsetzung. Einige davon sind:

- Flächenbezogene Variablen können in *Choroplethenkarten* dargestellt werden. Mehrere Zeitpunkte sind durch eine mehrdimensionale Choroplethenkarte oder durch *mehrere nebeneinandergestellte* Choroplethenkarten darstellbar, beide Darstellungsmöglichkeiten erlauben allerdings nur eine begrenzte Anzahl an Zeitpunkten.

   In der Abb. 2.14a auf Seite 45 werden zwei Zeitpunkte durch zwei nebeneinandergestellte Choroplethenkarten dargestellt. Die Legende, d.h. die Klassifizierung, ist beiden Karten gemeinsam.

   Diese Form hat den Vorteil, daß sich die Raumstrukturen zu allen beteiligten Zeitpunkten gut erkennen lassen. So läßt sich auch der Wandel der Raumstruktur sehr leicht optisch erschließen. Nachteile bestehen darin, daß die Veränderungen in den Teilgebieten relativ umständlich abzulesen sind und daß mehrere Karten relativ viel Platz beanspruchen. Deshalb und aus Gründen der Übersichtlichkeit sollten nur so viele Zeitpunkte mit dieser Methode dargestellt werden, daß alle Karten inklusive Legende auf eine Seite oder Doppelseite passen.

- Die zeitliche Veränderung kann mit einer *Diagrammkarte* dargestellt werden. Es kommen verschiedene Diagrammformen in Frage. Bei zwei Zeitpunkten sind Sektorflügeldiagramme gut geeignet, bei maximal 10-12 Zeitpunkten Balkendiagramme. Kurvendiagramme können auch längere Zeitreihen darstellen. Es läßt sich gut ablesen, wie sich die einzelnen Teilgebiete auf der Karte verändert haben und ob es zusammenhängende Regionen auf der Karte gibt, in denen Zu- oder Abnahme überwiegt. Die Struktur des Gesamtraumes zu den einzelnen Zeitpunkten ist dagegen schlecht erkennbar.

- Wenn nur zwei Zeitpunkte vorliegen, ist es leicht möglich, der kartographischen Darstellung einen rechnerischen Arbeitsschritt vorzuschalten. Durch die Bildung eines Indikators, zum Beispiel einer *Veränderungsrate* in Prozent, reduziert sich die Variablenzahl auf eins, so daß die Darstellung sich vereinfacht und die Daten beispielsweise durch eine Choroplethen- oder Symboldiagrammkarte abgebildet werden können. Vorteile hat diese Methode dann, wenn in erster Linie die Veränderung selbst die Fragestellung ist und die Struktur zu bestimmten Zeitpunkten von untergeordnetem Interesse ist.

   Besteht beispielsweise die Fragestellung darin, die Wirksamkeit der Arbeitsmarktpolitik in verschiedenen Regionen anhand der Veränderung der Arbeitslosenrate zu analysieren, so wäre es vorteilhaft, ein Maß für die Veränderung der Rate zu berechnen und darzustellen. Wie hoch die Arbeitslosenrate in den einzelnen Regionen aber tatsächlich ist, ist auf dieser Karte nicht zu erkennen.

Bei mehr als zwei Zeitpunkten können mehrere Veränderungsraten berechnet werden, jeweils von einem Zeitpunkt zum nächsten. Diese sind dann in einer Balkendiagrammkarte darstellbar.

- Schließlich besteht die Möglichkeit der Kombination verschiedener genannter Methoden in einer *mehrschichtigen Karte*. Beispielsweise kann der letzte Zeitpunkt in einer Choroplethenkarte dargestellt werden, die von Diagrammen überlagert wird. Diese Diagramme stellen entweder die komplette Zeitreihe oder die Veränderungsrate dar. Genauso kann die Veränderungsrate als Choroplethenkarte dargestellt werden, die von Zeitreihendiagrammen überlagert wird.

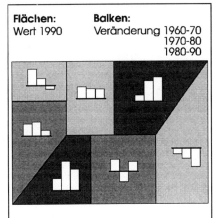

Abb. 2.23. Skizze einer Zeitreihendarstellung

Die Tabelle 2.3 faßt die wichtigsten Eigenschaften der genannten Darstellungsmethoden zusammen. Abbildung 2.23 zeigt eine Zeitreihendarstellung in Form einer mehrschichtigen Karte.

Tabelle 2.3. Vor- und Nachteile verschiedener Varianten der Zeitreihendarstellung
  A: je Zeitpunkt eine Choroplethenkarte
  B: eine Diagrammkarte der Zeitreihe (Balken, Kurven, Sektorflügel)
  C: Darstellung einer Veränderungsrate
  D: mehrschichtige Darstellung: Choroplethenkarte + Zeitreihendiagramm

	Darstellungsvariante			
	A	B	C	D
Anzahl der Zeitpunkte	wenige	viele	2	viele
Raumstruktur				
zu den einzelnen Zeitp.	++	–	--	O
ihre Veränderung	+	–	+	+
Werte der Teilgebiete	+	++	--	++
Veränderung in den Teilgeb.	–	++	++	++

Interpretierbarkeit: ++ sehr gut; + gut; O mäßig; - schlecht; -- nicht erkennbar

Mehrere Variablen für mehrere Zeitpunkte. Liegen Zeitreihen für mehrere Variablen vor, so ist zunächst zu fragen, ob diese Daten wirklich in dieser Komplexität in einer Karte dargestellt werden sollten. Häufig lassen sich Variablengruppen auf einen im Hinblick auf die jeweilige Fragestellung aussagekräftigen Indikator vereinfachen.

Zum Beispiel liegen als Daten für die EG-Länder die Zahlen der Erwerbstätigen gegliedert nach drei Wirtschaftssektoren für die Zeitpunkte 1960, 1970, 1980 und 1990 vor, also drei Variablen je Zeitpunkt. Die Fragestellung besteht in der Entwicklung des landwirtschaftlichen Sektors. In diesem Fall ist es sehr einfach, die landwirtschaftlichen Beschäftigten als absolute Zahl oder als Anteil herauszugreifen und die Variablenzahl damit auf eine je Zeitpunkt zu reduzieren. Wäre dagegen die Fragestellung der Wandel der Wirtschaftsstruktur insgesamt, so bliebe es bei der Mehrvariablendarstellung.

Es seien zwei Möglichkeiten der kartographischen Umsetzung genannt (vgl. Abb. 2.24):

- *Stapelbalkendiagramme* oder *Flächendiagramme* sind für die Darstellung gegliederter Variablen geeignet, d.h. beispielsweise für die Darstellung der Erwerbstätigen nach Wirtschaftssektoren. Beim Stapelbalkendiagramm beispielsweise wird für jeden Zeitpunkt ein gegliederter Balken gezeichnet. Bei stetigen Daten sind alternativ auch Flächendiagramme einsetzbar.
- *Gruppierte Balkendiagramme* sind auch einsetzbar, wenn es sich nicht um gegliederte Variablen handelt, sondern z.B. um zwei eigenständige Variablen wie die Arbeitslosenrate und das Bruttosozialprodukt. Dabei wird für jede Variable zu jedem Zeitpunkt jeweils ein Balken gezeichnet.

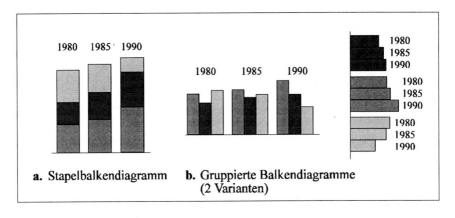

Abb. 2.24. Darstellung von Zeitreihen mehrerer Variablen

Die Darstellung anhand gruppierter Balkendiagramme wird leicht unübersichtlich und sollte deshalb nur gewählt werden, wenn die Balkenanzahl, die sich aus Variablen- und Zeitpunktzahl ergibt, insgesamt etwa 8-12 nicht übersteigt. Je größer die Zahl der Regionen, desto weniger Balken können erfaßt werden.

2.4.4 Darstellung von Richtungsdaten

Bei der Bearbeitung räumlicher Fragestellungen sind häufig räumliche *Bewegungen*, zum Beispiel Migrationsströme, ein zu berücksichtigender Faktor, der die Strukturen zwischen verschiedenen Zeitpunkten entscheidend beeinflussen kann. Die kartographische Darstellung ist ein Problem, da Bewegungen dynamisch sind, eine Karte hingegen statisch ist. Ähnlich ist die Problematik bei der Darstellung von *Beziehungen* zwischen Gebieten auf der Karte, zum Beispiel Zahlungsbilanzen zwischen Volkswirtschaften. Daten über räumliche Bewegungen oder Beziehungen werden im folgenden als *Richtungsdaten* bezeichnet.

Bei Richtungsdaten sind Ursprung und Ziel der Bewegung darzustellen. Zusätzlich können noch Richtung, Art und Stärke sowie eine zeitliche Komponente eingehen. Es handelt sich häufig um sehr komplexe Vorgänge, die entsprechende Probleme bei der kartographischen Umsetzung bereiten. Bereits an dieser Stelle sei vermerkt, daß keine befriedigenden automatisierten Lösungen für dieses Problem existieren, sondern fast immer individuelle Karten hergestellt werden müssen.

Tabelle 2.4. Beispiele für die Charakterisierung von Richtungsdaten

	ein Gebiet	mehrere Gebiete
eine Richtung	• Herkunft der Touristen auf Mallorca • Exporte aus Deutschland	• Zahlungsbilanzen zwischen den EG-Ländern
beide Richtungen	• Im- und Export von und nach Deutschland	• Migrationsströme zwischen den Bundesländern

Die am häufigsten angewandte Methode zur Veranschaulichung von Bewegungen sind *Pfeilkarten*. Die Pfeile können mit oder ohne quantitative Komponente dargestellt sein. Es gibt aber neben den Pfeilkarten noch weitere Möglichkeiten. Welche die beste Darstellungsform ist, hängt von der Charakteristik der Daten und von der Fragestellung ab. Bezüglich der Datencharakteristik sind folgende Unterscheidungen wichtig (vgl. Beispiele in Tabelle 2.4):

- Es ist zu trennen zwischen Richtungsdaten für ein einzelnes Gebiet auf der Karte und solchen Richtungsdaten, die mehrere Gebiete in einer Matrix verknüpfen.
- Es muß unterschieden werden zwischen Richtungsdaten, die jeweils nur für eine von zwei möglichen Richtungen vorliegen, und solchen Daten, die jeweils zwischen beiden Richtungen unterscheiden. Beziehungsdaten liegen häufig als Summe beider Richtungen vor. Kartographisch sind diese Fälle so zu behandeln, daß die Regionen ggf. durch Bänder anstelle von Pfeilen verbunden werden.

Daten für ein Gebiet. Im einfachsten Fall liegen die Daten nur für ein Gebiet und nur eine Richtung vor. Die Darstellung kann in diesem Fall auf verschiedenste Art erfolgen, z.B. über eine Symboldiagrammkarte (vgl. Abb. 2.25), bei der die Diagramme mit der Bezugsregion durch eine Linie verbunden sind. Auch Pfeilkarten sind möglich. Soll eine Choroplethenkarte erstellt werden, so müssen die Daten relativiert werden, indem sie zum Beispiel auf die jeweilige Bevölkerungszahl bezogen werden.

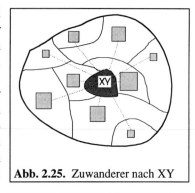

Abb. 2.25. Zuwanderer nach XY

Liegen die Daten jeweils für beide Richtungen vor, so können sie ebenfalls über Diagrammkarten dargestellt werden (vgl. Abb. 2.26). Pfeilkarten sind nur eingeschränkt sinnvoll, denn sie werden leicht unübersichtlich, wenn die Pfeile in beide Richtungen gehen und mehr als 4-5 Regionen beteiligt sind. Je nach Fragestellung sollte geprüft werden, ob ein Aufrechnen der beiden Richtungen gegeneinander, d.h. die Bildung eines Saldos, möglich ist. Dadurch halbiert sich die Zahl der Pfeile auf der Karte.

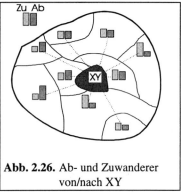

Abb. 2.26. Ab- und Zuwanderer von/nach XY

Daten für mehrere Gebiete. In diesem Fall sind alle Gebiete auf der Karte untereinander verknüpft. Bei Pfeildarstellung ergeben sich dadurch z.B. bei 10 Regionen insgesamt 45, wenn beide Richtungen darzustellen sind, sogar 90 Pfeile. Daraus wird ersichtlich, daß es sehr von Vorteil ist, eine Methode für die Reduzierung der Pfeilzahl zu finden, indem die bedeutendsten Beziehungen selektiert werden. Das kann z.B. dadurch geschehen, daß nur Bewegungen ab einer bestimmten Größe dargestellt werden oder dadurch, daß die zwei größten Bewegungen je Region ausgewählt werden (vgl. Abb. 2.27).

Diagrammkarten sind zwar möglich, aber nicht sehr anschaulich, zum Beispiel wenn in jede Region ein Balkendiagramm mit den Bewegungen nach bzw. aus den anderen Regionen gesetzt wird. Unter Umständen ist es wirkungsvoller, die Daten vor der kartographischen Darstellung zu vereinfachen, z.B. indem Salden berechnet oder die Bewegungen für jede Region nach Himmelsrichtungen gruppiert und dann in einem Winddiagramm dargestellt werden.

2.4 Darstellung der Sachdaten 67

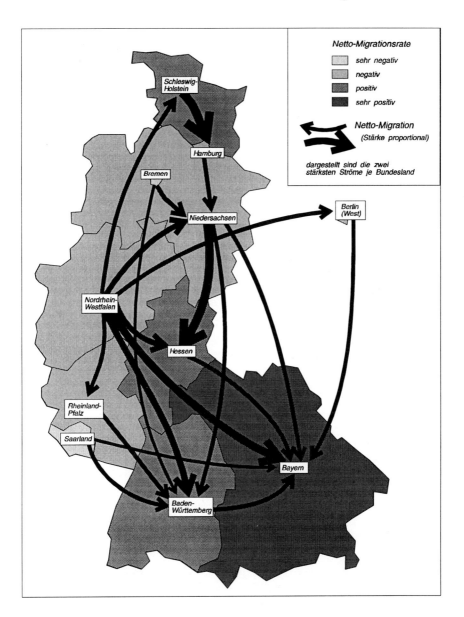

Abb. 2.27. Skizze einer Pfeilkarte

2.4.5 Darstellung von Zusammenhängen

Mit der kartographischen Darstellung wird meist mehr als nur die Präsentation der Daten beabsichtigt. Vielmehr soll eine Karte Strukturen und Zusammenhänge erkennen lassen. Am besten lassen sich durch thematische Karten solche Strukturen zeigen, bei denen eine Variable in Abhängigkeit zum Raum steht, also beispielsweise Zentrum-Peripherie-Gefälle oder Nord-Süd-Gegensätze. Allerdings ist der Raum selbst nur selten die unmittelbare Ursache für die sichtbaren Disparitäten, sondern er wirkt mittelbar über andere Variablen.

> Zeigen sich zum Beispiel auf einer Karte des Lebensstandards in Europa ein Nord-Süd- und ein West-Ost-Gefälle, so ist nicht die Lage bestimmter Regionen im Norden, Süden, Osten oder Westen die eigentliche Ursache. Vielmehr sind es unterschiedliche politische und wirtschaftliche Strukturen, die sich räumlich gruppieren.

Diese *erklärenden Variablen* lassen sich häufig schwer operationalisieren, d.h. anhand aussagekräftiger Indikatoren statistisch belegen. Wenn dies aber möglich ist, so kann der Zusammenhang zwischen den Variablen auf der Karte visualisiert werden. Die Visualisierung kann auf mehreren Wegen erfolgen:

- über eine Diagrammkarte, z.B. mit Balkendiagrammen, die alle beteiligten Variablen darstellt. Hierbei ist darauf zu achten, daß Berechnung der Indikatoren und Skalierung der Balken so vorgenommen werden, daß ein evtl. bestehender Zusammenhang auch sichtbar wird (vgl. 2.3.3).
- über eine zweidimensionale Choroplethenkarte (vgl. 2.3.2).
- über eine mehrschichtige Karte, in der die Darstellung der präsentierten Variablen über- oder unterlagert wird von einer Darstellung der erklärenden Variablen.

Nähere allgemeine Richtlinien für die Auswahl der Darstellungsform sind wegen der Unterschiedlichkeit der möglichen Darstellungsinhalte nicht möglich.

2.5 Gestaltung

Die bisherige Darstellung beschränkte sich auf den *Entwurf* von thematischen Karten. Aufgrund der Vorgaben durch das Kartenthema sowie die damit verbundenen Daten sind die Grundkarte und der Kartentyp festgelegt. Die *Gestaltung* der einzelnen Elemente sowie der Karte als Ganzes wurde bisher nicht betrachtet. Auch wenn die grundlegenden Strukturen bereits feststehen, gibt es noch viele unterschiedliche Möglichkeiten, die Karte zu gestalten und dadurch die Qualität der Informationsvermittlung wesentlich zu beeinflussen. Häufig ist es erst die Gestaltung der Karte, die den Sachverhalt klar erkennbar macht.

Im folgenden wird die thematische Karte nach graphischen Gesichtspunkten zerlegt, und die einzelnen Elemente werden im Hinblick auf ihre Gestaltungsmöglichkeiten vorgestellt. Die Grundlage bilden die graphischen Grundelemente als Ausgangsformen für alle weiteren Betrachtungen. Es folgen die Möglichkeiten, die kartographischen Ausdrucksformen auszuarbeiten und das Layout zu bestimmen.

2.5.1 Graphischer Aufbau

In Abschnitt 2.1 wurde die Karte nach formalen und inhaltlichen Gesichtspunkten gegliedert. Die formale Gliederung kann weiter verfeinert werden. Sowohl das Kartenfeld als auch der Kartenrahmen lassen sich in weitere Teile zerlegen, wobei diese Teile sehr unterschiedliche Feinheit aufweisen können. Der Kartenrahmen beinhaltet z.B. die Legende, eine Maßstabsangabe und Beschriftungen. Diese können weiter zerlegt werden, bis schließlich nur noch Punkte, Linien und Flächen bleiben.

Prinzipiell lassen sich drei Ebenen unterscheiden. Diese Ebenen einzeln zu betrachten, hat den Vorteil, daß sich die Gestaltungsmöglichkeiten dadurch besser systematisieren lassen. Abbildung 2.28 zeigt diese drei Ebenen schematisch; es werden unterschieden:

- Die *graphischen Grundelemente:* Sie sind die unterste Ebene jeder graphischen Darstellung. Es handelt sich um die Elemente Punkt, Linie und Fläche. Häufig werden die alphanumerischen Zeichen ebenfalls als Grundelemente behandelt.
- Die *graphischen Elemente:* Sie bilden die zweite Ebene und stellen komplexe Kombinationen der ersten Ebene dar, d.h. der graphischen Grundelemente. Es handelt sich dabei um Beschriftung, Legende, Kartenfeld usw. Im Gegensatz zu den Grundelementen sind die graphischen Elemente mit einer Aussage verbunden.
- Das *Zusammenspiel der graphischen Elemente:* Dies ist die 3. Ebene und damit die oberste Betrachtungsstufe. Im Vordergrund steht das sogenannte *Layout*, die harmonische und zielorientierte Anordnung der Ausdrucksformen in der thematischen Karte.

Wird die Sichtweise mit den drei Ebenen z.B. auf einen Text übertragen, so würden den graphischen Grundelementen die Buchstaben entsprechen, die in Form, Größe und Farbe variierbar sind. Die zweite Ebene sind die Worte, aus denen der Text, die dritte Ebene, entsteht.

70 2 Einführung in die thematische Kartographie

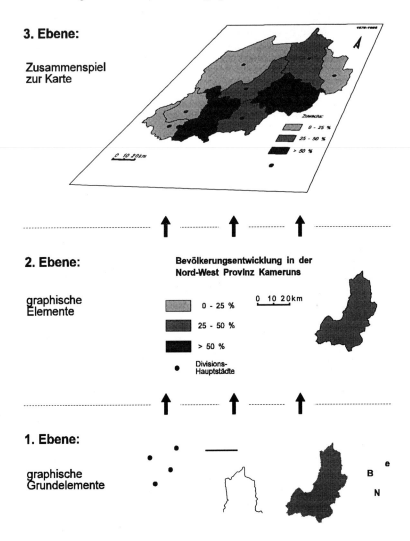

Abb. 2.28. Betrachtungsebenen einer thematischen Karte

Es ist notwendig, diese drei Ebenen getrennt zu betrachten, um den graphischen Aufbau einer Karte besser zu verstehen. Die Möglichkeiten, die eine kartographische Software bezüglich der Gestaltung bietet, sind im wesentlichen davon abhängig, welche Eigenschaften die graphischen Grundelemente annehmen können. Linienformen und -stärken, Schraffuren, Farben oder Graustufen von Flächen sind nur eine Auswahl von Eigenschaften, die die gestalterischen Möglichkeiten der Elemente beeinflussen. Die Mittel, die schließlich verfügbar sind, definierte Elemente anzuordnen, geben den Rahmen vor, in dem die Karte ausgearbeitet werden kann. Je vielfältiger die Möglichkeiten innerhalb einer Software sind, desto zielsicherer und kreativer kann ein Thema in eine Karte umgesetzt werden. Gleichzeitig nehmen Fehlerquellen zu und damit die Gefahr, die Aussage zu verfälschen.

2.5.2 Graphische Grundelemente

Jede Graphik, nicht nur die Karte, läßt sich in graphische Grundelemente als unterste Ebene zerlegen. Die Grundelemente Punkte, Linien und Flächen werden symbolhaft dargestellt, denn streng geometrisch hat z.B. ein Punkt keine Ausdehnung und kann deshalb nur durch ein Symbol dargestellt werden.

Die alphanumerischen Zeichen können ebenfalls als Grundelemente aufgefaßt werden. Strenggenommen sind sie zwar eine Kombination aus Punkten, Linien und Flächen und somit keine echten Grundelemente, aber in der Praxis werden Buchstaben, Ziffern und Sonderzeichen im Sinne eines Grundelements benutzt. Insbesondere für die Computerkartographie ist diese Unterscheidung von erheblicher Bedeutung. Kann eine Software auf fertige Elemente, d.h. vordefinierte Druckerschriftarten wie z.B. PostScript-Fonts zurückgreifen, so steht ein großer Vorrat hochauflösender Schriftarten zur Verfügung. Muß eine Software hingegen die alphanumerischen Zeichen selbst aus Linien und Punkten erzeugen, so sind Auflösung und Auswahl meist schlechter, was sich im Erscheinungsbild der Karte deutlich sichtbar niederschlägt. Ähnlich verhält es sich bei der manuellen Kartenherstellung. Die Unterscheidung ist hier zu machen zwischen dem freien Zeichnen der alphanumerischen Zeichen und dem Verwenden von vorgedruckten Klebezeichen.

Die drei symbolhaft dargestellten Grundelemente Punkt, Linie und Fläche können hinsichtlich ihrer Eigenschaften, im folgenden auch Attribute genannt, sehr unterschiedlich gestaltet werden. Theoretisch lassen sich sechs Attribute unterscheiden, und zwar Größe, Helligkeit, Form, Muster, Richtung und Farbe (Bernhardsen 1992, 216; Bertin 1974, 74; Monmonier 1991, 20). Die Variationsmöglichkeiten der einzelnen Attribute sind in Abbildung 2.29 wiedergegeben.

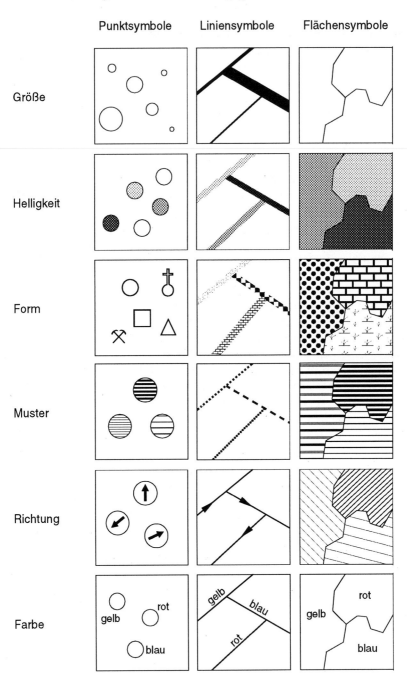

Abb. 2.29. Variationsmöglichkeiten der Grundelemente

Nicht alle Attribute sind in ihrer Variation für jedes der drei Grundelemente in gleichem Maße sinnvoll. Linien werden meist in Größe, Muster und Farbe variiert, weniger durch unterschiedliche Grautönung. Flächen sind dagegen häufig durch die Helligkeit, z.B. unterschiedliche Grautöne, gestaltet. Des weiteren werden die Attribute selten in reiner Form angewendet, sondern meistens kombiniert. Um z.B. Straßen darzustellen, werden die Linien in ihrer Größe, d.h. Breite, und in ihrer Farbe variiert, um dadurch den Straßentyp zu charakterisieren. Um Einbahnstraßen zu symbolisieren, können zusätzlich kleine Pfeile eingefügt werden.

Flächen werden nur selten durch ein einziges Attribut gestaltet, sondern es werden viele Attribute dazu genutzt, Schraffuren und Raster zu entwerfen. Sie werden aus den Attributen Helligkeit, Form, Muster und Richtung kombiniert. Flächenfüllungen in verschiedenen Dichte- und Größenstufen (vgl. Abb. 2.31) hinterlassen sehr unterschiedliche Wirkungen bezüglich der Helligkeit. So werden z.B. Graustufen häufig durch die Dichte und Größe von rasterartig angeordneten Punkten erreicht und sind genaugenommen keine echte Variante der Helligkeit, sondern der Form.

Wie die graphischen Grundelemente tatsächlich ausgestaltet werden, ist von den Eigenschaften der Daten, die dargestellt werden sollen, abhängig. Ein wichtiges Kriterium ist das Skalenniveau (vgl. Tabellen 2.1 und 2.5). Nominalskalierte Daten sind anders zu behandeln als metrische Daten. Wo dies möglich ist, sollten sich Dateneigenschaften in den Attributen wiederfinden, z.B. sollten metrische Datenwerte, die sich auf eine Fläche beziehen, durch kontinuierliche Grau- oder Farbabstufung dargestellt werden.

Ein weiteres Kriterium, das berücksichtigt werden muß, ist die Grenze der Lesbarkeit und Erfaßbarkeit der dargestellten Elemente. Alle Punkte, Linien und Flächen müssen so ausgestaltet sein, daß sie mit bloßem Auge leicht zu erkennen sind. Kreise mit einem Durchmesser kleiner als 0.15 mm sind mit dem Auge kaum noch wahrzunehmen, verwendete Linienstärken sollten immer größer als 0.1 mm sein, und Flächen sollten einen minimalen Durchmesser von 0.3 mm besitzen. Werden Elemente farbig dargestellt, müssen diese Minimalwerte angehoben werden. Weiterhin muß beachtet werden, daß alle Beschriftungen leicht lesbar sind.

Tabelle 2.5. Beispiele geeigneter Gestaltungsmöglichkeiten für die graphischen Grundelemente in Abhängigkeit vom Skalenniveau

	Nominalskala	Ordinalskala	Metrische Skala
Punkte	Form	Form, Größe	Größe, Helligkeit
Linien	Form, Muster	Form, Muster, Größe	Größe
Flächen	Figürliche Raster, Schraffuren	Schraffuren, Helligkeit	Schraffuren, Punktraster, Helligkeit

In der praktischen Anwendung sind eher Kombinationen von Attributen bedeutend als reine Attribute. Von besonderer Bedeutung für die kartographische Gestaltung sind die folgenden Attribute bzw. Attributkombinationen, auf die im Anschluß näher eingegangen wird:

- *Größe* von Punkten und Linien
- Helligkeit, Form, Muster, und Richtung von Flächen, d.h. *Schraffuren und Raster*
- Form und Muster von Linien, d.h. *Linientypen*
- *Farbe* für alle Grundelemente

Größe. Im Vergleich zu den anderen Attributen ist die Größe sicherlich eine der am häufigsten verwendeten Möglichkeiten, Punkte und Linien zu gestalten. Bei Punkten kann die Ausdehnung, bei Linien die Strichstärke variiert werden. Die Größe der Figuren bzw. die Strichstärke heben die unterschiedliche Bedeutung von Punkten und Linien hervor. Insbesondere bei den Punkten ist es eine gängige Methode, Variablen als flächenproportionales Diagramm darzustellen (vgl. 2.3.3). Bei den Flächen spielt die Variation der Größe keine Rolle, da die Flächen im Kartenfeld allgemein vorgegeben sind.

Abb. 2.30. Anwendung unterschiedlicher Strichstärken

Abbildung 2.30 zeigt das Bundesland Bayern. Die Landesgrenzen heben sich von den regionalen Grenzen ab, indem unterschiedliche Linienstärken verwendet werden. Für die politisch wichtigeren Grenzen wurde eine dickere Linie gewählt. Dadurch wurde ein Zusammenhang zwischen Strichstärke und politischer Bedeutung hergestellt.

Schraffuren und Raster. Unter *Schraffuren* versteht man die regelmäßige Anordnung von durchgezogenen Linien, dagegen bestehen *Raster* aus regelmäßig angeordneten Elementen, die aus Linien, Punkten oder figürlichen Darstellungen zusammengesetzt sind (vgl. Abb. 2.31). Unter der Helligkeit ist in erster Linie die subjektive Wahrnehmung der Grauwerte von Schraffuren und Rastern zu verstehen. Eine Abfolge von hell nach dunkel kann sowohl durch Schraffuren als auch durch Raster erzeugt werden. Allerdings sollten die Typen nicht gemischt werden, d.h. eine Reihe sollte beispielsweise entweder aus Punktrastern oder aus Linienschraffuren bestehen. Am gebräuchlichsten ist der Einsatz von Punktrastern. Bei der Gestaltung von Schraffuren und Rastern ist zu bedenken, daß nur eine begrenzte Anzahl leicht zu unterscheiden ist. So können z.B. nur 5 bis 6 Graustufen, die zwischen einem sehr hellen Grau und Schwarz angeordnet sind, unterschieden werden (Monmonier 1991, 22). Eine große Anzahl von dargestellten Klassen erschwert es wesentlich, den Karteninhalt schnell und korrekt zu erfassen. Sind viele Klassen unvermeidbar, kann z.B. die zusätzliche Variation der Farbe Abhilfe schaffen.

a. einfache Schraffuren

b. gekreuzte Schraffuren

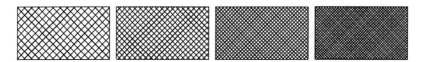

c. Punktraster, variiert in Größe bei gleichem Abstand

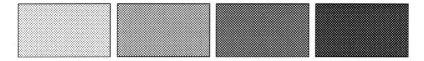

d. Punktraster, variiert in Abstand und Größe

e. figürliche Raster

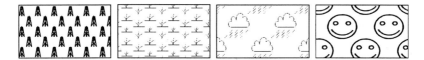

f. Raster aus Strichkombinationen

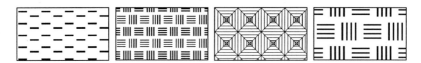

Abb. 2.31. Verschiedene Beispiele von Schraffuren und Rastern

Linientypen. Die Möglichkeiten, Linien zu variieren, sind im Vergleich zu Flächen bei weitem nicht so vielfältig. Es lassen sich Strichstärke, Farbe und Strichart unterscheiden (vgl. Abb. 2.32). Unterschiedliche Strichstärken sind geeignet, metrische Variablen darzustellen. Generell gilt, daß qualitative Unterschiede durch die Variation von Farbe und Form, quantitative Unterschiede durch die Strichstärke kenntlich zu machen sind (Wilhelmy 1990, 228). Durchgezogene Linien sind vorzugsweise geeignet, konkrete Sachverhalte, z.B. administrative Grenzen oder Eisenbahnlinien, darzustellen. Gestrichelte Linien sollten dagegen eher eingesetzt werden, um Sachverhalte darzustellen, die nicht genau bekannt oder von geringer Bedeutung sind.

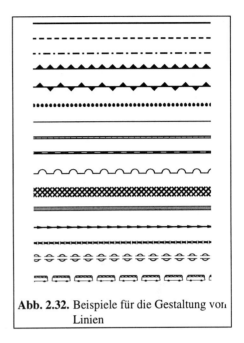

Abb. 2.32. Beispiele für die Gestaltung von Linien

Allgemeine Prinzipien. Unabhängig von der Art der Elemente und ihren Attributen lassen sich allgemeine Prinzipien formulieren, die beachtet werden sollten. Es ist grundsätzlich zu empfehlen, die formalen und inhaltlichen Eigenschaften der Daten so weit als möglich in die Gestaltung zu übertragen. So sollte die Ähnlichkeit von Sachverhalten und Daten in deren kartographischer Umsetzung zum Ausdruck kommen, und deutliche Unterschiede von Daten sollten sich ebenfalls in deren Darstellung wiederfinden. Die formalen Eigenschaften der Daten sind durch deren Skalenniveau weitgehend bestimmt und geben bereits vor, welche Attribute zweckmäßigerweise variiert werden können. Um z.B. metrischskalierte Variablen darzustellen, ist es sinnvoll, diese stetigen Daten durch kontinuierlich gestufte Attribute abzubilden. Der Zunahme der Merkmalsausprägung kann z.B. durch die Abnahmen der Helligkeit abstrahiert werden, d.h. je höher der Wert, desto dunkler die Füllung.

> Migrationsströme können durch Pfeile vom Ursprung zum Ziel dargestellt werden, wobei die Strichstärke des Pfeils proportional zur Stärke der Migration ist.
> Die Bevölkerungsdichte kann durch eine Abfolge von Grautönen dargestellt werden. Je dunkler die Graustufe, desto höher die Bevölkerungsdichte.
> Das Vorhandensein unterschiedlicher kultureller Einrichtungen kann durch die Wahl verschiedener Symbole dargestellt werden. Falls die Einrichtungen in ihrer Bedeutung gleich sind, sollten sie in ihrer Größe ähnlich sein.
> Die landwirtschaftliche Nutzung einer Fläche kann durch eine Auswahl von Rastern dargestellt werden, die sich aus sprechenden Symbolen zusammensetzt.

Die Bewertung der Güte von Böden bezüglich den ackerbaulichen Nutzungsmöglichkeiten kann durch Schraffuren erfolgen, wobei sich die zunehmende Güte in den Helligkeitsstufen der zugeordneten Schraffuren wiederfinden sollte.

Die räumliche Abgrenzung von Einflußbereichen, z.B. Einzugsgebiete von Einzelhandelseinrichtungen, sollte durch gestrichelte Linien erfolgen, da solche Gebiete in der Realität selten fest zugeordnete Grenzen besitzen.

2.5.3 Farbe

Mit Hilfe von Farbe lassen sich Karten vielfältig gestalten. Sie ist die wirkungsvollste Ausdrucksform, die allerdings nur verwendet werden kann, wenn das Ausgabemedium es zuläßt. Durch den farboptisch und psychologisch richtigen Einsatz von Farben kann die Aussage einer Karte um ein Vielfaches gesteigert werden. Gleichzeitig ist bei den Farben die Gefahr falscher Anwendung am größten.

Farben haben drei Eigenschaften: *Buntton*, *Helligkeit* und *Sättigung*. Mit diesen drei Eigenschaften läßt sich ein dreidimensionales Modell aufspannen, um Farben zu charakterisieren (vgl. Abb. 2.33). Der Buntton repräsentiert den sichtbaren Teil des Lichtes mit den Spektralfarben Rot, Orange, Gelb, Grün, Blau und Violett. Diesen bunten Farben des Spektrums stehen die unbunten Farben Schwarz und Weiß gegenüber. Die Helligkeit wird durch vergleichbare Graustufen charakterisiert. Bei der Sättigung handelt es sich um die Reinheit der Farbe in der Abfolge von reinen Farben auf der Außenfläche der Farbkugel zu den trüben Farben im Inneren.

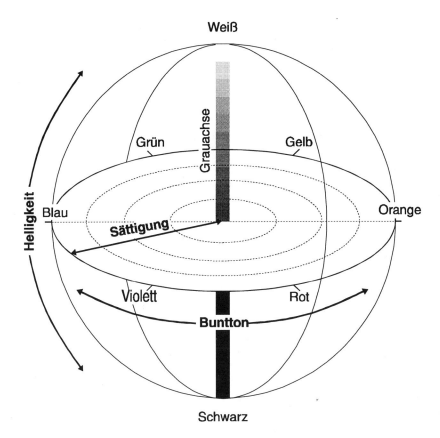

Abb. 2.33. Farbkugel (in Anlehnung an Schiede 1962, 26)

Beim praktischen Einsatz von Farben ist der Begriff Farbe streng vom Begriff Helligkeit zu trennen (Bertin 1974, 93). Die Farbe wird verändert, indem die Grundfarben anders zusammengesetzt werden, der Helligkeitswert entsteht durch die Zugabe von Schwarz oder Weiß (vgl. Abb. 2.34). Jede Farbe besitzt einen Helligkeitswert, der weder durch Weiß aufgehellt noch durch Schwarz abgedunkelt ist, die gesättigte Farbe (Bertin 1974, 93). Sie ist am auffälligsten. Je nach Anforderung ist es besser, die Farbe zu ändern oder die Helligkeit zu variieren. Letzteres ist z.B. besonders geeignet, um quantitative Unterschiede darzustellen.

Beim Einsatz von Farben sollten folgende allgemeine Regeln beachtet werden (Arnberger 1987, 60ff., ergänzt):

- Farben sollen möglichst *naturnah* ausgewählt werden. Mit vielen Objekten auf thematischen Karten werden bestimmte Farben assoziiert. In diesen Fällen sollten die entsprechenden Farben gewählt werden, z.B. Flüsse und Wasserflächen werden bevorzugt in Blau dargestellt, Wiesen in Grün, Siedlungen in Rot usw.

- Der *Empfindungswert* von Farben sollte berücksichtigt werden. Da blaue Farbtöne kalt wirken, können damit z.B. kühle, mit grünen Farben feuchte Klimate dargestellt werden. Rote Farben stehen dagegen für warme Klimate. Die Bindung von Farben an Symbole sollte ebenfalls berücksichtigt werden, z.B. Gold wird mit der Farbe Gelb assoziiert.
- Es sollte eine *harmonische Auswahl* der Farben erfolgen. Eine Hilfe bietet dabei der Farbkreis von Schiede (1970). In diesem Farbkreis können harmonische Farben ermittelt werden, indem die im Kreis enthaltenen geometrischen Figuren gedreht werden. Für vier harmonische Farben ergeben sich z.B. Gelb, Orange, Blau und Violett.
- Die *Helligkeit* gesättigter Farben kann bewußt eingesetzt werden. Die geringste Helligkeit hat die Farbe Gelb. Sie steigert sich im Farbkreis (vgl. Abb. 2.34 und Abb. 2.35) sowohl über die Farben Grün-Blau als auch über die Farben Orange-Rot bis Violett. Diese Ausdrucksform ist besonders geeignet, um die Wertigkeit einer Rangfolge auszudrücken. Je höher der Rang, desto dunkler die Farbe.
- Farben haben eine sehr unterschiedliche *Leuchtkraft*. Gelb wirkt z.B. sehr leuchtend und hell und ist damit Weiß am ähnlichsten. Rot, Blau und Violett wirken dagegen sehr dunkel, sie verfügen über eine niedrige Leuchtkraft. Um Einzelheiten hervorzuheben, kann die Leuchtkraft der Farben eingesetzt werden.
- Die internationale *Standardisierung* von Farbzuweisungen sollte immer beachtet werden. In ausgewählten Gruppen thematischer Karten sind die zuzuordnenden Farben durch Regeln festgelegt. In Geologischen Karten sind die Farben für die Erdzeitalter festgelegt, z.B. Jura in Blau, Kreide in Grün usw. Daneben existieren noch Themen, deren Farbgebungen zwar nicht verbindlich bestimmt sind, sich aber weitgehend an allgemein anerkannte Regeln halten. Ein Beispiel ist die Zuordnung von Farben zu Anbauflächen in der Landwirtschaft, im allgemeinen werden für Grünland und Futterpflanzen Grüntöne verwendet, für Kulturarten im Ackerbau Gelb- und Orangetöne sowie für Sonderkulturen Rottöne.

Neben diesen mehr allgemeinen Regeln lassen sich folgende, mehr pragmatische Hinweise formulieren (Wilhelmy 1990, 235; Scholz, Tanner u. Jänckel 1983, 73; ergänzt):

- Beachtung von *Simultankontrasten*. Bei gleichzeitigem Auftreten mehrerer Farben nebeneinander können sich diese beeinflussen. So wirken z.B. grüne Flächen in blauer Umgebung gelblich. Dieser Effekt tritt besonders dann stark hervor, wenn kleine Flächen in größere eingebettet sind.
- Große, ausgedehnte Flächen sollten in helleren Farben dargestellt werden, kleine Flächen in kräftigeren Farben.
- Damit die Karte geschlossener wirkt, können Rand- und Eckgebiete in intensiveren Farben dargestellt werden.
- Weiß sollte nur zur Darstellung von fehlenden Werten verwendet werden, da dies allgemein so üblich ist.

- Schwarz sollte nicht flächig verwendet werden, da es sonst andere Farben erdrückt.
- Das zentrale Thema einer Karte sollte auch mit der intensivsten Farbgruppe dargestellt werden. Eine Karte sollte nicht durch eine Farbe beherrscht sein, die inhaltlich für das Thema unbedeutend ist.
- Um quantitative Abfolgen darzustellen, empfiehlt es sich, eine Farbe in verschiedenen Helligkeitsstufen zu verwenden. Allzu bunte Karten mit vielen verschiedenen Farben sollten vermieden werden, weil die Farben dann vom eigentlichen Thema ablenken.
- Ähnliche Sachverhalte sollten durch ähnliche Farben dargestellt werden, d.h. sie sollten im Farbkreis nahe beieinander liegen.
- Punkte und Linien sollten durch gesättigte Farben dargestellt werden, da sich diese besser von der Umgebung abheben. Generell sind Schwarz, Dunkelgrau, Dunkelbraun, gesättigtes Violett, Blau, Rot und Grün geeignet, wobei die Farbe sich deutlich vom Untergrund abheben muß.
- Punkte und Linien, die von großer Bedeutung sind, sollten schwarz dargestellt werden.

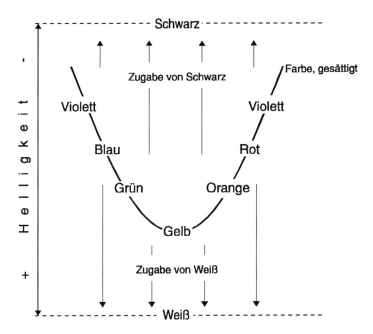

Abb. 2.34. Farbe und Helligkeit

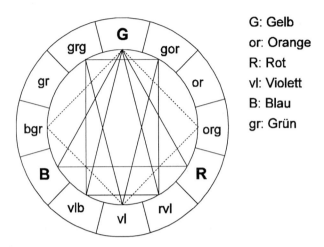

Abb. 2.35. Harmonische Farbzusammenstellung nach H. Schiede (Arnberger 1987, 62)

Selbst wenn alle Regeln der Farbgebung berücksichtigt werden, ist die Farbwahl letztendlich immer noch von der Gesamtkomposition der thematischen Karte abhängig. Die Gestaltung in bezug auf Thema und Zielgruppe der Karte sind die wichtigsten Kriterien, die über die Farbwahl entscheiden. Schließlich ist es häufig notwendig, daß die Abstimmung der Farben für jede Karte individuell gelöst werden muß, da die Wirkung von Farben sehr stark vom gesamten Arrangement der Karte abhängt.

Der Einsatz von Farben spielt z.Z. noch eine untergeordnete Rolle, da zum einen geeignete Ausgabegeräte selten verfügbar sind und zum anderen die Reproduktionskosten von Farbkarten sehr hoch sind.

Anwendung digital definierter Farben. Um Farbe am Computer zu verarbeiten und zu standardisieren, ist es notwendig, diese zahlenmäßig exakt zu beschreiben, da Begriffe wie Hellrot oder Moosgrün nicht eindeutig sind. Die Wirkung der Farbe ist jedoch ein Sinneseindruck, der nicht mit physikalischen Größen beschrieben werden kann (Schläpfer 1991, 8). Das äußert sich z.B. dann, wenn eine völlig identische Farbe in unterschiedlichen Umgebungen dargestellt ist. Die Wahrnehmung des gleichen Rots ist unterschiedlich, wenn es einmal in einer blauen Umgebung und einmal in einer grauen Umgebung dargestellt ist. Dieser Effekt trägt den Namen Simultankontrast. Ein anderes Problem ist die unterschiedliche Gewichtung von Farbe im Farbraum. Unterschiede in dunklen Farben werden weniger stark gewichtet als in hellen Farben oder in Grautönen (Schläpfer 1991, 8).

Farbmodelle. Für die praktische Arbeit in der digitalen Bildverarbeitung werden unterschiedliche Modelle angewendet. Dabei kann es sich um eine Sammlung von Farbmustern handeln, wie sie in Form von Farbpaletten von einer Vielzahl von graphischer Software angeboten wird, oder von Modellen, die Farbe durch Zahlenwerte beschreiben, wobei dazu mindestens drei Dimensionen notwendig sind. Neben dem Angebot von Farbpaletten sind in der graphischen Verarbeitung von Farben folgende drei Modelle stark verbreitet:

- RGB-Modell: Farben werden über die Zusammensetzung aus **R**ot, **G**rün und **B**lau definiert
- CMYK-Modell: Farben werden durch die Grundfarben Zyan (**C**), **M**agenta (M), Gelb (**Y**) und Schwarz (**K**) definiert
- HSB-Modell: Farben werden durch die Größen Farbton (**H**ue), Sättigung (**S**aturation) und Helligkeit (**B**rightness) definiert. Dieses Modell erscheint teilweise auch unter der Bezeichnung IHS (**I**ntensity, **H**ue, **S**aturation).

Beim RGB- und beim CMYK-Modell werden Grundfarben gemischt, um dadurch entsprechende Mischfarben zu erzielen. Die Grundfarben sind dabei genormt wie z.B. die Grundfarben der Europaskala nach DIN 16539. Abbildung 2.36 zeigt die Farben des RGB- und CMYK-Modells bei additiver Farbmischung, d.h. die Farbreize werden optisch gemischt, wie dies bei einer Übereinanderprojektion der Fall ist. Die Abbildung zeigt die Projektion von drei Diaprojektoren, die jeweils mit einem Rot-, Grün- und Blaufilter ausgestattet sind, wobei in den Überschneidungsflächen die Farben Magenta, Gelb, Zyan und Weiß entstehen (Schoppmeyer 1991, 25ff.).

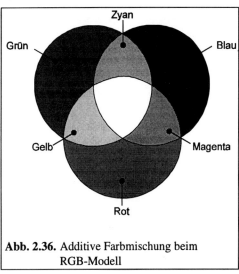

Abb. 2.36. Additive Farbmischung beim RGB-Modell

Das CMYK-Modell basiert auf dem Vierfarbendruck. Durch das Mischen der vier Farben kann jede Farbe gebildet werden. Einer der wesentlichen Vorteile dieses Systems ist es, daß Farbtabellen verwendet werden können. Diese Farbtabellen, wie z.B. das TrueMatch-System, zeigen die Ergebnisse, die sich aus der Mischung der vier Farben ergeben. Zu jeder Farbe ist der prozentuale Anteil der vier Grundfarben angegeben, die wiederum zur Definition der Farben in der Software verwendet werden können. In Tabelle 2.6 sind die Mischverhältnisse ausgewählter Farben wiedergegeben. Farbtabellen, die auf dem CMYK-Modell basieren, können käuflich erworben werden und ermöglichen es somit, das Ergebnis einer farblichen Gestaltung mit einiger Sicherheit bereits im Vorfeld abzuschätzen.

Tabelle 2.6. Beispiele für das Mischen von Farben im CMYK-Modell

Farbe	Zyan	Magenta	Gelb	Schwarz
Orange	0 %	60 %	100 %	0 %
Marineblau	60 %	40 %	0 %	40 %
Braun	0 %	20 %	40 %	40 %
Rot	0 %	100 %	100 %	0 %

Gedruckte Farben. Die am Bildschirm sichtbaren Farben und die Farben auf einem analogen Ausgabemedium sind im Normalfall nicht identisch. Die gedruckten Farben sind von einer Reihe von Faktoren abhängig und können erhebliche Unterschiede aufweisen. Die beeinflussenden Faktoren sind:

- Die *Art des Ausgabegeräts* (vgl. Abschnitt 3.1).
- Die *Art des Druckpapiers*, wobei der Weißton und das Reflexionsverhalten die Farbe beeinflussen. Für die meisten Ausgabegerät gibt es ein optimal abgestimmtes Papier im Zubehörhandel.
- Die *verwendeten Farben* orientieren sich im allgemeinen an einer Norm, z.B. der Europaskala nach DIN 16539, können sich jedoch in Abhängigkeit des Herstellers, des Alters, der Lagerbedingungen und anderer Faktoren unterscheiden.

Um die Verwendung von Farben zu vereinfachen, ist es meist sinnvoll, sich für die vorhandenen Ausgabegeräte einen Farbatlas zu erstellen und die Farbauswahl auf dieser Grundlage zu treffen. Ein solcher Farbatlas kann im allgemeinen nicht in einer Kartographiesoftware, sondern muß in einem Graphikprogramm erstellt werden, das über die entsprechenden Farbmodelle verfügt, so daß eine kontrollierte Mischung der Grundfarben möglich ist. Das Ausgabegerät, die verwendeten Farben und das Papier müssen für alle Ausdrucke konstant sein. Ändern sich eine oder mehrere dieser Komponenten, ist prinzipiell ein neuer Farbatlas zu erstellen. In Abbildung 2.37 ist ein Ausschnitt eines Farbatlas dargestellt, er zeigt deutlich den Aufwand. Werden die drei Grundfarben Zyan, Magenta und Gelb mit einer Abstufung von 10 Klassen gemischt, ergeben sich insgesamt 1.000 verschiedene Farben. Durch die Hinzunahme von Schwarz ergeben sich weitere Farbnuancen.

Ein Kompromiß zu einem Farbatlas kann die Entwicklung ausgewählter Farbpaletten sein. Hilfreich ist es, Farbabfolgen zu definieren, z.B. eine Abfolge von 6 Farben von Gelb über Orange bis Rot, die dann bei der Gestaltung der Karten eingesetzt werden.

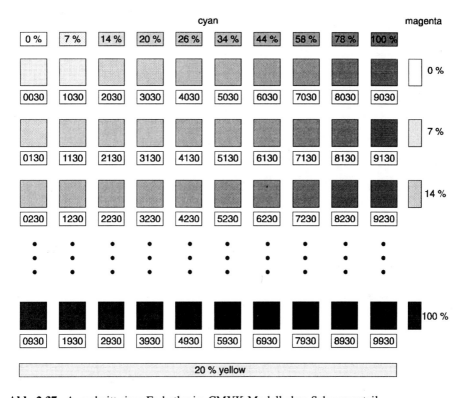

Abb. 2.37. Ausschnitt eines Farbatlas im CMYK-Modell ohne Schwarzanteil

Pantone-Farbsystem. Der in der Praxis häufig verwendete Vierfarbdruck ist äußerst leistungsfähig, jedoch ist er mit einem hohen Aufwand und einer sehr großen technischen Präzision beim Druckvorgang verbunden. Die übereinander zu druckenden Farben müssen hinsichtlich Frequenz und Winkelung des Rasters so angepaßt werden, daß keine störenden Muster entstehen. In der thematischen Kartographie werden meist nur wenige Farben verwendet. In solchen Fällen ist es besser, die Farben direkt aufzudrucken, d.h. sie werden als Volltonfarben auf das Papier aufgebracht und nicht aus den Grundfarben gemischt. Ein Standard ist das Pantone-Farbsystem. Es stellt eine große Auswahl an Volltonfarben zur Verfügung und die Farben sind auf dem gesamten Produktions-

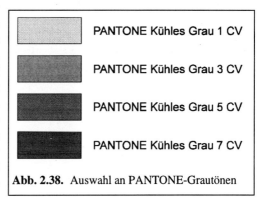

Abb. 2.38. Auswahl an PANTONE-Grautönen

weg eindeutig definiert. Jeder Farbe ist ein eindeutiger Namen zugeordnet. Zur Farbauswahl stehen Farbreferenzkarten bzw. -bücher zur Verfügung.

2.5.4 Beschriftungen

Die Beschriftung der Karte dient zweierlei Zielen: Erstens kann sie Orientierungshinweise im Kartenfeld geben, und zweitens erläutert sie das Thema. Das erste Ziel spielt in der thematischen Kartographie nur eine untergeordnete Rolle, weshalb sich die Beschriftung unter Umständen auf wenige Ausdrucksformen wie Titel und Legende beschränken kann (Hüttermann 1979, 24). Auf jeden Fall sollte die Beschriftung möglichst sparsam eingesetzt und auf das notwendige Maß reduziert werden.

Schrift kann in ähnlicher Weise wie die graphischen Grundelemente variiert werden. Unterschiedliche Farben sind ebenso einsetzbar wie Variationen von Helligkeit und Größe. Dabei ist immer auf das Ziel der Beschriftung zu achten, woraus sich häufig die Gestaltung ableiten läßt. Der Titel ist einer der wichtigsten Teile einer Karte, deshalb sollte eine große, vielleicht fette Schrift gewählt werden. Beschriebene Merkmale, die sich in ihrer Hierarchie unterscheiden, können durch die Variation der Schriftgröße deutlich gemacht werden. So sollte beispielsweise der Untertitel kleiner sein als der Titel, die Legendenbeschriftung keinesfalls größer als die Legendenüberschrift usw.

Die für die alphanumerischen Zeichen gebräuchlichen Gestaltungsmöglichkeiten sind in Abbildung 2.39 zusammengestellt. Es lassen sich Größe, Stil und Art verändern. Des weiteren können Vollformen und Hohlformen eingesetzt werden. Mit Hilfe des Wort- und Zeilenabstands der Buchstaben kann schließlich auf den Schriftzug insgesamt Einfluß genommen werden. Kombiniert ergibt sich daraus eine unüberschaubare Anzahl von Möglichkeiten, so daß für jede Aufgabe die passende Beschriftung gefunden werden kann.

Neben den allgemeinen Hinweisen, wie sie für die graphischen Grundelemente gelten, ist bei Beschriftungen folgendes zu beachten:

- Beschriftung sparsam verwenden. Der Inhalt einer Karte sollte visuell erfaßt werden kön-

Größe:	Times 8 Punkt
	Times 12 Punkt
	Times 16 Punkt
Art:	Arial
	Frankfurt Gothic
	Homeward Bound
	MOTOR
Stil:	Arial normal
	Arial fett
	Arial kursiv
	Arial fett-kursiv
Form:	Avalon Vollform
	Avalon fett Hohlform

Abb. 2.39. Eigenschaften von Schrift

nen und nicht erst gelesen werden müssen.
- Schriftzüge in Großbuchstaben vermeiden, da diese im Vergleich zur korrekter Groß- und Kleinschreibung sehr viel schwerer zu erfassen sind.
- Wesentliches hervorheben, Unwichtiges sollte sich in der Gestaltung widerspiegeln, z.B. durch kleine Schriftgrößen.
- Auf ausgefallene Schriftarten, wie z.B. Script, zumindest im wissenschaftlichen Bereich verzichten. Häufig sind diese Schriftarten nur schwer zu lesen, *was die hier in Script gehaltene Schriftprobe sicherlich bestätigt*. Geeignet sind die Schriftarten Helvetica und Times sowie artverwandte Schriften.
- Die bestehenden Möglichkeiten, Beschriftungen zu variieren, gezielt nutzen. Es dient meist nicht der Übersichtlichkeit einer Karte, zu viele unterschiedlich gestaltete Beschriftungen zu verwenden, dies gilt insbesondere für die Schriftarten. Es ist besser, Zusammengehöriges ähnlich zu gestalten. Die Legende kann z.B. in der gleichen Schriftart gehalten und Unterschiede mit Hilfe von Stil oder Schriftgröße verdeutlicht werden. Häufig ist es ein Vorteil für die Aussagekraft einer Karte, wenn die Anzahl der Schriftvariationen auf ein Minimum reduziert wird.

2.5.5 Legende, Kartenmaßstab und Nordpfeil

Bei der Legende, dem Kartenmaßstab und dem Nordpfeil handelt es sich um kartographische Ausdrucksformen, die aus einem komplexen Verband von Grundelementen bestehen und denen jeweils eine konkrete Aufgabe zufällt, nämlich gezielt die verwendeten Symbole zu erklären sowie die Ausdehnung und die Orientierung des Kartenfeldes zu beschreiben.

Legende. Die Legende erklärt alle in der Karte verwendeten Punkt-, Linien- und Flächensymbole und stellt somit eine Rekodierung dar. Sofern Diagramme verwendet wurden, müssen die Größenrelationen erläutert werden. Schon beim Entwurf der Darstellungsformen wird deshalb die Legende vorbestimmt. In diesem Arbeitsstadium steht nicht im Vordergrund, wie die Legende gestaltet und in die Karte integriert wird, sondern die Legende wird erstellt, um die Kodierung des Karteninhaltes sinnvoll festzulegen. Alle Symbole, wie z.B. verwendete Linientypen, Schraffuren, Raster usw. werden bestimmt. Damit ist noch nicht festgelegt, ob diese Auswahl letztendlich in der Karte realisiert wird, denn ein Kennzeichen der Computerkartographie ist es, daß die Merkmale der Objekte nachträglich relativ leicht abgewandelt werden können. Trotz dieses Vorzuges ist es wichtig, vor der Kartenerstellung die Kodierung der Inhalte weitgehend festzulegen und die nachträglichen Änderungen auf inhaltlich weniger bedeutsame Gestaltungsmerkmale zu beschränken. Das hilft dabei, die Inhalte des Kartenfelds möglichst verständlich und logisch zu entwerfen.

In der fertiggestellten Karte ist die Legende das wichtigste Objekt, das die Verbindung zwischen der Karte und dem Betrachter herstellt. Ohne Legende ist eine Karte in den meisten Fällen wertlos. Nur durch die Legende ist eine Inwertsetzung der Informationen der Karte möglich. Deshalb sollte sie mit besonderer Aufmerksamkeit gestaltet und positioniert werden. Die Legende kann unter Umständen sehr umfangreich sein, wenn sehr viele verschiedene Symbole verwendet wurden und diese sehr komplex sind, so daß viel Raum gebraucht wird, um die Inhalte zu erklären. Je nach der zu erwartenden Größe der Legende ist ausreichend Platz auf der Karte vorzusehen. Die wichtigsten Forderungen an eine Legende sind:

- Klare und übersichtliche Anordnung der Symbole und ihrer Beschreibung, so daß sich deren Inhalt schnell einprägt. Je besser eine Legende gestaltet ist, desto schneller kann der Inhalt einer Karte erfaßt werden.
- Wesentliches muß im Vordergrund stehen. Das Thema muß sich letztendlich immer in der Legende niederschlagen.
- Eindeutige Beschreibung der verwendeten Symbole. Es ist darauf zu achten, daß exakte und eindeutige Begriffe verwendet werden.
- Eindeutige Zuordnung des beschreibenden Textes zu den Symbolen.
- Anordnung der Legende in einem zusammenhängenden Block.
- Logischer Aufbau der Legende, d.h. Symbole ähnlicher Inhalte sollten in Gruppen angeordnet werden. Falls z.B. Verkehrswege Teil einer Karte sind, sollten diese untereinander stehen und aufgeschlüsselt werden und von den anderen Symbolen getrennt dargestellt sein. Ein wichtiges Mittel, um den logischen Aufbau zu unterstützen, ist der Einsatz verschiedener Schriftgrößen.

Besonders gründlich sind die Beschriftungen zu wählen, wenn metrische Daten rekodiert werden. Betroffen sind sowohl flächenproportionale Symboldarstellungen als auch Choroplethendarstellungen klassifizierter Daten. Im letzten Fall ist es wichtig, daß für jeden möglichen Wert eindeutig dargestellt ist, in welche Klasse er fällt. Dazu müssen die maximalen und minimalen Werte aller Klassen eindeutig benannt werden. Bei flächenproportionalen Darstellungen können die Proportionen, z.B. in der Form 1 mm^2 = 100 Einwohner, aufgelöst werden. Es ist jedoch immer besser, dies in Form von ausgewählt dargestellten Symbolgrößen zu rekodieren, da dadurch die Proportionen visuell auf direktem Wege erfaßt werden. Dabei sollten mindestens 3 Flächen dargestellt sein, wobei es häufig hilfreich ist, wenn der maximal dargestellte Wert darin enthalten ist. In Abbildung 2.40 sind einige wichtige Formen von Legenden beispielhaft dargestellt.

a. flächentreue Diagramme

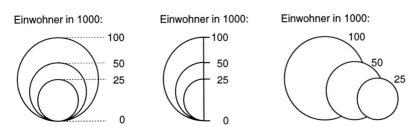

b. volumentreue Diagramme   c. klassifizierte Diagramme

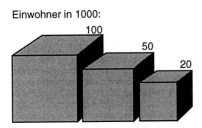 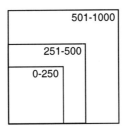

d. Flächen qualitativer Daten   e. Flächen quantitativer Daten

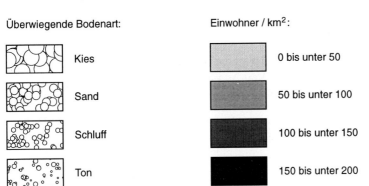

Abb. 2.40. Beispiele verschiedener Legenden

Kartenmaßstab. Der Maßstab gibt den Grad der Verkleinerung an, er ist das Verhältnis des verkleinerten Karteninhalts zu den Sachverhalten in der Realität. Der Maßstab bestimmt die Gestaltung einer Karte, ihre Genauigkeit, Vollständigkeit und Ausführlichkeit sowie den Grad der Generalisierung. Handelt es sich bei einer Karte um ein Gebiet, das der Zielgruppe weitgehend unbekannt ist, kann die Ausdehnung nur durch das Hinzufügen des Maßstabs vermittelt werden. Aufgrund des Maßstabs kann auf die realen Größenverhältnisse geschlossen werden. Es lassen sich zwei Typen von Maßstabsangaben unterscheiden: Beim *Reduktionsmaßstab* wird der Maßstab in der Form eines mathematischen Bruches wiedergegeben. Der *Maßstabsbalken* ist hingegen eine graphische, beispielhafte Wiedergabe einer Auswahl von Entfernungen (vgl. Abb. 2.41).

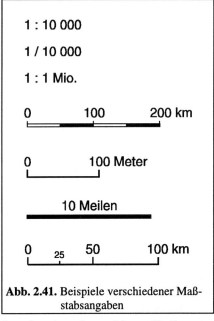

Abb. 2.41. Beispiele verschiedener Maßstabsangaben

Der Maßstabsbalken hat den Vorteil, daß er anschaulicher ist und schneller einen Eindruck von der Größe des dargestellten Raumes vermittelt. Reduktionsmaßstäbe sind dagegen sehr abstrakt und sollten nur dann verwendet werden, wenn es sich um glatte Zahlen handelt, z.B. die Angabe 1:232.500 ist wenig hilfreich. Des weiteren hat der Maßstabsbalken den Vorteil, daß er unabhängig von der Ausgabegröße ist. Die Karte kann nachträglich vergrößert oder verkleinert werden, ohne den Maßstabsbalken zu korrigieren, ein Reduktionsmaßstab muß immer neu berechnet werden. Werden Karten auf Dia oder Folie verwendet, ist die Anwendung eines Reduktionsmaßstabs unmöglich.

Weitere Möglichkeiten, die Größenverhältnisse in eine Karte einzubringen, sind die folgenden Varianten:

- Einzeichnen eines Gitternetzes mit einer festen Entfernung, z.B. Netze mit einer Maschenweite von 1 km oder 1 Meile.
- Vergleichbare bekannte Flächen, z.B. die Konturen der Bundesrepublik Deutschland.
- Eintragen von Entfernungsangaben in die Karte, wie dies z.B. bei Straßenkarten meist der Fall ist. Dies sollte nur dann angewandt werden, wenn die eingetragenen Entfernungen in einem sachlichen Zusammenhang zum Inhalt der Karte stehen.

Nordpfeil. Falls eine Karte nicht nach Norden ausgerichtet ist, d.h. wenn "Karten-Nord" und Geographisch-Nord nicht übereinstimmen, kann ein Richtungssymbol in Form eines Nordpfeils eingebracht werden. Abbildung 2.42 zeigt einige Beispiele für Nordpfeile.

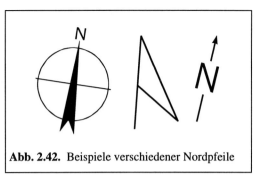

Abb. 2.42. Beispiele verschiedener Nordpfeile

Da bei vielen Netzentwürfen die Meridiane zum Pol konvergieren, gibt ein auf dem Kartenrand eingezeichneter Nordpfeil nicht für alle Meridiane die Richtung Geographisch-Nord an und ist daher unpräzise. Besser ist es, sofern möglich, die Netzlinien mit den Gradangaben in der Karte abzubilden.

2.5.6 Zusammenspiel der kartographischen Elemente

Die Tragfähigkeit einer thematischen Karte hängt von verschiedenen Faktoren ab. Neben der optimalen Auswahl der kartographischen Gestaltungsmittel und Grundelemente sind auch bestimmte Anforderungen an das Kartenfeld und die Elemente außerhalb des Kartenfeldes zu stellen. Bevor aber das Layout der Karte gestaltet wird, muß sowohl die Größe des darzustellenden Gebiets im Kartenfeld als auch die Größe der verwendeten Symbole oder Diagramme feststehen. Erst durch das Zusammenspiel der Elemente wird die Karte vollendet und damit die Darstellung des Themas abgeschlossen.

Wahl des Maßstabs für Symboldiagramme. Bei der Darstellung quantitativer Aussagen, wie z.B. Anzahl der Erwerbspersonen oder Anzahl der Unfälle, wird der Objektwert durch eine entsprechende Symbolgröße wiedergegeben. Die Größe der Symbole, die zumeist als geometrische Figuren (Kreise, Quadrate) ausgeprägt sind, richtet sich bei flächenproportionalen Darstellungen nach dem Grundsatz: Je größer der Wert, desto größer die Symbole (Arnberger 1987). Bei der Anwendung dieses Grundsatzes ist allerdings zu beachten, daß die Wahl der Werteinheit und die daraus resultierende Symbolgröße im Kartenbild miteinander unlöslich verbunden sind. Diese Tatsache ist vor allem für die Aussagekraft einer Karte wichtig, die einerseits von der visuellen Erkennbarkeit der Objekte, andererseits von der Anzahl sich überlagernder Symbole abhängt.

Für die Erkennbarkeit von Symbolen gilt, daß diese mindestens einen Durchmesser bzw. eine Breite von 0,3 mm haben müssen, damit das menschliche Auge sie noch eindeutig erkennen kann (Witt 1970). Nach oben hin gibt es keine festen Grenzwerte, allerdings können zu große Symbole sowohl Grenzlinien als

92   2 Einführung in die thematische Kartographie

auch benachbarte Symbole überdecken, so daß wichtige Informationen verloren gehen.

Die richtige Wahl der Symbolgröße ist weiterhin davon abhängig, ob eine lagetreue Abbildung gewünscht ist. Falls bei einer flächenproportionalen Darstellung eine exakte Positionierung der Symbole durch eine extrem große Spannweite der Daten nicht möglich ist, müssen geeignete Klassifizierungs- bzw. Aggregierungsverfahren angewendet werden. Andererseits können Überlagerungen aus geographischer Sicht durchaus sinnvoll sein, wie z.B. bei der Darstellung von Bevölkerungszahlen auf Gemeindeebene in einem Verdichtungsraum in der BRD. Die Überlagerungen signalisieren hier hohe Bevölkerungskonzentrationen um die Kernstadt.

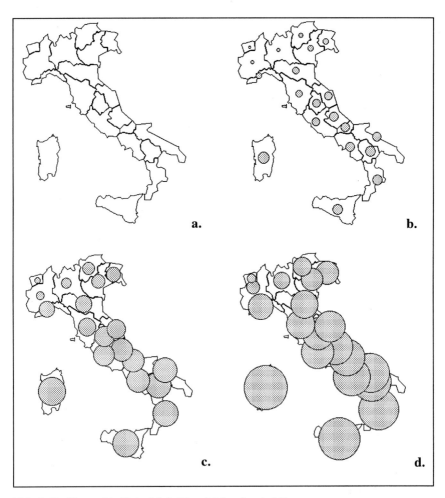

Abb. 2.43. Unterschiedliche Maßstäbe gleicher Symboldiagramme

2.5 Gestaltung   93

Die Abbildungsreihe 2.43 zeigt die Bevölkerungsverteilung der Regionen Italiens, wobei (a) die Grundkarte bildet. In (d) sind die Kreise zu groß gewählt worden, hier werden sowohl die Regionsgrenzen als auch andere Kreise verdeckt; (b) vermittelt dagegen den Eindruck von dünnbesiedelten Regionen, da die Kreise zu klein erscheinen. Die beste Darstellung ist (c), da hier die Überlagerungen nicht stören und die Meßbarkeit der Kreise gegeben ist.

Layout. Unter dem Layout von thematischen Karten wird vor allem die Anordnung von Kartentitel, Legende und anderen Beifügungen wie Maßstabsbalken, Nordpfeil usw. um das fertige Kartenfeld verstanden. Bei der Gestaltung des Layouts ist grundsätzlich zwischen *Rahmenkarten* und *Inselkarten* zu unterscheiden.

Inselkarten bieten meistens im Kartenfeld selbst noch genügend Platz, um Legende, Maßstab usw. aufzunehmen. Rahmenkarten dagegen sind im Platzangebot eingeschränkt, hier bleibt nur der Kartenrahmen als leerer Raum zur Gestaltung übrig.

Bei *Rahmenkarten* hat es sich bewährt, die Legende und weitere Beifügungen rechts neben das Kartenfeld zu plazieren; der Kartentitel kann entweder über dem Kartenfeld oder rechts über dem Legendenblock stehen. Diese rechtsseitige Anordnung bildet ein visuelles Gegengewicht zum linksseitigen Kartenfeld, das vom Betrachter zuerst wahrgenommen wird (vgl. Abb. 2.44. und 2.45).

Diese Art der Anordnung ist dem Lesevorgang eines Textes angelehnt, und zwar wird ein Text stets von links nach rechts gelesen. Da das menschliche Auge beim Lesen stets zuerst nach links blickt, ist es günstig, den Legendenblock rechts neben das Kartenfeld zu plazieren.

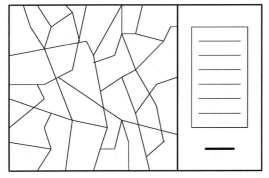

Abb. 2.44. Rahmenkarte mit rechtsseitiger Legendenanordnung

Abbildung 2.44 zeigt eine Rahmenkarte mit einem Feld für Kartenteil und Legende, darunter befindet sich der Maßstab. Die Reihenfolge Kartentitel, Legende, Maßstab ergibt sich aufgrund der Übersichtlichkeit, wobei der Kartentitel, der das Thema der Karte beschreibt, stets über der Legende stehen muß.

94   2 Einführung in die thematische Kartographie

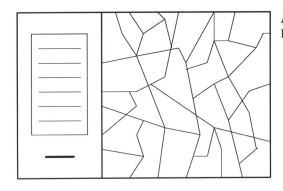

Abb. 2.45. Rahmenkarte mit linksseitiger Legendenanordnung

Gegenüber *Rahmenkarten* bieten *Inselkarten* auch im Kartenfeld genügend Raum, um Kartentitel, Legende, Maßstab usw. unterzubringen. Der zur Verfügung stehende Leerraum im Kartenfeld wird sowohl durch die Umrißform des Gebietes als auch durch den Abstand zum Kartenfeldrand bestimmt. Die folgenden Beispiele sollen einige Gestaltungsmöglichkeiten aufzeigen (vgl. Abb. 2.46 bis 2.48).

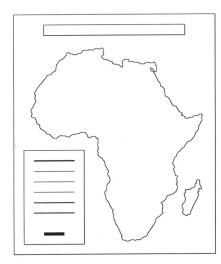

Abb. 2.46. Inselkarte mit Nord-Süd-Erstreckung (I)

Diese Inselkarte zeigt die Anordnung eines Gebietes mit Nord-Süd-Erstreckung. Der Kartentitel steht zentriert über dem dargestellten Gebiet. Die Legende und der Maßstab sind in dem zur Verfügung stehenden Leerraum links unten plaziert. Falls die Legende einen größeren Raum einnehmen würde, könnte der Maßstab als Alternative auch rechts unten angeordnet werden. Was aus gestalterischen und ästhetischen Gesichtspunkten vermieden werden sollte, ist die Aufsplitterung der Legende in Form einzelner Kästchen im Kartenbild. Bei einer Aufsplitterung wirkt die Karte insgesamt sehr unruhig und unübersichtlich. Beim Lesen der Legendenblöcke muß das Auge dauernd hin und her springen, was sich negativ auf eine schnelle Interpretation der Karte auswirkt.

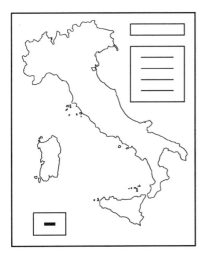

Abb. 2.47. Inselkarte mit Nord-Süd-Erstreckung (II)

Bei dieser Inselkarte ist der Freiraum so genutzt worden, daß der Kartentitel und die Legende rechts oben angeordnet wurden und der Maßstab als visuelles Gegengewicht links unten. Falls der Platz für die Legende nicht ausreicht, könnte eine Teillegende auch an die Stelle des Maßstabs plaziert und der Maßstab auf die rechte untere Seite verschoben werden. Kästchen um den Maßstab, wie hier abgebildet, sollten allerdings vermieden werden, sie lenken nur unnötig ab.

Abb. 2.48. Inselkarte mit Ost-West-Erstreckung

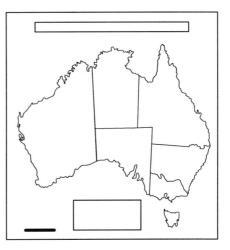

Diese Inselkarte zeigt die Anordnung eines Gebietes mit Ost-West-Erstreckung. Der Kartentitel steht zentriert über dem dargestellten Gebiet. Die Legende und der Maßstab ordnen sich im unteren Bereich des Kartenfeldes an und können auch gegenseitig verschoben werden. Der Maßstab könnte auch hier links oben unterhalb des Kartentitels liegen. Bei dieser Karte gibt es sonst keine weiteren Gestaltungsfreiräume.

Weitere Gestaltungsfragen. Bei der Gestaltung einer Karte sollten des weiteren folgende Punkte beachtet werden:

- Bei einer Aufgliederung des Kartentitels in mehrere Zeilen ist zu beachten, daß die entsprechenden Ober- und Untertitel auch räumlich zusammenstehen und durch die Variation von Schriftart und -größe auch als solche gekennzeichnet werden.
- Verschiedene Legendenteile sollten immer als zusammenhängende Blöcke dargestellt werden. Diese Blöcke können sowohl nebeneinander als auch untereinander erscheinen. Es sollte allerdings vermieden werden, Legendenteile ohne ein erkennbares Ordnungsprinzip auf der Karte zu plazieren.

- Maßstabsbalken und Nordpfeil erzielen visuelle Gegengewichte und lockern leere Räume auf. Bei der Gestaltung dieser Beifügungen sollte darauf geachtet werden, daß eine günstige Größenproportion gegenüber Legende und Kartenfeld eingehalten wird. Übertrieben große Maßstabsbalken und Nordpfeile erzielen keinen Informationsgewinn, sondern zerstören die Harmonie der Karte.
- Es hat sich gerade im Zeitalter der Computerkartographie eingebürgert, Kartentitel, Legende, Maßstab usw. mit Rahmen zu versehen. Diese übertriebene Art der Gestaltung lenkt vom eigentlichen Karteninhalt ab und ist deshalb eher zu vermeiden. In diesem Zusammenhang gilt, je einfacher und klarer die Gestaltung einer Karte erfolgt, desto schneller können die entsprechenden Informationen vermittelt werden.

Als Fazit dieser Ausführungen und bezogen auf das 2. Kapitel kann gelten, daß bei der Erstellung einer thematischen Karte sowohl datentechnische als auch gestalterische Faktoren zu berücksichtigen sind. Ausgehend von der Wahl der Grundkarte über die gezielte Anwendung von kartographischen Ausdrucksformen bis hin zum Layout schließt sich ein Kreis, der nur dann zur einer aussagefähigen Karte führt, wenn alle Prinzipien in der thematischen Kartographie richtig angewendet werden.

3 Einführung in die Computerkartographie

Die Erstellung thematischer Karten hat einen theoretischen und einen technischen Aspekt. Der theoretische Aspekt beschäftigt sich hauptsächlich damit, mit welchen kartographischen Ausdrucksmitteln eine Karte entworfen und in welcher Weise sie gestaltet werden soll. Diese Fragen, die Gegenstand des vorhergehenden Kapitels sind, sind unabhängig von der Technik der Kartenherstellung. Beim technischen Aspekt ist hingegen zu unterscheiden zwischen der konventionellen und der computergestützten Arbeitsweise. Ein Buch über die konventionelle Arbeitsmethode muß Arbeitsmaterialien wie Stifte, Zirkel, Schablonen etc. vorstellen. Ein computerkartographisches Buch behandelt dagegen Koordinaten, Dateien, Drucker und andere EDV-technische Aspekte.

Über die EDV, speziell über die Computergraphik, existiert bereits umfangreiche Literatur. Neu ist an dieser Stelle die Behandlung der EDV-spezifischen Themen unter dem Blickwinkel der thematischen Kartographie, insbesondere auf Grundlage der Erfahrung im Umgang mit Standardsoftware aus dem Bereich Desktop Mapping. Obwohl diese Erfahrungen in dieses Kapitel eingeflossen sind, ist es produktunabhängig. Es stellt zum einen grundlegende Prinzipien und Arbeitsweisen vor, die allen computerkartographischen Programmen gemeinsam sind, zum anderen werden Kriterien entwickelt, nach denen die einzelnen Programme unterschieden und beurteilt werden können.

3.1 Computerkartographische Hardware

Ein Computer ist heute in allen Lebensbereichen eine gewöhnliche Erscheinung geworden. Ob am Arbeitsplatz, beim Gang zur Bank oder bei der Anmeldung eines PKWs in der öffentlichen Verwaltung, das Ungewöhnliche ist nicht mehr die Existenz eines Computers, sondern dessen Abwesenheit. Wo früher viele verschiedene Computertypen die Landschaft schmückten, vom einfachen C64 bis zum Großrechner, ist in dieser Beziehung heute zwar die Vielfalt nicht kleiner geworden, konzentriert sich jedoch immer mehr auf einen vorherrschenden Typ, den PC (Personal Computer), auf den sich das vorliegende Buch nicht zufällig hauptsächlich bezieht. Erstaunlich ist nicht nur, welche Leistungen er heute hervorbringen kann, sondern auch, wie sehr dieser eine Typ noch variiert werden kann. Bei der Zusammenstellung eines kartographischen Arbeitsplatzes sollen die folgenden Hinweise mindestens etwas Erleichterung schaffen.

Das Innenleben eines Computers besteht aus verschiedenen elektronischen Bauteilen, die einen hohen technischen Standard repräsentieren und durch komplexe Schaltkreise miteinander verbunden sind. Um Karten am Computer zu entwerfen und zu gestalten, ist die Kenntnis dieser Technik nur von eingeschränkter Bedeutung. Es reicht aus, die Funktion der einzelnen Komponenten zu kennen, um den Rechner vernünftig zu konfigurieren, so daß die Produktion von Karten nicht an den äußeren Gegebenheiten scheitert.

Im folgenden wird eine Übersicht über die wichtigsten Grundbegriffe gegeben und auf die für die Kartographie wichtigen Besonderheiten hingewiesen. Sie kann und will keine Empfehlungen bestimmter Marken geben, u.a. auch deshalb, weil diese Informationen extrem kurzlebiger Natur sind. Für ausführliche Beschreibungen und Vergleichstests für Hardware sei an dieser Stelle auf die einschlägigen PC-Fachzeitschriften verwiesen.

3.1.1 Aufbau eines PCs

Die Ausstattung eines Computers besteht aus einer überschaubaren Anzahl von Einzelkomponenten. Wie eine Stereoanlage aus einem CD-Player, einem Verstärker und Boxen bestehen kann, so besteht ein PC zumindest aus der Recheneinheit, einem Monitor und einer Tastatur. In Abbildung 3.1 ist dieser dreiteilige Aufbau eines Computers wiedergegeben.

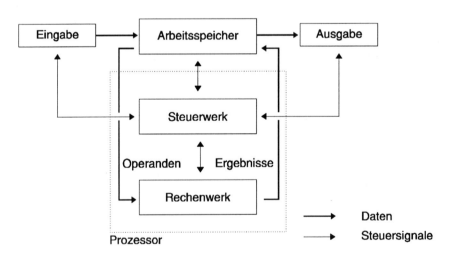

Abb. 3.1. Aufbau eines Computers (nach Rechenberg 1991)

Das Rechenwerk ist der wichtigste Teil, er erhält Operanten aus dem Arbeitsspeicher, verknüpft diese und gibt die Ergebnisse dorthin zurück. Die Ein- und Ausgabe erfolgt über periphere Geräte wie z.B. Tastatur und Drucker. Das Steuerwerk übernimmt die Koordination aller Vorgänge. Steuerwerk und Rechenwerk sind technisch eng verbunden und auf dem Prozessor, der sog. CPU (Central Processing Unit) untergebracht.

Die Grundelemente könnten bildlich verdeutlicht werden (in Anlehnung an Precht, Meier und Kleinlein 1992): Im Finanzamt sitzt ein Steuerbeamter (Steuerwerk), der durch einen Hausboten (Eingabeeinheit) seine Akten (Daten) erhält. Die Akten werden auf dem Schreibtisch (Arbeitsspeicher) bearbeitet und können in Hängeordner (permanente Speicher) ablegt werden. Mit Hilfe eines Taschenrechners (Rechenwerk) führt er seine Steuerberechnungen durch, die auf der Grundlage der bestehenden Steuergesetze durchgeführt werden (Programm). Zu guter Letzt verschickt er den Steuerbescheid per Post (Ausgabeeinheit).

Die Abbildung 3.2 zeigt schematisch den Aufbau eines Computersystems. Die wichtigsten Bestandteile befinden sich im Rechnergehäuse, zu dessen Standardausstattung ein Diskettenlaufwerk und eine Festplatte zählt. Diese Konfiguration wird immer häufiger durch ein CD-ROM-Laufwerk erweitert. Durch fallende Preise sowie zunehmende Angebote von Daten auf diesem Medium wird das CD-ROM-Laufwerk bald zur Standardausstattung zählen. In zunehmendem Maße erscheint Software nur noch auf diesem Datenträger.

3.1.2 Komponenten im Rechnergehäuse

Das Gehäuse des Rechners beinhaltet bereits mehrere Komponenten:

- Die *Hauptplatine*, auch *Motherboard* genannt, mit der *CPU*, dem *Arbeitsspeicher* und dem *Bus*, der alle Informationen zwischen sämtlichen Bausteinen durch ein Bündel von Leitungen transportiert und damit die Kommunikation aller Elemente erst ermöglicht. Dabei handelt es sich um Daten-, Adress- und Steuerleitungen.
- Die *Controller*, die für Kommunikation mit allen peripheren Geräten zuständig sind, darunter fallen insbesondere die Graphikkarte zur Steuerung des Bildschirms und der bzw. die Controller zur Steuerung der permanenten Speicher.
- Die permanenten Speichermedien bzw. die Laufwerke, um diese zu lesen und zu beschreiben. Darunter fallen *Festplatten* sowie Laufwerke für *Disketten*, *CD-ROMs* und *Streamerkassetten*.
- Die Stromversorgung und Kühlung aller Komponenten im Rechnergehäuse.

Die Leistungsfähigkeit des Rechners hängt auch davon ab, wie alle Komponenten zusammenwirken. Dabei spielt einerseits der Bus eine entscheidende Rolle, da er häufig ein Nadelöhr für den Datenfluß darstellt und andererseits, besonders in der Kartographie, die Graphikkarte zur Steuerung des Bildschirms.

100   3 Einführung in die Computerkartographie

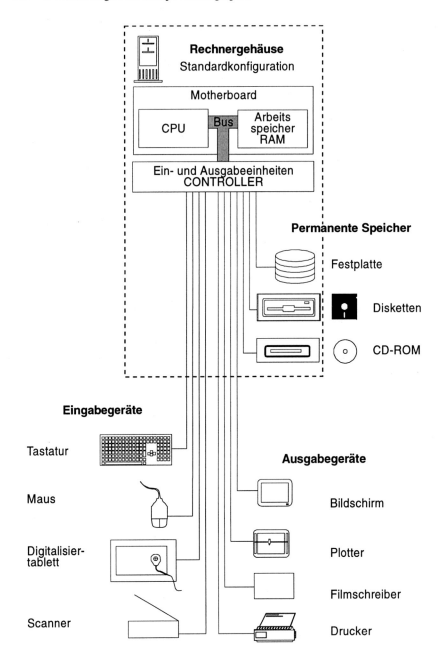

Abb. 3.2. Gerätetechnischer Aufbau eines PCs

Hauptplatine. Die Hauptplatine ist das Herz eines Computers und besteht im wesentlichen aus der CPU, dem Arbeitsspeicher und den Steckplätzen für die Erweiterungskarten, mit denen der Kontakt zur Peripherie hergestellt wird. In der CPU werden alle wichtigen Rechenleistungen erbracht und der Computer gesteuert. Daten werden gelesen, Programme ausgeführt und die Ergebnisse wieder im Speicher abgelegt oder an den Bildschirm-Controller geleitet.

Die CPU beinhaltet Steuer- und Rechenwerk auf einem winzigen, nur einige Quadratmillimeter großen, hochintegrierten Chip. Die CPU ist mit allen Komponenten des Rechners über den Bus verbunden, mit einer Ausnahme, dem Cache-Speicher.

Die Prozessoren entwickelten sich über mehrere Generationen, die über den 286er Prozessor hin zu 386er und 486er reichen. Die neueste Stufe ist der Pentium-Prozessor, dem bei einer Neuanschaffung aufgrund der hohen Rechenanforderungen der Vorzug zu geben ist. Der nächste leistungsfähigere Prozessor ist bereits in Sicht und wurde der Öffentlichkeit unlängst vorgestellt; es ist der P6 von Intel. Die Leistung eines Systems auf der Basis des P6 soll besonders für graphische Anwendungen große Verbesserungen bringen. Seit dem 486er verfügen alle Prozessoren über 32 Datenleitungen sowie 32 Adressleitungen. Dadurch ist ein schneller Datentransport möglich. Die Rechengeschwindigkeit wird durch die Taktfrequenz gesteuert. Es gibt Prozessoren mit einer Frequenz zwischen 16 und 150 Megahertz (MHz).

Tabelle 3.1 gibt eine Übersicht über die derzeit wichtigsten CPUs von Intel. Die Prozessoren unterscheiden sich durch ihre innere Struktur und die Anzahl der Daten- und Adressleitungen, mit der sie über den Bus mit den restlichen Elementen kommunizieren. Ein mathematischer Coprozessor übernimmt rechenintensive Aufgaben der CPU, soweit dies von der Software unterstützt wird. Ab dem 486DX ist er ein integraler Bestandteil der CPU, während er bei den vorausgehenden Modellen als zusätzliche Komponente eingebaut werden muß.

Tabelle 3.1. Eigenschaften ausgewählter Intel-Prozessoren

CPU	Takt (MHz)	Mathematischer Coprozessor
486SX	16/20/25/33	extern
486DX	33/50	intern
486DX/2	50/66	intern
Pentium	60-150	intern

Ein wichtiger Teil der Hauptplatine ist der Arbeitsspeicher, der in der Fachterminologie als RAM bezeichnet wird (Random Access Memory). Dabei handelt es sich um einen flüchtigen Speicher, d.h. die Daten bleiben im Arbeitsspeicher so lange erhalten, wie eine Spannung anliegt. Wird der Computer abgeschaltet, so sind die Daten des Arbeitsspeichers unwiederbringbar verloren, sofern sie vorher nicht auf einen permanenten Speicher übertragen wurden. In den Arbeitsspeicher werden alle Programme und Daten geladen, die der Rechner benötigt, um die jeweils vom Benutzer geforderten Aufgaben zu erfüllen, d.h. alles, um ein Programm abzuarbeiten. Inhalt des Programms kann es sein, z.B. Daten zu verwalten, zu modifizieren und als Karte auf dem Bildschirm auszugeben. Die Kapazität des RAMs ist beschränkt. Wird diese durch das Programm und die Datenmenge überstiegen, muß der Rechner Daten oder Programmteile von einem permanenten Speicher, z.B. der Festplatte, nachladen. Die Verarbeitungsgeschwindigkeit wird dadurch verringert.

Da es sich bei der Kartographie um sehr komplexe und große Dateien handelt, ist es von Vorteil, über einen möglichst großen Arbeitsspeicher zu verfügen. DOS ist zunächst nur in der Lage, 640 KB Arbeitsspeicher zu verwalten, darüber hinausgehender Speicher kann nur durch spezielle Software erschlossen werden. Dies kann z.B. durch Windows erfolgen, womit sich der Arbeitsspeicher voll ausnutzen läßt. Die meisten der angebotenen Softwareprodukte kommen mit 4 MB Speicher aus, von den Herstellern werden zum Teil bis zu 16 MB Speicher empfohlen, wobei spezielle Hauptplatinen 64 MB und mehr aufnehmen können. Als einfache Regel gilt, je mehr regionale Einheiten in der Karte verarbeitet werden, desto mehr Arbeitsspeicher wird gebraucht. Um z.B. Deutschland auf der Basis der Gemeinden zu bearbeiten, sollten 16 MB verfügbar sein, für Deutschland auf der Basis der 544 Kreise sind 4-8 MB ausreichend. In jedem Fall sollte sichergestellt sein, daß eine nachträgliche Aufrüstung möglich ist. Einer höheren Ausstattung mit 64 MB RAM von Anfang an steht meist der hohe Preis von z.Z. rund 4.000 DM entgegen.

Die Verarbeitungsgeschwindigkeit eines Rechners kann durch einen kleinen und schnellen Speicher, den Cache-Speicher, wesentlich erhöht werden. Dieser dient als Puffer, um einen schnellen Zugang zum Hauptspeicher herzustellen. Die Zugriffszeit auf diesen Speicher ist wesentlich kürzer, dafür sind diese Chips auch wesentlich teurer. Während die Zugriffszeit bei einem heutigen RAM-Chip bei etwa 70 Nanosekunden liegt, das ist etwa der 10millionste Teil einer Sekunde, ist sie beim Chip des Cache-Speichers etwa siebenmal schneller. Bei einem Neukauf sind 256 KB bis 512 KB Cache-Speicher zu empfehlen.

Bus. Der Bus ist die Sammelleitung, die die Verbindung zwischen den Hardwarekomponenten in Form von Steckplätzen bereitstellt. Es werden folgende Systeme unterschieden (vgl. Tabelle 3.2):

- Der *AT-Bus* von IBM, der dem ISA (Industry Standard Architecture) entspricht, sieht Erweiterungssteckplätze bis zu einer Breite von 16 Bit vor, d.h. es sind bis zu 16 Datenleitungen parallel nutzbar.
- Der *EISA-Bus* (Extented Industry Standard Architecture) hat eine Breite von 32 Bit, d.h. er kann in der gleichen Zeit doppelt so viele Daten transportieren wie der AT-Bus.

- Der *Local-Bus* ist eine Erweiterung vom AT-Bus und stellt zusätzlich zu den 16 Bit breiten Steckplätzen eine beschränkte Anzahl von 32 Bit breiten Steckplätzen zur Verfügung. Damit besteht die Möglichkeit, bei passenden Erweiterungskarten, wie z.B. einer 32 Bit breiten Graphikkarte, die Verarbeitungsgeschwindigkeit wesentlich zu erhöhen. Dies ist bei der graphischen Verarbeitung von Daten besonders wichtig. Die Local-Bus-Steckkarten sind inzwischen nach VESA (Video Electronics Standards Association) standardisiert.
- Der *PCI-Bus* (Peripheral Component Interconnect) wurde durch Intel zu einem neuen Standard forciert und hat eine Reihe namhafter PC- und Peripheriehersteller gewonnen. Dieser Bus hat ein Breite von 64 Bit und ist mit der externen Prozessorgeschwindigkeit getaktet, dadurch ergibt sich ein hoher Datendurchsatz (vgl. Tabelle 3.2).

Der PCI-Bus hat sich zum aktuellen Standard entwickelt und für ihn ist z.Z. die größte Auswahl an Zusatzkarten verfügbar. Der EISA- und der Local-Bus spielen bei einer Neuanschaffung keine Rolle mehr.

Tabelle 3.2. Bussysteme und Datendurchsatz

Bus	Takt	Datendurchsatz pro Sekunde
ISA (AT)	16 Bit bei 8,33 MHz	16 MB
EISA	32 Bit bei 8,33 MHz	32 MB
VESA (Local)	32 Bit bei 33 MHz	132 MB
PCI	64 Bit bei 33 MHz	264 MB

Bemerkung: Der Datendurchsatz ist ein theoretischer Höchstwert, da bei den derzeitigen Systemen der Datentransport länger als einen Takt dauert.
Quelle: Wiesner 1993, 60

Controller. Die Controller stellen die Kommunikation zwischen der CPU des Rechners und allen weiteren Bausteinen des Computers sicher, z.B. zu der Festplatte oder den Diskettenlaufwerken. Die Controller entlasten dabei die CPU, die lediglich deren Steuerung übernimmt, sie übergibt den Controllern alle Informationen, die notwendig sind, um die Daten zu übermitteln. Werden z.B. Daten aus dem Hauptspeicher auf die Festplatte gespeichert, teilt die CPU dem entsprechenden Controller mit, wo die Daten stehen und wohin sie geschrieben werden sollen. Die eigentliche Arbeit, nämlich das Übertragen der Daten, erledigt der Controller. Er steuert z.B. auch die mechanische Bewegung der Schreib- und Leseköpfe der Festplatte. Die CPU ist damit wieder für andere Rechenarbeit frei.

Graphikkarte. Die Graphikkarte übernimmt die Steuerung des Bildschirms. Das Bild des Monitors setzt sich aus Einzelpunkten zusammen. Je mehr Punkte dargestellt sind, desto schärfer wird die Wiedergabe. Gleichzeitig wird der Aufwand des Rechners höher, um das Bild zu erzeugen. Accelerator-Graphikkarten sind mit einem Chip besetzt, der häufig benötigte Aktionen unter Windows, wie das Zeichnen eines Kreises, selbständig ausführen kann und somit den Bildaufbau beschleunigt.

Alle neuen Geräte verfügen zumindest über eine Karte nach dem VGA-Standard (Video Graphics Adapter). Die Auflösung einer *VGA-Karte* liegt bei 640 × 480 Punkten und 16 Farben und stellt die Mindestanforderung an die Bildwiedergabe dar. Die *Super-VGA-Karte* ist eine Fortentwicklung und hat eine Auflösung von 1024 × 768 Bildpunkten bei mindestens 256 darstellbaren Farben. Graphikkarten mit noch höherer Auflösung, z.B. 1280 × 1024 oder 1600 × 1200 sind zwar besonders in der Kartographie sinnvoll, aber z.Z. noch sehr teuer und werden von der Software selten unterstützt. Eine hohe Zahl gleichzeitig darstellbarer Farben, sogenannte Truecolor oder Highcolor mit 65536 oder 16,7 Millionen Farben, spielen für die Kartographie nur eine untergeordnete Rolle. Wichtiger ist der Arbeitsspeicher der Graphikkarte, der Informationen über jeden dargestellten Pixel speichert. Dieser sollte aus mindestens 2 MB RAM bestehen. Dabei ist darauf zu achten, daß es sich um VRAMs handelt und nicht um die preiswerteren DRAMs, die ungünstigere technische Eigenschaften haben.

Wichtig ist, daß Bildschirm und Graphikkarte aufeinander abgestimmt sind. Um die Fähigkeiten eines Bildschirms voll nutzen zu können, muß die Graphikkarte entsprechende Leistungen erbringen können. Der beste Bildschirm ist ohne entsprechende Graphikkarte ebenso nutzlos wie umgekehrt.

Permanente Speicher. Permanente Speichermedien sind notwendig, um alle Arten von Daten dauerhaft zu speichern. Dabei sind folgende wichtige Medien zu unterscheiden:

- *Disketten* (Floppydisks) sind transportable flexible und magnetische Speicherplatten, die in einem entsprechenden Laufwerk im PC beschrieben und gelesen werden. Es gibt Disketten in den zwei Größen 5 1/4 Zoll und 3 1/2 Zoll. Dabei sind Disketten mit doppelter Schreibdichte (DD) und hoher Schreibdichte (HD) zu unterscheiden. Am meisten Daten, nämlich 1,44 MB, fassen 3 1/2-Zoll-Disketten mit hoher Schreibdichte.
- *Festplatten* sind fest in das Gehäuse eingebaute Disketten, die aufgrund anderer technischer Eigenschaften sehr viel mehr Daten aufnehmen können und auf diese sehr viel schneller zugreifen. Die z.Z. gängigen Modelle haben eine Speicherkapazität zwischen 530 MB und 1.2 GB.
- *Wechselfestplatten* sind auswechselbare Festplatten, d.h. nur der Rahmen ist fest ins Gehäuse integriert. Zu einem Laufwerk können beliebig viele Platten angeschafft werden.
- Streamer schreiben Daten auf *magnetische Bänder*, die im Format den handelsüblichen Audio-Kassetten entsprechen, und dienen vorwiegend der Datensicherung, da Schreib- und Lesevorgang relativ langsam sind. Ein Band faßt in der Regel 420 MB Daten. Streamer werden im allgemeinen komplett mit einer Sicherungssoftware ausgeliefert.

- *CD-ROM* (Compact Disk-Read Only Memory) sind bereits mit Daten und Programmen bespielt und werden in CD-ROM-Laufwerken gelesen. Die Speicherkapazität beträgt nach dem CD-ROM-Standard bis zu 640 MB. Eine CD-ROM kann nicht beschrieben werden.

Die Laufwerke aller Speichermedien können ins Rechnergehäuse eingebaut werden. Es gibt auch externe Geräte, die zumeist teurer sind. So lange noch ausreichend Platz im Gehäuse vorhanden ist, ist im allgemeinen der Einbau vorzuziehen.

3.1.3 Bildschirm

Für die Leistungsfähigkeit eines Bildschirms ist das Zusammenwirken mit der Graphikkarte und die gewünschte Auflösung ausschlaggebend. Je höher die Auflösung, desto höher sind die technischen Anforderungen an den Bildschirm.

Für Bildqualität und Ergonometrie sind folgende Merkmale entscheidend:

- Die *Größe* des Bildes; sie wird durch die Länge der Diagonalen in Zoll (1 Zoll = 2,54 cm) definiert.
- Die *Lochmaske* ist für eine scharfe Bildschirmanzeige verantwortlich. Ein guter Monitor hat eine Lochmaske von 0,25-0,28 mm oder kleiner.
- Die *maximale Auflösung*, d.h. die Anzahl der Bildpunkte.
- Die *Horizontalfrequenz* gibt an, wie häufig pro Sekunde ein Schreibstrahl zur Darstellung einer Zeile über den Bildschirm rast. Dieser Wert wird in 1000 Hertz (kHz) angegeben.
- Die *Bildwiederholfrequenz* gibt wieder, wie viele Bilder pro Sekunde erzeugt werden. Dieser Wert wird in Hertz (Hz) angegeben. Dabei wird *non-interlaced*, d.h. es werden vollständige Bilder geschrieben, und *interlaced*, d.h. es wird je Bildaufbau nur jede zweite Zeile geschrieben, unterschieden.
- Die *Videobandbreite* ist eine rechnerische Kombination aus Auflösung, Horizontalfrequenz sowie Bildwiederholfrequenz und spiegelt die maximale Leistung eines Bildschirms wieder. Je größer die Videobandbreite, desto höher die Leistungsfähigkeit des Bildschirms.

Für graphische Anwendungen ist ein Bildschirm mit einer minimalen Diagonale von 16 Zoll und einer minimalen Auflösung von 1024 × 768 zu empfehlen. Dabei sollte beachtet werden, daß es sich bei der Größe um die nutzbare Fläche handelt, d.h. die Fläche des Schirms, die tatsächlich für das Bild genutzt wird, ohne den schwarzen Rand. Bildschirmgröße und Auflösung müssen zusammenpassen. So harmonieren beispielsweise ein 14-Zoll-Bildschirm mit einer Auflösung von 800 × 600 Punkten bei 256 Farben und ein 17-Zoll-Bildschirm mit 1024 × 768 Punkten.

Für die Bildwiederholfrequenz ist 70 Hz im Non-interlaced-Modus das absolute Minimum. Wichtig ist, daß jedes Bild vollständig aufgebaut wird und nicht wie im Interlaced-Modus bei jedem Aufbau nur jede zweite Zeile. Nur dann ist eine flimmerfreie Wiedergabe des Bildes gewährleistet. Wird z.B. eine weiße Fläche mit 60 Hz wiedergegeben, strengt das die Augen sehr an und führt nach einer gewissen Zeit fast immer zu Kopfschmerzen (Schnurer 1991).

Die Horizontalfrequenz hängt direkt mit der Auflösung zusammen. Bei mindestens 70 Bildern pro Sekunde muß der Elektronenstrahl bei einer Auflösung von 1024 × 768 insgesamt 768 × 70 = 53760 mal über den Schirm flitzen, d.h. der Schirm muß in der Lage sein, eine Horizontalfrequenz von mindestens 54 kHz zu erreichen (vgl. Tabelle 3.3).

Tabelle 3.3. Minimale Horizontalfrequenz bei 70 Hz Bildwiederholfrequenz

Auflösung	Horizontalfrequenz
640 × 480	34 kHz
800 × 600	42 kHz
1024 × 768	54 kHz
1280 × 1024	72 kHz
1600 × 1200	84 kHz

Als weiteres Kriterium sollte beachtet werden, daß es sich um einen strahlungsarmen Bildschirm handelt. Die bestehende schwedische Norm MPR II sollte mindestens erfüllt sein, besser jedoch ist es, wenn der Bildschirm das TCO Umweltsiegel trägt. Dadurch ist es gewährleistet, daß das Modell gründlich geprüft und die Belastungen für den Benutzer so weit als technisch möglich minimiert wurden. Darüber hinaus sind höchste Anforderungen an Energiesparmaßnahmen erfüllt

Ein kontrastreicheres und schärferes Bild erreichen die etwas teureren Bildschirme mit Trinitonröhren, die über eine nur wenig gewölbte Oberfläche verfügen.

Am Bildschirm sollte nicht gespart werden. Ein guter Bildschirm hat seinen Preis, für einen 17-Zoll-Bildschirm sollten ca. 2000 DM und für einen 20-Zoll-Bildschirm ca. 4000 DM gerechnet werden.

3.1.4 Drucker und Plotter

Die eigentliche Präsentation von Karten erfolgt meist auf Papier, manchmal auf Folie oder Dia. Die Herstellung einer analogen Kopie auf Papier oder Folie ist meist der Abschluß der Kartenherstellung. Gedruckte Information wird von vielen immer noch am liebsten gesehen.

Beim Transformationsprozeß der digital gespeicherten Daten in eine analoge Form wird meist ein Drucker benutzt, dessen Qualität entscheidenden Einfluß auf die Wirkung der Karte hat. Die Ausgabegeräte unterscheiden sich in vielerlei Hinsicht, z.B. in folgenden Punkten:

- *Druckqualität*, die u.a. durch die Auflösung bestimmt wird. Diese sagt aus, wie viele Punkte pro Zoll gedruckt werden können und wird in *dpi* (dots per inch) angegeben.
- *Farboption*, d.h. ob das Gerät in der Lage ist, Farbausgaben zu erzeugen.
- *Papierformat*. Die gängigen Formate sind DIN A4 und DIN A3.

- *Ausgabematerial.* Viele Ausgabegeräte arbeiten mit Normalpapier, für manche sind jedoch spezielle Materialien notwendig. Des weiteren ist es von Vorteil, wenn neben den Standardmaterialien Folien bedruckt werden können.
- *Anschaffungs- und Betriebskosten.* Diese lassen sich z.B. im Preis für eine ausgegebene Karte festmachen. Neben dem Ausgabematerial werden die Kosten vor allem durch den Preis für Farbbänder, Kartuschen usw. sowie deren Kapazität bestimmt.
- *Wartungskosten und Reparaturanfälligkeit.*
- *Technik* des Ausgabegeräts. Es wird prinzipiell zwischen *Drucker* und *Plotter* unterschieden, wobei sich die Drucker in mechanische und nichtmechanische Drucker unterteilen lassen.

Die ersten Ausgabegeräte im EDV-Bereich waren Zeilendrucker. Bei diesem Druckertyp werden die Buchstaben und Ziffern Zeile für Zeile auf Endlospapier geschrieben, und zwar mit einer relativ hohen Geschwindigkeit (ca. 10 Seiten pro Minute). Dieser Druckertyp wurde vor allem in Rechenzentren für Großrechner eingesetzt. Die Einsatzmöglichkeiten für die Kartographie waren sehr beschränkt, heute wird dieser Druckertyp nicht mehr zur Kartenerstellung eingesetzt, sondern nur noch zur Ausgabe großer Textmengen in niedriger Qualität.

Für Mikrocomputer stehen seit Ende der 70er bzw. Anfang der 80er Jahre kompakte und leistungsfähigere Drucker zur Verfügung, wobei sich heute folgende Typen unterscheiden lassen:

- Nadeldrucker
- Tintenstrahldrucker
- Laserdrucker
- Thermotransferdrucker

Diesen Druckertypen liegt jeweils eine systemspezifische Drucktechnik zugrunde, wobei sich die Unterschiede in der Ausgabequalität niederschlagen. Diese ist zum Teil eine direkte Funktion der Dichte der Punkte, die auf das Papier aufgebracht werden. Je dichter und kleiner die gedruckten Punkte, desto schärfer wirkt die Graphik und desto besser sieht sie aus. Diese Druckdichte ist insbesondere bei den Nadeldruckern gering.

Neben den Druckern wurden in den letzten 15 Jahren weitere Techniken und Geräte entwickelt, um Schrift und Graphik auszugeben. Folgende wichtige Typen werden unterschieden:

- Stiftplotter
- Elektrostatische Plotter
- Farbfilmrecorder

Nadeldrucker. Im Druckkopf eines Nadeldruckers sind einzelne Stahlstifte in einer Reihe (9 Nadeln) oder in zwei Reihen (24 Nadeln) angeordnet. Die Nadeln werden über Lochmasken geführt und von einem Elektromagneten abgeschossen. Dabei treffen die Nadelspitzen auf ein Farbband und übertragen so die Farbe auf das Papier. Die Stahlstifte werden dann über eine Feder zurückgeholt (vgl. Abb. 3.3). Sodann wird der Druckkopf über einen Riemen mittels Schrittmotor zur nächsten Druckposition transportiert. Je mehr Punkte durch die Nadeln angeschlagen werden, um ein einzelnes Zeichen zu erzeugen, d.h. je höher die Punktdichte ist, desto besser ist die Druckqualität. Da Nadeldrucker die Zeichen aus einzelnen winzigen Punkten aufbauen, werden diese auch Matrixdrucker genannt.

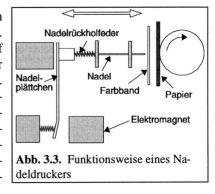

Abb. 3.3. Funktionsweise eines Nadeldruckers

Wegen der geringen Auflösung und des beim Graphikdruck zumeist streifigen Druckbildes sind Nadeldrucker für die Kartenausgabe wenig geeignet.

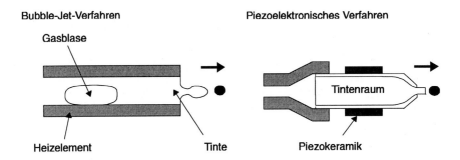

Abb. 3.4. Ausstoßtechniken bei Tintenstrahldruckern

Tintenstrahldrucker. Bei Tintenstrahldruckern werden kleine Tintentropfen durch Düsen auf das Papier gespritzt, wobei die Druckköpfe mit 9 bis 64 winzigen, feinen Düsen bestückt sind. Es werden zwei Verfahren unterschieden (vgl. Abb. 3.4):

- Beim *Bubble-Jet*-Verfahren wird in einer kleinen Kammer Tinte erhitzt. Die daraus resultierende Dampfblasenbildung erzeugt den nötigen Druck, um ein kleines Tröpfchen aus einer Düse auf das Papier zu schleudern. Um dies zu gewährleisten, besteht der Druckkopf aus vielen eng aneinanderliegenden Mikrokammern, die durch gleichzeitiges Feuern die gewünschte Struktur auf das Papier bringen. Die erreichbare Schußfrequenz beträgt ca. 3600 Tröpfchen pro Sekunde.

- Ein *piezoelektrisches* Keramikstück verändert durch Anlegen einer Wechselspannung seine Länge im gleichen Takt. Diese schnelle Formänderung überträgt sich auf die Wände eines feinen Röhrchens, das mit Tinte gefüllt ist. Der entstehende Überdruck im Rohr führt zum Ausstoß von Tintentropfen. Dieses

Verfahren ist etwa fünfmal schneller als das Bubble-Jet-Verfahren und kann über die angelegte Spannung reguliert werden.

Für die Graphikausgabe sind Tintenstrahldrucker durchaus gut geeignet und liefern gute Resultate, die durch den Einsatz von Spezialpapier wesentlich gesteigert werden können. Von besonderer Bedeutung für die Kartographie ist, daß Tintenstrahldrucker zu einem günstigen Preis mit Farboption angeboten werden.

Laserdrucker. Die Technik des Laserdruckers geht auf das Verfahren zurück, das bei Fotokopierern verwendet wird. Ein Laserstrahl wird zeilenweise mit Hilfe von rotierenden Spiegeln über eine elektrisch geladene Trommel gelenkt. Die Trommel wird punktweise an den Stellen entladen, an denen Text oder Graphik erscheinen soll. An diesen nichtgeladenen Stellen wird der Toner aufgenommen. Dieses Zwischenbild, das sich auf der Trommel befindet, wird auf das Papier übertragen und darauf durch Druck und Hitze fixiert (vgl. Abb. 3.5).

Laserdrucker können grundsätzlich Farbe drucken, wobei für farbige Darstellungen ein mehrmaliger Druckvorgang für jede Farbe notwendig ist. Die Druckqualität von Laserdruckern ist wesentlich besser als die der Nadel- und Tintenstrahldrucker. Außerdem haben Laserdrucker eine schnelle Druckgeschwindigkeit von nur 8-15 Sekunden pro Seite für die reine Druckzeit. Diese Zeit verlängert sich allerdings bei Graphik erheblich und dies durchaus bis zu einer Viertelstunde und mehr. Ein Laserdrucker verfügt über einen eigenen Arbeitsspeicher, so daß der Computer selbst nicht durch die Drucksteuerung blockiert wird.

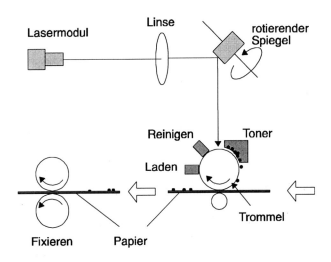

Abb. 3.5. Schematische Arbeitsweise eines Laserdruckers

Laserdrucker sind in vielerlei Hinsicht die optimalen Drucker, vor allem für die Schwarzweißausgabe. Moderne Laserdrucker erreichen heute eine Auflösung von 600 dpi und mehr bei sehr gleichmäßiger Schwärzung. Entsprechend gut sind die Ergebnisse bei relativ geringen Betriebskosten. Die Betriebskosten eines Farblaserdruckers liegen zwar höher, aber mit dem Einsatz von Farbe sind sehr viel anspruchsvollere und repräsentativere Karten zu produzieren. Die Anschaffung eines Farblasers ist inzwischen nicht mehr so kostenintensiv.

Thermotransferdrucker. Die Thermotransferdrucker sind mit einer anschlagsfreien Wärmetechnik ausgerüstet. Der Wärmetransferprozeß erzeugt durch das Schmelzen einer Wachstinte einzelne Tropfen, die auf ein Blatt Papier in einer sehr hohen Punktdichte gedruckt werden. Dadurch wird eine sehr gute Druckqualität erzeugt. Diese Drucktechnik ist in der Qualität und Anwendung mit der Tintenstrahldruckertechnik und Laserdruckertechnik zu vergleichen und stellt eine Alternative dar. Ein Nachteil sind die hohen Kosten pro Seite, da häufig teures Spezialpapier benötigt wird.

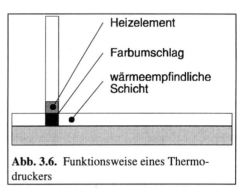

Abb. 3.6. Funktionsweise eines Thermodruckers

Stiftplotter. Stiftplotter werden verwendet, um Zeichnungen aller Art in Schwarz/Weiß oder Farbe auszugeben. Dabei werden Stifte über ein Papier geführt. Bewegen sich die Stifte in beiden Richtungen, also in x- und y-Richtung, handelt es sich um einen *Flachbettdrucker*, bei dem das Papier unbeweglich fixiert ist. Eine Alternative ist der *Trommelplotter*, bei dem sich das Papier in y-Richtung bewegt und die Stifte in x-Richtung.

Die Stiftplotter unterscheiden sich in der Größe und in der Anzahl der Stifte, die von 1 bis 8 variieren können. Stiftplotter erzeugen sehr genaue Graphiken. Bei der Farbauswahl besteht eine große Vielfalt, da Plotterstifte in einer sehr großen Auswahl zur Verfügung stehen. Gute Plotter erreichen eine Genauigkeit von deutlich unter 0.1 Millimeter. Es können Filzstifte, Kugelschreiber oder Tuschestifte eingesetzt werden, wobei die Stiftauswahl vom Zeichenträger (Papier, Transparentfolie) abhängt, der auf dem Plotter eingespannt ist. Gängige Trommel- oder Flachbettplotter setzen bis zu acht Farbstifte ein, was gleichzeitig einer Limitierung auf acht Ausgabefarben entspricht. Sollen mehr Farben verwendet werden, sind die Stifte während einer Unterbrechung des Zeichenvorgangs auszutauschen, sofern die Software dies unterstützt.

Die Plotter werden gesteuert, indem komplexe Befehle übergeben werden wie: Zeichne ein Quadrat mit der Seitenlänge 5 cm und fülle es mit einer Kreuzschraffur. Diese komplexen Aufgaben werden von einem internen Prozessor in die Bewegungen der Stifte und der Trommel umgesetzt. Die am meisten verwendete Standardsprache ist hierzu HPGL (Hewlett Packard Graphics Language).

Plotter haben den Vorteil, daß es bei gebogenen Linien keine Stufeneffekte gibt, da die Linien tatsächlich in einer Bewegung gezeichnet werden. In dieser Beziehung sind sie den Druckern überlegen. Dieser Vorsprung verliert sich mit der Steigerung der Auflösung von Laserdruckern zunehmend. Des weiteren sind die etwas umständliche Handhabung, Probleme beim Erzeugen von Vollflächen und die rasche Abnutzung der Stifte entscheidende Nachteile. Plotter sind zwar mit mehr als dreißig Jahren die ältesten Ausgabegeräte für Zeichnungen, haben aber ihren Höhepunkt in der Kartographie, von ein paar Spezialanwendungen abgesehen, wahrscheinlich überschritten.

Elektrostatische Plotter. Dieser Plottertyp ist seit Ende der 60er Jahre auf dem Markt und wurde zunächst als Schreiber für Meßinstrumente entwickelt. Die elektrostatische Technologie ist zwar sehr teuer, aber dafür ist sie eines der ausgereiftesten automatischen Zeichensysteme auf dem Markt. Bis vor wenigen Jahren konnten diese Plotter nur Schwarzweißzeichnungen anfertigen. Inzwischen liefern sie exzellente Farbdarstellungen. Das Papierformat geht bis zu einer Breite von 110 cm und hat keine Begrenzung in der Länge. Ein Farbplot von 80 cm x 100 cm ist in ca. 20 Minuten gezeichnet.

Farbfilmrecorder. Bei Farbfilmrecordern werden Fotos bzw. Bilder auf Papier oder Dia mittels photographischer Technik erzeugt. Ursprünglich wurden diese Geräte entwickelt, um Hardcopy-Ausgaben der Bildschirmansicht zu erstellen. Diese Technologie ist geeignet, um die Ergebnisse schnell und in hoher Qualität zu produzieren. Eingesetzt wird sie hauptsächlich im professionellen Bereich, um Fotomaterial für die Herstellung von Zeitungen, Büchern usw. zu belichten.

Eignung für die Computerkartographie. Mit Ausnahme von Nadeldruckern sind grundsätzlich alle genannten Ausgabegeräte geeignet. Nadeldrucker sind nur für Entwürfe akzeptabel, Endprodukte sollten auf anderen Geräten ausgegeben werden, gegebenenfalls bei einer Fremdfirma.

Bei der Neuanschaffung spielen eine Reihe von Faktoren eine Rolle (vgl. Tabelle 3.4). Dazu gehören finanzielle Überlegungen sowie die Entscheidung, ob Farbe eingesetzt werden soll. Des weiteren spielt es eine Rolle, ob der Drucker ausschließlich für Graphik eingesetzt wird, oder als einziges Ausgabegerät zu Verfügung steht und deshalb auch zur Textausgabe genutzt wird.

Sollen Farben in DIN A4 eingesetzt werden, ist bei niedriger finanzieller Belastung ein Farbtintenstrahldrucker eine annehmbare Lösung, für die Ausgabe von Schwarz/Weiß ist sicherlich ein PostScript-fähiger Laserdrucker die beste Lösung. Ist das gewünschte Format größer als DIN A4, so ist in jedem Fall genau zu überprüfen, ob eine Ausnutzung des Gerätes wirklich zu erwarten ist. Hier sollte nach kaufmännischen Überlegungen abgewogen werden, ob die größeren Ausdrucke nicht preisgünstiger durch Dienstleistungsunternehmen erbracht werden können.

Tabelle 3.4. Vor und Nachteile der Ausgabegeräte

Ausgabegerät	Vorteile	Nachteile
Nadeldrucker	günstiger Preis robuste Verarbeitung	einfache graphische Qualität laute Betriebsgeräusche keine Folien möglich
Tintenstrahldrucker	günstiger Preis hohe Druckgeschwindigkeit leise Betriebsgeräusche Folien möglich Farbdruck möglich	Verstopfen der Farbdüsen Ausbleichen der Farben
Laserdrucker	sehr gute Druck- und Wiedergabequalität leises Betriebsgeräusch Folien möglich gute Farbsättigung	hoher Anschaffungspreis für Farboption hohe Betriebskosten
Thermotransferdrucker	günstiger Preis leises Betriebsgeräusch gute Farbsättigung	keine Folien Spezialpapier notwendig hohe Kosten pro Blatt
Stiftplotter	geringe Kosten hohe Präzision Verläßlichkeit teilweise gute Wiederholgenauigkeit	langsame Geschwindigkeit keine flächendeckende Farbgebung Eintrocknen der Stifte lautes Betriebsgeräusch
Elektrostatischer Plotter	schnellstes automatisches Zeichengerät hohe Verläßlichkeit geringe Betriebsgeräusche	hohe Kosten Spezialpapier sehr große Farbflächen nicht einheitlich gefüllt
Farbfilmrecorder	gute Bildschärfe exzellente Farbwiedergabe sofortiges Bild oder Dia	hohe Kosten kein vollautomatischer Betrieb eingeschränktes Bildformat

3.1.5 Digitalisiertablett

Ein Digitalisiertablett ist ein Eingabegerät, daß es erlaubt, zweidimensionale Informationen, wie z.B. administrative Grenzen, in ein maschinenlesbares Format zu übertragen. Die Vorlage, deren Punkte und Linien übertragen werden sollen, wird auf der aktiven Fläche des Digitalisiertabletts befestigt und mittels eines speziellen Eingabegeräts abgetastet (vgl. Abb. 3.7), nachdem die Vorlage auf dem Tablett justiert wurde. Das Resultat sind digitale Koordinaten in Form von x- und y-Werten.

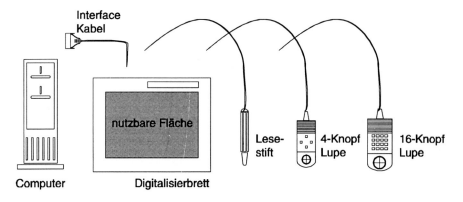

Abb. 3.7. Digitalisiertablett mit verschiedenen Eingabegeräten

Das Digitalisiertablett hat in seinem Inneren ein feines Netz von Drähten, die über das Eingabegerät auf elektromagnetischem Weg aktiviert werden. Es werden Drähte in x-Richtung und Drähte in y-Richtung aktiviert, dadurch ist der gewünschte Punkt eindeutig definiert. Die Abstände der Drähte geben die Auflösung des Tabletts vor. Je dichter die Drähte, desto höher die Auflösung. Gleichzeitig ist diese Auflösung die Grenze der Genauigkeit einer Digitalisierung, denn Punkte werden nicht mit ihrer exakten Koordinate erfaßt, sondern mit der am nächsten liegenden Koordinate des Gitters (vgl. Abb. 3.8). Tabletts für

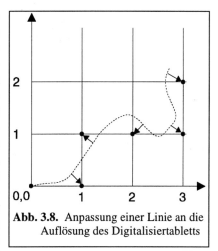

Abb. 3.8. Anpassung einer Linie an die Auflösung des Digitalisiertabletts

die Digitalisierung von Karten sollten eine hohe Auflösung und Genauigkeit aufweisen. Eine wünschenswerte Auflösung liegt bei 0.02 mm und einer Genauigkeit von ±0.15 mm (Bernhardsen 1992, 82).

Bei den Eingabegeräten können prinzipiell zwei Typen unterschieden werden:

- Der *Lesestift* ist mit einem herkömmlichen Stift vergleichbar. Er ist dazu geeignet, Linien direkt abzufahren. In fest definierten Abständen werden Punkte in digitale Koordinaten übertragen. Dadurch können z.B. Linien mit einem vorgegebenen Punktabstand von einem Millimeter digitalisiert werden. Notwendig ist allerdings eine sichere und genaue Führung des Stifts. Der Stift wird in der Kartographie selten verwendet.
- Die *Eingabelupe* gibt es in Ausführungen mit 4 und mit 16 Knöpfen. Mit Hilfe einer Lupe, die mit einem Kreuz versehen ist, werden Punkte fixiert und unter

Verwendung eines der Knöpfe in eine digitale Koordinate übertragen. Die Eingabelupe ermöglicht einen hohen Grad an Genauigkeit.

Digitalisiertabletts sind in unterschiedlichen Größen zwischen DIN A4 und DIN A0 erhältlich. Dabei ist auf die tatsächlich nutzbare Fläche zu achten, da sie für die spätere Arbeit maßgeblich ist. Relativ erschwinglich sind Tabletts bis zu einer Größe von DIN A3, darüberliegende Größen werden sehr viel teurer (vgl. Tabelle 3.5).

Wichtig ist die Verbindung zur Software, denn nicht jedes Kartographieprogramm verfügt über die Möglichkeit, zu digitalisieren. Bei einigen kann ein entsprechendes Modul nachgekauft werden. Auf eine eigene Digitalisierausrüstung kann meist verzichtet werden, wenn selten neue digitale Koordinaten gebraucht werden. In solchen Fällen kann es günstiger sein, Koordinaten zu kaufen oder bei einem entsprechenden Dienstleistungsunternehmen in Auftrag zu geben.

Tabelle 3.5. Richtpreise für Digitalisiertabletts

Größe (aktive Fläche)	Preis (ca.) DM
DIN A4	800 - 1300
DIN A3	1700 - 2000
DIN A2	3900 - 5200
DIN A1	>10000
DIN A0	>12000
Quelle: Eigene Zusammenstellung Januar 1996	

3.1.6 Beispielkonfigurationen

Im folgenden werden zwei Konfigurationen (vgl. Tabelle 3.6) eines kartographischen Arbeitsplatzes vorgestellt. Die als minimale Ausstattung beschriebene Konfiguration beschreibt einen Arbeitsplatz, der nur gelegentlich für computerkartographische Anwendungen benutzt wird. Bei ständiger kartographischer Nutzung ist auf jeden Fall die gehobene Ausstattung als Richtschnur heranzuziehen.

Alle Karten, d.h. Controller und Graphikkarten, sind optimal auf den verwendeten Bus abgestimmt. Die Ausgabe ist auf DIN A4 beschränkt. Graphikkarte und Bildschirm haben eine Auflösung von 1024×768 bei einer Bildwiederholfrequenz von 70 Hz im Non-interlaced-Modus. Die Entwicklung der Hardware vollzieht sich sehr schnell, deshalb ist zu empfehlen, sich ausführlich in einem Fachgeschäft beraten zu lassen.

Tabelle 3.6. Beispielkonfigurationen

	Minimale Ausstattung	Gehobene Ausstattung
Rechner	486 DX-100 MHz	Pentium 133 MHz
	256 kB Cache	256 kB Cache
	PCI-Bus	PCI-Bus
	EIDE Controller	SCSI-II Controller
	16 MB RAM	32-64 MB RAM
	3 1/2 Diskettenlaufwerk	3 1/2 Diskettenlaufwerk
	CD-ROM-Laufwerk	CD-ROM-Laufwerk
		Streamer (Datensicherung)
Festplatte	640 MB	1 GB (SCSI-II)
Bildschirm	17-Zoll	20-Zoll
Drucker	Tintenstrahl DIN A4	Laserdrucker DIN A4
		und Farbtintenstrahldrucker
		oder
		Farblaserdrucker DIN A4
sonstige Peripherie	Tastatur; Maus	Tastatur, Maus
Digitalisiertablett / Lupe	∅	DIN A3

Stand: Februar 1996

3.2 Computerkartographische Software

Die Hardware einer Computeranlage wird erst durch die Programme, die sogenannte *Software*, in Wert gesetzt. Unter Software versteht man die Gesamtheit von Programmen und Daten, die dazu notwendig sind, den Computer zu betreiben. Es lassen sich prinzipiell zwei Typen unterscheiden. Die *Systemsoftware*, die unabdingbar notwendig ist, um den Computer zu betreiben, und die problemorientierte bzw. *Anwendersoftware*, die benutzerspezifische Wünsche erfüllt. Dazu zählen Textverarbeitung, Tabellenkalkulation und Kartographie.

Die wichtigste Systemsoftware ist das Betriebssystem, es steuert alle wichtigen und grundlegenden Prozesse im Computer. Die Anwendersoftware greift auf eine Vielzahl von Funktionen des Betriebssystems zurück und wird durch die Eigenschaften des Betriebssystems beeinflußt.

Im folgenden wird auf die für die Computerkartographie bedeutsamen Eigenschaften der beiden Softwaretypen eingegangen. Da jede Software, genauso wie jede Computerkarte und überhaupt alles am Computer, in Dateien gespeichert ist, schließt sich ein Abschnitt an, der kurz die wichtigsten Eigenschaften der verschiedenen Dateitypen erläutert.

3.2.1 Betriebssysteme DOS und Windows

Das *Betriebssystem* ist die Verwaltungszentrale des Rechners und übernimmt in erster Linie die Kommunikation mit dem Benutzer. Es verwaltet die laufenden Anwenderprogramme und stellt sogenannte *Befehle* zur Verfügung, um mit Disketten und Festplatten zu arbeiten, Dateien zu kopieren oder umzubenennen usw.

DOS. Bis Ende 1995 arbeiteten die meisten IBM-kompatiblen PCs mit dem Betriebssystem DOS (Disk Operating System), das in seiner ersten Version 1981 zusammen mit dem ersten IBM-PC ausgeliefert wurde und dann einen Siegeszug antrat. DOS hat jedoch zumindest für den Anwender einen nicht unerheblichen Nachteil. Alle Funktionen müssen über per Tastatur einzutippende Befehle bedient werden. Das bringt nicht nur lästige Tipparbeit mit sich, sondern erfordert vom Anwender, daß er sich die Syntax eines jeden Befehls samt zugehörigen Parametern und Optionen einprägen muß. Hinzu kommt, daß die DOS-Kommandos englischsprachig sind und teilweise abstrakte Namen haben. Einen Ausweg bieten Benutzeroberflächen, die über Funktionstasten und Maus wichtige Befehle des Betriebssystems übernehmen.

Seit im Herbst 1995 das Betriebssystem Windows 95 auf den Markt kam, welches anders als seine Windows-Vorgänger nicht mehr auf DOS aufsetzt, sondern nunmehr alle Funktionen eines kompletten Betriebssystem besitzt, zeichnet sich das Ende von DOS ab. Da Windows 95 aber auf älteren PCs und mit älteren Programmversionen nur bedingt einsetzbar ist, wird DOS für eine Übergangszeit noch Anwendung finden.

Windows. Immer mehr PCs arbeiten mit der graphischen Oberfläche Windows, die Mitte der 80er Jahre von der Firma Microsoft entwickelt wurde. Die Version 3.1 kann nicht isoliert eingesetzt werden, sondern nur in Kombination mit DOS, während die Folgeversion Windows 95 DOS nicht mehr benötigt. Windows 95 besitzt viele Vorteile, stellt aber auch hohe Anforderungen an die Hardware. Der sich aus der 32-Bit-Technik ergebende Geschwindigkeitsgewinn wird zudem nur von jenen Programmen ausgenutzt, die für Windows 95 entwickelt wurden. Ältere Programmversionen haben teilweise Probleme mit dem neuen Betriebssystem. Deshalb wird es insbesondere im Kartographiebereich einige Zeit dauern, bis die Umstellung vollzogen ist. Beide Versionen, 3.1 und Windows 95, bieten im Vergleich zu DOS folgende Vorteile:

- eine graphische und menügesteuerte Bedienung von Funktionen, die es auch in DOS gibt. Windows ersetzt das Eintippen von Befehlen durch das Anklicken von Symbolen mit der Maus. Dem Benutzer stellt sich der Bildschirm wie eine Schreibtischoberfläche (Desktop) dar. Hier sind alle notwendigen Arbeitsutensilien und Programme in übersichtlicher Form als Symbole angeordnet und können durch Mausklick aktiviert werden.

- eine ganze Reihe zusätzlicher Funktionen und Arbeitstechniken, die es in DOS nicht gibt, wie z.B. Fenstertechnik, Zwischenablage und Hilfsprogramme zum Zeichnen oder Editieren.
- die einheitliche Gestaltung der Benutzeroberflächen von Windows-Programmen. Diese erleichtert die Einarbeitung in neue Programme wesentlich.
- eine deutlich bessere Ausnutzung des Hauptspeichers. Während DOS zumeist nur 640 KB nutzt, können Windows-Programme auf den gesamten Speicher zugreifen, wodurch sie schneller laufen.
- Multitasking, d.h. zwei oder mehr Programme können auf dem Rechner parallel laufen.

Ist der PC gestartet und Windows geladen, können alle PC-Funktionen und Programme von Windows aus bedient werden. Dies umfaßt auch den Aufruf von Programmen, die für das Betriebssystem DOS entwickelt wurden. Dadurch können alle Kartographieprogramme unter Windows ausgeführt werden. Es wird dennoch zwischen *Windows-Programmen* und anderen Programmen unterschieden. Nur die Windows-Programme können die Zusatzfunktionen von Windows nutzen. Die anderen Programme lassen sich zwar von Windows aus starten, können aber z.B. nicht auf die Windows-Druckertreiber zugreifen oder Objekte in die Zwischenablage kopieren. Für kartographische Anwendungen sind vor allem folgende Zusatzfunktionen interessant:

- Fenstertechnik
- Zwischenablage
- Editor
- Malprogramm Paintbrush
- Gerätetreiber
- Schriftarten
- Verbindungen zwischen Programmen

Fenstertechnik. Der Bildschirm läßt sich unter Windows in rechteckige Arbeitsbereiche, *Fenster* genannt, aufteilen. In jedem Fenster kann jeweils eine andere Anwendung gestartet werden, so daß mehrere Programme gleichzeitig laufen. Zwischen den Fenstern kann beliebig hin- und hergeschaltet werden, wobei jeweils nur ein Fenster aktiv sein kann. Größe und Anordnung sind variabel, ein Fenster kann z.B. den ganzen Bildschirm ausfüllen. Trotzdem können sich dabei noch andere Fenster, in denen andere Programme laufen, im Hintergrund befinden.

118 3 Einführung in die Computerkartographie

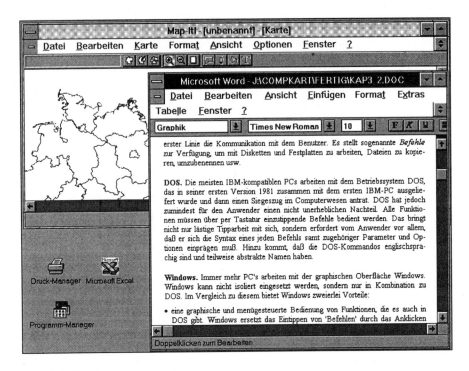

Abb. 3.9. Windows-Fenstertechnik

In Abbildung 3.9 ist das Textverarbeitungsfenster aktiv, das Kartographieprogramm inaktiv. Andere Programme laufen ebenfalls und sind im linken unteren Bildschirmbereich zu einem Symbol verkleinert.

Zwischenablage. Die Zwischenablage ist eine Möglichkeit des Datenaustauschs zwischen verschiedenen Programmen. Es handelt sich dabei um einen elektronischen Zwischenspeicher, der Text, Daten oder Graphiken aufnimmt und diesen Inhalt anderen Windows-Anwendungen zur Verfügung stellt. Im Ursprungsprogramm wird die gewünschte Information markiert und mit wenigen Schritten ins Zielprogramm eingefügt.

Für computerkartographische Anwendungen ist dies nützlich, um Sachdaten aus einem Kalkulationsprogramm ins Kartographieprogramm zu kopieren. Auch ist es über die Zwischenablage möglich, die Karte in einen Text oder in ein anderes Graphikprogramm einzufügen.

Editor. Seit der DOS-Version 5.0 enthält dieses Betriebssystem einen komfortablen Editor zum Bearbeiten von unformatierten Textdateien. Ein ähnlicher Editor, nämlich das Programm NOTIZBLOCK, steht unter Windows zur Verfügung und kann z.B. verwendet werden, um Datendateien zu editieren.

Paintbrush. Paintbrush ist ein Malprogramm, das im Lieferumfang von Windows enthalten ist, und benutzt werden kann, um Karten nachzuarbeiten, auch wenn keine Graphiksoftware dafür zur Verfügung steht. Des weiteren können mit Paintbrush z.B. Symbole entworfen und ins Kartographieprogramm importiert werden.

Gerätetreiber. In Windows ist eine sehr umfangreiche Liste an Gerätetreibern, zum Beispiel für Drucker und Graphikkarten, enthalten. Das bedeutet, daß damit auch alle Windows-Anwendungen auf diese Geräte zugreifen können. Optionen wie die Druckqualität, das Papierformat oder die Bildschirmfarben sind von Windows aus steuerbar.

Schriften. Eine besondere Stärke von Windows ist die Vielfalt verschiedener Schriften und ihre Realisierung auf dem Bildschirm und den installierten Druckern. Grundsätzlich werden bei der Installation eines Druckers unter Windows alle dafür zur Verfügung stehenden Schriftarten automatisch mit installiert. Es können aber noch weitere Schriften hinzugefügt werden, wenn entsprechende Schriften-Dateien vorhanden sind. Solche Dateien mit weiteren Schriften werden z.B. bei Graphikprogrammen mitgeliefert. Nach deren Installation können sie fortan von allen Windows-Anwendungen genutzt werden. Auf diese Weise besteht in Kartographieprogrammen unter Windows meist eine große Auswahl unterschiedlicher Schriftarten. Sind die vorhandenen Schriften nicht ausreichend, können weitere preisgünstig zugekauft werden.

Verbindungen zwischen Programmen. Mit der Zwischenablage wurde bereits ein Instrument vorgestellt, mit dem Informationen zwischen verschiedenen Programmen ausgetauscht werden können. Fortführungen dieses Prinzips bestehen darin, daß der Rückweg ins Ausgangsprogramm erleichtert wird (*Object Linking and Embedding*, vgl. 3.4.3) oder daß die Informationen physisch im Ursprungsdokument verbleiben und bei Änderungen automatisch aktualisiert werden (*Dynamic Data Exchange*, vgl. 3.3.4).

Abschließend muß noch darauf hingewiesen werden, daß Windows (Version 3.1) nur nutzen kann, wer über einen PC verfügt, der als Mindestausstattung einen 80286-Prozessor sowie 1 MB Hauptspeicher aufweist. Leistungsfähiger wäre jedoch ein Rechner mit einem Hauptspeicher von 2 MB und mehr sowie einem 80386- oder 80486-Prozessor. Erst dann sind alle Möglichkeiten von Windows voll nutzbar (Tiemeyer 1992). Windows 95 stellt noch deutlich höhere Anforderungen an die Hardware, z.B. ist ein deutlicher Leistungsvorteil gegenüber Windows 3.1 erst ab einem Hauptspeicher von 16 MB feststellbar.

3.2.2 Anforderungen an ein Kartographieprogramm

Ziel der computerkartographischen Arbeitsweise ist es, auf möglichst unkomplizierte Weise aussagekräftige, schöne und kartographisch korrekte Karten zu erstellen. Um dieses Ziel zu erreichen, sollte ein Kartographieprogramm eine Reihe von Anforderungen erfüllen. Die im folgenden entwickelten Kriterien sind die Grundlage für die Vorstellung der Programme im Kapitel 4.

Systemanforderungen. Die Anforderungen an die Hardwareausstattung sollten möglichst gering sein. Nur dann kann Kartographie nicht nur von Spezialisten betrieben werden, sondern allgemeine Verbreitung finden. Das gleiche gilt für die Anforderungen an Vorkenntnisse und Einarbeitungsaufwand.

Windows-Anwendungen haben eine ganze Reihe von Vorteilen, wie aus Abschnitt 3.2.1 hervorgeht. Das muß nicht bedeuten, daß Nicht-Windows-Anwendungen immer schlechter sind. Bei diesen sind aber bestimmte Funktionen, die ansonsten von Windows erledigt werden, besonders kritisch zu prüfen. Dies gilt vor allem für Druckertreiber, Im- und Exportfunktionen sowie Schriftarten.

Oberfläche. Kartographieprogramme müssen nicht nur an ihren Fähigkeiten, sondern auch an ihrer Bedienerfreundlichkeit gemessen werden. Bei der Erstellung graphischer Abbildungen ist es unbestreitbar von großem Vorteil, wenn die Funktionen direkt graphisch gesteuert werden können, wie es zum Beispiel in Windows-Anwendungen generell üblich ist. Folgende Eigenschaften erleichtern die Arbeit wesentlich:

- Karten werden immer in mehreren Durchgängen erarbeitet, in denen Darstellungsformen und Gestaltungsmittel ausprobiert und gegebenenfalls wieder geändert werden. Die Karte muß deshalb unbedingt schon am Bildschirm genau so zu sehen sein, wie sie später aus dem Ausgabegerät kommt, da sonst unzählige Probeausdrucke erforderlich sind, was Zeit und Geld kostet. Wenn die Bildschirmansicht genau der Ausgabe entpricht, wird dies als *Wysiwyg* bezeichnet, eine Abkürzung von *What You See Is What You Get*.
- Farben und Füllmuster sollten nicht über Buchstaben- oder Nummerncodes definiert werden und erst auf der fertigen Karte erscheinen, sondern vielmehr schon im Moment der Auswahl sichtbar sein.
- Das Verschieben von Objekten auf der Karte sollte so funktionieren, daß Objekte mit der Maus angeklickt und dann sichtbar über das Kartenfeld bewegt werden (*Drag and Drop*). Das Verschieben über die Veränderung von numerischen Koordinaten ist mühselig und die Auswahl aus vorgegebenen Positionen wie *Oben, Unten* etc. unzureichend.

Datenverwaltung. Häufig sollen Daten dargestellt werden, die bereits am PC gespeichert sind, allerdings in einem anderen Programm. Darum sollte die kartographische Software den Import von Fremddaten erlauben, was besonders für digitale Koordinaten, d.h. Geometriedaten, gilt. Im Programm selbst sollten alle Daten übersichtlich geordnet und möglichst gut dokumentiert werden können.

Geometriedaten sollten möglichst mit dem Programm selbst oder einem Zusatzmodul erstellt und modifiziert werden können. Die Modifikation von Koordinaten ist wichtig, um mit Änderungen Schritt zu halten. Zum Beispiel kommt es häufig vor, daß Regionen geteilt, zusammengefaßt oder Grenzen verschoben werden.

Entwurf und Gestaltung. Wie das Kapitel 2 gezeigt hat, ist es eine relativ begrenzte Anzahl von Darstellungsformen, die ausreicht, einen großen Teil raumbezogener Informationen darzustellen. Choroplethenkarten, Diagrammkarten und Symbolkarten sollten möglich sein. Bei den Diagrammkarten sollte eine Auswahl aus mindestens 4-5 Typen bestehen. Bezüglich der Symbole muß die Auswahl dagegen viel größer sein. Außerdem sollte ein Programm die freie Generierung oder zumindest den Import von Symboltypen ermöglichen. Insgesamt sollte die Software folgende zwei Eigenschaften haben:

- Es sollte möglich sein, schnell und mit wenig Aufwand eine korrekte Karte zu erstellen, die sich auf das erforderliche Mindestmaß an Informationen beschränkt. Um dies zu erreichen, muß das Programm an möglichst vielen Stellen automatisch *Defaultwerte* vorgeben, welche die kartographischen Grundregeln beachten. Defaultwerte sind Einstellungen, die wirksam werden, wenn der Anwender keine eigenen Einstellungen vornimmt.
- In einer zweiten Stufe sollte das Programm möglichst freie Hand bei Entwurf und Gestaltung der Karte lassen. Die vom Programm vorgegebenen Einstellungen sollten möglichst frei verändert werden können, beispielsweise beim Bestimmen des Kartenausschnitts, der Legendenposition, der Farben oder der Schriften.

Weitere wichtige Punkte beim Entwurf sind die Möglichkeiten zur differenzierten Behandlung von Linien und die kartographischen Elemente Maßstab, Legende und Nordpfeil. Bei den kartographischen Elementen, wie auch bei den Darstellungsformen, ist sehr darauf zu achten, daß die wichtigsten kartographischen Grundregeln beachtet werden. Diese im Kapitel 2 dargestellten Regeln sind kein Selbstzweck, sondern stellen Eindeutigkeit und Aussagekraft der Karte sicher.

Ausgabe. Die besten am PC erarbeiteten Karten sind wertlos, wenn das Programm keine hochwertigen Ausgabegeräte unterstützt. Dabei sollten sowohl Farb- als auch Schwarzweißausgaben in verschiedenen Größenformaten möglich sein.

Nicht jede Karte soll sofort ausgedruckt werden. Die Karte sollte in geeigneter Weise exportiert werden können. Das ist notwendig, um Karten in andere Dokumente, z.B. in Texte, einzubinden. Da kein Kartographieprogramm perfekt ist, sollte außerdem der Export der Karten in andere Graphikprogramme zur Nachbearbeitung möglich sein.

3.2.3 Dateien

Dateien enthalten alle vom Computer verwendeten Informationen. Kartographieprogramme sind selbst in Dateien gespeichert, lesen Sach- und Geometriedaten aus anderen Dateien ein und speichern die mit ihnen erstellten Karten wiederum in Dateien ab.

Dateien sind zusammengehörende Daten, die auf einer Speichereinheit gemeinsam verwaltet werden. Auf sie wird über einen *Dateinamen* zugegriffen. Der Dateinamen besteht unter DOS bzw. Windows 3.1 maximal aus einem acht Zeichen langen *Grundnamen* und einer bis zu drei Zeichen langen *Erweiterung*. Im allgemeinen weist der Grundname auf den Dateiinhalt hin, während die Erweiterung den Dateityp charakterisiert. Unter dem Betriebssystem Windows 95 entfällt die Beschränkung des Grundnamens auf acht Zeichen. Da die im vorliegenden Buch behandelte Software aber komplett unter DOS bzw. Windows 3.1 getestet wurde, kann diese Neuerung im folgenden noch keine Berücksichtigung finden.

Ein wesentliches Kriterium zur Unterscheidung von Dateiarten ist die Frage, ob sie vom PC-Benutzer editiert werden können oder nicht. Editieren bedeutet, den Inhalt der Datei am Bildschirm anzuzeigen und über Tastatureingaben zu verändern. Im allgemeinen sind Dateien dann editierbar, wenn es sich um *unformatierte Textdateien* handelt. Im Gegensatz zu den von Software formatierten, nicht lesbaren Dateien sind sie programmunabhängig und enthalten nur Text. Fast alle Computerprogramme stellen Zeichen mit Hilfe einer Kodierung dar, die als *American Standard Code for Information Interchange* (ASCII) bezeichnet wird. Deshalb werden unformatierte Textdateien auch als ASCII-Dateien bezeichnet. Der ASCII-Zeichensatz besteht aus 256 Zeichen. Diese enthalten alle Groß- und Kleinbuchstaben des Alphabets, alle Ziffern sowie eine Reihe von Sonderzeichen. Die ASCII-Zeichen können mit jedem PC dargestellt und über die Tastatur eingegeben werden.

> ASCII-Dateien können z.B. mit dem Kommando *TYPE dateiname* am Bildschirm angezeigt oder über den DOS-Editor (Kommando *EDIT dateiname*) bearbeitet werden. Wird hingegen versucht, eine Programmdatei mit TYPE anzuzeigen, erscheinen am Bildschirm nur merkwürdige Sonderzeichen.

Dateien, die gelesen werden können, haben den Vorteil, daß sie veränderbar sind bzw. sogar vom PC-Anwender erstellt werden können. Sie werden häufig verwendet, um Daten einzugeben sowie Informationen, z.B. Geometriedaten, zwischen Programmen auszutauschen.

Neben der Lesbarkeit werden Dateien nach ihrem Inhalt und ihrer Funktion unterschieden. Diese Eigenschaften werden meist über die Namenserweiterung angezeigt.

Ausführbare Dateien und Batch-Dateien. Diese Dateien, die immer an bestimmten Erweiterungen zu erkennen sind (vgl. Tabelle 3.7), enthalten Programme, d.h. auf ihren Aufruf hin tut sich etwas. Aufgerufen werden sie auf DOS-Ebene durch Eingabe ihres Grundnamens oder in Windows durch Anklicken.

Tabelle 3.7. Ausführbare Dateien und Batch-Dateien

Erweiterung	Dateityp
*.EXE	(EXEcutable) ausführbare Programmdatei, nicht editierbar
*.COM	(COMmand) Befehlsdatei; nicht editierbar
	COM-Dateien sind kürzer als vergleichbare EXE-Dateien
*.BAT	(BATch) Stapelverarbeitungsdatei, editierbar
	BAT-Dateien sind Ansammlungen von Kommandos, die zeilenweise abgearbeitet werden

Der DOS-Editor EDIT funktioniert z.B. nur deshalb, weil es eine Datei EDIT.COM gibt. Das Kartographieprogramm Mercator kann durch Eingabe des Programmnamens gestartet werden, weil es eine Datei MERCATOR.EXE gibt. Ist also unklar, mit welchem Kommando ein Programm gestartet wird, so kann es hilfreich sein, nach einer ausführbaren Datei im entsprechenden Verzeichnis zu suchen.

Die BAT-Dateien, bei denen es sich um ASCII-Dateien handelt, können vom Benutzer selbst erstellt werden. Im allgemeinen geschieht dies, um sich wiederholende Eintipparbeit zu ersparen.

Um das Digitalisierprogramm DIGI90 mit einem bestimmten Digitizer zu benutzen, muß zum Beispiel zuerst in das richtige Verzeichnis gewechselt werden und dann die serielle Schnittstelle konfiguriert, der Gerätetreiber geladen und das Tablett eingestellt werden. Anschließend wird das Programm gestartet. Im einzelnen können das zum Beispiel diese Kommandos sein:

```
cd c:\digi90
mode
com1:9600,0,8,1,p
tablet /1 /c4
send /1 /cza /cz9
digi90
```

Um diese Kommandos nun nicht bei jedem Programmstart immer wieder aufs neue eintippen zu müssen, werden sie über den DOS-Editor in der Datei DIGI.BAT gespeichert. Von nun an wird der gesamte Vorgang durch Eingabe von DIGI gestartet.

Programmspezifische Dateien. Komplexe Programme, wie Kartographieprogramme es sind, bestehen neben den ausführbaren Dateien aus einer Vielzahl von weiteren Dateien, die in ihrer Gesamtheit die Software bilden. Diese Dateien können auf mehrere Verzeichnisse verteilt sein. Es lassen sich drei Typen unterscheiden:

- *Programmdateien.* Zur Funktionalität des Programms gehören zum Beispiel Dateien, die das Programm mit Informationen versorgen, die nur in bestimmten Konstellationen benötigt werden, wie Schriftartdateien oder Importfilter. Auf diese Dateien greift das Programm gegebenenfalls, für den Benutzer unmerklich, zu. Oft erstellen Programme auch während der Ausführung temporäre Dateien (*.TMP), die bei Programmende wieder gelöscht werden.

- *Datendateien.* Speziell Kartographieprogramme benötigen neben den eigentlichen Programmfunktionen weitere Informationen, um Karten erstellen zu können. Es handelt sich dabei in erster Linie um die Geometrie- und Sachdaten. Diese sind in Dateien gespeichert, deren Erweiterungen meist von der Software vorgegeben werden. Zum Teil sind diese Dateien intern formatiert, zum Teil aber auch editierbar und können bei manchen Programmen extern erstellt werden.
- *Dokumentdateien.* Wenn eine Karte mit einer Software entworfen wurde, ist es nötig, die Informationen über diese Karte im Programm abzuspeichern, um sie in einer späteren Sitzung wieder an den Bildschirm holen zu können. Die entsprechenden Informationen speichert das Programm in einer spezifischen Datei, die im allgemeinen nur von dem Programm interpretiert werden kann, mit dem sie erstellt wurde. Mitunter sind diese Dokumentdateien unformatierte Textdateien, oft enthalten sie aber auch programmspezifische Codes. Der Hauptname der Dokumentdatei kann vom Anwender bestimmt werden, während die Erweiterung vom Programm vorgegeben wird. Manche Programme speichern die Informationen auch in mehreren Dateien mit verschiedenen Erweiterungen ab.

Tabelle 3.8. Programmspezifische Dateien (Beispiele)

Erweiterung	Inhalt
*.BGI	Programmdatei Mercator (Druckertreiber), nicht editierbar
*.CHR	Programmdatei Mercator (Schriftarten), nicht editierbar
*.PLY	Datendatei (PoLYgone) Flächengeometrien Mercator, editierbar
*.DAT	Datendatei Mercator (Sachdaten), editierbar
*.PAR	Dokumentdatei Mercator (PARameter-Datei), editierbar
*.DBF	Dokumentdatei dBASE (DataBase File), nicht editierbar
*.DOC	(DOCument) Textdatei von englischsprachigen Programmen, teilweise editierbar
*.MPF	Dokumentdatei Map-It! (MaPitFile), nicht editierbar
*.LAY	Dokumentdatei PolyPlot (LAYer), nicht editierbar, enthält die Layer-Informationen einer PolyPlot-Karte
*.SEG	Dokumentdatei PolyPlot (SEGment), nicht editierbar, enthält die Informationen über die Linien in einer PolyPlot-Karte

Graphikdateien. Graphikdateien sind eigentlich programmspezifische Dokumentdateien, haben sich aber zum Teil zu herstellerübergreifenden Standards entwickelt. In ihnen sind, ebenso wie in den zuvor aufgeführten Dokumentdateien, die mit der Kartographiesoftware erstellten Karten enthalten, allerdings in einem anderen Format. Dieses Format ist bei Graphikdateien nicht mehr programmspezifisch, und diese Dateien können im allgemeinen auch nicht mehr in das Programm eingelesen werden, in dem sie erstellt wurden. Vielmehr dienen Graphikdateien dazu, die Karten zu transportieren. Ziel des Transports kann dabei ein Ausgabegerät sein, das an einem anderen PC angeschlossen ist, oder eine Graphiksoftware, mit der die Karte weiterbearbeitet werden soll.

Graphikdateien werden auch dazu verwendet, um in anderen Programmen erstellte Symbole in die Graphiksoftware zu importieren. Der Abschnitt 3.4 beschäftigt sich ausgiebig mit dem Thema Graphikdateien.

Systemdateien. Systemdateien enthalten Informationen über die Hardware und werden oft Gerätetreiber genannt. Meist haben diese Dateien die Erweiterung SYS (vgl. Tabelle 3.9).

Tabelle 3.9. Systemdateien (Beispiele)

Datei	Inhalt
CONFIG.SYS	allgemeine Konfigurierung des PC
HIMEM.SYS	Verwaltung des Erweiterungsspeichers
ANSI.SYS	Steuerung von Bildschirmanzeige (Farbe, Cursorposition etc.) und Zeichendarstellung

Organisation der Dateien. Die kartographische Software ist am PC in der Regel auf der Festplatte in einem eigenen Verzeichnis gespeichert, welches sich manchmal in Unterverzeichnisse, z.B. für Koordinaten, verzweigt. Beim computerkartographischen Arbeiten werden zusätzlich ständig weitere Dateien erstellt, vor allem Daten-, Dokument- und Graphikdateien. Insgesamt entsteht so bald eine schwer zu überschauende Dateienvielfalt, in der sich der Überblick leicht verlieren läßt.

Zunächst ist festzuhalten, daß alle Dateien generell auf der Festplatte des PC gespeichert und nur zum Transport oder zur Datensicherung auf Diskette kopiert werden sollten. Disketten sind im Vergleich zur Festplatte wesentlich fehleranfälliger, deutlich langsamer und haben darüber hinaus nur eine geringe Kapazität, die z.B. durch Graphikdateien leicht überschritten wird.

Die vom Anwender erstellten Dateien sollten auf jeden Fall in eigenen Verzeichnissen gespeichert und nicht mit den Programmdateien vermischt werden. Zur sinnvollen Strukturierung gibt es zwei grundsätzlich verschiedene Ansätze (vgl. Abb. 3.10):

- *Programmprinzip.* Diesem Ansatz folgend werden die Dateien jeweils in Unterverzeichnisse der Programme gespeichert, mit denen sie erstellt wurden. Dadurch sind z.B. die Texte von den Karten getrennt. Diese Methode hat den Nachteil, daß sich inhaltlich zusammengehörende Dateien über viele Verzeichnisse verteilen. Sie ist deshalb nicht zu empfehlen, wird allerdings leider häufig angewendet.

In der Abb. 3.10 werden mit drei unterschiedlichen Programmen erstellte Dateien geordnet. Diese gehören zu zwei verschiedenen Projekten. In (a) wird das Programmprinzip angewandt, was zu einer Vielzahl von Verzeichnissen führt.

- *Sachprinzip.* Bei diesem Verfahren werden thematisch zusammengehörende Dateien jeweils in einem eigenen Verzeichnis außerhalb der Programmverzeichnisse angeordnet. Die verschiedenen Dateiarten wie Texte, Karten usw. können vermischt werden, weil sie sich über ihre Namenserweiterungen leicht unterscheiden lassen.

  Im Teil (b) der Abbildung 3.10 wird deutlich, daß das Sachprinzip übersichtlicher wirkt als das Programmprinzip. Die Projekte THEMA1 und THEMA2 stehen in eigenen Verzeichnissen. Dort sind auch die Sachdaten und die Karten gespeichert, während die Koordinaten besser bei der Software verbleiben, da sie themenübergreifend sind. Die Verzeichnisse können, wenn es sachlich begründet ist, weiter untergliedert werden.

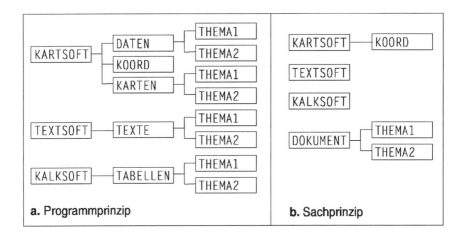

Abb. 3.10. Ordnen von Dateien in Verzeichnissen in der Computerkartographie

Ein wichtiger Punkt, um die Dateien übersichtlich ordnen zu können, sind Dateinamen. Namen wie KARTE1, KARTE2 etc. führen dazu, daß der Überblick mit zunehmender Dateianzahl bald verloren geht. Deshalb sollten aussagekräftige Bezeichnungen vergeben werden. Die Namenserweiterungen kennzeichnen den Dateityp und werden fast immer durch das Programm vorgegeben, während sich der Grundname frei wählen läßt. Unter DOS bestehen allerdings einige Einschränkungen, so darf der Dateinamen maximal acht Zeichen lang sein, und die meisten Sonderzeichen sind ausgeschlossen.

In diese acht Zeichen sollten nun die Informationen gepackt werden, die nötig sind, um den Inhalt der Datei möglichst genau erahnen zu können. Da der Dateityp, also Koordinaten, Graphikdatei etc. bereits an der Erweiterung erkennbar ist, braucht diese Information nicht im Grundnamen enthalten sein. Vielmehr kann dieser über den räumlichen und zeitlichen Bezug sowie über inhaltliche Aspekte informieren. Da selbst beim Verwenden von Abkürzungen nicht alle Informationen in die acht Stellen passen, sollten diejenigen ausgewählt werden, die zur Unterscheidung von anderen Dateien im konkreten Fall erforderlich sind.

Eine Datei, die Daten zur Arbeitslosigkeit in den Deutschen Bundesländern 1990 enthält, kann sehr unterschiedlich benannt werden, je nachdem, welche anderen Dateien vorhanden sind. Liegen zum Beispiel Dateien auch für andere Länder und Zeitpunkte vor, sind die Angaben D für Deutschland und die Jahreszahl im Dateinamen wichtig, etwa ALO_D_90. Beziehen sich alle vorhandenen Dateien auf Deutschland 1990, sind diese Informationen weniger wichtig und können etwa zugunsten der Angabe des Aggregationsniveaus *Bundesländer* entfallen (ALO_LAND).

Datensicherung. Abschließend folgen noch einige Bemerkungen zur Datensicherung. Moderne PC-Festplatten sind zwar einigermaßen zuverlässig, aber erstens kann es trotzdem jederzeit zu einem hardwarebedingten Crash kommen, wodurch der gesamte Inhalt der Festplatte verloren gehen kann, und zweitens kann ein ähnlicher Effekt auch durch den Anwender ausgelöst werden, wenn dieser versehentlich Dateien löscht, überschreibt oder gar die Platte neu formatiert. Auch "alte Hasen" am PC sind gegen solche Fehlleistungen leider nicht immun. Drittens schließlich kann es praktisch in allen Programmen, speziell auch unter Windows, zu Systemabstürzen kommen, wodurch zumindest die Arbeit seit der letzten Speicherung verloren ist. Deshalb folgende Hinweise:

- Vor größeren Änderungen an Entwurf oder Gestaltung einer Karte sollte der Ausgangszustand stets gesichert werden, um jederzeit zu diesem zurückkehren zu können. Beim Arbeiten an der Karte kann es leicht passieren, daß das Kartenbild versehentlich in einer Weise verändert wird, die nicht erwünscht ist und die sich nicht ohne weiteres rückgängig machen läßt. Wurde vor der Änderung gesichert, kann die Kartendatei ohne neue Sicherung geschlossen und in der alten Version neu geladen werden.
- Generell sollte es zur Gewohnheit werden, während der Arbeit am PC die bearbeitete Datei mindestens alle 30 Minuten zu speichern. Dann kann eigentlich auch nicht mehr verloren gehen als die Arbeit von 30 Minuten.
- Die Daten auf der Festplatte sollten in regelmäßigen Abständen, z.B. einmal im Monat, gesichert werden, indem sie auf einen anderen Datenträger kopiert werden. Optimal geeignet hierfür ist ein Streamer. Wenn der PC an ein Netzwerk angeschlossen ist, ist die Sicherung auch auf einem anderen Rechner möglich. Ansonsten muß auf Disketten gesichert werden. Um die dabei benötigte Diskettenzahl in Grenzen zu halten, brauchen nur die Dateien kopiert werden, die vom Anwender erstellt oder verändert wurden. Außerdem kann ein System zur Komprimierung der Dateien verwendet werden. Zweckmäßig ist die Erstellung einer Batch-Datei, die alle zur Sicherung benötigten Kommandos enthält.

3.3 Geometrie- und Sachdaten

Für die Konstruktion einer thematischen Karte werden Informationen benötigt, sogenannte Daten. Diese Daten lassen sich in zwei Kategorien einteilen. Die erste Kategorie sind die *Geometriedaten*, die zweite die *Sachdaten*. Geometriedaten oder Koordinaten sind alle Angaben über die Lage und die Ausdehnung von Punkten, Linien und Flächen im dargestellten Gebiet. Ein Teil dieser Geometriedaten wird für die thematische Karte mit Sachdaten verknüpft, die Informationen bezüglich Punkten, Linien oder Flächen im Kartengebiet enthalten. Ist die Verknüpfung hergestellt, wozu beide Datensätze eine Verbindungsvariable enthalten müssen, so kann das Darstellungsverfahren gewählt und die thematische Karte erstellt werden (vgl. Abb. 3.11).

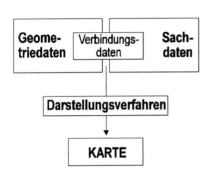

Abb. 3.11. Grundschema der Computerkartographie

3.3.1 Koordinaten als Grundlage der Computerkarte

Voraussetzung für die computergestützte Herstellung von Karten ist das Vorhandensein von digitalen geographischen Daten über das abzubildende Gebiet. Diese Datenbestände werden zumeist gemeinsam mit der Kartographiesoftware angeschafft und implementiert. Von diesem Moment an befinden sie sich quasi "im Hintergrund", und ihre Struktur ist nicht direkt sichtbar. Wenn sie aber ergänzt oder verändert werden sollen, ist es von großem Nutzen, über die Methodik der digitalen Erfassung des Raumes Bescheid zu wissen, und sei es nur, um den Aufwand einer Änderung oder Ergänzung abschätzen zu können.

Als Quelle für die Erzeugung von Koordinatensätzen dient zumeist Kartenmaterial. Zunehmend werden Lageinformationen auch aus Luft- und Satellitenbildern gewonnen oder direkt aus der Landschaft erhoben und in eine Karte eingezeichnet (Engelhardt 1993, 8). Zumeist ist also eine Kartengrundlage auf Papier vorhanden. Im Prinzip läßt sich aber auch eine nur imaginär, d.h. "im Kopf" vorhandene Karte direkt in maschinenlesbare Koordinaten umwandeln.

Um den Raum maschinenlesbar, d.h. digital beschreiben zu können, wird er in ein Koordinatensystem eingebettet. Dieses Koordinatensystem hat im allgemeinen zwei Achsen, kann aber auch aus drei Achsen bestehen, wenn dreidimensionale Geländemodelle erstellt werden. Die folgende Darstellung bezieht sich auf einen zweidimensionalen Raum.

Die beiden Achsen werden als x-Achse, zur Beschreibung der horizontalen oder Ost-West-Position, und y-Achse, zur Beschreibung der vertikalen bzw. Nord-Süd-Position, bezeichnet. Die Achsen sind kontinuierlich und gleichabständig eingeteilt, zum Beispiel in Meter. Außerdem sind sie in jeweils beide Richtungen unendlich, was bedeutet, daß der von einem Koordinatensatz beschriebene Raum grundsätzlich in alle Richtungen erweitert werden kann.

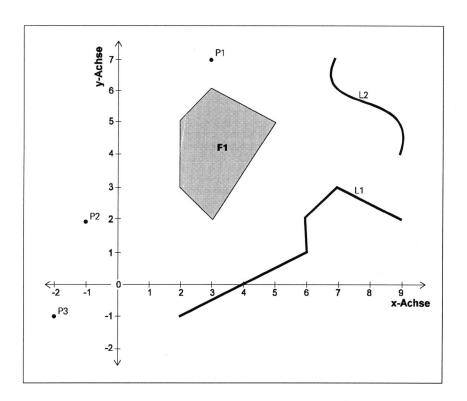

Abb. 3.12. Räumliches Koordinatensystem mit zwei Achsen

Die Abbildung 3.12 zeigt die Lage von Elementen im räumlichen Koordinatensystem. In einer digitalen Geometriedatei könnten die Punkte, Linien und Flächen so beschrieben werden, wie es in der Tabelle 3.10 wiedergegeben ist.

Tabelle 3.10. Koordinaten der Elemente der Abbildung 3.12

Element	x/y - Koordinaten
Punkt P1	3/7
Punkt P2	-1/2
Punkt P3	-2/-1
Linie L1	2/-1 , 6/1 , 6/2 , 7/3 , 9/2
Linie L2 *	9/4 , 9/5 , 7/6 , 7/7
Fläche F1	3/2 , 5/5 , 3/6 , 2/5 , 2/3 , 3/2

*Anm.: Die angegebenen Koordinaten für L2 stellen nur eine von vielen Möglichkeiten zur Beschreibung dieser Linie dar.

Das Beispiel zeigt, daß digitale Koordinaten generell nur Punkte zur Beschreibung räumlicher Elemente verwenden, d.h. auch Linien und Flächen werden in sie definierende Punkte umgesetzt. Die Problematik hierbei wird in der Abbildung 3.12 bei der Linie L2 deutlich, die einen kurvenförmigen Verlauf nimmt. Kurven können durch Punkte letztlich immer nur annähernd beschrieben werden. Wie groß die Abweichung zwischen Realität und Koordinaten ist, hängt von der Anzahl der Punkte, die zur Beschreibung verwendet werden, ab. In der Tabelle 3.10 wird die Kurve L2 nur durch 4 Koordinatenpunkte und damit sehr ungenau beschrieben. Selbst wenn stattdessen 40 oder 400 Koordinatenpunkte verwendet werden, bleibt die Darstellung ungenau, was aber dann erst bei entsprechender Vergrößerung sichtbar wird.

Kombination von Geometriedaten. Mitunter stellt sich das Problem, Geometriedaten aus verschiedenen Quellen miteinander zu kombinieren. Das kann zum Beispiel dann auftreten, wenn in eine vorhandene Deutschlandkarte mit Gemeindegrenzen eine separat digitalisierte Karte des Gewässernetzes eingebracht werden soll. Ein häufiges Beispiel ist es, daß Geometriedateien für einzelne verschiedene Länder vorliegen, die dann gemeinsam in einer Karte dargestellt werden sollen.

Was zunächst problemlos scheint, erweist sich in der Praxis meist als schwierig oder gar unmöglich. Daß Geometriedateien schlecht gemischt werden können, liegt zum einen daran, daß zumeist schon die Kartengrundlagen, aus denen digitalisiert wurde, nicht zusammenpaßten. Hier sind weniger unterschiedliche Maßeinheiten problematisch als vielmehr unterschiedliche Netzentwürfe (vgl. 2.2.2). Dadurch verzerren sich die Gebietsumrisse unter Umständen so, daß sie nur schlecht zusammenpassen. Außerdem sind verschiedene Karten meist mit unterschiedlicher Genauigkeit digitalisiert, weshalb die Grenzlinien dann nicht absolut parallel verlaufen.

Mitunter ist es über Software möglich, die Koordinatensätze anzugleichen. Generell ist die Angleichung nur dann möglich, wenn die Koordinaten in einem gemeinsamen System, zum Beispiel dem Gauß-Krüger-System (vgl. 2.2.3) digitalisiert wurden. Auskünfte hierzu erteilen die Lieferanten der Koordinaten.

Verbindung zwischen Geometrie- und Sachdaten. Um von den Koordinaten zu einer thematischen Karte zu gelangen, müssen diese mit Sachdaten verbunden werden. Die Verbindung wird praktisch immer über eine Identifikations-, oder ID-Variable hergestellt. Das heißt, daß jede Fläche oder jeder Punkt in den Geometriedateien eine Kennziffer besitzt, die ebenfalls in der Sachdatendatei enthalten ist. Anhand dieser Kennziffer erkennt das Programm, welcher Sachdatenwert zu welcher Geometrie gehört. Die IDs folgen häufig amtlichen Systematiken.

Amtliche Systematiken haben meist einen hierarchischen Aufbau, ein Prinzip, welches auch bei der Entwicklung eigener IDs angewendet werden sollte (vgl. Tabelle 3.11). Amtliche ID-Nummern sollten immer vorrangig verwendet werden. Das hat den Vorteil, daß eine Dokumentation der Gebietsnummern häufig in amtlichen Veröffentlichungen vorhanden ist.

Tabelle 3.11. Auszug aus der amtlichen Deutschen Gebietsnummern-Systematik

ID	Gebiet
08	Baden-Württemberg
...	
09	Bayern
091	Bayern, Regierungsbezirk Oberbayern
09171	Bayern, Regierungsbezirk Oberbayern, Landkreis Altötting
09172	Bayern, Regierungsbezirk Oberbayern, Landkreis Berchtesgadener Land
...	
092	Bayern, Regierungsbezirk Niederbayern
09271	Bayern, Regierungsbezirk Niederbayern, Landkreis Deggendorf
...	
10	Saarland

Quelle: Statistisches Bundesamt: Amtliches Gemeindeverzeichnis für die Bundesrepublik Deutschland. Stuttgart.

3.3.2 Digitalisierung und Erwerb von Koordinaten

Wie aus dem vorigen Abschnitt hervorgeht, ist ein computerkartographisches System ohne Koordinatendateien wertlos. Alle Programmhersteller liefern eine begrenzte Menge an Geometrien kostenlos mit dem Programm aus. Sollen Gebiete bearbeitet werden, die dabei nicht enthalten sind, so müssen zusätzliche Koordinatensätze beschafft oder digitalisiert werden.

Erzeugt werden Koordinatendateien immer durch den Vorgang der sogenannten Digitalisierung. Liegen digitale Koordinaten vor, können diese fast immer zwischen verschiedenen Programmen ausgetauscht werden. Manchmal kann dies selbständig vorgenommen werden, manchmal ist es nur durch die Programmhersteller möglich, da die Geometriedaten zum Teil in einem internen Format abgespeichert sind. Ankauf oder Neudigitalisierung ist hierbei meistens eine Frage des Preises. Eine Neudigitalisierung ist allenfalls dann unbedingt erforderlich, wenn das Generalisierungsniveau verringert werden soll, d.h. wenn die Karte detailgenauer werden soll.

Mittlerweile ist eine unüberschaubare Menge von digitalen Geometriedaten vorhanden. Darunter sind zum Beispiel alle administrativen Grenzen der wichtigsten Europäischen Länder. Es wird jedoch immer Fälle geben, in denen spezielle Geometrien verlangt werden, die nicht vorhanden sind, zum Beispiel Vertriebsgebiete von Firmen, Schulbezirke, Entwicklungsländer usw. In diesem Fall muß selbst digitalisiert oder die Digitalisierung bei Spezialfirmen in Auftrag gegeben werden. Entsprechende Angebote halten die Programmhersteller bereit.

Digitalisierung. Unter Digitalisierung versteht man das Einlesen analoger Vorlagen in den Computer. Im engeren Sinne wird hier die Vektordigitalisierung angesprochen, bei der Geometriedaten direkt als Vektorgraphiken erzeugt werden. Hierzu wird spezielle Software benötigt, die in einigen Kartographieprogrammen enthalten, bei anderen als Zusatzprodukt käuflich ist.

Die genaue Vorgehensweise beim Digitalisieren ist in hohem Maße softwarespezifisch. Grundsätzlich lassen sich zwei Arbeitsweisen unterscheiden:

- *Die Digitalierung mit der PC-Maus direkt am Bildschirm.* Am Bildschirm ist ein Fadenkreuz sichtbar, das durch die Maus bewegt wird. Durch Tastendruck werden Punkte definiert, die sich zu Linien zusammenfügen. Diese Methode hat den Vorteil, daß keine spezielle Hardware benötigt wird, aber den Nachteil der Ungenauigkeit. Kartenvorlagen lassen sich nur ungefähr, dem optischen Eindruck entsprechend, erfassen. Dies kann etwas verbessert werden, indem die Vorlage auf Folie kopiert und auf den Bildschirm geklebt wird. Manche Programme erlauben es, eine eingescannte Rastergraphik im Hintergrund darzustellen, so daß die Digitalisierung dieses Bild als Vorlage verwenden kann. Abgesehen von dieser Methode führt die Digitalisierung mit der PC-Maus nur zu einem ungenauen Ergebnis und sollte verwendet werden, wenn kein Digitizer verfügbar ist oder eine Graphik ohne Vorlage entworfen werden soll, zum Beispiel beim Digitalisieren von Symbolen.
- *Die Digitalisierung mit Digitizer und Lupe.* Diese Methode erlaubt eine sehr genaue Aufnahme der Vorlage. Diese wird auf das Digitalisiertablett geklebt und mit dem Fadenkreuz der Lupe abgetastet (vgl. Abb. 3.13). Durch Druck auf eine Lupentaste wird jeweils ein Punkt definiert. Die aus den Punkten entstehenden Linien sind am Bildschirm sichtbar.

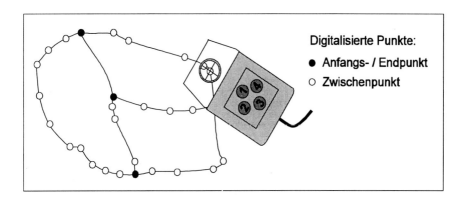

Abb. 3.13. Aufnahme von Punkten mit der Digitalisierlupe

Bei beiden Systemen muß jeweils festgelegt werden, ob ein digitalisierter Punkt ein Anfangs-, Zwischen- oder Endpunkt einer Linie ist.

> In der Abbildung 3.13 sind eine Grenzstruktur und eine Digitalisierlupe dargestellt. Den vier Tasten der Lupe können durch die Software zum Beispiel folgende verschiedene Funktionen zugewiesen werden: Taste 1 digitalisiert den Anfangspunkt und die Zwischenpunkte einer Linie, Taste 2 den Endpunkt. Die Tasten 3 und 4 dienen dazu, Anfangs- oder Endpunkte neuer Linien direkt an bereits vorhandene Linien anzuketten.

Nach der Aufnahme der Linien ist zu definieren, welche der Linien jeweils eine Fläche umfassen. Inwieweit diese Systematisierung manuell oder automatisch abläuft, ist je nach Programm unterschiedlich. Im folgenden sind einige Varianten aufgeführt:

- Es werden numerierte Liniensegmente digitalisiert. Anschließend wird eine Zuordnungsdatei erstellt, in der für jede Fläche angegeben wird, aus welchen Liniensegmenten sie besteht. Ein Liniensegment kann dabei zu mehreren Gebieten gehören. Dieses System wird in der Abbildung 3.14 veranschaulicht.
- Die Flächen werden interaktiv am Bildschirm definiert. In diesem Fall werden Linien ohne vorherige Numerierung digitalisiert. Die Software erkennt geschlossene Polygone, d.h. Flächen selbst, und es genügt, wenn nach dem Anklicken der Fläche eine Kennziffer oder ein Name vergeben wird.

Neben den Polygonen werden für viele Kartentypen Gebietsmittelpunkte benötigt, an denen Diagramme oder Beschriftungen positioniert werden. Die Definition dieser Punkte erfolgt je nach Programm unterschiedlich. Die meisten Programme sind aber in der Lage, diese Punkte als *Flächenschwerpunkte* selbst zu berechnen. Eine Digitalisierung ist in diesen Fällen nur nötig, wenn als Gebietspunkte nicht die Flächenschwerpunkte benutzt werden sollen, sondern zum Beispiel die Gebietshauptstädte.

134   3 Einführung in die Computerkartographie

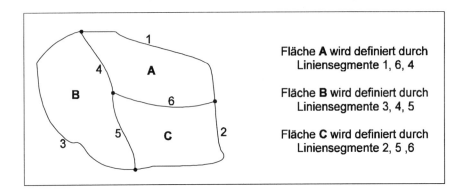

Abb. 3.14. Flächendefinition durch numerierte Liniensegmente

Scannen (Rasterdigitalisierung). Die Anschaffungskosten für Digitalisiersysteme sind gering, der Aufwand an Arbeitszeit dagegen um so größer. Die manuelle Digitalisierung von Karten ist zwar kein schwieriger, aber dennoch ein mühsamer Vorgang. Daher gibt es seit langem intensive Bemühungen, diese Arbeit in stärkerem Maße zu automatisieren. Die Entwicklung einer Methode zur automatischen Digitalisierung ist im weiteren Sinne jenem Bereich der Informatik zuzuordnen, der sich mit der Künstlichen Intelligenz beschäftigt. Ziel ist es dabei, daß der Computer menschliche Denkprozesse nachvollzieht. Wenn man bedenkt, daß selbst Menschen mit dem Verstehen von Karten mitunter Schwierigkeiten haben, so wird verständlich, daß auch die Fähigkeiten von Computern auf diesem Gebiet eng begrenzt sind (Illert 1992, 7).

Der Vorgang der automatischen Digitalisierung teilt sich analog zur visuellen Sinneswahrnehmung beim Menschen in zwei Phasen: Das Sehen und das Interpretieren. In einem Computersystem wird das Auge durch einen Scanner ersetzt. Der Scanner liefert Bilder in digitaler Form, welche in einem zweiten Arbeitsschritt mittels spezieller Computerprogramme zu interpretieren sind.

Der Scanner tastet das Bild zeilenweise ab und zerlegt es in einzelne Bildpunkte. Das kommt daher, daß der Abtastkopf jeweils nur einen kleinen Bereich der Vorlage erfaßt. Durch die schrittweise Bewegung des Abtastkopfes wird die Vorlage in ein regelmäßiges Raster von Bildpunkten, sog. Pixel, zerlegt (vgl. Abb. 3.15b). Für jedes Pixel ermittelt der Scanner den Helligkeitswert und eventuell die Farbkomposition. Nach dem Scannen ist die Karte vollständig durch Zahlen beschrieben und kann in einem Computersystem weiterverarbeitet werden.

Mittlerweile gibt es Methoden zur automatischen Datenerfassung aus Kartenvorlagen (Illert 1992, 8ff.). So können Computersysteme zum Beispiel eine topographische Karte digital umsetzen und dabei unter anderem Symbole für die Bodenbedeckung wie Wald, Weinbau etc. erkennen. Zur Erfassung von Strukturen, wie sie gebietsdefinierende, hierarchische Grenzlinien beschreiben, existiert aber noch keine befriedigende Lösung. Daher muß die Digitalisierung der computerkartographischen Grundkarte noch weitgehend interaktiv erfolgen (Engelhardt 1993, 8).

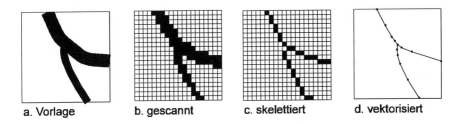

a. Vorlage   b. gescannt   c. skelettiert   d. vektorisiert

Abb. 3.15. Scannen und Vektorisieren einer linearen Struktur (nach Illert 1992,7)

Alternativ zur herkömmlichen Digitalisierung ist es dabei auch möglich, die eingescannte Rastergraphik weiter zu bearbeiten. Linien oder Flächen sind auf der Rasterkarte zwar optisch sichtbar, aber nicht als Objekte vorhanden und sind deshalb nicht automatisiert ansprechbar. Um Linien- und Flächenobjekte zu erzeugen, muß die Rasterkarte vektorisiert, d.h. in eine Vektorgraphik umgewandelt werden.

- Bei der Vektorisierung von *Linien* wird das Rasterbild durch Skelettierung so lange verdünnt, bis die schwarzen Objekte jeweils nur noch ein Pixel breit sind. Anschließend werden dann die Pixel des verbleibenden Skeletts verfolgt und die rechtwinkligen Koordinaten X und Y fortlaufend abgespeichert, so daß sich ein Linienzug ergibt (vgl. Abb. 3.15c-d).
- Die Vektorisierung von *Flächen* sucht nach zusammenhängenden, leeren Pixeln in der Matrix. Da die zwischen diesen Flächen liegenden Linien nicht Bestandteil der Flächen sind, decken die durch Vektorisierung entstehenden Flächen nicht den Gesamtraum ab. An den Stellen, an denen auf der Karte die Grenzen gezeichnet sind, bleiben spaltenförmige Lücken.

Nach dem Vektorisieren enthält der Datenspeicher des Computers eine große Menge von Pixeln und Linienelementen, jedoch ohne jede inhaltliche Strukturierung. In dieser Form ist der Datenbestand für die Computerkartographie noch wertlos. Es genügt nicht, dem Computer mitzuteilen, wie Punkte, Linien, Flächen und alphanumerische Zeichen auf einem Kartenblatt angeordnet sind. Um diese Elemente später mit Daten verbinden und automatisiert variieren zu können, muß der Computer wissen, wie sich die graphischen Grundelemente zu Objekten, z.B. Gebieten, gruppieren.

Der Stand nach der Vektorisierung läßt sich vergleichen mit dem Stand, den ein Computer nach einer automatischen Texterkennung hat. Es gibt zwar leistungsfähige Software, die aus Textvorlagen erzeugte Rastergraphiken wieder in alphanumerische Zeichen zurückführen kann, den Inhalt des Textes versteht der Computer deshalb noch lange nicht.

Einige Programme erlauben das Einlesen der Vektorgraphiken und stellen den Benutzer vor die Aufgabe, die Linien und Flächen interaktiv zu systematisieren (z.B. PolyPlot). Dabei treten jedoch häufig Probleme auf, da die Graphiken meist nicht fehlerfrei eingescannt wurden. Beispielsweise weisen die Liniensegmente Lücken auf und umschließen deshalb die Flächen nicht vollständig.

Inklusive der nötigen Nacharbeit ist der gesamte Vorgang mindestens so arbeitsaufwendig wie die herkömmliche Digitalisierung. Problemlos läßt sich der Scanner dagegen zum Einlesen von graphischen Objekten verwenden, deren Struktur später nicht datenabhängig verändert werden soll. Dies betrifft z.B. Firmenlogos, Symbole etc. Die meisten Kartographieprogramme erlauben die Einbindung solcher selbstdefinierter Objekte.

Erwerb von Geometriedaten. Die Anbieter von Kartographiesoftware verfügen meist über Kataloge digitaler Koordinaten für das betreffende Programm. Die Preise für den Kauf sind abhängig von mehreren Faktoren:

- von der *Zahl der Gebietseinheiten,*
- von der *Genauigkeit der Digitalisierung*, d.h. vom Generalisierungsniveau,
- von der *Nachfrage* nach den jeweiligen Koordinaten. Was häufig nachgefragt wird, wie z.B. die Deutschen Bundesländer, ist billiger als ein Gebiet, das selten gebraucht wird, z.B. eine Stadt nach Stadtteilen.

Liegen die digitalen Koordinaten beim Programmanbieter nicht in der gewünschten Form vor, so bestehen mehrere Möglichkeiten: Die Digitalisierung durch den Programmanbieter, die Digitalisierung durch ein anderes Dienstleistungsunternehmen oder der Ankauf bei anderen Anbietern vorliegender Koordinaten. Die Vor- und Nachteile, besonders der Preis und gegebenenfalls der Aufwand zum Import der Dateien, sind genau abzuwägen. Vor allem ist sicherzustellen, daß ein Import von Fremdkoordinaten im betreffenden Programm überhaupt möglich ist.

3.3.3 Sachdaten: Vorbereitung und Einlesen in die Karte

Die in einer Karte darzustellenden Sachdaten liegen in den allermeisten Fällen nicht in einer Form vor, die unmittelbar von der Software verarbeitet werden kann. Das Ausmaß der vorbereitenden Arbeiten hängt von der Art der Daten sowie von den Erfordernissen und Möglichkeiten der jeweiligen Software ab. Es lassen sich einige allgemeingültige Anmerkungen hierzu machen. Von besonderer Bedeutung sind die Überlegungen zur Datendokumentation.

Import. Am günstigsten ist es, wenn die Daten bereits maschinenlesbar vorhanden sind, vor allem wenn die Anzahl der Datenwerte sehr groß ist. Völlig unabhängig von Speichermedium und Format ist es dann kaum erforderlich, die Daten komplett neu einzutippen. Die meisten Kartographieprodukte erlauben den Import von Sachdaten in verschiedenen Dateiformaten, z.B. ASCII-, dBASE- oder Lotus-Dateien. Andererseits ermöglichen die meisten Statistik- und Datenbankprogramme die Ausgabe von Dateien in unterschiedlichen Formaten, so daß fast immer eine Möglichkeit besteht, die Sachdaten aus einem Programm ins Kartographieprogramm einzulesen. Für den seltenen Fall, daß kein gemeinsames Datenformat zwischen den Programmen besteht, existiert Software zur Datenkonvertierung zwischen verschiedenen Formaten, zum Beispiel das Programm DBMS/Copy.

Eine besondere Funktionalität bietet der "Dynamische Datenaustausch" unter Windows, bei dem die Daten nicht physisch in der Kartographiesoftware gespeichert werden, sondern eine Verbindung zu einer Tabellenkalkulation hergestellt wird. Diese Funktion wird in Abschnitt 3.3.4 ausführlich dargestellt.

Vorbereitung und Eingabe. Kartographieprogramme verarbeiten nur numerische Daten. Dies bedeutet, daß qualitative, nichtnumerische Daten in Zahlen "übersetzt" werden müssen. Damit die Karte dennoch verständlich ist, müssen diese Zahlen anschließend in der Legende rekodiert werden.

> Zum Beispiel sollen Wahlergebnisse in einer Choroplethenkarte so dargestellt werden, daß für jeden Wahlbezirk die stärkste Partei durch eine entsprechende Schraffur gezeigt wird. In die Sachdatendatei können nun nicht die Parteinamen direkt eingegeben werden, sondern diese müssen zuvor in Zahlen umgesetzt werden, z.B. CDU=1, SPD=2 usw. Die Rekodierung wird später in der Legende vorgenommen.

Das notwendige Ausmaß an Vorbereitung der Sachdaten hängt wesentlich von den Möglichkeiten der Kartographiesoftware ab. Meist sollen keine absoluten Zahlenwerte dargestellt werden, sondern berechnete Indikatoren, wie z.B. Dichten oder Anteile. Diese Verhältniszahlen werden aus sogenannten Ausgangsdaten berechnet. Wenn die Software über Möglichkeiten verfügt, mit den Daten zu rechnen, sollten immer die Ausgangsdaten eingelesen werden. Dies hat den Vorteil, daß die Berechnungsmethode des Indikators gegebenenfalls leicht geändert werden kann. Außerdem erleichtert es wesentlich die Datenkontrolle für den Fall, daß die Glaubwürdigkeit der Daten in Frage steht und Tippfehler überprüft werden sollen. Dieser Fall tritt häufig dann ein, wenn die Karte ein unerwartetes Bild oder Ausreißer zeigt.

> Soll zum Beispiel die Bevölkerungsdichte in einer Karte dargestellt werden, so muß dieser Indikator, sofern er nicht berechnet vorliegt, aus den Ausgangsdaten Bevölkerungszahl und Fläche kalkuliert werden. Wird diese Kalkulation mit dem Taschenrechner vorgenommen und werden nur die fertigen Dichtewerte eingetippt, so ist bei einer späteren Genauigkeitskontrolle der gesamte Vorgang zu wiederholen. Bei Eingabe der Ausgangsdaten und Berechnung durch die Software ist die Fehlerkontrolle dagegen wesentlich einfacher. Außerdem läßt sich der Indikator durch einfaches Verändern der Berechnungsformel modifizieren, zum Beispiel um die Maßeinheit zu ändern.

Ist innerhalb der Software keine Datenkalkulation möglich, kommt der sorgfältigen Entwicklung und Berechnung der Indikatoren eine besondere Bedeutung zu. Sofern eine andere Kalkulationssoftware zur Verfügung steht, zum Beispiel Excel, ist es aus den genannten Gründen sehr von Vorteil, die Ausgangsdaten dort einzugeben, die Berechnung der Indikatoren vorzunehmen und die fertigen Indikatoren anschließend in das Kartographieprogramm zu importieren. Die Berechnung der Indikatoren aus den Ausgangsdaten in einer Statistik- oder Kalkulationssoftware ist auch dann anzuraten, wenn die Kartographiesoftware noch nicht feststeht. Es ist darauf zu achten, daß die für die Dateneingabe verwendete Software Formate erzeugt, die von Kartographieprogrammen eingelesen werden können. Im allgemeinen ist dies dann gegeben, wenn ein Programm die Daten im ASCII-Format ausgeben kann.

Sofern in ASCII-Dateien einzugebende Sachdaten Kommawerte enthalten, ist zu berücksichtigen, ob die Kartographiesoftware ein Komma oder einen Punkt als Dezimaltrennzeichen erwartet. Einige Programme können beides umsetzen, angloamerikanische Programme erwarten meist einen Punkt.

Dokumentation. Die Bedeutung der Datendokumentation kann nicht hoch genug eingeschätzt werden. Um so stärker fällt dies ins Gewicht, als sowohl die Kartographie- wie auch die Statistikprogramme dem Benutzer hierbei nur sehr wenig Unterstützung anbieten. Mit Dokumentation ist an dieser Stelle nicht nur gemeint, daß auf der Karte der Indikator genannt und die Quelle angegeben wird, sondern eine gute Datendokumentation setzt schon früher, bei der Datenerfassung, ein.

Wenn Daten maschinenlesbar gespeichert werden, sollte die Dokumentation auch maschinenlesbar gemacht werden, da nur so Daten und Dokumentation immer gemeinsam verfügbar sind. Wenn die Software selbst, wie meistens, keine Möglichkeit zur ausreichenden Dokumentation bietet, können die entsprechenden Angaben zum Beispiel in eine Textdatei geschrieben werden, die im Datenverzeichnis abgelegt wird und sich von der zugehörigen Sachdatendatei nur durch die Dateinamenserweiterung unterscheidet.

Inhaltlich gehören zu einer guten Datendokumentation mindestens die folgenden drei Angaben:

- *Quelle.* Die Angabe sollte so genau wie irgendwie möglich sein, d.h. es sollte nicht nur der Statistikproduzent genannt werden (z.B. Statistisches Bundesamt), sondern auch Titel der Publikation, Tabellennummer, Seitenzahl oder Name der Datenbank, Variablenname etc. Häufig zeigen sich auf der Computerkarte unerwartete Auffälligkeiten, für die auch Tippfehler bei der Dateneingabe ursächlich sein könnten. Eine gute Dokumentation erleichtert hier wesentlich die Überprüfung. Außerdem sollen Karten häufig nach längerer Zeit wieder aktualisiert werden, und dann beginnt die Quellensuche von neuem.

- *Definitionen.* Die Ausgangsdaten sollten inhaltlich, zeitlich und räumlich klar definiert werden. Außerdem sollten Sachdatendateien neben den für die Software wichtigen Gebietskennziffern immer auch die Gebietsnamen enthalten, selbst wenn diese für die Kartenerstellung nicht erforderlich sind.

Bei der jährlichen Bevölkerungszahl ist es zum Beispiel wichtig, auf welches Jahr sie sich bezieht, ob es sich um die mittlere Jahresbevölkerung oder die Bevölkerung am Jahresende handelt, auf welchen Raum sie sich bezieht und welche Personenkreise eingeschlossen sind.

Bei Flächenangaben ist anzugeben, ob die Gesamtfläche oder die Landfläche gemeint ist und in welcher Einheit die Zahlen gegeben sind, also etwa Hektar oder Quadratkilometer.

- *Modifikationen.* Sofern die den Quellen entnommenen Ausgangsdaten verändert wurden, zum Beispiel durch Umrechnungen, Schätzungen oder Indikatorenbildung, ist dies peinlich genau zu dokumentieren.

Die Fähigkeit, sich derartige Dinge im Kopf zu merken, wird meist überschätzt. Die Datendokumentation ist in erster Linie nicht für das Zielpublikum der späteren Karte gedacht, sondern nützt dem Kartenautor selbst sowie anderen Personen, die mit den Daten arbeiten wollen. In der Karte selbst kann die Dokumentation auf einen vergleichsweise kleinen Umfang reduziert werden.

3.3.4 Dynamischer Datenaustausch (DDE)

Der *Dynamic Data Exchange*, abgekürzt DDE, stellt eine Verbindung her z.B. zwischen den in einer Tabellenkalkulation gespeicherten Sachdaten und einem Kartographieprogramm. Diese Funktion wird allerdings nur von einigen Programmen unter Windows ab der Version 3.1 unterstützt.

- Programme, deren Daten in eine andere Anwendung eingebettet werden, heißen *Server-Anwendungen,* sie sind die Lieferanten. Die Server-Datei wird auch als *Quelldatei* bezeichnet.
- Programme, die Daten aufnehmen, heißen *Client-Anwendungen*, sie sind die Empfänger. Client-Dateien heißen *Zieldateien.*

Die Datei, in der letztlich die Karte abgespeichert ist, enthält somit Informationen aus zwei unterschiedlichen Anwendungen. Der große Vorteil dieses Systems besteht darin, daß jede Änderung der Daten in der Server-Anwendung eine Aktualisierung der Datei in der Client-Anwendung zur Folge hat. Abbildung 3.16 zeigt dies schematisiert am Beispiel der Verknüpfung einer Tabelle mit einer Karte. Die Daten werden in einer Tabellenkalkulation erfaßt und bearbeitet und in einer Kartographiesoftware dargestellt, wobei die Regionen mit den Zellen in der Tabelle verbunden sind. Jede Änderung eines Datenwerts in einer Zelle der Server-Anwendung, zieht eine Änderung in der Karte in der Client-Anwendung nach sich.

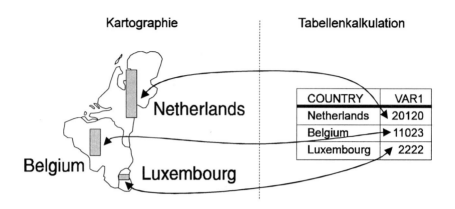

Abb. 3.16. Schematische Darstellung des dynamischen Datenaustauschs (DDE)

Der DDE gewährleistet, daß jede Datenänderung auch tatsächlich in der Client-Anwendung aktualisiert wird, und löst damit Probleme, die sich beim manuellen Nachführen von Daten ergeben. Der Einsatz dieser Technik erleichtert besonders dann die Arbeit, wenn sich Daten häufig ändern. Natürlich könnten von vornherein alle Daten ausschließlich in der Kartographieanwendung gespeichert werden. Dies ist jedoch in den allermeisten Fällen unvorteilhaft, weil die Kartographieprogramme nur einen eingeschränkten Funktionsumfang zur Datenbearbeitung und -verwaltung beinhalten. Deshalb ist es besser, die Daten in einer zentralen Datei mit einer leistungsfähigeren Software zur Datenverwaltung, zum Beispiel Excel, zu führen. Dort vorgenommene Modifikationen bringen durch DDE mit sich, daß alle Auswertungen in Form von Graphiken, Karten oder Tabellen automatisch und sofort aktualisiert werden, ohne daß ein manuelles Nachführen notwendig ist.

3.4 Kartenexport

Die Ausgabe in Dateien ist für zwei Arten von Anwendungen bedeutend, einerseits zum Austausch mit anderen Programmen und andererseits zum Erzeugen von druckbaren Dateien, insbesondere PostScript-Dateien. Für die Speicherung der Dateien innerhalb ein und derselben Kartographiesoftware spielen die Ausgabedateien keine Rolle, da die meisten Programme ihre Karten in einem internen Format abspeichern. Dadurch ist gewährleistet, daß einmal erstellte Karten vom betreffenden Programm schnell geladen und verändert werden können.

Für den Datenaustausch verfügen die meisten Graphikprogramme über mehr oder weniger umfangreiche Möglichkeiten, Dateien anderer Programme einzulesen bzw. auszugeben. Die Module einer Software, die es ermöglichen, ausgewählte Dateiformate einzulesen, werden *Importfilter* genannt und diejenigen, die Dateiformate schreiben, werden als *Exportfilter* bezeichnet. In der Regel handelt es sich um die gängigen, zum Teil programmunabhängigen Formate wie EPS, TIFF, DXF oder CGM.

3.4.1 Raster- und Vektordaten

Die elementaren Bausteine jeder Graphik sind Punkte, Linien und Flächen. Um diese Elemente im Computer zu verarbeiten, lassen sich zwei grundlegende Modelle unterscheiden, und zwar *Raster-* und *Vektordaten*, wobei Vektordaten durch verschiedene geometrische Elemente wie Punkte, Kurven, Ellipsen etc. und Rasterdaten durch Flächen beschrieben sind. Daraus resultieren sehr unterschiedliche Eigenschaften (vgl. Tabelle 3.12), die wiederum unmittelbaren Einfluß auf die Datengewinnung und die Nutzungsmöglichkeiten haben.

Tabelle 3.12. Eigenschaften von Raster- und Vektordaten (zum Teil entnommen aus: Bill u. Fritsch 1991, 23ff.)

	Vektordaten	Rasterdaten
Grundelemente	Geometrische Elemente	Pixel (gleich große Flächen)
Objektbezug	Einfach	Eingeschränkt
Datengewinnung	Digitalisierung, manuell oder automatisiert	Vorwiegend automatisiert, z.B. Fernerkundung, scannen
Speicherbedarf	Niedrig	Hoch
Rechenzeiten	Niedrig	Hoch

Das kleinste Element der Rastergraphik ist das Pixel (picture element). Die Pixel sind zeilen- und spaltenweise in einer Matrix abgespeichert, wobei alle gleich groß sind. Über die Beziehungen zu den Nachbarpixeln ist keine Information abgespeichert. Demzufolge existieren keine geometrischen Elemente, wie Linien, Kreise usw. Dadurch können zusammenhängende Objekte nur sehr eingeschränkt angesprochen werden, da keine Informationen darüber existieren, inwieweit mehrere Pixel einem gemeinsamen Objekt, z.B. einem See, zugeordnet sind.

Alle Pixel einer Matrix belegen Speicherplatz, auch diejenigen, die bei der Ausgabe keine sichtbare Information tragen. Jedes Pixel besitzt spezifische Eigenschaften. Die einfachste Form der Information besteht aus *Schwarz* oder *Weiß*, d.h. 0 oder 1, und benötigt daher mindestens 1 Bit Speicherplatz. Werden detaillierte Eigenschaften beschrieben, z.B. ein Grauwert oder eine Farbe, erhöht sich der Speicherbedarf einer solchen Datei drastisch.

Jedes Objekt einer Rastergraphik besteht aus vielen einzelnen kleinen Flächen, im folgenden vereinfacht als Punkte bezeichnet, die in ihrem Zusammenspiel z.B. Linien und Zeichen bilden. Ist die Auflösung der Graphik hoch, sind die einzelnen Punkte dieser Objekte als solche nicht mehr erkennbar, und das menschliche Auge nimmt nur noch die Objekte war.

Vektororientierte Graphiken beruhen auf Informationen über Punkte. Ein Anfangspunkt und ein Endpunkt ergeben eine Linie, mit einer unendlichen Anzahl von Punkten. Linien, die ein geschlossenes Polygon bilden, definieren eine Fläche. Zwischen den Elementen bestehen wiederum Nachbarschaftsbeziehungen, z.B. besitzen Flächen gemeinsame Grenzen oder Punkte, sind Bestandteil der gleichen Linie usw. In einer vektororientierten Datei werden alle diese Informationen quasi als eine Art "Rechenvorschrift" abgelegt.

Ein *Metafile* ist eine Datei, die alle notwendigen Vorschriften enthält, um Punkte, Linien und Flächen zu zeichnen. Um diese Vektorgraphik auf einem Ausgabegerät darzustellen, muß der Inhalt des Metafiles analysiert werden, und mit Hilfe von Algorithmen werden die Pixel berechnet, die schließlich die geometrischen Elemente bilden. Dieser Vorgang wird *Vektorgenerierung* genannt.

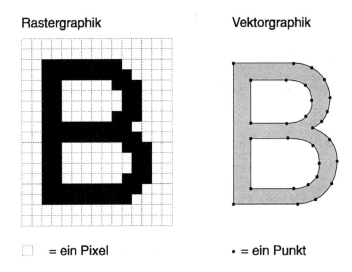

Abb. 3.17. Schematische Darstellung einer Raster- und einer Vektorgraphik

Abbildung 3.17 zeigt die schematische Darstellung einer Raster- und einer Vektorgraphik. Die Rastergraphik besteht aus einer x × y Matrix, wobei die Pixel entweder die Information *Weiß* oder *Schwarz* enthalten. Es wird deutlich, daß im Falle der Rastergraphik die Information ausschließlich aus Pixeln besteht. Das Objekt, nämlich der Buchstabe B entsteht erst durch die Anordnung der Pixel in der 15 × 18 Felder großen Matrix. Im Gegensatz dazu besteht die Vektorgraphik aus Ansatzpunkten geometrischer Elemente und deren Füllungen. Um diese

Elemente zu definieren, existieren unterschiedliche Verfahren, die einfachste Methode ist es, eine Gerade zu ziehen.

Um eine Gerade als Rastergraphik zu sichern, müssen alle Punkte einer rechteckigen Matrix abgespeichert werden. Diejenigen Pixel, die Bestandteil der Geraden sind, enthalten z.B. die Eigenschaft *Schwarz*, die restlichen Punkte *Weiß*. Bei einer Vektorgraphik reicht es aus, die Koordinaten des Anfangs- und Endpunkts zu speichern und die Information, daß beide Punkte durch eine Gerade zu verbinden sind. Wird die Gerade z.B. auf dem Bildschirm ausgegeben, der ja im übrigen wieder aus Pixeln besteht, werden mittels der gespeicherten Vorschriften die Bildschirmpixel berechnet, die zwischen dem Anfangs- und dem Endpunkt liegen, und "eingeschaltet", dadurch wird die Gerade sichtbar.

In der Computerkartographie ist die Vektorgraphik von weitaus größerer Bedeutung und hat eindeutig Vorteile. Nahezu jede computerkartographische Software basiert auf dieser Technik. Die Gründe sind nicht nur die weitaus kürzeren Rechenzeiten und der geringere Speicherbedarf, sondern das einfache Selektieren von Objekten und das Zuordnen von Eigenschaften zu diesen Objekten. Dadurch sind Bildveränderungen sehr schnell zu realisieren. Bei der Verarbeitung von Graphik ist es besonders wichtig, daß z.B. kleine Veränderungen in der Karte, wie das Verschieben einer Beschriftung, schnell am Bildschirm realisierbar sind, was nur in der Vektorgraphik möglich ist. Ein weiterer Vorteil ist es, daß die Vektorgraphik ohne Qualitätsverluste vergrößert werden kann. Rastergraphiken haben eine konstante Auflösung, z.B. eine Linie bestimmter Länge ist mit 50 Punkten definiert, unabhängig von der Ausgabegröße. Dadurch entstehen beim Vergrößern sehr schnell unschöne Stufeneffekte, die sich z.B. darin äußern, daß diagonal verlaufende Linien gezackt abgebildet werden. Ein weiterer, wesentlicher Nachteil der Rastergraphik besteht darin, daß jedes Pixel jeweils nur eine Information speichern kann.

Das bedeutet, daß die Information über eine Linie verlorengeht, wenn diese durch eine Beschriftung überlagert wird. Wird die Beschriftung später von dieser Stelle entfernt, bleibt eine Lücke. Bei Vektorgraphik käme die darunterliegende Linie wieder zum Vorschein.

Die Rastergraphik spielt dort eine Rolle, wo Daten aus der Fernerkundung verarbeitet oder Kartenvorlagen eingescannt werden. Diese Methoden sind vor allem bei der Datengewinnung wichtig. Zum einen ist es möglich, Geometriedaten aus Rasterdaten zu gewinnen, allerdings ist dieser Vorgang mit Problemen behaftet. Zum anderen können auch Sachdaten aus Rasterdaten gewonnen werden. Mit dem weitaus größten Teil der reinen Kartographiesoftware ist es jedoch nicht möglich, Rastergraphik zu verarbeiten.

Mit Hilfe spezieller Software kann Vektorgraphik in Rastergraphik umgewandelt werden. Der umgekehrte Weg ist immer noch sehr problematisch, obwohl es z.B. in vielen Fällen besonders hilfreich wäre, wenn entsprechende Verfahren zur Verfügung stehen würden. Für isolierte Probleme stehen Lösungsansätze zur Verfügung (Lichtner 1985, 1987; Illert 1990, 1992).

3.4.2 Graphikdateien

Bisher wurde die Wiedergabe von Dateien am Bildschirm, auf einem Drucker und sonstigen Ausgabegeräten behandelt. Neben dieser analogen Ausgabe besteht ein Bedarf zur digitalen Speicherung von Graphiken. Innerhalb der Programme werden Karten in programmspezifischen Dateiformaten gespeichert, die im allgemeinen nur vom betreffenden Programm wieder eingelesen werden können. Zum Austausch von Karten oder Symbolen etc. zwischen Programmen sind diese daher ungeeignet. Deshalb bieten fast alle Graphikprogramme die Möglichkeit zur Speicherung in einem Standardformat. Diese können von jeder Software eingelesen werden, sofern ein passender Importfilter vorhanden ist.

Eine weitere Anwendung besteht darin, Graphik in Dateien abzuspeichern, die später auf einem analogen Ausgabegerät wie einem Drucker, Stiftplotter oder einem Diabelichter ausgegeben werden sollen. Im wesentlichen handelt es sich dabei um PostScript- und HPGL-Dateien. Diese beiden Standards haben sich bei Laserdruckern und Stiftplottern durchgesetzt.

Graphikdateien enthalten neben den eigentlichen Bildinformationen üblicherweise einen *Header*, d.h. eine Art Vorspann, der Informationen über verschiedene Parameter, wie Dateiversion, Graphikmodus, Bildgröße, Art der Komprimierung u.a., enthält. Im Anschluß an den Header sind die graphischen Informationen gespeichert sowie die Kodierungsvorschriften, mittels derer die Elemente und ihre Parameter innerhalb der Datei beschrieben werden.

Die meisten Graphikprogramme, z.B. CorelDraw, können nahezu alle Graphikformate verarbeiten, d.h. sowohl importieren als auch exportieren. Solche Programme können daher auch dazu genutzt werden, um Formate von Dateien zu ändern, indem sie importiert werden und anschließend in das gewünschte Format wieder abgelegt werden. Eine Ausnahme bildet die Konvertierung von Rasterdaten in Vektordaten. Daneben gibt es spezielle Programme zur Umwandlung von Graphikformaten wie Halcyon DoConvert oder Hijack Pro. Außerdem können Shareware-Programme wie Graphic Workshop oder Paint Shop Pro ebenfalls viele Graphikformate konvertieren. Tabelle 3.13 enthält eine Auswahl gängiger Graphikformate.

Tabelle 3.13. Auswahl gängiger Graphikformate

Graphikformat	Dateinamens-erweiterung	Bemerkungen
Adobe Illustrator	.AI	Vektorgraphik
Windows Bitmap Format	.BMP	Rastergraphik
Computer Graphics Metafile Format	.CGM	Vektorgraphik
Desktop Color Separation	.DCS	Rastergraphik
Drawing Exchange Format	.DXF	Vektorgraphik im ASCII-Format
Encapsulated PostScript Format	.EPS	Zur Ausgabe auf einem Drucker im ASCII-Format
GEM Metafile Format	.GEM	Vektorgraphik
Graphics Interchange Format	.GIF	Rastergraphik
Interchange File Format	.IFF	Rastergraphik
GEM Image File Format	.IMG	Rastergraphik
Joint Photographic Experts Group	.JPG	Rastergraphik
ZSoft Paintbrush File Format	.PCX	Rastergraphik
Hewlett Packard GL (HPGL)	.PLT	Zur Ausgabe auf einem Stiftplotter
Tagged Image File Format	.TIF	Rastergraphik
Windows Metafile Format	.WMF	Vektorgraphik

JPEG-Verfahren. Ziel der JPEG (Joint Photographic Expert Group) war es, Rasterdaten so zu komprimieren, daß bei der Abspeicherung eine Reduktion des Platzbedarfs um den Faktor 10 eintritt, ohne daß die Daten einen nennenswerten Qualitätsverlust erleiden (Steinbrecher 1993, 222). Beim JPEG-Verfahren wird zunächst die Farbinformation vom RGB-Modell in das YUV-Modell (Helligkeit und Farbwerte) umgerechnet. Da das menschliche Sehsystem auf Helligkeit empfindlicher reagiert als auf Farbe, kann die Farbinformation reduziert und so die Datenmenge verringert werden. Ein digitales Bild sollte nur einmal einer JPEG-Komprimierung unterzogen werden, da mehrmaliges Laden und Speichern einen mehrmaligen Farbverlust zur Folge hat.

Zwischenablage unter Windows. Einer der größten Vorteile von Windows ist es, daß Daten, dies umfaßt auch Graphik, zwischen Anwenderprogrammen beliebig mit Hilfe der Zwischenablage ausgetauscht werden können. Es besteht auch die Möglichkeit, Dateien der Zwischenablage abzuspeichern (.CLP).

Die Vorgehensweise ist recht einfach: Die Karte, die ausgetauscht werden soll, wird im Anwendungsprogramm markiert, in die Zwischenablage kopiert (zumeist der Befehl BEARBEITEN | KOPIEREN) und im Zielprogramm, z.B. der Textverarbeitung, eingefügt (zumeist mit dem Befehl BEARBEITEN | EINFÜGEN).

Beim Datenaustausch zwischen Anwenderprogrammen kann es manchmal zu Problemen kommen. Meist handelt es sich dabei um den Verlust einzelner Eigenschaften einer Graphik, wie z.B. Formatierungen. In diesen Fällen muß der

Datentransfer über den Umweg einer Datei stattfinden. In jedem Fall ist dabei einem Vektorformat der Vorzug zu geben.

PostScript. Bei PostScript handelt es sich um kein Graphikformat im herkömmlichen Sinn, sondern um eine Seitenbeschreibungssprache, die vom Softwarehersteller Adobe Systems entwickelt wurde. PostScript-Dateien sind zur Steuerung von Endgeräten wie Drucker und Plotter konzipiert. Sie sind im ASCII-Format mit der Endung .EPS (Encapsulated PostScript) abgespeichert und können mit jedem Editor oder Textverarbeitungsprogramm gelesen und verändert werden.

PostScript beinhaltet alle Merkmale einer höheren Programmiersprache, bis hin zur Möglichkeit, Variablen zu definieren. Sie ist als Werkzeug zu verstehen, mit dem es möglich ist, geräteunabhängige Dateien zu erzeugen, die dann von jedem PostScript-fähigen Drucker durch einen einfachen PRINT-Befehl ausgegeben werden können. Diese relativ neue Technologie hat sich inzwischen zu einem Standard entwickelt, der von allen leistungsfähigen Laserdruckern beherrscht wird. Die PostScript-Programme werden von einem Interpreter im Ausgabegerät bearbeitet, vereinfacht gesagt, in eine Graphik übersetzt.

Folgendes kleine Programm zeichnet ein Quadrat mit einer Kantenlänge von einem Zoll und einer Strichstärke von 4/72 Zoll (Quelle: Adobe Systems Inc. 1988, 23):

```
newpath
270 360 moveto
  0  72 rlineto
 72   0 rlineto
  0 -72 rlineto
-72   0 rlineto
4 setlinewith
stroke showpage
```

In der Regel werden PostScript-Dateien von den Anwendungsprogrammen erzeugt. Die wenigsten Anwender werden eigene PostScript-Programme schreiben. Selbst die Abänderung von bestehenden PostScript-Dateien wird nur eine kleine Anzahl der Anwender vornehmen. Das hängt in erster Linie mit der Komplexität dieser Programme zusammen und zum anderen mit der fehlenden Notwendigkeit, die Graphik außerhalb des Anwendungsprogramms, also innerhalb der ASCII-Dateien, zu modifizieren.

Das EPS-Format ist das zuverlässigste Format, um Graphiken auf Papier oder Film zu bringen und spielt deshalb bei der Zusammenarbeit mit Druckereien eine große Rolle. Denn PostScript-Dateien sind nicht nur geräteunabhängig sondern auch auflösungsunabhängig, d.h. sie werden in der maximalen Auflösung des Ausgabegerätes gedruckt.

DCS-Format. Das DCS-Format ist eine spezielle Form des EPS-Formats und dient zur Ausgabe von Bildern. Dateiintern wird die Farbinformation des Bildes in vier separaten Datenebenen abgespeichert, je eine für die Druckfarben Cyan, Magenta, Yellow und Black. In einer fünften Dateiebene befindet sich eine Vorschau des Bildes mit niedriger Auflösung entweder als TIFF-Datei (PC-Format) oder PICT-Datei (Mac-Format). Der Vorteil diese Formats liegt darin, daß die hochauflösenden separierten Dateien im Hintergrund verbleiben. Bei der Druckausgabe werden die Farbdateien automatisch angesprochen.

HPGL. Diese Beschreibungssprache wurde von der Firma Hewlett Packard für Plotter entwickelt. Die Sprache besteht aus Zeichen des ASCII-Datensatzes, die graphische Operationen beschreiben. Die Ausgabe kann direkt auf einem Stiftplotter erfolgen, ohne daß die Anwendersoftware, in der die Graphik erstellt wurde, dazu benutzt wird.

Erzeugen von Druckdateien unter Windows. Bei Anwendungsprogrammen, die unter der Oberfläche von Windows laufen, ist es grundsätzlich möglich, druckerspezifische Dateien, d.h. beispielsweise PostScript-Dateien und HPGL-Dateien zu erzeugen, auch wenn die Software nicht über entsprechende Exportfilter verfügt. Dies ist immer dann nützlich, wenn das Ausgabegerät an einen PC angeschlossen ist, der nicht über die Software verfügt, mit der die Karte erstellt wurde. In Windows besteht die Möglichkeit, einen Text oder eine Graphik anstatt auf einem Drucker in eine Datei umzuleiten. Dazu muß der Drucker entsprechend eingerichtet werden. Dabei kann wie folgt vorgegangen werden:

- Öffnen der Dialogbox SYSTEMSTEUERUNG | DRUCKER
- Falls kein PostScript-fähiger Drucker oder HP-Plotter installiert ist, kann dies mit dem Befehl DRUCKER HINZUFÜGEN geschehen. Es ist entweder ein PostScript-fähiger Druckertreiber zu installieren, z.B. Apple LaserWriter II NTX, um PostScript-Dateien zu erzeugen oder ein HP-Plotter, z.B. HP 7475A, um eine HPGL-Datei zu erstellen.
- Dialogbox VERBINDEN... öffnen
- Option FILE: auswählen
- Option mit OK bestätigen
- Falls notwendig, den gewünschten Drucker durch Anklicken der Schaltfläche ALS STANDARDDRUCKER aktivieren
- Dialogbox durch Anklicken der Schaltfläche SCHLIEßEN wieder schließen

Ist der Drucker in dieser Weise konfiguriert und wird die Karte mit Hilfe des Anwendungsprogramms gedruckt, erfolgt die Ausgabe nicht mehr auf ein analoges Ausgabegerät, sondern wird als PostScript- oder HPGL-Datei in eine Datei umgeleitet. Windows fordert vor der Ausgabe auf, einen Namen für die gewünschte Datei einzugeben.

Exportieren von Text. Um Zeichen zu erzeugen, bestehen grundsätzlich zwei Methoden: Die *Strich-* und die *Punktraster-* bzw. *Bitmapmethode*. Die Strichmethode erzeugt die Buchstaben und Ziffern aus Polygonzügen und deren Füllungen. Sie ist besonders geeignet, um skaliert zu werden. Die Zeichengröße kann einfach durch die Änderung der Streckenlängen nahezu beliebig geändert werden, wie dies bei den unter Windows mit dem Namen *True-Type* bekannten

Schriften möglich ist (Schieb 1992). Bei der Punktrastermethode wird jedem Zeichen eine Punktmatrix zugeordnet, deren Wiedergabegröße vom jeweiligen Ausgabegerät abhängt. Da die Punktgröße fest definiert ist, eignet sich diese Methode im Prinzip nicht, um Zeichen in ihrer Größe zu variieren.

Wird Text als Teil einer Graphik in eine Datei gespeichert, können im Prinzip zwei unterschiedliche Ergebnisse eintreten. Handelt es sich bei der Zieldatei um eine Rastergraphik, werden alle Zeichen in eine Punktmatrix überführt. Wird diese Datei in eine Anwendersoftware geladen, ist es nicht mehr möglich, die Punktmatrizen als zusammengehörige Objekte anzusprechen und z.B. in Größe, Art oder Stil zu manipulieren. Die gesamten Texte wurden in einzelne Punkte zerlegt, die in keiner Beziehung zueinander stehen. Im Falle einer Vektorgraphik bleiben die Zeichen zumindest als zusammenhängende Linie erhalten und deren Eigenschaften, wie Größe, Farbe und Strichstärke, können nachträglich manipuliert werden. Zeichen bleiben dann als Zeichen erhalten und sind noch als eigenständige Objekte ansprechbar, wenn sie unter Windows über die Zwischenablage kopiert werden.

Abb. 3.18. Ergebnisse der Exporte in verschiedenen Graphikformaten

Abbildung 3.18 zeigt das Ergebnis von drei verschiedenen Dateiimporten mit Schrift. Um die Unterschiede deutlicher zu machen, wurden die Ergebnisse in der Größe verdreifacht. Im ersten Fall ist deutlich die Stufenstruktur in der Schrift zu erkennen, diese Schrift ist nicht ohne Qualitätsverluste zu vergrößern. Der zweite Schriftzug zeigt die Schrift nach dem Import aus einer HPGL-Datei (.PLT). Diese Dateien sind für die Ausgabe auf einen Stiftplotter geschrieben. Dadurch ist die Schrift so aufgelöst, daß sie durch einen Stift ausgegeben werden kann. Jeder Buchstabe besteht hier aus zwei in sich geschlossenen Strichen. Das dritte Beispiel zeigt das Ergebnis eines Imports aus einer CGM-Datei. Die Buchstaben werden zum Teil in einzelne Segmente zerlegt, wie es beim o sichtbar wird. In der Abbildung wurden nur die Konturen der einzelnen Elemente wiedergegeben, um die Zerlegung auch innerhalb der einzelnen Buchstaben zu zeigen.

3.4.3 Einbinden von Graphik in andere Anwendungen

Wie beim dynamischen Datenaustausch (DDE, vgl. 3.3.4) wird beim Einbinden von Graphiken zwischen der *Server-Anwendung*, dem Lieferanten der Daten, und der *Client-Anwendung*, dem Empfänger der Daten, unterschieden. Die Information, die in eine Anwendung eingebunden werden soll, in der sie nicht erstellt wurde, wird im folgenden *Objekt* genannt. Im Falle der Computerkartographie handelt es sich bei diesen Objekten im allgemeinen um eine komplette Karte oder um den Teil einer Karte.

Das Einbinden kann zwei unterschiedlichen Zielen dienen: Zum einen kann der Wunsch bestehen, die Karte in einem anderen Softwareprodukt weiterzuverarbeiten und damit zu verändern. Ein Beispiel ist die nachträgliche Beschriftung von Karten in einem Graphikprogramm, weil das Kartographieprogramm hierzu nur eingeschränkte Möglichkeiten bietet. Zum anderen kann der Vorgang nur dazu dienen, eine fertig ausgearbeitete Karte in eine andere Anwendung einzubinden, ohne daß diese nochmals verändert wird. Der häufigste Fall ist das Einbinden einer Karte in eine Textverarbeitung.

Prinzipiell lassen sich drei Methoden unterscheiden, um Graphiken in eine Anwendung einzubinden:

- *Kopieren*
- *Einbetten*
- *Einbetten und Verknüpfen* eines Objektes

Die dargestellten Möglichkeiten sind wesentlich vom Betriebssystem bzw. der Oberfläche abhängig. Unter Windows 3.1 kann unter den drei Methoden frei gewählt werden, unter DOS besteht nur die erstgenannte Möglichkeit. Die zweite und dritte Möglichkeit wird unter dem Begriff OLE (Object Linking and Embedding) zusammengefaßt.

Die Unterschiede der drei Methoden bestehen in der Art der Verbindung zwischen der Quelldatei, aus dem das Objekt stammt, und der Zieldatei (vgl. Abb. 3.19). Beim Kopieren handelt es sich um einen einmaligen Vorgang, aus dem keinerlei bleibende Verbindung zwischen Server und Client resultiert. Beim Einbetten eines Objekts besteht eine nichtdynamische Verbindung. Diese Verbindung kann jederzeit durch einen Doppelklick auf dem Objekt aktiviert werden. Es besteht dann die potentielle Möglichkeit, das Objekt in der Server-Anwendung nachträglich zu bearbeiten und in die Client-Anwendung mit dem aktuellen Objekt zurückzukehren. Beim Einbetten und Verknüpfen besteht eine dynamische Verbindung, d.h. das Objekt verbleibt in der Server-Anwendung und ist gleichzeitig in der Client-Anwendung sichtbar. Alle Änderungen des Objekts in der Server-Anwendung führen zu einer Änderung in der Client-Anwendung.

150   3 Einführung in die Computerkartographie

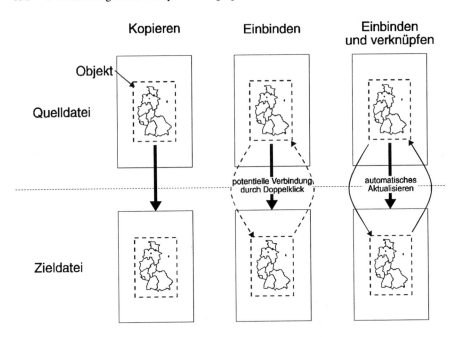

Abb. 3.19. Schema Kopieren, Einbetten sowie Einbetten und Verknüpfen

Kopieren. Kopieren ist die einfachste Form, ein Objekt in eine Anwendung einzubinden. Ein graphisches Objekt wird zunächst in eine Graphikdatei gespeichert, und anschließend wird diese Datei in eine andere Anwendung kopiert bzw. durch einen Verweis im Programm verbunden. Unter Windows 3.1 kann zum Kopieren auch die Zwischenablage benutzt werden, wodurch der Umweg über eine Graphikdatei entfällt.

> Soll unter *WinWord* eine Graphik über die Zwischenablage eingefügt werden, ist nach folgendem Schema vorzugehen:
> - Objekt in Zwischenablage kopieren
> - Nach WinWord wechseln
> - Befehl BEARBEITEN | INHALT EINFÜGEN ausführen
> - GRAPHIK auswählen und EINFÜGEN anklicken
>
> Dadurch wird das Objekt kopiert. Eine Nachbearbeitung kann danach nur noch in Microsoft Draw erfolgen. Die Verknüpfung zur Server-Anwendung existiert nicht mehr. Soll eine Graphikdatei eingebunden werden, kann dar Befehl EINFÜGEN | GRAPHIK benutzt werden.

Manchmal sollen Karten in einer zweiten Anwendung weiterverarbeitet werden, sei es, um besondere Gestaltungsmethoden zu verwenden oder um Schwächen der Kartographiesoftware auszugleichen. Häufig besteht z.B. der Wunsch, nachträglich Beschriftungen in die Karte einzufügen. Graphikprogramme verfügen zumeist über wesentlich umfangreichere graphische Möglichkeiten als Kartographieprogramme, so daß die Karte vielseitiger gestaltet werden kann. Dieser Weg sollte nur beschritten werden, wenn die Karte mit ihrem endgültigen Layout versehen wird und keine nachträglichen Modifikationen der dargestellten Sachdaten vorgenommen werden müssen.

Hierfür wird die Methode des Kopierens angewandt. Zunächst muß die Karte vom Kartographieprogramm in ein Graphikprogramm exportiert werden, d.h. die Karte wird über die Zwischenablage unter Windows oder über eine Graphikdatei in eine Anwendung kopiert. Die verwendeten Graphikformate sind dabei auf die Software abzustimmen, die zu diesen Nacharbeiten eingesetzt werden soll. Handelt es sich um ein Malprogramm, das auf der Basis von Rastergraphik arbeitet, wie z.B. Paintbrush, sollte einem Rastergraphikformat der Vorzug gegeben werden. Kommt ein vektororientiertes Graphikprogramm zum Einsatz, wie z.B. CorelDraw, sollte ein Vektorgraphikformat verwendet werden.

Abbildung 3.20 zeigt das Ergebnis eines solchen Vorgangs. Das Kartenfeld wurde mit der Prozedur GMAP, dem kartographischen Modul der Statistiksoftware SAS, erstellt und als CGM-Graphikdatei abgespeichert. Diese Datei wurde in CorelDraw importiert und dann in diesem Graphikprogramm mit den Beschriftungen und der Legende versehen.

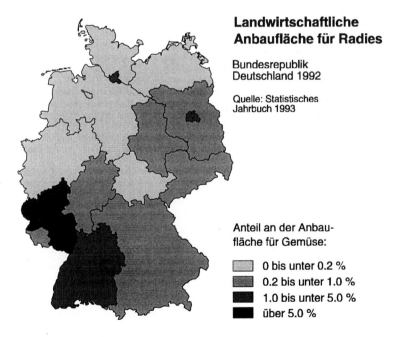

Abb. 3.20. Weiterverarbeitung eines Halbprodukts in einem Graphikprogramm

Welches Graphikformat beim Kopieren zweckmäßig ist, hängt davon ab, welches Ziel verfolgt wird. Soll die Datei in einem Graphikprogramm weiterverarbeitet werden, muß ein Vektorgraphikformat gewählt werden. Wird eine fertige Karte dagegen in einen Text eingebunden, der dann anschließend auf einen PostScript-fähigen Laserdrucker ausgegeben werden soll, so ist eine EPS-Datei zu bevorzugen, da dies die höchste Ausgabequalität erbringt.

OLE. Um Dateien zweier Anwendungen zu verknüpfen, z.B. die Karte eines Kartographieprogramms mit den Daten einer Tabellenkalkulation, bestehen im Prinzip zwei interessante Möglichkeiten: zum einen der dynamische Datenaustausch, zum anderen das Verknüpfen und Einbetten von Objekten, z.B. von Karten, in die Textverarbeitung. Diese Techniken sind unter Windows 3.1 möglich, falls die Anwenderprogramme OLE bzw. DDE unterstützen. Zur Zeit ist dies bei fast allen Produkten von Microsoft, jedoch nur bei wenigen Kartographieprogrammen der Fall. Es ist zu erwarten, daß in Zukunft diese Techniken zur Standardausstattung zählen werden.

Beim OLE besteht die neue Datei aus den Informationen unterschiedlicher Anwendungen. Beim Einbetten und Verknüpfen wird eine Datei oder ein Teil einer Datei, das Objekt, komplett in eine Anwendung eingefügt. Ob die beiden Anwendungen in Verbindung bleiben, ist davon abhängig, wie diese Verknüpfung definiert ist. In jedem Fall wird das Objekt immer als eine Einheit behandelt.

Ein Objekt wird in eine Zieldatei eingebettet, indem es aus der Quelldatei kopiert wird. Dabei wird unterschieden zwischen dem einfachen Einbetten und dem zusätzlichen Verknüpfen des Objekts.

Wird es nur eingebettet, endet die Kommunikation mit der Server-Anwendung nach dem Einfügen. Wird das Objekt danach in der Quelldatei geändert, hat das zunächst keine Auswirkung auf das Objekt in der Zieldatei. Dieser Vorgang entspricht dem Kopieren über die Zwischenablage, hat jedoch einen entscheidenden Vorteil. Wird ein Objekt mittels der Zwischenablage in eine Datei kopiert, ist damit die Kommunikation zwischen den beiden Anwendungen ebenfalls beendet. Die Bearbeitung des Objekts in der Zieldatei ist nicht möglich. Soll das Objekt in der Zieldatei geändert werden, ist dies jedoch nur möglich, indem die Quelldatei wieder in der Anwendung bearbeitet wird, in der sie erstellt wurde. Danach muß es erneut über die Zwischenablage in die Zieldatei kopiert werden. Beim Einbetten kann ein Objekt verändert werden, indem es markiert und zur Bearbeitung aufgerufen wird. Die Server-Anwendung öffnet sich automatisch, und das Objekt kann bearbeitet werden. Danach kann in die Zieldatei zurückgekehrt werden, und das Objekt ist aktualisiert.

Im Gegensatz dazu gibt es das Einbetten und Verknüpfen (vgl. Abb. 3.21). Es besteht eine Verbindung zwischen den beiden Anwendungen. Jede Änderung des Objekts in der Quelldatei wird in der Zieldatei aktualisiert. Es existiert eine Art Standleitung zwischen den beiden Anwendungen, die nach jeder Änderung aktiv wird. Die Häufigkeit der Aktualisierungen muß in der Client-Anwendung definiert werden. Prinzipiell kann zwischen einer automatischen und einer manuellen Aktualisierung gewählt werden. Ein und dasselbe Objekt kann in mehreren Anwendungen eingebettet und verknüpft werden. Wird das Original verändert, ändern sich alle Verknüpfungen. Damit ist es möglich, eine Vielzahl von Dateien mit nur einmaligen Änderungen immer aktuell zu halten.

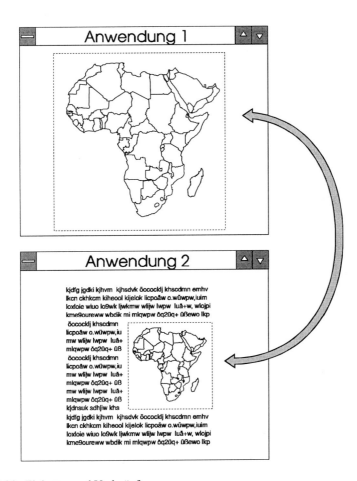

Abb. 3.21. Einbetten und Verknüpfen

Die Technik, unter Windows ein Objekt einzubetten und zu verknüpfen, vollzieht sich im allgemeinen immer nach folgendem Schema:
- Server-Programm starten
- Gewünschte Datei öffnen
- evtl. Objekt bearbeiten und abspeichern
- Objekt markieren
- In die Zwischenablage kopieren (z.B.: BEARBEITEN | KOPIEREN)
- In Client-Anwendung wechseln
- Cursor am gewünschten Ziel des Objekts plazieren
- Objekt einfügen (z.B.: BEARBEITEN | INHALT EINFÜGEN)
- Im Dialogfenster VERKNÜPFUNG EINFÜGEN aktivieren

4 Software zur Computerkartographie

Im Zeitalter der Computerkartographie ist der Sachverstand des Kartenautors nach wie vor unverzichtbar. Wie gut eine Karte letztlich wird, hängt auch wesentlich von der eingesetzten Software ab. Das Erscheinungsbild kann sich schließlich nur innerhalb des durch die Software zur Verfügung gestellten Spielraums bewegen, und der sachverständigste Anwender kann Programmfehler nur teilweise ausgleichen. Andererseits entscheidet die Software darüber, wie stark sich mangelnde Sachkenntnis auswirkt, indem sie in unterschiedlichem Maße Hilfestellung anbietet.

Der Begriff der *computerkartographischen Software* ist nicht mit absoluter Genauigkeit abzugrenzen. Im engeren Sinn umfaßt er nur Programme, die hauptsächlich zur Kartenerstellung gedacht sind und eine umfassende Funktionalität anbieten. Diese Programme bilden den Hauptteil des Kapitels. Im weiteren Sinn gehören zur computerkartographischen Software PC-Atlanten sowie Graphiksoftware. Diese kann genutzt werden, um bereits erstellte Karten nachzuarbeiten oder um Karten eigenständig zu entwerfen und zu gestalten.

Das Kapitel beginnt mit Programmen, die im wesentlichen nur zur Anzeige von vordefinierten Karten gedacht sind sowie mit Statistik- und Tabellenkalkulationsprogrammen, bei denen die Kartographie nur ein Randaspekt ist, weshalb die Möglichkeiten zum Teil sehr begrenzt sind. Der zentrale Teil des Kapitels gibt einen Überblick über die wichtigsten derzeit auf dem deutschsprachigen Markt angebotenen PC-Programme zur anwendergesteuerten Erstellung komplexer thematischer Karten. 12 Programme werden in alphabetischer Reihenfolge vorgestellt. Weitere Abschnitte behandeln kurz Kartographieprogramme auf anderen Plattformen sowie GIS-Systeme. Anschließend wird exemplarisch ein Graphikprogramm vorgestellt, das geeignet ist, Karten nachzuarbeiten bzw. zu erstellen, und ein kurzer Abschnitt wendet sich der in Zukunft sicher stark an Bedeutung gewinnenden Frage zu, was Internet-Anwendungen wie z.B. World-Wide-Web für die thematische Kartographie bringen.

4.1 Datenbanken mit Kartographiemodul

Der einfachste Typ kartographischer Software sind Programme, die ausschließlich einen begrenzten Umfang von Karten zur Anzeige bereithalten. Die Menge an Sachinformationen, die dieses Programm enthält, ist sehr unterschiedlich und kann zumeist nicht verändert werden. Häufig handelt es sich um Atlanten oder andere Nachschlagewerke, die früher ausschließlich in Buchform vorhanden waren. Es sind drei Kategorien zu unterscheiden:

- Unter die erste Kategorie fallen kleinere *PC-Atlanten auf Diskette*, bei denen die graphische Darstellung der Erde oder ihrer Teilgebiete im Vordergrund steht. Statistisches Material ist in diesen Programmen nur in geringem Umfang enthalten. Wegen der geringen Größe sind diese Programme auf Diskette gespeichert und sehr preisgünstig, großteils als Shareware, erhältlich.
- Zur zweiten Kategorie zählen umfangreichere *PC-Atlanten auf CD-ROM*, bei denen ebenfalls die kartographische Präsentation von Geometriedaten im Vordergrund steht, die aber wegen der großen Menge an Informationen auf CD-ROM gespeichert sind.
- In der dritten Kategorie werden große *Datenbanken auf CD-ROM* betrachtet, die eine Fülle von Informationen enthalten und bei denen die kartographische Darstellung nur eine von mehreren Möglichkeiten ist. Diese, wegen der Datenfülle auf CD-ROM gespeicherten Programme gestatten die Datenausgabe auch in Tabellen, Dateien oder Schaubildern. In der Anschaffung sind sie vergleichsweise teuer.

Bezugsadressen und Preise für die im folgenden aufgelisteten Programme finden sich im Anhang 2.

PC-Atlanten auf Diskette. Bei den im folgenden beschriebenen Programmen handelt es sich in der Regel um relativ einfache PC-Atlanten, die zu geringen Preisen erhältlich sind. Ihr Datenangebot beschränkt sich zum Teil auf die Topographie. Den einzelnen Lokalitäten sind zwar meist zusätzliche Informationen zugeordnet, diese können aber häufig nicht in Kartenform visualisiert werden. In diesem Bereich existiert eine große Angebotsvielfalt, für die im folgenden nur eine unvollständige Auswahl vorgestellt wird (z.T. nach Scheibe 1992). Allerdings werden neu erscheinende PC-Atlanten mittlerweile fast ausschließlich auf CD-ROM hergestellt.

- *Atlus*. Atlus ist ein USA-Atlas unter Windows. Nach Programmstart erscheint eine Karte der Bundesstaaten sowie wichtiger Städte. Auf Mausklick präsentiert das Programm verschiedene Informationen über den betreffenden Bundesstaat oder die Stadt. Eine Besonderheit besteht darin, daß sich die Einträge aktualisieren und erweitern lassen. Als Lernhilfe zur Geographie der USA ist außerdem ein Frage- und Antwortspiel enthalten.

- *Centennia.* Der "dynamische Geschichtsatlas" Centennia deckt Europa und den Nahen Osten ab. Sinn des Programms ist die Darstellung der Veränderungen nationaler Grenzen in den letzten 1000 Jahren. Der Anwender gibt eine beliebige Jahreszahl ein und das Programm liefert die passende politische Landkarte. Auch kurze Zusammenfassungen der geschichtlichen Ereignisse sind abrufbar.

- *Deutschland Atlas.* Bei diesem Programm handelt es sich um einen einfachen topographischen Deutschlandatlas, der die Lokalisierung von Ortschaften, Bergen und Gewässern ermöglicht. Es sind einige wenige statistische Daten für die Bundesländer enthalten, die allerdings nicht kartographisch umgesetzt werden können.

- *Fastmap.* Dieser PC-Atlas zeigt die Weltkugel in dreidimensionaler Perspektive. Dabei sind neben den Küstenlinien nationale Grenzen, Städte, Flüsse und Seen enthalten. Die Erdkugel läßt sich beliebig drehen und damit aus verschiedenen Perspektiven betrachten. Einzelne Bereiche können gezoomt werden, und auf Wunsch schaltet das Programm in die zweidimensionale Darstellung um. Wird eine Stadt angeklickt, so erscheint ein Text mit Informationen über die Stadt und das betreffende Land.

- *Finger Maps.* Finger Maps zeigt eine internationale Weltkarte. Das Programm ist eher ein Zeichenprogramm als ein Informationsmedium. Abgesehen von den amerikanischen Städten ist der Rest der Welt nur im Umriß zu erkennen. Das Programm stellt eine Reihe von Zeichenwerkzeugen zur Bearbeitung der Karte zur Verfügung. Da geometrische Figuren und Texte gezeichnet werden können, lassen sich einfache thematische Karten, zum Beispiel für didaktische Zwecke, erstellen.

- *PCGlobe* und *EducAtlas.* PCGlobe bietet Datenbank und Kartendarstellung für über 200 Länder der Erde (vgl. Abb. 4.1). Die Datenbank enthält ausgewählte statistische Indikatoren aus Bereichen wie Bevölkerung, Wirtschaft oder Gesundheit. Diese können als Choroplethenkarten dargestellt werden. Außerdem enthält das Programm allgemeine Informationen über die einzelnen Länder, wie z.B. Regierungsform und Einreisebestimmungen. Das Programm *EducAtlas 1993* ist in den Funktionen ähnlich.

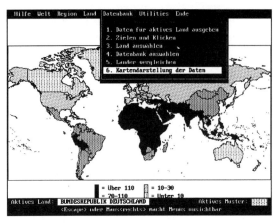

Abb. 4.1. Oberfläche von PCGlobe

- *CH-Atlas für Windows.* Dieser Atlas zeigt nach Programmstart eine Umrißkarte der Schweiz, in der Kantonsgrenzen, Städte und das Gewässernetz angezeigt werden können. Eine Suchfunktion, z.B. für Orte, Berge und Pässe, ist enthalten. Tabellen und Diagramme informieren über topographische Besonderheiten und statistische Indikatoren zu Bevölkerung und Lebensbedingungen. Außerdem läßt sich eine Höhenstufenkarte entwerfen.

- *RUDI Ruhr.* Das "*Raum- Und Daten-Informationssystem Ruhrgebiet*" ist eine Lern- und Unterrichtssoftware, die sich an Lehrer der Sekundarstufe wendet. Sie stellt Lehrkräften statistisches Material zur Untersuchung des Wirtschaftsraums Ruhrgebiet zur Verfügung. Die Daten können verglichen oder verknüpft sowie in Tabellen, Diagrammen oder Choroplethenkarten ausgegeben werden. Ein Dateneditor ermöglicht die Eingabe eigener Daten und die Definition neuer Indikatoren.

PC-Atlanten auf CD-ROM. Während es die einfach strukturierten Diskettenatlanten schon seit den 80er Jahren gibt, ermöglichten erst die Entwicklung und allgemeine Verbreitung schnellerer Graphikkarten sowie des Speichermediums CD-ROM die kommerzielle Vermarktung detaillierter kartographischer Werke. Das Angebot in diesem Bereich ist rapide angestiegen und wächst weiter, so daß auch hier die folgende Auswahl (z.T. aus *PC Anwender* 1/96) nur exemplarische Einblicke geben kann.

- *Digital Chart of the World.* Bei DCW handelt es sich um eine digitale Weltkarte, die auf der Grundlage von Satellitenbildern erstellt wurde. Sie enthält aber nicht nur Küstenlinien, sondern darüber hinaus eine Fülle an Informationen, z.B. nationale Grenzen, Flughäfen, Flüsse, Gletscher, Höhenlinien, Landnutzung, Siedlungen, Bahnlinien, Straßen, Pipelines oder Vegetation. Die digitalen Koordinaten sind grundsätzlich für den Export in kartographische Software geeignet. Das dürfte aufgrund des relativ günstigen Preises für Anwender mit globalen Fragestellungen interessant sein.

- *Global Explorer.* Global Explorer, laut Eigenwerbung "der detaillierteste Weltatlas, den es je gab", ist ein Farbatlas unter Windows. In der Tat dürfte wohl kein gedrucktes Atlaswerk in der Lage sein, die Informationsfülle zu überbieten. Neben topographischen Karten enthält das Programm zum Beispiel rund 100 Stadtpläne, Länderprofile sowie textliche Erläuterungen zu rund 20.000 "historischen, kulturellen und geographischen Merkmalen", die auf den Karten als Symbole eingezeichnet sind. Der räumliche Schwerpunkt liegt eindeutig auf Nordamerika, sowohl was die Menge an Informationen als auch deren Genauigkeit angeht. So sind für Deutschland beispielsweise nur sieben Stadtpläne enthalten und bei der genauen Lokalisierung von Sehenswürdigkeiten wimmelt es von Fehlern.

- *CD-ROM Atlas Pack.* Hierbei handelt es sich um ein Paket aus Welt- und USA-Atlas. Neben Übersichtskarten sind auch statistische Karten sowie Informationen über Länder und Städte enthalten.

- *Weltatlas Professional.* Im Gegensatz zu den zuvor besprochenen Produkten stehen beim Weltatlas Professional eindeutig Deutschland und Österreich im Mittelpunkt. Allerdings wird auch der Rest der Welt recht ordentlich abgedeckt. Leider ist die graphische Qualität der Karten in dem unter DOS laufenden Programm etwas mager. Eine Datenbank mit Länderinfos sowie Bildern und Texten zu touristisch interessanten Objekten ist enthalten und wird über eine Suchfunktion erschlossen.

- *Toolworks Welt Atlas.* Dieser sehr preisgünstige Weltatlas enthält topographische Karten für die Kontinente und Länder der Erde. Politische Karten und Reliefkarten sind nur für die Kontinente insgesamt enthalten. Der Umfang an textlichen sowie bebilderten Zusatzinformationen ist spärlich. Eindeutig interessanteste Funktion des Programms ist die statistische Datenbank, die über 100 Variablen enthält, aus welchen der Anwender selbstdefinierte thematische Karten erstellen kann.

- *3D Atlas.* Auch der 3D Atlas ist ein Weltatlas, dessen inhaltlicher Schwerpunkt auf Statistikdaten liegt, während die Karten etwas spärlich ausfallen. So lassen sich die drei Kartenarten *Luftbild*, *topographische* und *politische* Karte nur soweit zoomen, daß etwa Deutschland bildschirmfüllend dargestellt ist. Die Statistikdatenbank ist hingegen sehr gut ausgestattet und enthält über 500 Variablen für die Länder der Erde. Dabei sind auch ausgefallene, interessante Themen wie Kondomgebrauch oder Düngemitteleinsatz enthalten. Aus den statistischen Variablen erstellt das Programm Choroplethenkarten.

- *Encarta 96 World Atlas.* Welch großer Markt für CD-ROM-Atlanten inzwischen besteht, läßt sich auch daran ablesen, daß der Software-Riese Microsoft mit einem eigenen Produkt einsteigt. Allerdings lag Ende 1995 erst eine Beta-version vor und die Markteinführung in Deutschland war erst für später angekündigt. Der Atlas wird topographische Karten, Zusatzinformationen inkl. Bilder und Töne, Luftbilder sowie Stadtpläne enthalten.

Datenbanken auf CD-ROM. Im Gegensatz zu den besprochenen Produkten, bei denen die Graphik im Vordergrund steht, liegt der Schwerpunkt bei den folgenden Programmen eindeutig im Sachdatenangebot. Zum Beispiel gehen immer mehr nationale Statistische Ämter dazu über, Daten aus Volkszählungen auf CD-ROM zu veröffentlichen. Da diese Daten regional sehr kleinräumig gegliedert sind, ist eine Präsentation in Tabellenform häufig unzureichend und kann räumliche Strukturen nicht sichtbar machen. Deshalb enthalten diese Programme Geometriedaten und bieten eine Kartenfunktion an. Die Abfragesysteme (Retrievalsysteme) sind zumeist isoliert nutzbar, sofern die Voraussetzungen bezüglich der Dateiformate erfüllt sind.

- *CD-ROMs zu Volkszählungen.* Als erstes Beispiel seien zwei Datenbanken genannt, die mit der gleichen Retrievalsoftware arbeiten. Es handelt sich um den belgischen und den britischen Zensus von 1981. Die belgische *CD-ROM I.N.S.* enthält neben der Datenbank zur Volkszählung 1981 noch eine zweite Datenbasis mit Gemeindetabellen für den Zeitraum 1980-89. Die britische *The 1981 Census Small Area Statistics* enthält auf 3 CD-ROMs ausschließlich Zensusdaten, diese aber sehr kleinräumig, bis zu Zählbezirken.
Beide Pakete arbeiten mit dem Retrievalsystem *Supermap for Windows* (vgl. Abb. 4.2). In diesem Programm können Tabellen aus einer detaillierten Liste ausgewählt werden. Mit den Daten dieser Tabelle ist es möglich, über die Eingabe von Formeln eigene Indikatoren zu bilden. Die Kartenfunktion zeichnet Choroplethenkarten und zum Teil einfache Symbolkarten. Für die Ausarbeitung der Karte stehen Nordpfeil und Legende sowie Funktionen zum Einfügen von Linien und Texten zur Verfügung. Klassenbildung und Schraffuren sind wählbar. Damit befindet sich Supermap schon nahe an den "echten" Kartographieprogrammen.

4.1 Datenbanken mit Kartographiemodul

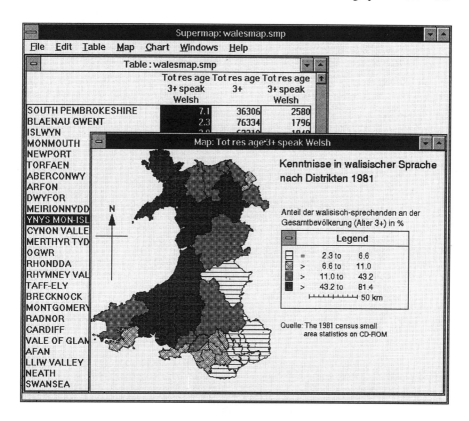

Abb. 4.2. Oberfläche von Supermap

- *Eurostat-CD.* Diese CD-ROM enthält verschiedene Datenbanken des Statistischen Amtes der Europäischen Union mit nationalen und regionalen Statistiken. Zahlreiche Indikatoren können in Kartenform angezeigt werden. Als einzige Darstellungsform steht dabei die Choroplethenkarte zur Verfügung. Die Klassengrenzen lassen sich nicht verändern, dafür können Teile der Karte herausvergrößert werden.

- *MEGASTAT-La France.* Diese CD-ROM enthält für Frankreich eine makroökonomische Datenbank sowie die Regionaldatenbank *Statistiques et Indicateurs des Régions Françaises*. Die Regionaldaten beziehen sich auf Regionen und Departements im Zeitraum 1980-88 und können in Choroplethenkarten dargestellt werden.

- *CD-Atlas de France.* Der französische CD-Atlas ist keine reine Kartensammlung, wie man aufgrund des Namens vermuten könnte, sondern eine Datenbank mit Kartenfunktion. Die Statistiken enthalten Wahlergebnisse sowie ein breites Spektrum von Indikatoren aus anderen wirtschaftlichen und gesellschaftlichen Bereichen. Das Abfragesystem *Ariane* ist leider etwas kompliziert aufgebaut, und die gesamte Oberfläche des Programms ist ausschließlich in französischer Sprache erhältlich. Auf den Karten, für die Abbildung 4.3 ein Beispiel zeigt, können Choroplethen- und Symboldiagrammdarstellung auf Wunsch übereinander gelegt werden. Klassenanzahl und Klassengrenzen sind frei wählbar, und Teilgebiete können gezoomt werden. Das Layout der Karte läßt sich aber nicht verändern.

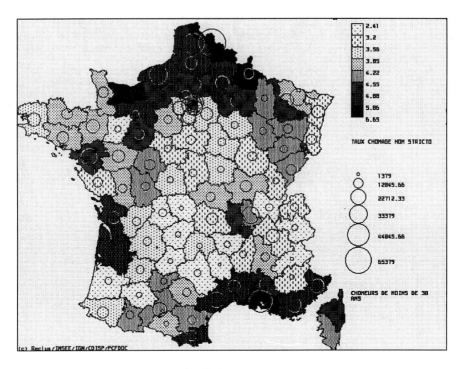

Abb. 4.3. Beispielkarte aus CD-Atlas de France

4.2 Kartographie in Tabellenkalkulations- und Statistikprogrammen

Der Lieferumfang vieler statistischer Programme umfaßt kartographische Module. Da die Intention dieser Programme in der statistischen Analyse liegt und der räumliche Aspekt nur einer von vielen ist, sind die kartographischen Module verständlicherweise meist sehr einfach. Trotzdem sind sie zumeist eine große Hilfe, wenn räumliche Strukturen von Daten untersucht werden. Die erzeugten Karten haben abhängig vom Programm sehr unterschiedliche Qualität, können aber ausreichend sein, falls z.b. der Raum in der Untersuchung nur eine untergeordnete Rolle spielt und eine einfache Darstellung ausreicht.

Die Arbeitsmittel, um Karten zu erstellen, sind je nach Programm sehr unterschiedlich. Mit einigen Programmen können nur einfache Arbeitskarten entworfen werden. Dabei wird z.T. zugelassen, die Darstellungsformen zu beeinflussen, aber es ist keinerlei Gestaltung möglich. Vom Kartenformat bis zur Legende ist alles mehr oder weniger festgelegt. Karten anderer Programme hingegen können weitgehend frei gestaltet werden, und es kann im Prinzip jede Vorstellung verwirklicht werden. Häufig ist dafür der Weg von der Idee bis zum Ausdruck recht kompliziert und erfordert sehr gute Kenntnisse im Programm.

Im folgenden werden drei Kartographiemodule von sehr unterschiedlichen Softwarepaketen beispielhaft vorgestellt:

- NSDstat ist eine Analysesoftware, die keine Modifikationen der Karten erlaubt.
- SAS (Statistical Analysis System) enthält eine kartographische Prozedur, mit der fast jede gewünschte Karte erzeugt werden kann.
- Microsoft Excel 7.0 ist ein Tabellenkalkulationsprogramm, mit einer Funktion, um einfache Präsentationskarten zu erzeugen.

NSDstat. NSDstat ist eine Software des norwegischen Datenarchivs und erscheint in norwegischer, englischer und deutscher Sprache. Mit Hilfe dieses Programms können Daten aus unterschiedlichen Quellen bearbeitet werden, von Befragungsstudien bis zur Auswertung von Aggregatsdaten. Die statistischen Analysemöglichkeiten decken alle wichtigen Verfahren ab und beinhalten mehrere Diagrammformen sowie ein einfaches Kartographiemodul. Das Programm wird mit einer umfangreichen Datensammlung ausgeliefert und ermöglicht es, eigene Daten einzugeben. Besondere Stärken des Programms sind erstens der didaktisch sehr gelungene Aufbau "trockener" Arbeitsmethoden, nämlich der Statistik, zweitens die sehr hohe Rechengeschwindigkeit des Programms auf einfachsten Rechnern und drittens die vorbildlichen Möglichkeiten zur Datendokumentation.

Falls Daten auf regionaler Basis vorliegen, besteht die Möglichkeit, diese Daten als Karte darzustellen, sofern die Geometriedaten vorhanden sind. Vom Benutzer können selbst keine eigenen Koordinaten eingelesen werden. Im Lieferumfang sind umfangreiche Geometriedaten mit europäischem Schwerpunkt enthalten. Es kann zwischen Choroplethen- und Symboldiagrammkarten gewählt werden. Abbildung 4.4 zeigt eine Choroplethenkarte der norwegischen Gemeinden. Karten können in TIF-Dateien und in PostScript-Dateien exportiert werden. Das Programm NSDstat ermöglicht es, schnell und ohne Vorkenntnisse eine einfache Karte zu erstellen. Es gibt keinerlei Möglichkeiten, die Karte zu modifizieren. Das Ergebnis reicht jedoch aus, um die Daten räumlich zu analysieren, und liefert kartographisch korrekte Ergebnisse.

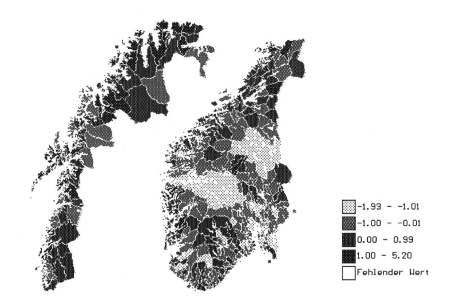

Abb. 4.4. Beispielkarte mit dem Statistikprogramm NSDstat

SAS. Das Statistikprogramm SAS enthält neben umfangreichen Graphikfunktionen ein Kartographiemodul, das es erlaubt, vier verschiedene Kartentypen darzustellen, darunter Choroplethenkarten. Die Möglichkeiten des Moduls können durch den Einsatz anderer Arbeitsmittel, wie der ANNOTATE-Funktion, wesentlich erweitert werden. Dadurch ist es möglich, frei definierte geometrische Elemente in die Karte einzubringen. Mit Hilfe von Exportfiltern können verschiedene Graphikformate gewählt werden, um Karten in Dateien abzulegen, darunter auch in CGM-Dateien.

Karten in SAS werden mit Hilfe einer befehlsorientierten Programmsprache erstellt (vgl. Tabelle 4.1). Interaktive Möglichkeiten bestehen in begrenztem

Umfang im Rahmen eines graphischen Editors. Die Geometriedaten können im ASCII-Format eingelesen und mit Hilfe einer Vielzahl von Befehlen und Prozeduren modifiziert werden.

Die Möglichkeiten von SAS sind in jeder Beziehung sehr umfangreich. Es ist möglich, nahezu alle kartographischen Probleme zu lösen, falls die Bereitschaft besteht, sich intensiv in die Software einzuarbeiten. Dazu gehört besonders das Datenmanagement, wie Daten einzulesen, Daten zu klassifizieren und vieles mehr. Alle Arbeiten, die bei menügeführten Kartographieprogrammen meist einfach sind, erfordern in SAS umfangreiche Programmkenntnisse.

Tabelle 4.1. Programmausdruck zur Erstellung einer komplexen SAS-Karte

```
data anno;                       /* Symbole den Städten zuordnen */
merge mapdat city2;              /* Sach- und Geometriedaten verbinden */
by idnew;
sys='2';ysys='2';                /* Koordinatensystem definieren */
function = 'label';              /* Ausgabeparameter setzen */
style    = 'citsym';
when     = 'a';
position = '5';
text     = typII;
color    = 'black';
size     = 0.8;
run;
                                 /* Überschriften */
title1    h=1.8 'Bevölkerungsentwicklung 1980-1990';
title2    h=0.9 'in italienischen Städten mit mehr als 100000 Ein-
wohner';

pattern v=e;                     /* Schraffur der Regionen = leer */
                                 /* Kartographieprozedur */
proc gmap data=pop map=citymap.i_level2 all;
id id;
choro pop    / nolegend
               annotate=anno;
                                 /* Positionieren der Legende */
note move=(57,83) pct h=0.9 'Entwicklungstypen:';
note move=(57,80) pct h=0.7 f=citsym 'A' h=0.9 f=swiss
' Kontinuierlich zunehmend';
note move=(57,78) pct h=0.7 f=citsym 'D' h=0.9 f=swiss
' bis Mitte 80er abnehmend,';
note move=(57,76) pct h=0.9 '       danach zunehmend';
note move=(57,74) pct h=0.8 f=citsym 'C' h=0.9 f=swiss
' Kontinuierlich abnehmend';
note move=(57,72) pct h=0.8 f=citsym 'B' h=0.9 f=swiss
' bis Mitte 80er zunehmend,';
note move=(57,70) pct h=0.9 '       danach abnehmend';
note move=(57,68) pct h=0.8 f=citsym 'E' h=0.9 f=swiss
' stagnierend';
                                 /* Quellenangabe positionieren */
note move=(22,12) pct h=0.8 'Quelle: Annuario Statistico Italiano';
```

Abb. 4.5. Mit SAS erstellte Symbolkarte

Die in Abbildung 4.5 dargestellte Karte ist mit der Prozedur GMAP erstellt. Eine regional gegliederte Karte Italiens wurde mit Symbolen der Entwicklungstendenz der Städte mit mehr als 100.000 Einwohnern überdeckt. Die dazu notwendigen Symbole sind unter Verwendung der Prozedur GFONT definiert worden.

Tabellenkalkulationsprogramme. Ähnlich wie bei den Statistikprogrammen enthalten auch die gängigsten Tabellenkalkulationen, namentlich Lotus 1-2-3 und Microsoft Excel, in ihren neuesten Versionen jeweils die Option zur Erstellung thematischer Karten. Bei Lotus 1-2-3 sind die Möglichkeiten allerdings sehr eingeschränkt. Einzige Darstellungsform ist die Einfärbung von Gebieten, d.h. die Erstellung von Choroplethenkarten. Das von Microsoft angebotene Konkurrenzprodukt bietet hingegen einen größeren Funktionsumfang.

Microsoft Excel. Das sehr weit verbreitete Programm Excel enthält ab der für Windows 95 entwickelten Version 7.0 ein Kartographiemodul im normalen Lieferumfang.

Ausgangspunkt für den Entwurf einer Karte ist eine Excel-Tabelle. Diese sollte in der ersten Spalte Namen oder Nummern darzustellender Geometrien enthalten, also beispielsweise Ländernamen. Natürlich sind nur Geometrien möglich, für die Excel entsprechende Koordinaten enthält. Standardmäßig werden in der deutschen Ausgabe Koordinaten für die deutschen und österreichischen Bundesländer, die schweizer Kantone sowie die Länder Europas und der Welt mitgeliefert. Weitere benötigte Karten müssen nachgekauft werden, da keine externen Geometriedaten importiert werden können. Sehr viel günstiger als der Ankauf von Einzelkarten ist in diesem Zusammenhang die Anschaffung eines Pakets, welches unter dem Namen *Maps & Data* von der Firma Macon angeboten wird. Auf einer CD-ROM sind umfangreiche Geometriedaten sowie "Marktdaten" für fast alle Länder der Erde enthalten, für Deutschland beispielsweise zusätzlich zum Excel-Lieferumfang die Gemeindegrenzen, Nielsen-Gebiete, Arbeitsamtbezirke, Flüsse, Seen und mehr.

In die weiteren Spalten neben den Geometrienamen müssen die in der Karte darzustellenden Variablen eingefügt werden. Die oberste Zeile enthält jeweils den Variablennamen. Nachdem der gesamte für die Karte relevante Tabellenbereich markiert wurde, wird der Menüpunkt EINFÜGEN-LANDKARTE ausgewählt. Ein Fadenkreuz erscheint und fordert dazu auf, einen Kartenrahmen innerhalb der Excel-Tabelle aufzuziehen. Ist dies geschehen, verändert sich der Bildschirm rasch. Im Kartenrahmen erscheint eine komplette Karte mit Überschrift und Legende und ein Fenster *Karten-Manager* öffnet sich. Die Karte ist natürlich noch keinesfalls druckreif und muß in der Folge an die eigenen Wünsche angepaßt werden. Abbildung 4.6 zeigt den Bildschirm, wie er sich in dieser Phase darstellt. Der Karten-Manager ist das Fenster im linken unteren Bereich.

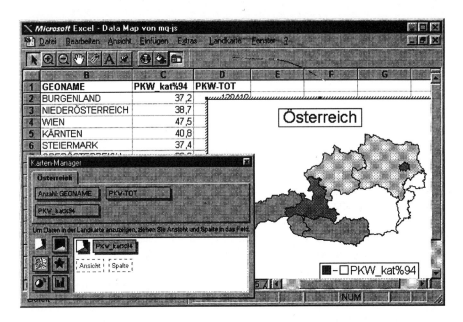

Abb. 4.6. Oberfläche von Microsoft Excel mit Karten-Manager und Kartenrahmen

An dieser Stelle leuchtet die weitere Vorgehensweise nicht auf Anhieb ein. Der Karten-Manager läßt nicht ohne weiteres erkennen, wie sich Darstellungsform und Anordnung der Variablen verändern lassen. Auch die Aufforderung des Programms, "Um Daten in der Landkarte anzuzeigen, ziehen Sie Ansicht und Spalte in das Feld", ist wenig hilfreich, da die verwendeten Begriffe wie Ansicht oder Feld nicht klar sind.

Aufschluß bringt erst das Nachschlagen in der integrierten Hilfe-Funktion. Unter *Feld* versteht das Programm den weißen Kasten im Karten-Manager, in dem durch Zuordnung der Variablen (*Spalten*) zu den Darstellungsformen (*Ansichten*) Art und Inhalt der Kartendarstellung festgelegt werden. Folgende Darstellungsformen stehen zur Auswahl:

- *Bereich*, d.h. Choroplethenkarten
- *Wert*, darunter verbergen sich Choroplethenkarten, bei denen jede Flächenfüllung nur genau einen Wert repräsentiert
- *Verteilung*, d.h. Punktdichtekarten
- *Symbol*, d.h. Symboldiagrammkarten
- *Kreisdiagramm*, d.h. Kreisdiagrammkarten
- *Balkendiagramm*, d.h. Balkendiagrammkarten

Nach der Auswahl der Darstellungsform erfolgen der weitere Entwurf sowie die Gestaltung der Karte dann direkt im Kartenrahmen über Kontextmenüs, die beim Anklicken von Objekten mit der rechten Maustaste erscheinen. Hier wird deutlich, daß das Programm den Spielraum des Anwenders sehr stark einschränkt. Beispielsweise lassen sich die Klassengrenzen bei Choroplethenkarten nicht benutzerdefiniert eingeben, sondern lediglich auf zwei verschiedene Arten vom Programm automatisiert berechnen. Ähnliches gilt für die Farbreihen, bei denen nur die dunkelste Farbe wählbar ist. Der Rest der Farbreihe wird vom Programm erstellt, wobei jede Farbreihe immer mit Weiß endet, was aus kartographischer Sicht wenig zweckmäßig ist. Ähnliche Einschränkungen gibt es bei den anderen Darstellungsformen sowie bei der Gestaltung, z.B. lassen sich etwa die Rahmen um die Legenden sowie um den Titel nicht entfernen. Der Titelrahmen kann vermieden werden, indem der Titel unterdrückt und statt dessen freier Text eingegeben wird (vgl. Abb. 4.7). Eine weitere Beschriftungsmöglichkeit ist das Einblenden der Datenwerte oder der Gebietsnamen in die Karte.

Noch zwei interessante Funktionen des Programms sollen Erwähnung finden. Zum einen enthalten die mitgelieferten Koordinatendateien nicht nur die Grenzlinien, sondern weitere Geometrien wie Autobahnen, Flughäfen und Städte. Zum anderen sind die auf die fertige Karte aufsetzbaren *Pinnfolien* bemerkenswert. Auf Pinnfolien können beliebige Symbole frei auf der Karte plaziert werden. Es lassen sich beliebig viele Pinnfolien definieren, übereinanderlegen und wahlweise aktivieren bzw. deaktivieren.

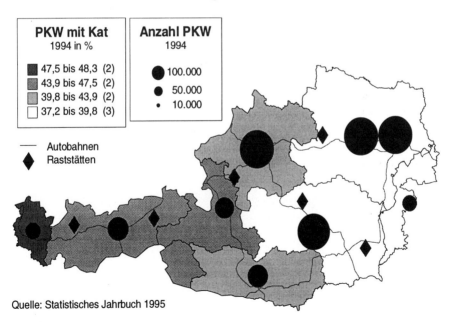

Abb. 4.7. Mit Microsoft Excel erstellte Karte

Fazit. Statistik- und Tabellenkalkulationsprogramme sind in erster Linie zur Berechnung und Verwaltung von Daten gedacht. Die Kartographiemodule dienen dementsprechend für eine erste, explorative räumliche Datenanalyse. Zur Erstellung kartographisch korrekter und äußerlich ansprechender Karten sind diese Programme hingegen nur beschränkt geeignet, weshalb auch eine Anschaffung nur wegen der Kartographieoption nicht anzuraten ist. Sind die Programme aber ohnehin im Einsatz, kann das Kartographiemodul auf seine Eignung für den jeweiligen Bedarf geprüft werden und somit von Fall zu Fall zum Einsatz kommen.

4.3 PC-Kartographieprogramme

Bei der Auswahl eines kartographischen Programms stellt sich das Problem, daß der Markt sehr unübersichtlich und die Sachkenntnis des Softwarehandels in kartographischen Belangen überdies nicht allzu groß ist, um nicht zu sagen inexistent. Kartographieprogramme werden in ihrer Mehrzahl nicht, wie z.B. Textverarbeitungssoftware, von großen und bekannten Softwarehäusern angeboten. Vielmehr werden sie meist von kleinen, auf diese eine Anwendung spezialisierten Büros vertrieben. Selbst wenn die Anbieter bekannt sind, ist die Auswahl der jeweils geeigneten Software nicht gerade leicht. Das folgende Kapitel will hier Hilfestellung anbieten, indem der Funktionsumfang und die Grundzüge der Arbeitsweise von kartographischen Programmen dargestellt werden. Der Überblick kann selbstverständlich aufgrund des sich rasch wandelnden Marktes keinen Anspruch auf Vollständigkeit erheben. Außerdem erscheinen immer wieder neue Programmversionen, wobei allerdings die grundlegenden Programmeigenschaften im wesentlichen meist unverändert bleiben. Die meisten Programme wurden im Zeitraum November 1995 bis Januar 1996 getestet. Die Programmbesprechungen von GeoStat und GoMAP wurden unverändert aus der ersten Auflage von 1994 übernommen, da die Programmhersteller keine Angaben über etwaige Änderungen machten.

4.3.1 ArcView

ArcView ist ein Produkt des Environmental Systems Research Institute (ESRI), dem Entwickler von ARC/INFO, dem führenden Programm auf dem Gebiet der Geoinformationssysteme. Seit mehr als zwanzig Jahren ist ESRI im Bereich der computergestützten Lösungen raumbezogener Aufgabenstellungen tätig. Auf der Basis von ArcView werden vielfältige Anwendungen entwickelt, wie Informationssysteme für Betriebe, Kommunen etc. oder etwa Biotop-, Kanal- und Liegenschaftskataster.

Für den Einsatz von ArcView werden folgende Hardwarevoraussetzungen empfohlen: PC-486 ab 50 MHz oder Pentium, mindestens 16 MByte RAM, Windows 3.1 bzw. Windows 95 oder Windows NT.

Oberfläche. In ArcView werden Bilder, Tabellen, Diagramme, Layouts und Texte, die zur Darstellung eines Themas benötigt werden, in einer Datei abgespeichert und als Projekt bezeichnet. Auf dem Bildschirm erscheint nach dem Öffnen eines Projekts auf der linken Seite zunächst das Projektfenster mit den einzelnen Komponenten, die nach Anklicken in einem eigenen Fenster rechts neben dem Projektfenster angezeigt werden (vgl. Abb. 4.1). Darüber sind die Werkzeugleiste, die Schaltflächenleiste und die Menüleiste angeordnet.

Alle Befehle lassen sich mit der Maus aktivieren. Die Auswahl von Menüs kann auch über entsprechende Tastaturcodes erfolgen. Weiterhin können alle geöffneten Fenster beliebig auf dem Desktop angeordnet werden.

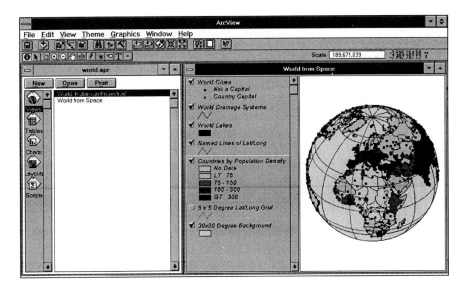

Abb. 4.8. Oberfläche von ArcView

Geometriedaten. Da ArcView in erster Linie ein Geoinformationsystem ist, das raumbezogene Daten verwaltet, analysiert und darstellt, gibt es für die Geometriedaten kein programmspezifisches Format. Als Datenquelle können entweder ARC/INFO-Kartenebenen oder Vektordaten von CAD-Programmen verwendet werden. Optional können auch ALK/ATKIS- und SICAD-Daten eingelesen werden.

Zur Darstellung von Karten kleinerer Maßstabsbereiche stehen Kartenprojektionen zur Verfügung, bei denen alle Parameter, wie Ellipsoid, Zentralmeridian oder Abbildungsfaktor, auch individuell gewählt werden können.

Die beigefügten Karten beschränken sich auf einige amerikanische und kanadische Ausschnitte sowie eine Europa- und Weltkarte. Eine Digitalisierung von Grundkarten ist mit einem Zusatzmodul oder auch mit ARC/INFO möglich. Weiterhin kann auch direkt am Bildschirm digitalisiert werden.

Sachdaten. Sachdaten werden in Tabellenform dargestellt, die über Attribute mit den Geometriedaten verbunden werden können. ArcView unterstützt folgende Formate:

- Daten der Datenbank-Anbieter ORACLE, INGRESS, SYBASE etc.
- dBASE III
- dBASE IV
- ARC/INFO-Tabellen
- Textdateien mit Feldern, die durch Tabulatoren oder Kommata getrennt sind.

In den Tabellen können dBASE- und INFO-Daten beliebig editiert und verändert werden. Des weiteren ist es möglich, diese miteinander zu verbinden. Im Rahmen der Tabellenfunktionen erlaubt der Programmteil FELDSTATISTIK, ausgewählte Statistikparameter, wie z.B. Minimum, Maximum und Standardabweichung, zu berechnen.

Darstellungsformen. Die Darstellungsformen in ArcView sind nicht sehr vielfältig. Folgende Typen können eingesetzt werden:

- Mit Farben und Flächenmuster können *Choroplethenkarten* gestaltet werden.
- Mit *Symbolen* lassen sich sowohl *Symbolkarten* als auch *Symboldiagramme* erstellen. Dabei kann die Form und die Größe der Symbole variabel gestaltet werden. Neben den vorhandenen Symbolsätzen können auch ARC/INFO-Symbole eingelesen werden.
- In ArcView gibt es sechs *Diagrammtypen:* Flächen-, Balken-, Säulen-, Linien-, Kreis- und Punktdiagramme. Das Diagrammformat kann im Menü DIAGRAMMAUSWAHL schnell geändert werden. Für jedes Diagramm gibt es mehrere Variationsmöglichkeiten, z.B. Hinzufügen von Gitterlinien oder Herausziehen des ersten Kreissegments.

Kartenentwurf. Gemäß der Philosophie von ArcView, raumbezogene Daten auf den Desktop zu holen und die Gestaltung dann dort zu vollziehen, können die einzelnen Projektteile individuell bearbeitet und auf dem Bildschirm zu einem Kartenthema zusammengestellt werden. Zur Bearbeitung eines Projekts sind zunächst die Geometriedaten und die zugehörigen Sachdaten auszuwählen. Nach der Festlegung der Variablen und der Darstellungsmethode erscheint die Karte mit der Legende in einem neuen Projektfenster. Der endgültige Kartenentwurf geschieht dann im Layout. Hier können die einzelnen Komponenten angeordnet und gestaltet werden.

Die Klassenbildung wird im Legenden-Editor durchgeführt. Es stehen drei Methoden zur Verfügung: äquidistant, gleichverteilt und benutzerdefiniert.

In ArcView können eine ganze Reihe von Bilddaten, wie Satellitenbilder oder gescannte Vorlagen eingebunden werden. Folgende Daten können verwendet werden: ARC/INFO GRID-Daten, TIFF, ERDAS, BSQ, BIL, BIP und Sun-Rasterdateien.

Gestaltung. In ArcView gibt es zur Gestaltung der graphischen Elemente ein zentrales Menü, in dem Füllmuster, Linien, Symbole, Schriften und Farben ausgewählt werden können. Weiterhin können über Zeichenwerkzeuge Punkte, Linien, Kreise, Quadrate usw. beliebig in die Karte eingebracht werden. Alle Objekte lassen sich mit der Maus interaktiv verschieben. Ein Gitter im Layout, das in der Größe geändert werden kann, dient zur exakten Positionierung der Graphikkomponenten.

Zur Farbgestaltung stehen 54 verschiedene Farben zur Auswahl. Unter Verwendung des CYMK-Modells lassen sich weitere Farben definieren. Für den Einsatz von über 100 Symbolen sind 27 voreingestellt, die in der Größe variiert werden können. Weitere bzw. selbstdefinierte Symbole, auch Bitmaps, können importiert werden.

Bei den 46 Linienarten sind nicht nur durchgezogene oder gestrichelte Linien vorhanden, sondern auch solche mit Symbolcharakter, wie Eisenbahnlinien oder Hochspannungsleitungen. Ferner sind zusätzliche Linienarten zuladbar. Für die Linien können 10 Stärken gewählt werden. Auch bei den Füllmustern gibt es 46 vordefinierte Arten. Für die Umrandung der Muster lassen sich vier verschiedene Strichstärken wählen.

Zur Schriftgestaltung stehen alle unter Windows verfügbaren Schriften zur Verfügung. Es können Schriftart, Größe und Stil angepaßt werden. Mit Hilfe des Text-Werkzeugs läßt sich auch die Ausrichtung bestimmen.

Legende, Maßstab, Nordpfeil. Für jede Darstellungform wird eine eigene Legende erzeugt, die zusammen mit der Karte in einem Projektfenster erscheint. Die Bearbeitung der Legende erfolgt im Legenden-Editor. Hier können alle Parameter verändert werden. Im endgültigen Layout kann die Legende neben der Karte beliebig positioniert werden.

Ein Balkenmaßstab kann im Layout über die Werkzeugleiste in die Karte eingebracht werden. Neben dem Balkentyp stehen auch verschiedene Maßeinheiten zur Auswahl.

Um in der Karte einen Nordpfeil zu plazieren, ist in der Werkzeugleiste das entsprechende Symbol zu aktivieren und an geeigneter Stelle mit der Maus ein Rahmen aufzuspannen. Danach erscheint ein Fenster mit den acht verfügbaren Nordpfeiltypen. Auch hier lassen sich selbstdefinierte Nordpfeile einbringen. Falls gewünscht, kann auch ein Rotationswinkel in Grad eingestellt werden.

Ausdruck und Export. Es sind alle unter Windows verfügbaren Ausgabegeräte verwendbar. Zum Export können Karten und Graphiken als Bitmap-Dateien (BMP) oder Windows-Metafile-Dateien (WMF) abgespeichert werden. Des weiteren stehen auch die Formate Adobe Illustrator und CGM zur Verfügung.

Benutzerfreundlichkeit. Die sehr umfangreichen Funktionen von ArcView können alle mausgesteuert bedient werden. Viele Funktionen lassen sich direkt über die Werkzeugleiste ausführen.

Zur Hilfestellung ist in ArcView eine umfangreiche Online-Hilfe vorhanden, die über alle Themen ausführlich informiert. Das mitgelieferte Handbuch beinhaltet leider nur eine kurze Einführung in das Programm und dient nicht zum Nachschlagen. Dafür sind interaktive Tutorials vorhanden, die viele Querverweise beinhalten.

Beurteilung. ArcView ist ein GIS-Programm, das in erster Linie zur Analyse und Visualsierung raumbezogener Daten eingesetzt wird. Dazu bietet es eine Fülle von Möglichkeiten, die im Rahmen dieser Besprechung nicht aufgeführt werden konnten. Dazu gehören u.a. das Arbeiten mit Bildern oder die Einbindung von Videos.

Die Kartenerstellung bildet nur einen Teilaspekt, was vor allem durch das geringe Angebot von Darstellungsformen zum Ausdruck kommt. Zur gelegentlichen Erstellung von Karten ist ArcView sicherlich nicht konzipiert worden. Dagegen spricht auch die Mächtigkeit des Programms, die einen sehr leistungsfähigen Rechner erfordert.

Um das Programm voll ausschöpfen zu können, ist eine intensive Einarbeitung erforderlich. Hierzu müssen anstelle von Handbüchern Tutorials verwendet werden. Für den fortgeschrittenen Anwender bietet ArcView die Möglichkeit, Anwendungen mit Hilfe von Customise-Funktionen oder der objektorientierten Programmiersprache Avenue individuell anzupassen. Auch die Entwicklung eigner Applikationen wird ermöglicht.

Aufgrund der vielfältigen Analyse- und Gestaltungsmöglichkeiten kann ArcView für ein breites Anwendungsspektrum eingesetzt werden. Durch die Einbindung von Vektor- und Rasterdaten ist es ein universelles Programm zur Lösung raumbezogener Fragestellungen.

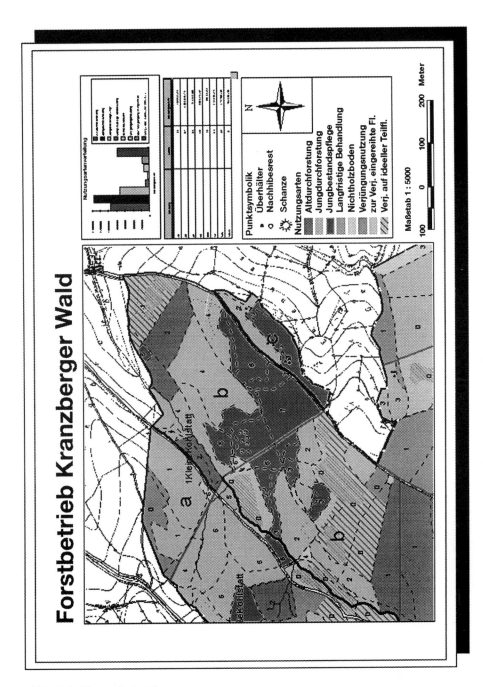

Abb. 4.9. Karte mit ArcView

ArcView 2.1

Vertrieb:	ESRI Gesellschaft für Systemforschung und Umweltplanung, Ringst. 7, 85402 Kranzberg
Voraussetzungen:	ab PC-486/Pentium, 16 MB RAM (mehr empfohlen) mind. 20 MB freie Festplattenkapazität ab Windows 3.1 (Windows 95, Windows NT)
Geometriedaten:	
Format:	Internes Format
Importfilter:	DWG, DXF, optional ALK/ATKIS, SICAD
Digitalisierung:	mit Zusatzmodul oder am Bildschirm
Sachdaten:	
Format:	ASCII, dBASE, INFO, ODBC- und SQL-Datenbanken
Importfilter:	ASCII, dBASE, INFO, ODBC- und SQL-Datenbanken
Darstellungsformen:	Choroplethen, Diagramme, Symbole
Diagramme:	Balken, Symbol, Kreissektor
Klassifizierungen:	äquidistant, gleichverteilt, benutzerdefiniert
Graphische Elemente:	Legende, freie Beschriftung, Nordpfeil, freies Zeichnen
Farben:	54, weitere frei definierbar (CMYK-Modell)
Muster:	46
Linien:	46 Typen in 10 Stärken, weitere frei definierbar
Drucker / Plotter:	alle von Windows unterstützten Geräte
Exportfilter:	Vektorformate AI, CGM, WMF Rasterformat BMP
Lieferumfang:	Einführungshandbuch, Koordinaten Welt, Europa, USA
Preis Software:	DM 2.950,-, Rabatt für Hochschulen

4.3.2 EASYMAP

Die hier vorgestellte Version 6.1 von EASYMAP läuft unter Windows und ist mit dem Erscheinen Ende 1993 zwar eines der jüngsten Kartographieprogramme unter dieser Oberfläche, greift aber auf die lange Erfahrung der DOS-Version zurück, die bis in die Mitte der 80er Jahre reicht. Entsprechend ausgereift sind die kartographischen Möglichkeiten des Programms. Die Karten werden auf der Grundlage von Daten erstellt, die sich auf Flächen beziehen. Diagramme werden an deren Mittelpunkten ausgerichtet. Das Programm wird zur Zeit schwerpunktmäßig von vielen namhaften Firmen im Business-Bereich eingesetzt, ist aber auch in öffentlichen Verwaltungen verbreitet. Es verfolgt die Strategie, einem großen Anwenderbereich die schnelle und technisch einwandfreie räumliche Darstellung zu ermöglichen und den Benutzer durch das Programmkonzept vor Fehlern weitgehend zu schützen.

Von Seiten der Hersteller wird ein leistungsfähiger Rechner (486) mit mindestens 8 MB Hauptspeicher empfohlen. Für sehr detailreiche Karten, wie z.B. Deutschland auf der Gemeindeebene, werden 16 MB Hauptspeicher angeraten.

Oberfläche. Das Programm hält sich sehr eng an die Bedienungselemente, die aus vielen Windows-Applikationen bekannt sind. Entsprechend leicht fällt der Einstieg. Der Aufbau des Hauptbildschirms ist übersichtlich. Alle Befehle sind in einer Menüleiste verfügbar, und die wichtigsten Funktionen können zusätzlich über eine Werkzeugleiste aufgerufen werden. Ferner läßt sich ein weiterer Werkzeugblock einblenden, der es leicht macht, Legende, Nordpfeil, Schrift u.a. in die Karte einzubringen (vgl. Abb. 4.10).

Geometriedaten. Die Geometriedaten werden in einem internen Format abgespeichert. Das gelieferte Standardpaket umfaßt eine Weltkarte, eine Europakarte mit Nationen, eine umfangreiche Deutschlandkarte und wahlweise eine von drei Deutschlandkarten auf einer kleinräumigen Ebene. Die Deutschlandkarte enthält außerdem Flüsse und Autobahnen.

Die Geometriedaten werden mit Hilfe eines Menüs geladen. Bei diesem Schritt wird gleichzeitig entschieden, welche regionale Einteilung aktiviert wird. Zum Beispiel kann bei der mitgelieferten Deutschlandkarte entweder die regionale Ebene der Bundesländer, der Regierungsbezirke oder der Kreise aktiviert werden. Auf dieser gewählten Ebene können die Daten dargestellt werden. Zusätzlich lassen sich weitere topographische Elemente einblenden, wie z.B. Autobahnen und Flüsse als weitere Orientierungshilfen. Mit Hilfe eines Menüs läßt sich eine beliebige Auswahl definieren, die in einer Vorschau-Funktion abgebildet werden kann.

Abb. 4.10. Oberfläche von EASYMAP

Über ein Menü lassen sich aus einer vorhandenen Karte beliebige Teile selektieren und weiterverarbeiten. So ist es z.B. möglich, aus der Deutschlandkarte die bayerischen Kreise zu selektieren, wobei die zusätzlichen topographischen Elemente automatisch an diesen Ausschnitt angepaßt werden.

Für die eigene Herstellung von Grundkarten wird ein zusätzliches Programm angeboten, mit dem Koordinaten digital erfaßt werden können. Ansonsten bietet die Herstellerfirma entsprechende Dienstleistungen an.

Sachdaten. Daten werden entweder über eine ASCII-Datei, über die Zwischenablage oder über einen dynamischen Datenaustausch (DDE) geladen. Im Rahmen des Programms bestehen mit Ausnahme von Prozentrechnungen keine Möglichkeiten, Daten einzugeben oder zu manipulieren, d.h. Dateneingabe und Berechnungen müssen in anderen Programmen außerhalb von EASYMAP erfolgen. Dazu kann jeder Texteditor, jedes Textverarbeitungsprogramm oder eine beliebige Tabellenkalkulation verwendet werden, was unter Windows problemlos zu bewältigen ist. Besonders reizvoll ist dabei die Anwendung des dynamischen Datenaustauschs, z.B. mit einem Tabellenkalkulationsprogramm. Mit Hilfe des DDE kann eine Verbindung zu vielen Windows-Applikationen hergestellt werden, wodurch jede Aktualisierung der Daten automatisch in die Karte übernommen wird.

4.3.2 EASYMAP

Das Programm unterscheidet vier Arten von Daten: Die *Bausteinnummer* stellt als ID-Variable die Verbindung zu den räumlichen Einheiten her, die *Namenspalte* enthält die Namen der Gebiete, und in höchstens 32 *Datenspalten* befinden sich die Werte, die dargestellt werden können. Die Überschriften der Datenspalten dienen zur späteren Identifizierung der Variablen. Die Zuweisung der Spalten zu den Datenarten erfolgt über ein Menü (vgl. Abb. 4.11).

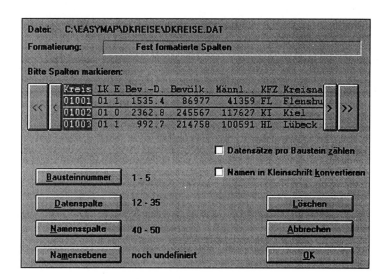

Abb. 4.11. Sachdatenmenü in EASYMAP

Darstellungsformen. Über das Menü ANALYSE oder eine Tastenkombination verfügt EASYMAP über insgesamt vier Darstellungsformen:

- *Flächenfärbung* (Choroplethen) erlaubt es, Flächen datenabhängig in einer beliebigen Farbe bzw. einem Grauton einzufärben.
- *Tortendiagramme* (Kreissektoren) können dazu verwendet werden, gegliederte Daten darzustellen. Die Kreise lassen sich in maximal 12 Sektoren unterteilen, wobei ein Sektor separiert werden kann.
- *Horizontale/Vertikale Balkendiagramme* können Daten in bis zu 12 Balken umsetzen, wodurch z.B. Zeitreihen dargestellt werden können.
- *Proportionalsymbole* (Symboldiagramme) ermöglichen es, Zahlenwerte flächenproportional darzustellen. Dabei kann aus einer Sammlung von etwa 60 Symbolen eine Auswahl getroffen werden oder jedes beliebige Symbol im Windows-Metafile-Format (WMF) importiert werden.

Kartenentwurf. Der Entwurf einer Karte in EASYMAP orientiert sich am in Kapitel 2.1 vorgestellten Schichtenmodell. Zunächst wird die räumliche Aggregationsebene ausgewählt, danach können zusätzliche topographische Elemente hinzugefügt werden, so daß insgesamt die Grundkarte entsteht. Diese Grundkarte wird danach mit den Daten verknüpft.

Für die Darstellung von Daten stehen beliebig viele Ebenen zur Verfügung. Datenebenen können durch Flächenfärbung und -schraffuren abgebildet werden und mit Torten-, Balken- oder Symboldiagrammen kombiniert werden. Dadurch ist es möglich, komplexe Sachverhalte darzustellen.

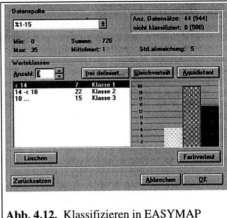

Abb. 4.12. Klassifizieren in EASYMAP

Daten lassen sich mit Hilfe von drei Methoden klassifizieren, nämlich äquidistant, gleichverteilt oder benutzerdefiniert. Die Klassifizierung wird in einem Fenstermenü durchgeführt, wobei statistische Parameter und ein Balkendiagramm die Klassenbildung erheblich erleichtern (vgl. Abb. 4.12).

Gestaltung. Das Programm verfügt über eine Vielzahl von Möglichkeiten, die Karte zu gestalten. Grenzlinien können für jedes Aggregationsniveau unterschiedlich definiert werden, wobei es auch möglich ist, auf Grenzlinien vollständig zu verzichten. Die Linien lassen sich in 4 Stärken, 6 Typen und in der Farbe variieren.Schrift läßt sich in beliebiger Menge in die Karte einbringen, wobei zwischen den unter Windows verfügbaren Schriften ausgewählt werden kann. Zusätzlich besteht die Möglichkeit, innerhalb der Beschriftung Makros zu verwenden, die automatisierte Zusatzinformationen wiedergeben. Ein Beispiel ist das Makro für einen Reduktionsmaßstab. Die Namensbezeichnungen der Gebiete können global eingeblendet werden. Es ist auch möglich, nur eine Auswahl darzustellen. Um die Lesbarkeit der Namen zu verbessern, kann die Schrift freigestellt werden.

Um Farbreihen zu gestalten, kann mit Hilfe einer Dialogbox ein Farbverlauf automatisch definiert werden. Anfangsfarbe, eine Farbe in der Mitte der Skala und eine Endfarbe müssen ausgewählt werden. Die fehlenden Farben werden durch das Programm erstellt. Dadurch ist es leicht, eine Abfolge von Gelb nach Rot mit insgesamt sechs Farben zu generieren.

Alle Objekte der Karte können mit Hilfe der Maus interaktiv verschoben und in der Größe verändert werden. Objekte werden an einem frei definierbaren Gitter, das wahlweise ein- und ausgeblendet werden kann, positioniert.

Legende, Maßstab, Nordpfeil. Für alle dargestellten Geometriedaten und Sachdaten kann eine Legende eingefügt werden, die frei positioniert werden kann. Es stehen folgende Legenden zur Verfügung: Farbklassenlegende, Diagrammlegende, Diagrammgrößenlegende und Grenzlegende. Die Legenden bestehen aus einer frei definierbaren Überschrift und der Erklärung der verwendeten Kodierung. Die Beschriftung paßt sich in ihrer Größe dem Rahmen der Legende an. Als zusätzliches Element kann ein Histogramm der klassifizierten Daten eingeblendet werden.Ein Maßstab kann als Balkenmaßstab, der in der Länge variiert werden kann, oder als Reduktionsmaßstab über ein Makro in jeden Teil einer Beschriftung eingebracht werden. Ein Nordpfeil läßt sich in die Karte einblenden und positionieren, allerdings nicht drehen.

Ausdruck und Export. Alle in Windows zur Verfügung stehenden Ausgabegeräte können vom Programm angesprochen werden. Ein Austausch mit anderen Programmen ist über die Zwischenablage möglich und mit Hilfe eines im Lieferumfang enthaltenen Zubehörprogramms können Karten im Batchbetrieb einfach aktualisiert und gedruckt werden.

Benutzerfreundlichkeit. Das gesamte Programm kann bequem mit der Maus bedient werden. Für die wichtigsten Funktionen stehen entsprechende Symbole in der Werkzeugleiste zur Verfügung und können durch einfaches Anklicken aktiviert werden. Mit Hilfe einer Lupe können Teile der Karte beliebig vergrößert werden und es kann jederzeit in den Vollbildmodus zurückzusprungen werden.

EASYMAP verfügt über ein integriertes Hilfesystem, das eine syntaxbezogene Hilfe ermöglicht und eine Suche nach Oberbegriffen erlaubt, wodurch das Handbuch nur selten konsultiert werden muß.

Beurteilung. Durch die konsequente Anlehnung an bekannte Bedienungselemente und den logischen Aufbau kann das Programm schnell erlernt werden. Es ist bereits nach kurzer Zeit möglich, ansprechende und aussagekräftige Karten zu produzieren. Die sehr gut konzipierten Voreinstellungen des Programms machen Nacharbeiten, wie z.B. das Positionieren von Gebietstexten oder Diagrammen, nahezu überflüssig. Das Programm ist kartographisch sehr ausgereift und macht es dem Benutzer schwer, grundlegende Fehler zu produzieren.

Der Anwendungsschwerpunkt des Programms lag bisher im nichtwissenschaftlichen Bereich, jedoch entdecken immer mehr Universitäten EASYMAP als Programm zum Einsatz in kartographischen Lehrveranstaltungen, wofür besonders die einfache Handhabung spricht. In jedem Fall decken die Entwurfs- und Gestaltungsmöglichkeiten den weitaus größten Teil auftretender Bedürfnisse ab. Für den wissenschaftlichen Bereich oder den kartographisch versierten Anwender wäre manchmal eine größere Vielfalt wünschenswert, wie z.B. freie Zeichenmöglichkeiten.

EASYMAP ermöglicht es dem kartographischen Laien, mit durchschnittlichen Kenntnissen in der Windows-Umgebung ohne Probleme Karten zu produzieren. Eine Reihe von Werkzeugen erleichtern es, die Karte gestalterisch zu optimieren. Für den allerdings vergleichsweise hohen Preis erhält der Anwender ein ausgereiftes Produkt, das die langjährige Erfahrung der Entwickler in der Kartographie widerspiegelt.

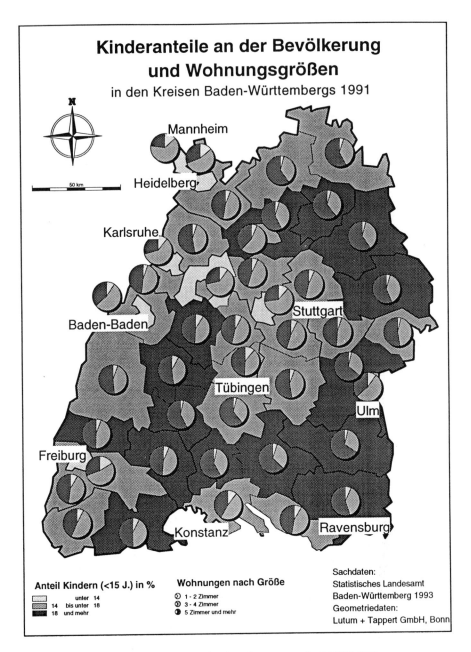

Abb. 4.13. Choroplethenkarte mit Kreissektordiagrammen in EASYMAP

EASYMAP 6.1

Vertrieb:	Lutum + Tappert Dv-Beratung GmbH Andreas-Hermes-Str. 7-9, 53175 Bonn
Voraussetzungen:	ab PC-386, 8 MB RAM (mehr empfohlen) mind. 2 MB freie Festplattenkapazität ab Windows 3.1
Geometriedaten:	
Format:	Internes Format
Importfilter:	- (mit Zusatz: ARC/INFO, MapInfo, Atlas GIS)
Digitalisierung:	mit Zusatzprogramm
Sachdaten:	
Format:	ASCII, DDE
Importfilter:	BMP, WMF, EasyView
Darstellungsformen:	Choroplethen, Diagramme, Symbole
Diagramme:	Balken, Kreissektor, Symbol
Klassifizierungen:	äquidistant, gleichverteilt, benutzerdefiniert
Kartogr. Elemente:	Legende, freie Beschriftung, Nordpfeil, Maßstab
Farben:	beliebig definierbar, RGB- und HSB-Modell
Muster:	6
Linien:	6 Typen in 5 Stärken
Drucker / Plotter:	alle von Windows unterstützten Geräte
Exportfilter:	-
Lieferumfang:	Handbuch, deutsch Koordinaten Welt, Europa, Deutschland
Preis Software:	DM 3000.-, Rabatt für Universitäten; Mehrfach- und Netzwerklizenzen

4.3.3 GeoStat

GeoStat ist eine Software, die unter Windows läuft und somit alle Vorteile hat, die mit dieser Oberfläche verbunden sind. Die Installation ist ausgesprochen einfach und verläuft problemlos.

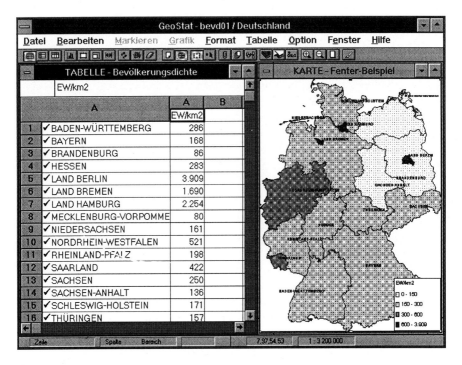

Abb. 4.14. Oberfläche von GeoStat

Oberfläche. Das übersichtliche Hauptfenster enthält in bekannter Windows-Manier die gewohnten Bedienungselemente: Eine Werkzeugleiste, eine Menüleiste und eine Statuszeile. Die Werkzeugleiste beinhaltet die wichtigsten und am häufigsten verwendeten Funktionen, um die Datentabelle und die Karte zu bearbeiten (vgl. Abb. 4.14).

Geometriedaten. Die Geometriedaten werden in einem internen Format abgespeichert. Eine Datei enthält alle Daten, die in Beziehung zu einem ausgewählten Raum stehen. Im Falle der mitgelieferten Deutschlandkarte sind Staatsgrenzen, Autobahnen, Flüsse usw. in einer Datei abgespeichert. Die einzelnen Gruppen von Koordinaten können im Rahmen des Programms einfach selektiert werden, wobei sich jedes Element einzeln ansprechen läßt.

Sachdaten. Die Dateneingabe erfolgt über eine Tabelle, die einer Tabellenkalkulation, wie z.B. Excel oder Lotus, sehr ähnlich sieht. Entsprechend einfach gestaltet sich die Dateneingabe. Die Gebietsnamen der Geo-Karte (Grundkarte) können einkopiert werden, so entsteht die Verbindung zu den Koordinaten. Es stehen verschiedene Funktionen zu Verfügung, wie z.B. Kopieren, Ausschneiden und Einfügen von Datenwerten bzw. ganzen Bereichen. Die Gestaltung des Datenfeldes ist übersichtlich und einfach in der Bedienung. Es bestehen auf dieser Ebene leider keine Möglichkeiten der Datenmodifikation. Alle Arten von Berechnungen müssen mit Hilfe eines externen Tabellenkalkulationsprogramms oder anderweitig durchgeführt werden.

Der Im- und Export von Daten ist über die Zwischenablage möglich. Bei den Versuchen mit Excel wurden fehlerlose Ergebnisse erzielt. Somit besteht die Möglichkeit, statistische Daten nach Excel zu exportieren und dort Berechnungen auszuführen. Anschließend lassen sich die Daten wieder in GeoStat importieren und weiterverarbeiten.

Darstellungsformen. Insgesamt unterscheidet GeoStat vier verschiedene Darstellungsformen, die in Karten verwendet werden können:

- *Diagramme* ermöglichen die Darstellung von Daten mittels Balken-, Linien-, Säulen- und Tortendiagrammen.
- *Statische Bilder* (Symbole) machen es möglich, einem Ort ein Bild zuzuordnen. Dabei besteht keine Verbindung zu quantitativen Daten, die Größe des Bildes wird nicht durch die Daten in der Tabelle beeinflußt, ist aber einem Element der Grundkarte, z.B. einer Stadt, fest zugeordnet.
- *Dynamische Bilder* (Symboldiagramme) sind durch die Beziehung zu den Daten gekennzeichnet. Die Größe des Bildes wird aus einem Zahlenwert berechnet.
- *Bereiche* (Choroplethenkarten) ermöglichen es, Flächen wie Bundesländer oder PLZ-Gebiete mit einer Schraffur oder einem Raster zu füllen.

Die verschiedenen *Diagramme* erlauben es, gegliederte Daten oder Zeitreihen darzustellen, wobei sich die Größe und die Skalierung der Achsen variieren lassen. Die Diagramme müssen jeder Fläche oder Linie bzw. jedem Punkt einzeln zugeordnet werden. Bei vielen Diagrammen ist der Aufwand entsprechend hoch.

Mit Hilfe *dynamischer Bilder* lassen sich flächenproportionale Diagramme erzeugen. Die vorhandene Auswahl von 64 Bildern erlaubt, Sachverhalte durch passende Symbole darzustellen (vgl. Abb. 4.15). Jedoch ist zum einen die Auswahl an geometrischen Symbolen sehr klein, z.B. ein Kreis fehlt, zum anderen fehlen einige Standardsymbole, wie z.B. Symbole für Männer und Frauen zur Darstellung von Bevölkerungsdaten. Diesem Mangel kann Abhilfe geschaffen werden, indem Graphiken in anderen Graphikprogrammen entworfen und importiert werden. Diese Möglichkeit steht nur offen, wenn das verwendete Programm vektororientierte Graphiken erzeugen kann. Versuche mit CorelDraw lieferten sehr schnelle und gute Ergebnisse.

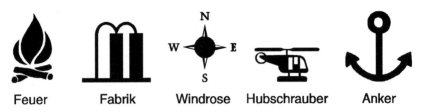

Abb. 4.15. Auswahl dynamischer bzw. statischer Bilder in GeoStat

Für die Größenberechnung der Symboldiagramme stehen zwei Methoden zur Verfügung: Die lineare und die quadratische Darstellung der Daten, d.h. die Daten sind zur Höhe des Bildes oder zur Fläche des Bildes proportional. Die Größe der Bilder kann zum einem über eine Dialogbox oder aber interaktiv mit der Maus verändert werden. Wird ein Bild vergrößert oder verkleinert, werden alle anderen Bilder an die neue Proportion angepaßt. Die automatische Positionierung der Symbole ist häufig schwer nachzuvollziehen, was Nacharbeiten am Layout erforderlich macht.

Die Darstellung von *Bereichen* ermöglicht es, den Flächen Schraffuren zuzuordnen. Dabei wird jede Schraffur durch eines von sechs verschiedenen Mustern und eine Farbe definiert. Die Klassifizierung erfolgt automatisch in einer frei wählbaren Anzahl äquidistanter Klassen oder benutzerdefiniert.

Kartenentwurf. Es besteht die Möglichkeit, beliebig viele Schichten übereinanderzulegen und somit mehrschichtige Karten zu erzeugen. Dabei spielt es keine Rolle, ob es sich um Kategorien-Ebenen (Grundkarte und zusätzliche Elemente) oder um Graphik-Ebenen (Datenebenen) handelt.

Die Möglichkeiten, freie Schrift in die Karte einzubringen, sind begrenzt. Sie beschränken sich auf Titel und Fußnote mit jeweils bis zu vier Textzeilen. Die Eigenschaften der Beschriftungen werden für Titel und Fußnote jeweils einheitlich definiert. Mit Hilfe von Makros können in der Beschriftung Datum, Maßstab, Zeit und Name der Statistikkarte automatisch generiert werden.

Gestaltung. Bei der Gestaltung werden drei Ebenen unterschieden:
- *Globale Einstellungen* dienen dazu, Einstellungen für alle Karten über die aktuelle Sitzung hinaus festzulegen.
- Formatierungen der *Kategorien* werden benutzt, um Objektgruppen Eigenschaften zuzuweisen, z.B. um die Grenzen der Bundesländer mit einer einfachen schwarzen Linie darzustellen.
- Formatierungen der *Elemente* ermöglichen es, jedes Element gesondert zu behandeln. Dies ist dazu geeignet, Einzelheiten hervorzuheben.

Alle Objekte können auf der Karte in Größe und Lage interaktiv bearbeitet werden. Ein Nachteil besteht darin, daß es nicht möglich ist, Diagramme mit der Maus vertikal und horizontal gleichzeitig in der gleichen Proportion zu verändern, wodurch aus einem Kreis schnell eine Ellipse werden kann. Es ist nicht möglich, Objekte zu drehen.

Zur farbigen Gestaltung lassen sich Farbpaletten mit jeweils bis zu 16 Farben definieren und abspeichern. Damit kann z.B. eine Palette mit unterschiedlichen Grautönen definiert werden. Bei der Definition der Farben kann auf die Grundfarben und auf die Modelle HSB bzw. RGB zurückgegriffen werden.

Legende, Maßstab, Nordpfeil. Die Legende kann durch die Dialogboxen in die Karte eingeblendet werden. Ihre Gestaltung ist sehr begrenzt und beschränkt sich auf die Schriften. Schriftgröße und Legendengröße sind unabhängig und werden nicht automatisch angepaßt. Wenn die Schrift vergrößert wird, paßt sie unter Umständen nicht mehr in den Legendenrahmen.

Es bestehen keine Möglichkeiten, die Beschriftung in ihrer Größe mit Hilfe der Maus zu variieren. Soll die Beschriftung in der Legende verändert werden, ist es notwendig, mindestens zwei Dialogboxen zu durchlaufen und anschließend mit dreimaligem OK zu bestätigen. Nicht ohne Eigenironie heißt es deshalb auch "Wenn Sie sich auf diese Weise durchgekämpft haben, klicken Sie überall auf die OK-Schaltfläche" (Programmhandbuch, 40).

Die Legende zur Erklärung der dynamischen Bilder beschränkt sich auf die Liste der dargestellten Werte. Die Möglichkeit eines graphischen Symboldiagrammmaßstabs, wie er in der Kartographie üblich ist, besteht nicht.

Ein Maßstab kann in Form eines Reduktionsmaßstabs in den Titel oder in die Fußnote eingebracht werden. Ein Maßstabsbalken wäre nur über eine Digitalisierung möglich. Ein Nordpfeil kann nur über ein statisches Symbol eingebracht werden, wobei im Lieferumfang Nordpfeile inbegriffen sind. Diese sind jedoch alle auf Kartennord ausgerichtet und lassen sich nicht drehen.

Ausdruck und Export. Die in Windows eingebundenen Drucker sind in GeoStat verfügbar und können genutzt werden. Alle Arten von Daten können über die Zwischenablage ausgetauscht oder in ein Windows-Metafile (WMF) abgespeichert werden. Bildschirmwiedergabe und Druckerausgabe stimmen nicht immer überein. Überschrift und Fußnote werden nicht mitexportiert.

Benutzerfreundlichkeit. Die Karte kann mit Hilfe verschiedener Werkzeuge bearbeitet werden. Kartenausschnitte lassen sich mit Hilfe einer Lupe und einer Maus mühelos vergrößern, die letzte Vergrößerung läßt sich zurücknehmen. Es ist jederzeit möglich, schnell in den Vollbildmodus zurückzuwechseln. Eine Reihe von Elementen kann mit der Maus selektiert und verschoben werden.

Das mitgelieferte, 111 Seiten umfassende Handbuch ist in zwei Teile gegliedert. Der erste Teil beschreibt die wichtigsten Funktionen im Kontext der Kartenerstellung, der zweite Teil besteht aus einem Referenzteil. Das Handbuch reicht aus, um sich in kurzer Zeit in das Programm einzuarbeiten. Das Programm selbst wird durch eine ausführliche Online-Hilfe im Stil anderer Windows-Programme ergänzt.

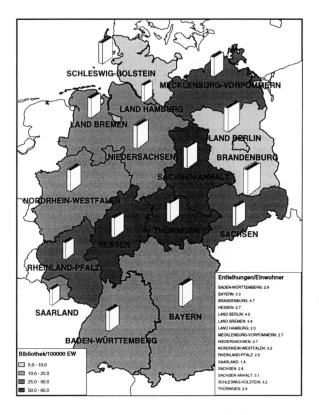

Abb. 4.16. Choroplethenkarte mit Symboldiagrammen in GeoStat

Beurteilung. GeoStat ist ein einfaches Kartographieprogramm unter Windows und erlaubt es, schnell und ohne lange Einarbeitung Karten zu erstellen. Dabei sind auch komplexe Sachverhalte darstellbar. Während die erzeugten Choroplethenkarten von ausreichender Qualität sind, weisen die Diagrammkarten und deren Legenden gravierende Schwächen auf. Des weiteren ist es schade, daß selbst einfache Modifikationen an Sach- und Geometriedaten im Programm nicht vorgenommen werden können und Schrift nur in begrenztem Umfang einzubringen ist.

Für Personen mit gehobenen Ansprüchen ist GeoStat wenig geeignet. Geeignet erscheint es für sehr einfache Businessgraphik. Im Lieferumfang ist umfangreiches Kartenmaterial aus Deutschland enthalten: Städte, Siedlungsgebiete, Flüsse und administrative Grenzen sind nur eine kleine Auswahl der gelieferten Daten. Weitere Karten können z.Z. ausschließlich vom Hersteller bezogen werden. Ein Tool, um eigene Karten herzustellen bzw. externe Koordinatendatein einzulesen, ist laut Hersteller in Vorbereitung.

GeoStat 1.03	
Vertrieb:	MSE-GmbH Management Siedlerstr. 30, 85716 Unterschleißheim
Voraussetzungen:	ab PC-286, 2 MB RAM (min. 4 MB empfohlen) mind. 2 MB freie Festplattenkapazität Windows 3.1
Geometriedaten:	
Format:	Internes Format
Importfilter:	-
Digitalisierung:	-
Sachdaten:	
Format:	Internes Format
Importfilter:	-
Darstellungsformen:	Choroplethen, Diagramme, Symbole
Diagramme:	Balken, Kreissektor, Symbol
Klassifizierungen:	äquidistant, benutzerdefiniert
Kartogr. Elemente:	Legende, Titel, Fußnote (inkl. Reduktionsmaßstab)
Farben	beliebig definierbar, RGB- und HSB-Modell
Muster:	7
Linien:	5 Typen in 7 Stärken
Drucker / Plotter:	alle von Windows unterstützten Geräte
Exportfilter:	Vektorformat WMF
Lieferumfang:	Handbuch, deutsch Koordinaten Deutschland (Städte, Kreise, Flüsse u.a.)
Preis Software:	DM 600.-

4.3.4 GoMAP

Das Programm GoMAP hat seine Ursprünge in der 1980 für den Großrechner der Universität Groningen entwickelten Software GEKAART. Seit Ende der 80er Jahre wurde an dem interuniversitären Institut *iec-ProGamma* daran gearbeitet, das Programm für den PC nutzbar zu machen. Seit 1992 liegt eine funktionsfähige, englischsprachige PC-Version unter DOS vor, die u.a. vom Statistischen Amt der Niederlande genutzt wird. Eine Windows-Version war für das Jahr 1995 angekündigt, liegt aber derzeit noch nicht vor.

Für die Programminstallation ist ein IBM-kompatibler PC mit Festplatte sowie einer CGA-, EGA- oder VGA-Graphikkarte erforderlich, wobei auch Super-VGA unterstützt wird. Um komplexere Karten laden zu können, sollten im Arbeitsspeicher mindestens 510 KB frei sein.

Oberfläche. Nach dem Programmstart erscheint die aus ASCII-Zeichen aufgebaute Oberfläche von GoMAP. Sie besteht aus einer Menüleiste oben sowie aus Status- und Infozeilen unten (vgl. Abb. 4.17). Die Infozeilen liefern Informationen zu den Funktionstasten sowie zum jeweils gewählten Menübefehl. Die Menübefehle verzweigen sich in unterschiedlich gestaltete Untermenüs. Die gesamte Arbeit im Programm geschieht über die Tastatur, d.h. eine Maus wird nicht unterstützt.

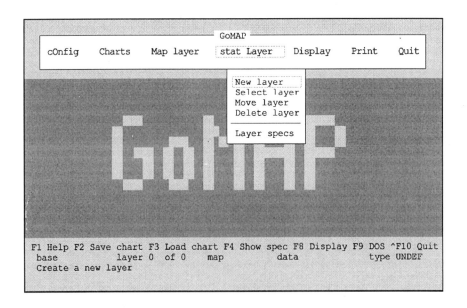

Abb. 4.17. Oberfläche von GoMAP und das statLayer-Menü

Die Struktur dieser Oberfläche bleibt während der gesamten Arbeit mit GoMAP unverändert. Lediglich auf den Display-Befehl hin (Taste F8) wird sie vorübergehend durch das Kartenbild ersetzt. Solange das Kartenbild zu sehen ist, können keine Kommandos bearbeitet werden.

Geometriedaten. Die Geometriedaten sind in drei, durch unterschiedliche Namenserweiterungen gekennzeichneten Dateitypen gespeichert. Diese Dateien sind editierbar, da sie im ASCII-Format vorliegen und ihre Struktur im Handbuch erläutert wird. Dadurch ist es im Prinzip möglich, im ASCII-Format vorhandene Fremdkoordinaten zu importieren sowie einzelne Änderungen an den Geometriedaten vorzunehmen. Im Programm selbst bestehen keine Möglichkeiten zur interaktiven Beeinflussung der Koordinaten.

Da die mitgelieferten Geometriedaten sehr spärlich ausfallen und eine Digitalisiermöglichkeit im Programm erst für die Windows-Version angekündigt ist, ist der Zukauf von Koordinaten meist unvermeidlich. Die Kosten hierfür bleiben im Rahmen, allerdings werden kleinräumige Koordinaten, d.h. Gemeindegrenzen, nur für die Niederlande angeboten. Andere Länder sind nur in groben regionalen Einteilungen erhältlich, d.h. nicht auf kommunaler Ebene.

Sachdaten. Die Sachdaten lassen sich aus verschiedenen Dateiformaten importieren sowie direkt im Programm eingeben oder modifizieren. Sie werden dann spaltengebunden abgelegt und in einer separaten Datei dokumentiert. Dort sind die Variablen mit einer Kurzbezeichnung zu benennen und können optional mit etwa 40 Zeichen beschrieben werden. Die Verbindung zwischen Sach- und Geometriedaten wird über eine Gebietsidentifikations-Variable hergestellt.

Darstellungsformen. Das Programm bietet Choroplethenkarten, beschriftete Karten sowie verschiedene Diagrammkarten. Als Diagrammtypen stehen Symboldiagramme (Kreise, Quadrate), Stab- und Stapelbalkendiagramme sowie Kreissektor- und Sektorflügeldiagramme zur Verfügung. Kreissymboldiagramme, die primär nur eine Variable darstellen, lassen sich zusätzlich entsprechend den klassifizierten Werten einer zweiten Variablen füllen (vgl. Abb. 4.18). Die Klassen lassen sich, wie auch bei Choroplethenkarten, frei definieren oder automatisch äquidistant generieren.

Kartenentwurf. Eine GoMAP-Karte besteht immer aus einer Geometriedaten-Schicht sowie beliebig vielen Sachdatenschichten, sogenannten Layers (vgl. Abb. 4.17). Für jede Sachdatenebene kann eine andere Darstellungsform gewählt werden, mehr als zwei Ebenen sind aber kaum sinnvoll darstellbar. Es ist möglich, einzelne Regionen auszuwählen und nur diese anzuzeigen. Das entsprechende Gebiet läßt sich herausvergrößern (vgl. Abb. 4.20), hierbei sind sowohl Rahmen- als auch Inselkarten möglich.

Die Grenzlinien können unterdrückt werden, dann fehlt jedoch der Gebietsumriß insgesamt, da sich die Linien im Kartenfeld nicht differenziert behandeln lassen. Als Beschriftungsoptionen stehen Titel, Untertitel und Fußzeile zur Verfügung, deren Inhalt jeweils einzeilig und auf etwa 50 Zeichen begrenzt ist.

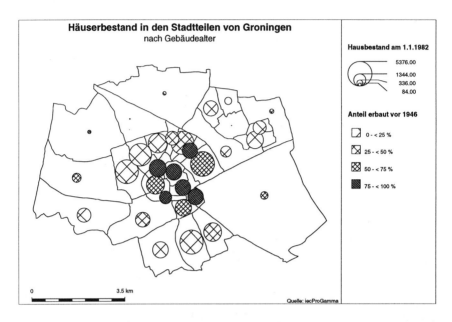

Abb. 4.18. Klassifizierte Kreissymboldiagramme mit GoMAP

Gestaltung. Die Gestaltungsmöglichkeiten sind im großen und ganzen zufriedenstellend. Insbesondere für die Schwarzweißausgabe stehen genügend Linien- und Punktraster zur Auswahl, die allerdings nicht mit den 16 Farben kombiniert werden können. Die Schriftarten, insbesondere Helvetica und Times, sind selbst in kleinen Größen noch gut lesbar, zumindest wenn zum Ausdruck ein Laserdrucker verwendet wird.

Legende und Maßstab. Legende und Maßstabsbalken werden automatisch generiert und können wahlweise abgeschaltet werden. Es ist auch möglich, ein Quadratgitter über die Karte zu legen. Die Beschriftung läßt sich verändern und als Legendenposition *rechts*, *links*, *oben* oder *unten* wählen. Die Legende wird durch eine Linie vom Kartenfeld abgesetzt. Wie in den Abbildungen 4.18 und 4.19 ersichtlich, rekodiert sie einerseits die verwendeten Muster, andererseits die Diagrammgröße. Werden mehrere Darstellungsformen übereinandergelegt, so nimmt der von der Legende beanspruchte Raum stark zu (vgl. Abb. 4.19), wodurch sich das Kartenfeld entsprechend verkleinert.

Ausdruck und Export. Die Druckertreiber des Programms unterstützen die wichtigsten Typen, und außerdem stehen einige Raster- und Vektorformate zum Dateiexport zur Verfügung. In der Praxis, d.h. beim Versuch, die Karten in diesen Text zu importieren, gab es allerdings die üblichen Probleme mit nicht lesbaren Dateien und sich beim Export verändernden Karten. Am besten funktionierte der Export von PostScript-Dateien.

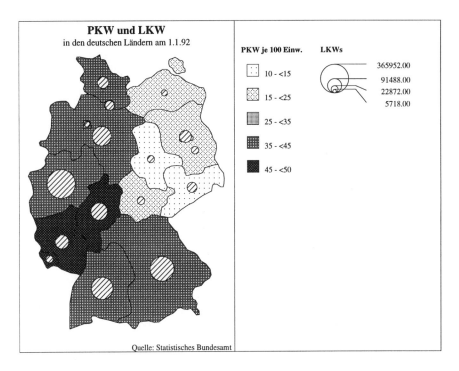

Abb. 4.19. Choroplethenkarte und Symboldiagramme mit GoMAP

Benutzerfreundlichkeit. Die Handhabung des Programms leidet zum einen darunter, daß keine Maus unterstützt wird, und zum anderen darunter, daß Menüs und Karte nie gleichzeitig zu sehen sind. Die graphische Gestaltung der Menüs ist wenig ansprechend, z.B. werden Farben und Muster nicht angezeigt, sondern müssen über Nummern und Buchstaben definiert werden.

Das Kartenbild am Bildschirm entspricht nicht, wie im Handbuch versprochen, dem Druckbild. Zumindest bei PostScript-Druckern ist der Ausdruck die einzige Möglichkeit, um einen Eindruck vom Kartenbild zu bekommen, weil der Bildschirm Schriftarten und -größen sowie die Anordnung der Elemente nicht richtig umsetzt.

194   4 Software zur Computerkartographie

Das Handbuch lag zumindest im Herbst 1993 nur als sehr unvollständiger Entwurf vor, was um so schwerer wiegt, da das Programm keine Online-Hilfe anbietet.

Beurteilung. GoMAP ist ein relativ einfach strukturiertes Programm, das geringe Anforderungen an die Hardware und den Anwender stellt. Die Auswahl an Darstellungsformen ist ausreichend. Es lassen sich in vergleichsweise kurzer Zeit Karten erarbeiten und aussagekräftig gestalten. In der korrekten Umsetzung der kartographischen Regeln liegt eine Stärke des Programms. Beim Layout bleiben allerdings einige Wünsche offen, weil sich die Anordnung der Elemente nur geringfügig beeinflussen läßt und die Standardvorgaben mitunter ungünstig sind.

Ein Nachteil ist in der Oberfläche zu sehen, welche durch ihre mangelnde graphische Gestaltung und die fehlende Interaktivität das Arbeiten mitunter mühselig werden läßt und nicht mehr zeitgemäß wirkt. Hier könnte die angekündigte Windows-Version Besserung bringen. Außerdem sollte vor Anschaffung des Programms unbedingt geklärt werden, ob das Handbuch inzwischen vollständig ist und ob die benötigten Geometriedaten in der Angebotsliste des Herstellers verfügbar sind. Ist dies nicht der Fall, sollte die Möglichkeit zum Import von ASCII-Koordinaten anderer Anbieter genutzt werden, da der Digitalisierservice sehr teuer ist.

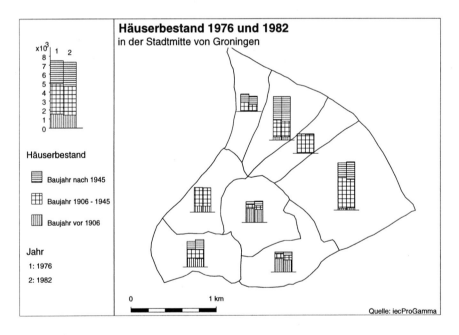

Abb. 4.20. Stapelbalkendiagramme mit GoMAP

GoMAP 1.20

Vertrieb:	iec ProGAMMA P.O.Box 841, 9700 AV Groningen, Niederlande
Voraussetzungen:	ab PC-286 ca. 2 MB freie Festplattenkapazität ab DOS 3.1
Geometriedaten:	
Format:	ASCII
Importfilter:	dBASE, Lotus-1-2-3
Digitalisierung:	-
Sachdaten:	
Format	ASCII
Importfilter:	-
Darstellungsformen:	Choroplethen, Diagramme
Diagramme:	Balken, Kreissektor, Sektorflügel, Symbol
Klassifizierungen:	äquidistant, benutzerdefiniert
Kartogr. Elemente:	Titel, Untertitel, Fußnote, Legende, Maßstab
Farben:	16
Muster:	7 in jeweils 16 Dichtestufen
Linien:	4 Typen
Drucker / Plotter:	verschiedene Nadel-, Laser-, Tintenstrahldrucker PostScript, Stiftplotter
Exportfilter:	Rasterformate BMP, IMG, PCX, TIFF, WPG Vektorformate CGM, DXF, HPGL
Lieferumfang:	Handbuch (englisch), Koordinaten Groningen (Stadtteile), Deutschland (Länder)
Preis Software:	US-$ 830.- , Rabatt 50% für Bildungseinrichtungen

4.3.5 MapInfo

Hinsichtlich der Systemvoraussetzungen ist die Desktop-Mapping-Software MapInfo nahezu universell einsetzbar. Dieses Programm gibt es für Windows 3.1, Windows 95, Windows NT, Apple Macintosh Computer, für Sun- und HP-Workstations sowie DOS-Betriebssysteme. Die MapInfo-Corporation wurde 1986 in den USA gegründet und verkaufte seitdem über 150.000 Lizenzen. MapInfo wird von Organisationen bzw. Firmen als Instrument zur Entscheidungsfindung eingesetzt. Die Software wird für raumbezogene Untersuchungen in Marketing und Verkauf, in der Vertriebsnetzorganisation, in der Landschaftsplanung usw. herangezogen und ist auch in öffentlichen Verwaltungen verbreitet. MapInfo ist als Instrument zur Entscheidungsfindung konzipiert worden und gleichermaßen für alle Karten, von der Weltkarte bis zu Katasterplänen, geeignet.

Diese Programmbesprechung bezieht sich auf die Version 3.0. Es wird empfohlen, mindestens einen PC 486 einzusetzen. Weiterhin bilden 8 MB Hauptspeicher die Untergrenze für einen effektiven Einsatz. Als freier Festplattenplatz sollten mindestens 20 MB zur Verfügung stehen.

Oberfläche. Aufgrund der relativ langen Existenz des Programms ist die Benutzeroberfläche unter Windows sehr ausgereift. Wie bei allen Windows-Anwendungen lassen sich die Funktionen mit der Maus über eine Menüleiste abrufen. Die integrierten Zeichenfunktionen sind darüber hinaus in einer speziellen Werkzeugleiste anklickbar (vgl. Abb. 4.21).

Es können für Geometrie- und Sachdaten jeweils eigene Fenster geöffnet werden. Dabei können die Fenster hintereinander oder nebeneinander stehen, sie können in den Vordergrund oder in den Hintergrund gestellt werden.

Geometriedaten. Die Geometriedaten werden in einem speziellen Map-Format abgespeichert. Das gelieferte Standardpaket umfaßt u.a. eine Weltkarte sowie Karten von Kanada und den USA. Die deutsche Version enthält Geometriedaten auf Kreisbasis sowie die Postleitzahlengebiete. Weiterhin bietet MapInfo eine Sample-CD an, auf der u.a. Karten und soziodemographische Daten für Deutschland, Österreich, die Schweiz und Europa enthalten sind.

Bemerkenswert ist bei diesem Programm die einfache Umwandlung von Karten in verschiedene Projektionen (vgl 2.2.3). Die angebotenen Transformationsmöglichkeiten sind sehr umfangreich und lassen kaum Wünsche offen. In der Auswahl sind u.a. die Projektionen von Albers, Mercator, Mollweide und Robinson enthalten.

Die Geometriedaten werden mit Hilfe eines Menüs geladen, wobei die angewählte Datei sowohl in Karten- als auch in Tabellenform dargestellt werden kann. Aufgrund der Fenstertechnik ist es möglich, diese Ebenen nebeneinander darzustellen. Falls weitere erläuternde Geometrieinformationen zur Verfügung

4.3.5 MapInfo

stehen, wie Flüsse, Seen usw., so können diese über Layer mit der Basiskarte verbunden werden.

MapInfo ermöglicht den Import von Vektor (DXF)- und Rasterdaten (BMP, GIF, JPEG, TIFF etc.). Zusätzlich steht das programmspezifische MIF-Format (MapInfo Interchange Format) zur Verfügung, das von einigen GIS-Programmen unterstützt wird.

Für die eigene Herstellung von Grundkarten gibt es eine integrierte Digitalisieroption. Diese Option ist sehr umfangreich und kann auch Projektionsparameter einbeziehen.

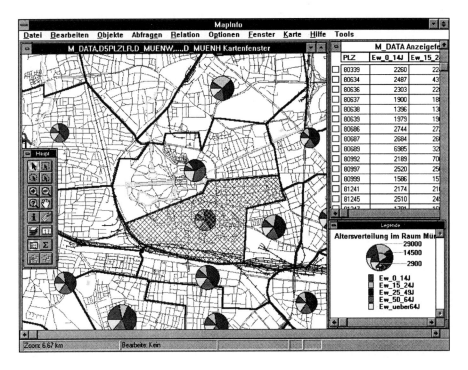

Abb. 4.21. Oberfläche von MapInfo

Sachdaten. Beim Laden der Sachdaten werden diese in Tabellenform dargestellt. Die Tabelle erscheint in der traditionellen Zeilen- und Spaltenform, wie sie von Tabellenkalkulationen und Datenbanken verwendet wird (vgl. Abb. 4.21). Jede Spalte enthält Informationen über ein spezielles Feld wie z.B. die Postleitzahl als ID, gefolgt von Variablen zur Bevölkerung. Die Verbindung zu den Geometriedaten wird durch die ID hergestellt.

Zur Manipulation der Daten können diese direkt in der Tabelle mittels eines Info-Tools editiert und verändert werden. Des weiteren können Daten anderer

Windows-Anwendungen in die Tabelle geladen werden. Als mögliche Formate kommen ASCII, dBASE-, Lotus 1-2-3- oder Excel-Dateien in Frage. Umfassende Datenbankabfragen können durch das Zusatzprodukt SQL-Datalink durchgeführt werden. Ab der Version 4 wird eine ODBC- (Open Database COnnectivity) Datenbankschnittstelle integriert werden.

Darstellungsformen. MapInfo verfügt über folgende Darstellungsformen:

- Mit *Schattierung* (Choroplethen) können Flächen mit gleichem Wert in einer beliebigen Farbe bzw. einem Grauton eingefärbt werden.
- *Punktdichtekarten* können zur Darstellung absoluter Zahlenwerte wie Bevölkerung, Anzahl von Händlern usw. verwendet werden. Hierbei werden Flächen mit zufallsverteilten Punkten gefüllt, deren Anzahl sich nach den Daten richtet.
- *Abgestufte Symbole* können zur Darstellung unterschiedlicher Werte eingesetzt werden. Die Größe eines jeden Symbols variiert dabei entsprechend seinem Wert. An Symbolen stehen verschiedene Formen wie Kreise, Quadrate, Dreiecke, Sterne usw. zur Auswahl.
- *Diagrammtypen* können in vielfältigen Variationen verwendet werden. Als Typen sind Flächen-, Balken-, Linien-, Kreis- und Punktdiagramme zu nennen. In der Darstellung können diese Diagramme geschichtet, überlappend, gedreht oder in 3D angezeigt werden. Bei den Kreisdiagrammen läßt sich der Startwinkel für das erste Kreissegment beliebig bestimmen. In Flächen- und Liniendiagrammen können einfache und geschichtete Verlaufskurven erzeugt werden.

Kartenentwurf. Der Kartenentwurf bei MapInfo funktioniert denkbar einfach. Die Basiskarte mit den Umrissen der Gebietseinheiten wird beim Laden der Sachdaten automatisch erstellt. Nach der Selektion der Variablen und der Wahl der Darstellungsmethode kann die Karte im Layout-Modus weiterverarbeitet werden.

Diese einfache Art des Kartenentwurfs läßt sich durch die Anwendung von Layern erheblich erweitern und funktioneller gestalten. So kann eine Karte z.B. aus drei Schichten zusammengesetzt werden. Die Basisschicht wird z.B. aus den Staatsgrenzen gebildet, die von zwei Layern mit den Namen und Symbolen der Hauptstädte überlagert wird. Im Kartenfeld sind sowohl die komplette Karte als auch die einzelnen Layer abgebildet, die einzeln bearbeitet werden können.

Die Klassifizierung der Daten erfolgt durch äquidistante, gleichverteilte, natürliche oder benutzerdefinierte Klassen. Die Klassifizierung wird in einem Fenstermenü durchgeführt, wobei verschiedene Informationen über die zu bearbeitenden Daten zur Verfügung stehen. So wird u.a. ein Histogramm zur Verteilung der Daten eingeblendet.

Gestaltung. Die Gestaltungsmöglichkeiten im Rahmen vom MapInfo sind nahezu unbegrenzt. Das Programm bietet ein komplettes Angebot an Zeichenwerkzeugen und Bearbeitungsbefehlen. Es gibt neun Zeichenwerkzeuge, die z.B. *Linie*, *Text*, *Symbol* oder *Rechteck* heißen.

Mit *Linie* lassen sich lineare Strukturen zeichnen, wie Straßen oder Pipelines. *Text* ermöglicht das Erstellen eines Textes an jeder gewünschten Stelle. Dabei lassen sich Schriftart, -größe und Drehwinkel bestimmen. Des weiteren kann die Schrift farbig sein und vor dem Hintergrund freigestellt werden. Die Funktion *Symbol* gestattet die freie Plazierung von zusätzlichen Symbolen in der Karte.

Im Füllmuster-Fenster können Flächen gestaltet werden. Als Variationsmöglichkeiten stehen dabei verschiedene Muster zur Auswahl, die farbig gestaltet werden können. Die Auswahl eines Füllmusters für bereits existierende Objekte geschieht dabei interaktiv, so daß die Auswirkungen direkt am Bildschirm sichtbar sind. Außerdem bietet dieses Menü die Möglichkeit, Farbtöne selbst zu definieren.

Für die Gestaltung von Linien, vor allem von Grenzlinien, gibt es ebenfalls ein spezielles Menü. Hier kann aus über 50 verschiedene Linienarten gewählt werden. Diese Linienarten variieren nicht nur durch Strichelung oder Punktierung, sondern es gibt u.a. vordefinierte Liniensymbole für Eisenbahnlinien, Straßen, Maßstabsbalken oder Pfeile, die auch hinsichtlich ihrer Stärke verändert werden können. Außerdem können Linien ausgeblendet werden, wodurch z.B. die Außengrenzen eines Gebiets wegfallen können.

Legende, Maßstab, Nordpfeil. Die Legende wird automatisch bei der Umsetzung der Variablen erstellt und steht in einem Legenden-Fenster zur weiteren Verarbeitung zur Verfügung. Das endgültige Layout wird jedoch erst im Layout-Fenster durchgeführt. Das Layout-Fenster erlaubt eine sehr präzise Ausrichtung aller Objekte. Um dieses zur gewährleisten, ist dieses Fenster in horizontaler und vertikaler Richtung mit einem Lineal ausgestattet. Diese Hilfeleistung ist für die flexible Anordnung verschiedener Kartenteile oder verschiedener Ausschnittskarten untereinander unerläßlich. Das Fenster ist zunächst gezoomt, kann aber mit der Maus auf Bildschirmgröße gebracht werden.

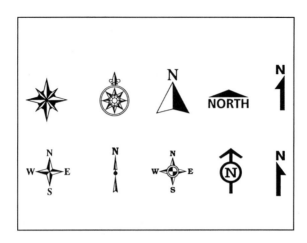

Abb. 4.22. Nordpfeile in MapInfo

Maßstabsbalken werden über eine eingebundene MapBasic-Routine erstellt und lassen sich in der Breite stufenlos ändern.

Die Gestaltung von Nordpfeilen ist denkbar einfach. Das Programm stellt eine Auswahl von Nordpfeilen zur Verfügung, die in die Karte übernommen und gedreht werden können (vgl. Abb. 4.22).

Ausdruck und Export. Durch die Einbindung in Windows können vom Programm alle verfügbaren Ausgabegeräte angesteuert werden.

Für den Graphikexport gibt es direkte und indirekte Exportmöglichkeiten. Eine direkte Exportfunktion ist für das DXF- und MIF-Format vorhanden. Die indirekte Methode erlaubt den Export von Fensterinhalten in Form von Bitmap-Dateien (BMP) oder Windows-Metafile-Dateien (WMF).

Benutzerfreundlichkeit. Die umfangreichen Funktionen von MapInfo können alle mausgesteuert bedient werden. Mit einer Lupe können Teile der Karte beliebig vergrößert werden. Weiterhin ist der Sprung zwischen den verschiedenen Fenstern problemlos durchzuführen.

MapInfo bietet ein integriertes Hilfesystem an, bei dem nicht nur Funktionen erklärt werden, sondern auch die einzelnen Elemente der Werkzeugleiste. Der Funktionalität des Programms entsprechend sind die zwei mitgelieferten Handbücher mit über 600 Seiten gestaltet. Es werden alle Funktionen sehr gut beschreiben und durch zahlreiche Abbildungen illustriert. In mehreren Anhängen sind weitere Informationen über Dateiformate, Projektionen usw. enthalten.

Beurteilung. Durch die umfangreichen Möglichkeiten von MapInfo nimmt die Einarbeitung in das Programm sehr viel Zeit in Anspruch. Einfache Karten können aufgrund der Menüführung und Anzeigemodi schnell erarbeitet werden.

4.3.5 MapInfo

Sinnvolle Standardeinstellungen unterstützen diesen Prozeß. Bei komplexeren Karten muß dagegen viel Zeit investiert werden.

MapInfo nimmt sicherlich nicht nur wegen seiner Flexibilität hinsichtlich der Hardware eine Sonderstellung bei den Desktop-Mapping-Programmen ein. Die Funktionalität geht weit über die Kartographie hinaus und reicht teilweise in den GIS-Bereich hinein. Dazu verhelfen vor allem die hier noch nicht angesprochenen Möglichkeiten im Datenbankmanagement mit individueller Geokodierung oder komplexen SQL-Abfragen. Das Programm hat sich in den USA durchgesetzt und stellt auch in Europa für viele Anwender eine echte Alternative zu anderen Programmen dar. Dafür sorgt ein großes Entwicklungsteam, das die Software ständig verbessert und neuere Entwicklungen miteinbezieht.

MapInfo ist für die gelegentliche Erstellung von Karten sicherlich eine Nummer zu groß. Werden nach einer längeren Einarbeitungszeit alle Programmfunktionen beherrscht, so bietet sich dieses Programm als Instrument zur Bewältigung komplexer Aufgaben an.

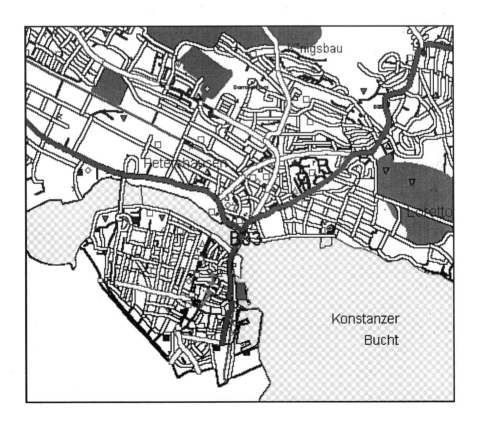

Abb. 4.23. Ausschnitt aus einer Planungskarte mit MapInfo

MapInfo 3.0

Vertrieb:	MapInfo GmbH Frankfurter Str. 21-25, 65760 Eschborn
Voraussetzungen:	ab PC-486, 8 MB RAM (mehr empfohlen) 15-20 MB freie Festplattenkapazität ab Windows 3.1
Geometriedaten:	
Format:	Internes Format
Importfilter:	AutoCAD (DXF), MapInfo Interchange Format (MIF)
Digitalisierung:	möglich
Sachdaten:	
Format:	ASCII
Importfilter:	Excel, Lotus 1-2-3, dBASE, ASCII
Darstellungsformen:	Choroplethen, Diagramme, Symbole
Diagramme:	Balken, Symbol, Kreissektor
Klassifizierungen:	äquidistant, gleichverteilt, natürlich, benutzerdefiniert
Graph. Elemente:	Legende, freie Beschriftung, Nordpfeil, freies Zeichnen
Farben:	beliebig definierbar
Muster:	beliebig definierbar
Linien:	ca. 50 Typen, frei skalierbar
Drucker / Plotter:	alle von Windows unterstützten Geräte
Exportfilter:	Vektorformate DXF, WMF Rasterformat BMP
Lieferumfang:	Handbuch, deutsch Koordinaten Welt, USA, Kanada, viele nationale Systeme, auch Gauß-Krüger-Koordinaten
Preis Software:	DM 2495.-, Rabatt für Forschung und Lehre

4.3.6 Map-It!

Das Windows-Programm Map-It! ist laut Handbuch eine "Low-Cost Desktop-Mapping Software zur einfachen und schnellen Erstellung von Landkarten-Geschäftsgraphiken". Es wird in zwei Versionen vertrieben:

- Map-It! 3.0 ist ein Mapping-Zusatz für das Tabellenkalkulationsprogramm Microsoft Excel und läßt sich ohne dieses Programm nicht einsetzen. Nach der Installation findet sich im Excel-Menü "Extras" der "Map-It Assistent", der die Umsetzung der Tabellendaten in eine Karte anleitet (vgl. Abb 4.24).

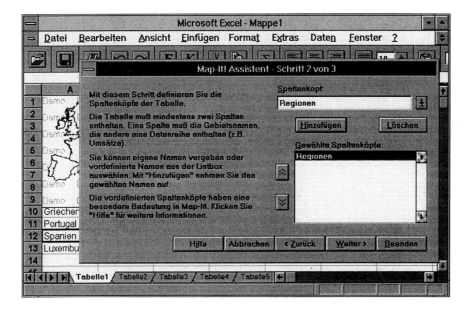

Abb. 4.24. Map-It! 3.0 Assistent unter Microsoft Excel 5.0

- Die Map-It!-Version 2.0 läßt sich als eigenständige Software zur Kartenerstellung einsetzen und kann somit mit Einschränkungen als vollwertiges Mapping-Programm angesehen werden. Allerdings ist auch diese Programmversion in erster Linie darauf ausgerichtet, Karten in andere Windows-Anwendungen wie Excel oder WinWord einzubinden.

Grundlage für die weitere Besprechung des Programms ist die Version 2.0, weil diese als eigenständige Software eher mit den anderen behandelten Programmen vergleichbar ist. Die Version 3.0 unterscheidet sich von dieser praktisch nur durch die Oberfäche, d.h. die Einbettung in Excel.

Das Programm wird auf einer einzelnen Diskette geliefert, der Plattenspeicherbedarf ist entsprechend gering.

Oberfläche. Die Oberfläche besteht aus dem in allen Windows-Programmen üblichen Fenster mit Menüleiste oben und Statuszeile unten. Auffallend ist auf den ersten Blick, daß das Hauptfenster in zwei Unterfenster geteilt ist, je eines für die Daten und die Karte (vgl. Abb. 4.25). Die Menüleiste des Hauptfensters verändert ihr Angebot, je nachdem, welches der beiden Fenster gerade aktiv ist. Beide Unterfenster enthalten eine Werkzeugleiste mit den am häufigsten benötigten Funktionen. Selbstverständlich lassen sich Größe und Anordnung der Fenster bis hin zum Vollbild verändern.

Abb. 4.25. Oberfläche von Map-It! 2.0

Geometriedaten. Zum Lieferumfang gehören relativ wenige Geometriedaten, die jedoch so ausgewählt sind, daß viele Anwender ohne Ergänzung zurechtkommen dürften. Neben den Staaten der Erde ist Deutschland in verschiedenen Einteilungen vorhanden, darunter Bundesländer, Kreise und Postleitzahlbezirke. Die Auflösung der Grenzkoordinaten ist zufriedenstellend. Enthalten sind jeweils auch Gebietsmittelpunkte, an denen Diagramme positioniert werden können. Zusätzliche Punkte im Kartengebiet lassen sich frei definieren und mit Datenwerten verbinden.

Dies bleibt jedoch die einzige Möglichkeit zur Beeinflussung der Geometriedaten. Wer zusätzliche Koordinaten benötigt, wird vom Handbuch an eine Firma verwiesen, die auf Anfrage Koordinatensätze liefert oder vorhandene Geometriedaten, die z.B. aus ARC/INFO oder AutoCAD stammen, in das Map-It!-Format konvertiert.

Sachdaten. Sobald die Geometriedaten ausgewählt wurden, zeigt die Datentabelle in der ersten Spalte die Namen aller Gebietseinheiten oder Punkte, wahlweise auch Gebietsnummern in der zweiten Spalte. Die Sachdaten können sodann in die weiteren Spalten eingegeben oder importiert werden. Der Import geht am einfachsten über die Windows-Zwischenablage, außerdem lassen sich auch dBASE sowie ASCII-Dateien importieren.

Das Sachdatenfenster ist eine Tabellenkalkulation, vergleichbar Excel oder Lotus. Die Variablennamen werden einfach in die oberste Zeile eingetragen. Es lassen sich nicht nur Datenwerte eingeben, sondern auch Formeln, wobei neben den Grundrechenfunktionen auch komplexe mathematische Funktionen verfügbar sind.

Darstellungsformen. Das Programm unterscheidet zwischen "Einfärbung", das sind Choroplethenkarten, sowie verschiedenen Diagrammtypen, hinter denen sich auch die Möglichkeiten zur Erstellung von Symbolkarten verbergen. Außerdem können die Karten mit Gebiets- oder Punktbezeichnungen beschriftet werden, was isoliert oder zusätzlich zu anderen Darstellungsformen geschehen kann.

Die Klassenbildung für Choroplethenkarten läßt sich automatisch vornehmen, und zwar entweder äquidistant oder mit logarithmischer Klassenbreite. Für die freie Definition von Klassen gibt es allerdings Einschränkungen. So kann bei der Definition der Klassengrenzen nur ein konstanter Vergleichsoperator, z.B. <= oder > verwendet werden. Die unterste und die oberste Klasse sind immer offene Kategorien, was sich nicht verändern läßt, da generell die Beschriftung der Legende nicht zu beeinflussen ist. Eine Besonderheit besteht darin, daß sich die Flächen auch völlig datenunabhängig durch Anklicken und Zuordnen von Farben füllen lassen.

Als Diagrammformen stehen Balken, Kreis, Linien, Säulen, Bild und Element zur Auswahl. Unter Säulen versteht das Programm nicht dreidimensionale, sondern senkrechte Balken. Bild und Element sind skalierbare Symbole, also Symboldiagramme. Der Unterschied zwischen den beiden Typen besteht darin, daß Elemente im Programm vordefinierte Symbole sind, wogegen Bilder als WMF-Graphikdateien importiert werden müssen. Die Diagramme und Symbole lassen sich wahlweise entweder in den Flächenmitten positionieren oder an frei definierbaren Punkten. Bei der Skalierung der Diagramme fällt auf, daß diese standardmäßig sehr klein gezeichnet werden, vor allem wenn ein Diagrammrahmen gezeichnet wird. Die vom Programm vorgeschlagene Diagrammgröße läßt sich nur im Bereich zwischen 50 % und 200 % verändern, ab der Version 3.0 im Bereich zwischen 1 % und 1000 %.

Sonderfunktion "Befehl Zuordnen". Eine besondere Möglichkeit bietet Map-It! für die Kartenpräsentation am Bildschirm. Den Regionen oder Punkten lassen sich Texte, Bilder, Geräusche oder ganze Programme zuordnen, die beim Anklicken der jeweiligen Einheit auf Wunsch eingeblendet werden.

Kartenentwurf. Gut ist, daß mehrere Darstellungsformen übereinandergelegt werden können. So läßt sich zum Beispiel eine Choroplethenkarte von flächenbezogenen Diagrammen und punktbezogenen Symbolen überlagern. Auch mehrere Geometriedateien lassen sich übereinanderlegen, womit Zusatzinformationen wie Flüsse etc. eingebracht werden könnten. Gebiete lassen sich herausvergrößern, und Inselkarten sind möglich.

In der Version 2.0 können die Grenzlinien weder in Typ oder Stärke variiert, noch bei Bedarf weggelassen werden. Dies wurde nach Herstellerangaben in der Version 3.0 verbessert. Die Möglichkeiten zur Beschriftung der Karte sind leider unbefriedigend. Der Titel ist auf drei Zeilen à 40 Zeichen begrenzt und läßt sich nicht in Haupt- und Untertitel differenzieren. Zusätzliche Beschriftungsmöglichkeiten gibt es nicht. Die Gebietsbezeichnungen können erst ab der Version 3.0 freigestellt werden. In der getesteten Version 2.0 wurden sie von den Diagrammen überdeckt.

Gestaltung. Die Farben lassen sich, wie in Windows-Anwendungen üblich, sehr vielfältig und schön variieren. Hervorzuheben sind die Farbverläufe für die Hintergrundgestaltung. Andererseits werden Schraffuren oder Raster für die Schwarzweißdarstellung vermißt. Für die Schriftgestaltung stehen die in Windows installierten Fonts zur Verfügung.

Das Layout der Karte gestaltet sich etwas schwierig, da die Bildschirmanzeige von der Fenstergröße, der Ausdruck hingegen vom Papierformat abhängig ist, wodurch sich die Anordnung der Elemente beim Ausdruck verschiebt. Rahmen um Kartenfeld oder Karte lassen sich nicht zeichnen.

Legende. Die Legende wird automatisch generiert und läßt sich frei positionieren sowie auf Wunsch ausblenden. Schriftart, Hintergrund und Rahmen können eingestellt werden, die innere Struktur der Legende bleibt jedoch unverändert. Die Legende erklärt, wie im Beispiel in Abb. 4.26, bei den meisten Diagrammformen nur die Füllmuster, die Größenrelation wird z.B. bei Balkendiagrammen nicht rekodiert. Balken- und Liniendiagramme müssen über Achsenbeschriftungen in der Karte erklärt werden. Diese Achsen lesbar zu gestalten ist kaum möglich, weil die Diagramme nicht ausreichend vergrößert werden können.

Ausdruck und Export. Zur Ausgabe stehen alle von Windows unterstützten Geräte zur Verfügung. Das Programm nutzt dabei immer die gesamte zur Verfügung stehende Fläche. Kleinere Ausgaben können durch Veränderungen der Seitenränder erzielt werden.

Der Export der Karten in andere Windows-Anwendungen funktioniert problemlos, da Map-It! eine OLE-fähige Anwendung ist. Dies bedeutet, daß alle Informationen, die für die Anzeige und das Ausdrucken einer Karte benötigt werden, einschließlich aller Formatierungen in der Datei der jeweiligen Zielanwendung gespeichert werden. Durch die OLE-Verbindung läßt sich jederzeit z.B. von Word aus Map-It! aufrufen und eine eingebettete Karte bearbeiten (vgl. 3.4.3).

Benutzerfreundlichkeit. Der Einstieg in das Programm gelingt auch unerfahrenen Anwendern problemlos. Zum einen ist das Programm einfach strukturiert, übersichtlich und stabil, und zum anderen bietet es dem Anfänger gute Unterstützung. Das Handbuch behandelt die Programmfunktionen ausführlich und in didaktisch sinnvoller Reihenfolge. Im Programm selbst steht das Handbuch auch als Online-Hilfe zur Verfügung.

Wo sich im Programm etwas einstellen oder verändern läßt, geht dies komfortabel und problemlos. Titel, Legende und Diagramme, außer Symboldiagrammen, lassen sich interaktiv verschieben.

Beurteilung. Map-It! ist mehr ein auf einen Kernbereich an Funktionen beschränktes Kartographiemodul als ein vollständiges Kartographieprogramm. Die im Programm enthaltenen Funktionen sind sehr einfach zu bedienen, allerdings gibt es einige wesentliche Dinge, die nicht möglich sind.

Wenn es ein Programm in vielen Bereichen nicht erlaubt, die Standardeinstellungen zu verändern, ist besonders wichtig, daß diese Standardvorgaben wenigstens die wichtigsten kartographischen Grundregeln beachten. Leider ist dies bei Map-It! an einigen Stellen nicht der Fall. Genannt werden müssen hier zum Beispiel die fehlenden Beschriftungsmöglichkeiten, die es etwa nicht erlauben, in der Karte eine Datenquelle anzugeben. Außerdem fehlen Möglichkeiten zum Einfügen der unter Umständen wichtigen kartographischen Elemente Maßstab und Nordpfeil. Kreisdiagramme werden schlicht falsch berechnet, weil ihr Radius linear zunimmt anstatt flächenbezogen (vgl. 2.3.3). Verdoppelt sich z.B. der Zahlenwert, wird dadurch die Fläche viermal so groß dargestellt.

Das Programm nimmt einige dieser Nachteile wohl bewußt in Kauf, um die tatsächlich sehr unkomplizierte Handhabung nicht zu gefährden. Außerdem wird auf die Nachbearbeitungsmöglichkeiten in anderen Windows-Anwendungen verwiesen. Hierdurch läßt sich jedoch nur ein Teil der Schwachstellen ausmerzen. Nach Herstellerangaben ist inzwischen eine verbesserte Version (3.0) verfügbar. Diese konnte allerdings nicht mehr getestet werden.

Map-It! ist nur für Anwender geeignet, die bereits mit Windows-Anwendungen arbeiten und daran interessiert sind, Kartenskizzen in diese Anwendungen einzubetten. Aufgrund der Farbeigenschaften und spezieller Zusatzfunktionen eignen sich die Karten auch in besonderer Weise zur Informationsvermittlung direkt am Bildschirm. Wer komplette thematische Karten erstellen will, sollte sich für eine andere Software entscheiden. Das Map-It!-Handbuch verweist Anwender, die eine umfassendere Kartographiesoftware benötigen, an das Programm PCMap (vgl. 4.3.9).

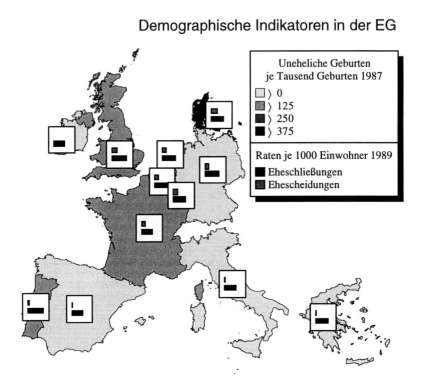

Abb. 4.26. Zweischichtige Karte mit Map-It! (Datenquellen: Statistisches Jahrbuch Deutschland 1992 / EUROSTAT - Demographic Statistics 1989)

Map-It! 2.0 / 3.0

Vertrieb:	Graphitti Software GmbH Bunsenstraße 15, 64293 Darmstadt
Voraussetzungen:	ab PC-386 mind. 2 MB freie Festplattenkapazität Map-It! 2.0: Windows 3.1 Map-It! 3.0: Windows ab 3.1 <u>und</u> Excel ab 4.0
Geometriedaten:	
Format:	internes Format
Importfilter:	nur über Zusatzprogramm (Karteneditor)
Digitalisierung:	nur über Zusatzprogramm (Karteneditor)
Sachdaten:	
Format	internes Format
Importfilter:	dBASE, ASCII
Darstellungsformen:	Choroplethen, Diagramme, Symbole
Diagramme:	Balken, Kurven, Kreissektor, Symbol
Klassifizierungen:	äquidistant, logarithmisch, benutzerdefiniert
Kartogr. Elemente:	Titel, Legende
Farben:	frei definierbar, HSB- und RGB-Modell
Muster:	-
Linien:	5 Typen in 5 Stärken (nur für Rahmen)
Drucker / Plotter:	alle von Windows unterstützten Geräte
Exportfilter:	-
Lieferumfang:	Handbuch, deutsch Koordinaten Welt, Europa, Deutschland (z.B. Kreise, PLZ-Bezirke), Österreich, Schweiz
Preis Software:	DM 699.-

4.3.7 MapViewer

MapViewer ist eine US-amerikanische Software zur Erstellung thematischer Karten unter Windows (vgl. Abb. 4.27). Sie kommt aus dem Hause von Golden Software, wo auch weitere Graphikprogramme wie Grapher und Surfer konzipiert wurden. Bei dem hier vorgestellten Programm handelt es sich um die Version 2.10.

Bei den Koordinaten werden u.a. eine große Anzahl von Weltkarten sowie detaillierte USA-Karten angeboten. Dadurch und wegen der einfachen Bedienung findet das Programm eine große Verbreitung auf dem amerikanischen Markt.

Als minimale Systemvoraussetzung kann ein 286er-Rechner mit 2 MB Hauptspeicher und 3 MB freiem Festplattenplatz eingesetzt werden.

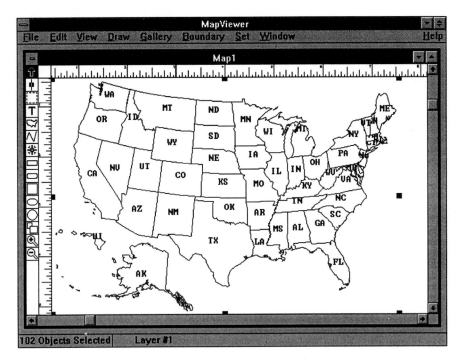

Abb. 4.27. Oberfläche von MapViewer

Oberfläche. Das Programm hält sich sehr eng an die Bedienungsweise anderer Windows-Applikationen, und entsprechend schnell kann damit gearbeitet werden. Der Hauptschirm kann in zwei übersichtliche Fenster aufgeteilt werden: In das Daten- und das Kartenfenster. In einer Menüleiste stehen alle notwendigen

Befehle zur Verfügung, und das Kartenfenster enthält eine zusätzliche vertikale Leiste, in der eine Reihe von Werkzeugen angeboten werden (vgl. Abb. 4. 27). Es handelt sich dabei überwiegend um graphische Werkzeuge, mit denen es möglich ist, zu zeichnen: Rechtecke, Kreise, Ellipsen, Symbole und Schrift können damit entworfen und angeordnet werden. Andere Funktionen, wie das Einfügen einer Legende, sind über die Menüleiste ansprechbar.

Geometriedaten. Die Geometriedaten können über ein Menü wahlweise in einem internen Format oder im ASCII-Format eingelesen bzw. abgespeichert werden. Durch die ASCII-Option ist der Weg frei, selbst gewonnene Geometriedaten, falls diese in einem vorgegebenen System abgespeichert sind, einzulesen.

Die Projektionen der Geometriedaten sind konvertierbar, wobei prinzipiell drei Projektionsmethoden mit zum Teil variablen Voreinstellungen verfügbar sind. Des weiteren können die Geometriedaten nachträglich innerhalb des Programms bearbeitet werden. Mit Hilfe einer einfachen Funktion können Grenzlinien generalisiert werden, indem die Anzahl der Punkte reduziert wird.

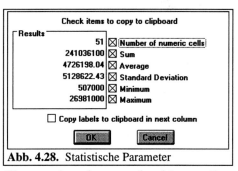

Abb. 4.28. Statistische Parameter

Sachdaten. Die Sachdaten werden in einer Tabelle verwaltet. In dieser Tabelle, die auf dem allgemeinen Prinzip der Tabellenkalkulation basiert, besteht die Möglichkeit, Daten zu editieren, zu formatieren und in kleinem Umfang Berechnungen durchzuführen. Dazu stehen die Grundrechenarten und über 35 Funktionen zur Verfügung, so daß mit Hilfe einfacher Formeln neue Indikatoren berechnet werden können. Dadurch lassen sich z.B. Dichtewerte innerhalb des Programms schnell berechnen. Eine Statistikfunktion mit den wichtigsten Lage- und Streuungsparametern gibt einen Überblick über die Verteilung der Daten (vgl. Abb. 4.28).

Des weiteren können Daten aus ASCII-, Lotus 1-2-3- oder Excel-Dateien importiert werden, und es besteht die Möglichkeit, Daten über die Zwischenablage zu kopieren.

Darstellungsformen. Über das Menü GALLERY wird zwischen folgenden Darstellungsformen gewählt:

- *Base Map*: Grundkarte ohne Daten.
- *Hatch Map*: Choroplethenkarte.
- *Density Map*: Die Flächen werden entsprechend den Daten mit zufallsverteilten Punkten gefüllt, die in Größe und Dichte frei definierbar sind (vgl. Abb. 4.29).
- *Pie Map*: Karte mit Kreissektorendiagrammen.

212   4 Software zur Computerkartographie

- *Symbol Map* (Karte mit Symboldiagrammen): Die Daten werden flächenproportional dargestellt. Es stehen insgesamt 6 Symbolformen zur Verfügung. Es können weitere benutzerdefinierte Symbole importiert werden.
- *Prism Map*: Eine Variable wird durch eine proportionale dreidimensionale Erhöhung der Flächen dargestellt (vgl. Abb. 4.29).

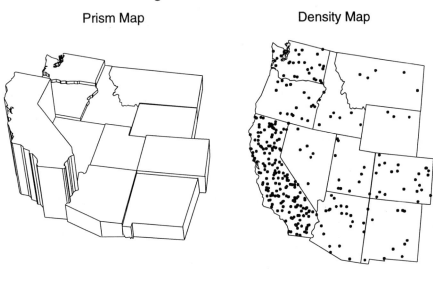

Abb. 4.29. Darstellungsformen Prism Map und Density Map in MapViewer

Kartenentwurf. Neben den verschiedenen Darstellungsformen verfügt MapViewer, ähnlich vielen Graphikprogrammen, über eine Anzahl unterschiedlicher Werkzeuge, mit denen frei gezeichnet und beschriftet werden kann. Damit können beliebige graphische Objekte, die keinen direkten Bezug zu den Daten haben, in die Karte eingebracht werden.

In MapViewer lassen sich mehrere Schichten definieren und wie Transparentfolien übereinanderlegen. Damit ist nicht nur die Möglichkeit eröffnet, komplexe Karten zu produzieren, sondern diese Funktion kann auch zur Gestaltung genutzt werden. Die Schichten können beliebig ein- und ausgeblendet und ihre Reihenfolge kann jederzeit geändert werden.

Um die Daten für Choroplethenkarten zu klassifizieren, kann aus drei Methoden ausgewählt werden. Es gibt die Möglichkeit, äquidistante, gleichverteilte oder benutzerdefinierte Klassen zu bilden.

Gestaltung. Es besteht eine Vielzahl von gestalterischen Möglichkeiten. Bei jedem graphischen Objekt können Umrandung und Füllung frei definiert werden, dabei stehen 5 Linientypen, 18 Schraffuren und 8 Farben zur Wahl. Die vorhandene Farbpalette läßt sich unter Verwendung des RGB-Modells verändern, so daß dadurch u.a. eine Graupalette erzeugt werden kann, um damit eine Schwarzweißvorlage zu gestalten.

Schrift läßt sich in beliebiger Menge in die Karte einbringen, wobei zwischen den unter Windows verfügbaren Schriften ausgewählt werden kann. Die Werte beliebiger Variablen können in die dargestellten Gebiete eingeblendet werden, so daß es z.B. möglich ist, die Gebietsnamen oder Zahlenwerte mit einem Befehl einzubringen.

Alle Objekte der Karte können in der Karte mit Hilfe der Maus interaktiv verschoben sowie in Größe und Form verändert werden. Zwei Lineale am oberen und linken Rand des Kartenfensters dienen als Arbeitshilfe. Es können beispielsweise administrative Einheiten, wie Staaten usw., voneinander getrennt und abgesetzt werden (vgl. Abb. 4.30). Diese Selektion kann zur gezielten Heraushebung von Gebietseinheiten verwendet werden. Es können auch mehrere Objekte selektiert und gleichzeitig bearbeitet werden.

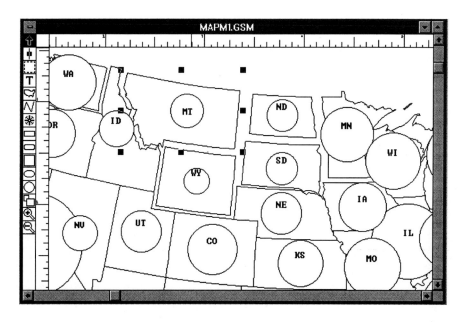

Abb. 4.30. Modifizieren der Flächen in MapViewer

Legende, Maßstab, Nordpfeil. Für die Sachdaten kann eine Legende eingefügt werden, die frei positionierbar ist. Sie wird mit Hilfe einer Dialogbox erstellt, und es können u.a. mehrere Überschriften definiert werden. Ein standardisierter Nordpfeil existiert nicht, diese Lücke kann jedoch mit den vorhandenen Zeichenwerkzeugen gefüllt werden. Die eingeblendete Legende paßt sich an die Darstellungsform an, die für die Sachdaten gewählt wurde. Es besteht nicht die Möglichkeit, automatisiert eine Maßstabsangabe in die Karte einzubringen.

Ausdruck und Export. Alle in Windows zur Verfügung stehenden Ausgabegeräte sind vom Programm ansprechbar. Die Karten können über die Zwischenablage in andere Anwendungen kopiert werden. Die Geometriedaten lassen sich in eine ASCII-Datei als x/y- Koordinaten ablegen.

Benutzerfreundlichkeit. Das gesamte Programm wird bequem mit der Maus bedient. Mit Hilfe einer Lupe lassen sich Teile der Karte nach einem festen Faktor vergrößern oder verkleinern. Es besteht jederzeit die Möglichkeit, in den Vollbildmodus zurückzuspringen. Eine ausführliche Hilfefunktion ist Bestandteil des Programms. Das umfangreiche, englischsprachige Handbuch ist in einen allgemeinen Teil mit etwa 100 Seiten und in einen Referenzteil mit über 300 Seiten gegliedert. Die Einführung zeigt an vielen Beispielen die Möglichkeiten des Programms.

Beurteilung. Durch die konsequente Integration des Programms in die Windows-Oberfläche fällt die Einarbeitung in MapViewer relativ leicht. Die Voreinstellungen des Programms tragen dazu bei, daß die Kartenerstellung wenig Zeit beansprucht. Darüber hinaus sind viele Zeichen- und Graphikfunktionen den gängigen Graphik- und Zeichenprogrammen ähnlich.

Flexibilität im Entwurf und sehr vielfältige Möglichkeiten in der freien Gestaltung können dazu genutzt werden, Karten kreativ und individuell zu entwerfen. Die graphischen Werkzeuge erlauben es, nahezu jeden kartographischen Wunsch zu erfüllen. Allerdings sind dazu entsprechende Kenntnisse in der Kartographie notwendig, da kein Schutz vor unsinnigen bzw. unglücklichen Entwürfen besteht. Zum Beispiel ist die Density Map problematisch, da sie eine Verteilung vortäuscht, die der tatsächlichen nicht entspricht. Das Programm läßt vielerlei Möglichkeiten offen, Fehler zu begehen, wofür aber letztlich nicht die Software verantwortlich ist. Die Ausgabe und der Export der Karten ist zum Teil problematisch. Eine größere Auswahl an Graphikformaten sowie eine konsequente Verwirklichung des Wysiwyg-Prinzips sind wünschenswert.

Das Programm ist für alle geeignet, die dazu bereit sind, eine gewisse Einarbeitungszeit in Kauf zu nehmen, die sich durch die englische Sprache nicht abschrecken lassen und die über Grundkenntnisse in Kartographie verfügen. Als Entlohnung kann dafür der Phantasie viel freier Lauf gegeben werden.

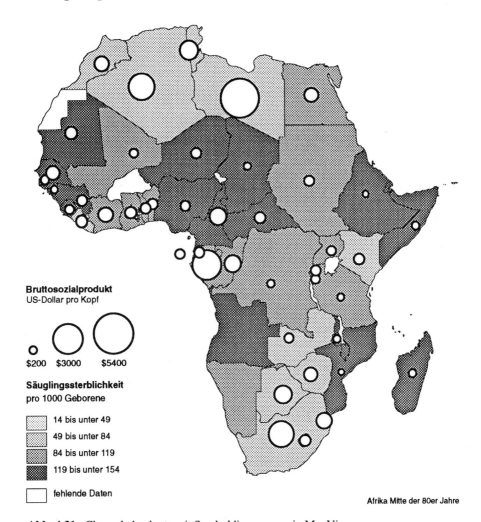

Abb. 4.31. Choroplethenkarte mit Symboldiagrammen in MapViewer

MapViewer 2.10

Vertrieb:	HarbourDom Consulting GmbH Alvensleben-Straße 15, 50668 Köln
Voraussetzungen:	ab PC-286, 1 MB RAM (2 MB empfohlen) mind. 2 MB Festplattenkapazität ab Windows 3.0
Geometriedaten:	
Format:	Internes Format oder ASCII
Importfilter:	AutoCAD (DXF), TIF, BMP, TGA, PCX, GIF, DCX, IPG; PLT
Digitalisierung:	möglich (ohne Digitalisiertablett)
Sachdaten:	
Format:	ASCII
Importfilter:	Excel, Lotus 1-2-3
Darstellungsformen:	Choroplethen, Diagramme, Symbole, Block (3D-Flächen)
Diagramme:	Kreissektor, Punktdichte, Symbol
Klassifizierungen:	äquidistant, gleichverteilt, benutzerdefiniert
Kartogr. Elemente:	Legende, freie Beschriftung, freies Zeichnen
Farben:	beliebig definierbar, RGB-Modell
Muster:	18
Linien:	5 Typen, frei skalierbar
Drucker / Plotter:	alle von Windows unterstützten Geräte
Exportfilter:	ASCII (nur Geometriedaten), DXF
Lieferumfang:	Handbuch, englisch Koordinaten Welt, USA, Kanada
Preis Software:	US-$ 249.-

4.3.8 MERCATOR

Das Kartographieprogramm MERCATOR ist seit 1990 auf dem Markt. Es wird an mehreren Geographischen Instituten in der Lehre eingesetzt. Ende 1993 war das Programm etwa 120mal lizenziert, darunter rund 50mal außerhalb der Hochschule. Im Jahr 1994 erfolgte der Umstieg auf die Windows-Oberfläche und im Herbst 1995 wurde mit der Version 4.5 eine wesentlich erweiterte und verbesserte Fassung präsentiert.

Oberfläche. Am oberen Rand des Programmfensters befindet sich eine Menüleiste (vgl. Abb. 4.32). Einige wichtige Programmfunktionen können über die darunter liegende Werkzeugleiste bedient werden. Außerdem enthält das Fenster die üblichen Rollbalken zum Verschieben des sichtbaren Kartenbereichs. Beim Anklicken eines Objekts mit der rechten Maustaste erscheint ein Kontextmenü, welches die für das betreffende Objekt jeweils wichtigsten Funktionen enthält.

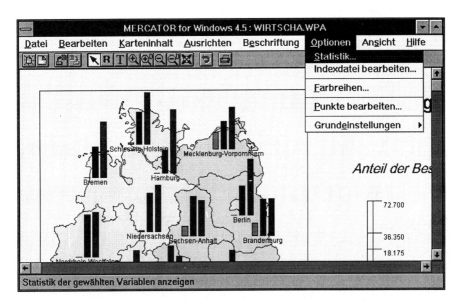

Abb. 4.32. Oberfläche von MERCATOR

Geometriedaten. Die Koordinaten sind in verschiedenen Dateien abgespeichert, wobei zwischen Punktreferenzdateien, Flächendateien und Liniendateien unterschieden wird. *Punktreferenzdateien* definieren die Punkte, an denen Diagramme oder Beschriftungen ausgerichtet werden und sind als unformatierte ASCII-Dateien angelegt. In ihnen sind auch die Gebietsnamen enthalten. *Flächendatei-*

en definieren die Polygone für Choroplethenkarten. Sie lassen sich entweder im ASCII-Format verwalten oder aber in einem binären Format, was den Kartenaufbau unter Windows geringfügig beschleunigt. Das ASCII-Format ist allerdings kaum langsamer und besitzt den Vorteil, daß Veränderungen leichter möglich sind, da die Dateien direkt editiert werden können. Auch die *Liniendateien* sind wahlweise im ASCII- oder im binären Format angelegt. Sie lassen sich im Gegensatz zu Punkt- und Flächendateien nicht mit Sachdaten verbinden, sondern sind nur zur unmittelbaren graphischen Anzeige in der Karte gedacht. Hierbei kann es sich um ein Fluß- oder Straßennetz handeln oder um Grenzlinien.

Bei Flächen- wie auch bei Liniendateien lassen sich verschiedene Linientypen definieren, so daß die Liniennetze jeweils in verschiedenen Farben bzw. Formen ausgeführt werden können. Von Bedeutung ist das z.B. für Grenzlinien unterschiedlicher Hierarchiestufen.

Neu ist in der MERCATOR-Version 4.5 die Option, Rasterdaten wie gescannte Karten als Hintergrund einer Diagrammdarstellung zu verwenden. Nachdem die Hintergrundkarte in einem Pixelformat eingelesen wurde, lassen sich Referenzpunkte definieren, an denen dann datengesteuerte Diagramme ausgerichtet werden.

Im Lieferumfang befinden sich eine Karte der EU-Länder sowie Deutschlandkarten bis herunter auf die Ebene von Stadt- und Landkreisen. Da diese Koordinaten nicht allen Anwendern ausreichen dürften, kommt den Möglichkeiten zur Erweiterung des Koordinatenkatalogs große Bedeutung zu. Geometriedaten lassen sich problemlos von jedem erzeugen, der über ein Digitalisiertablett samt entsprechender Software verfügt. Die zusammen mit älteren MERCATOR-Versionen vertriebene Digitalisiersoftware DIGI90 ist allerdings nicht mehr im Angebot. Ein unter Windows laufendes Nachfolgeprodukt befand sich Ende 1995 noch in der Entwicklungsphase. Wer den Aufwand des eigenen Digitalisierens vermeiden will, dem wird sowohl ein Digitalisierservice angeboten sowie fertige Koordinatenpakete zum Zukaufen. Durch alle diese Möglichkeiten erhöhen sich die Anschaffungskosten für ein einsatzfähiges System allerdings beträchtlich. Wer schon über Geometriedaten in Fremdformaten verfügt, wird diese in aller Regel in MERCATOR importieren können, da mehrere Importfilter integriert sind.

Wer Geometriedaten in größerem Umfang verändern will, d.h. Grenzen verschieben, Gebiete zusammenfassen, teilen etc., wird allerdings nicht ohne die vom Programmhersteller angebotene Unterstützung auskommen, da MERCATOR selbst außer einem Punkteditor keine Möglichkeiten zur Veränderung der Geometriedaten bietet.

Sachdaten. MERCATOR verfügt ab der Version 4.5 über einen integrierten Dateneditor zur Verwaltung der Sachdaten (vgl. Abb. 4.33). In diesen können die Daten aus einer Reihe von Datenbank- und Tabellenprogrammen importiert oder direkt eingegeben werden. Erweiterung oder Korrektur der Datenbasis sind auch zu einem späteren Zeitpunkt jederzeit möglich.

Gespeichert werden die Sachdaten vom Programm in zwei Dateitypen, wobei es sich jeweils um unformatierte ASCII-Dateien handelt. Dateien mit der Erweiterung DAT enthalten spaltengebunden die numerischen Datenwerte, Dateien mit der Erweiterung INX beschreiben die Spalteneinteilung der DAT-Dateien und Kurzbeschreibungen der Variablen. Die Variablen können außer über den Dateinamen bis zu 250 Zeichen lang beschrieben werden, was sich zum Speichern von Bezugszeitpunkt, Definition und Datenquelle nutzen läßt.

Das Programm besitzt eine statistische Analysefunktion, mit der sich Mittelwerte und Streuungsparameter für einzelne Variablen anzeigen lassen, was bei der Klassifizierung von Nutzen ist.

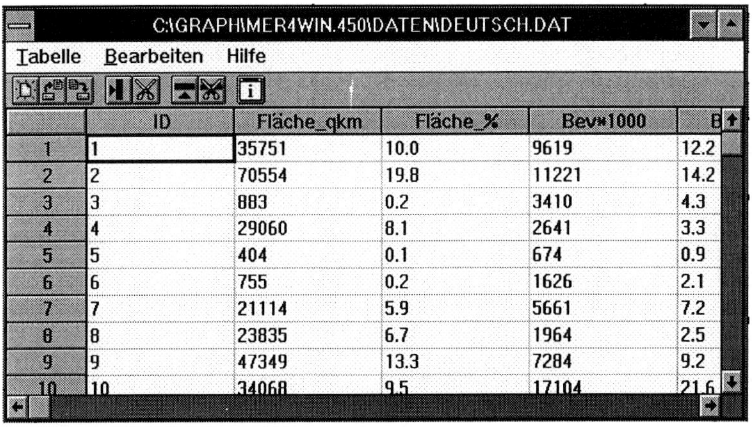

	ID	Fläche_qkm	Fläche_%	Bev*1000	B
1	1	35751	10.0	9619	12.2
2	2	70554	19.8	11221	14.2
3	3	883	0.2	3410	4.3
4	4	29060	8.1	2641	3.3
5	5	404	0.1	674	0.9
6	6	755	0.2	1626	2.1
7	7	21114	5.9	5661	7.2
8	8	23835	6.7	1964	2.5
9	9	47349	13.3	7284	9.2
10	10	34068	9.5	17104	21.6

Abb. 4.33. Dateneditor in MERCATOR

Darstellungsformen. MERCATOR unterscheidet Flächendarstellungen, das sind Choroplethenkarten und Diagramme, worunter sich alle punktgebundenen Darstellungsformen verbergen, also auch die Beschriftung der Karte mit Gebietsnummern oder -namen. Die Diagrammformen sind recht vielgestaltig und umfassen neben den üblichen Kreisen und Balken auch Mengendiagramme (vgl. Abb. 4.36) sowie Kurvendiagramme (vgl. Abb. 4.34). Die Diagrammform Mengendiagramm läßt sich auch zur Erstellung von Symbolkarten einsetzen. Als Symbole lassen sich nur Zeichen aus Windows-Fonts verwenden. Will man wie in Abbildung 4.36 abstrakte Symbole darstellen, muß ein entsprechender Windows-Symbolfont gewählt werden. Hier wäre es wesentlich angenehmer, wenn das Programm eine kleine vordefinierte Auswahl anbieten würde. Die Diagramme sind in der Größe frei dimensionierbar.

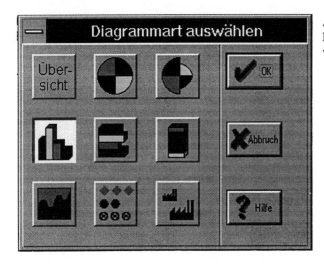

Abb. 4.34.
Diagrammauswahlmenü von MERCATOR

Beim Entwurf von Choroplethenkarten bietet das Programm Unterstützung, indem es sieben automatische Klassifizierungsmethoden anbietet. Außerdem wird die Häufigkeitsverteilung, die sich aus der Klassifizierung ergibt, in einem Diagramm angezeigt.

Linienbezogene Daten lassen sich nicht abbilden, auch wenn Liniengeometrien darstellbar sind, z.B. Flußnetze. Die Daten selbst müssen sich auf Punkte, zum Beispiel Meßstellen, beziehen.

Kartenentwurf. Es ist empfehlenswert, zunächst mit der Einstellung des Seitenlayouts zu beginnen. Die Blattgröße sowie die Ränder lassen sich flexibel einstellen, es werden aber auch Standards wie *DIN-A4 quer* oder *DIN-A5 hoch* angeboten. Die Papiergröße abzüglich der Seitenränder ergibt die Fläche, auf der die Karte entworfen wird.

Eine MERCATOR-Karte kann aus mehreren Schichten bestehen. Die unterste Schicht wird entweder von einer Flächendatei (Choroplethenkarte) gebildet oder von Geometriedaten im Rasterformat. Darüber lassen sich bis zu zehn weitere Schichten von Geometriedaten legen, beispielsweise ein Flußnetz oder Regionengrenzen. Als oberste Schicht kann eine Diagramm- oder Symboldarstellung gewählt werden, z.B. datenabhängige Kreisdiagramme oder aber die Gebietsnamen. Abbildung 4.35 zeigt das Menü, in dem definiert wird, welche Variablen für die Flächen- und die Diagrammdarstellung verwendet werden sollen.

Über die Windows-Zwischenablage lassen sich komplette Karten markieren und in andere Karten als Objekt wieder einfügen, wodurch Nebenkarten möglich sind. Das gleiche Verfahren kann angewendet werden, um beliebige Graphikobjekte, die mit einer fremden Windows-Software erstellt wurden, in eine MERCATOR-Karte zu integrieren. Die eingefügten Karten oder Objekte lassen sich in MERCATOR markieren, skalieren und beliebig auf der Karte verschieben.

4.3.8 MERCATOR

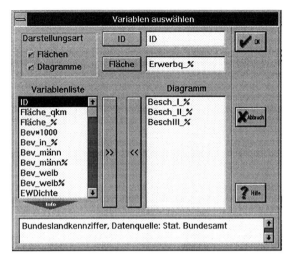

Abb. 4.35
Variablenauswahl in MERCATOR

Die Variationsmöglichkeiten beim Kartenentwurf sind gut. Die Grenzlinien können, sofern die Koordinatendatei dies vorsieht, in mehreren verschiedenen Typen ausgeführt werden, d.h. etwa große Flüsse dicker als kleine Flüsse oder Ländergrenzen in einer anderen Farbe als Gemeindegrenzen. Bei Bedarf können die Grenzen ganz wegfallen. Der Kartenausschnitt läßt sich komfortabel frei bestimmen. Beim Herausvergrößern bzw. -verkleinern fällt positiv auf, daß sich auf Wunsch die Diagramme entsprechend mitskalieren lassen. Beschriftungen sind an jeder Stelle einzufügen und in Form, Größe oder Farbe frei zu variieren. Das Programm bietet außerdem eine Logo-Funktion zum Einfügen eines selbstdefinierten Graphikobjektes in die Karte, zum Beispiel eines Firmenlogos oder eines Nordpfeils. Die Karte selbst kann jede beliebige rechteckige Form annehmen und die einzelnen Elemente können auf der Karte ganz nach Wunsch angeordnet werden. Karte und Kartenfeld lassen sich jeweils beliebig mit einer Farbe oder einem Muster unterlegen oder mit Rahmen versehen. Vermißt wird hingegen die Möglichkeit, Linien oder Rechtecke nach Bedarf einzufügen.

Gestaltung. Mit der Umstellung auf Windows hat MERCATOR vor allem in gestalterischer Hinsicht erheblich an Qualität gewonnen. So fallen beispielsweise die in der DOS-Version vorhandenen Einschränkungen bei Farben und Schriftarten weg. Flächenfüllungen lassen sich nicht nur über nach dem RGB-Schema definierte Farben gestalten, sondern auch über insgesamt 48 Schraffuren und Raster, was insbesondere bei Schwarzweißdarstellungen sehr von Vorteil ist. Linien lassen sich frei in Strichstärke und Farbe, nicht aber über die Form gestalten.

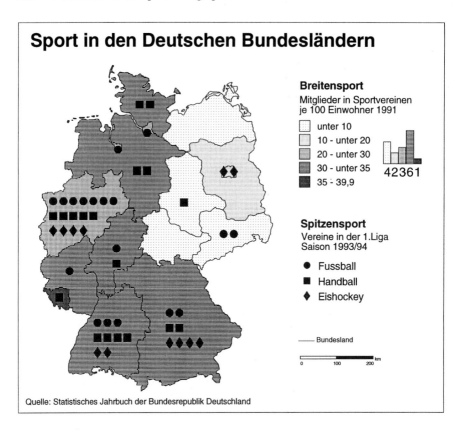

Abb. 4.36. Überlagerung von Choroplethen- und Mengensymbolkarte in MERCATOR

Legende und Maßstab. Die Legende besteht in MERCATOR immer aus mehreren Teilen. Ein Teil ist die Erklärung der Flächenfarben, ein anderer ist von der Darstellungsform abhängig. Bei Choroplethenkarten wird ein Häufigkeitsdiagramm mit den Klassenhäufigkeiten beigefügt, bei Diagrammkarten werden die Größenrelationen erklärt. Linientypen werden in einer Linienlegende erläutert. Die Legendenteile können auf der Karte frei plaziert werden, ihre innere Struktur ist aber nur beschränkt modifizierbar, immerhin lassen sich Schriftart und -größe definieren sowie der Legendentext verändern. Ein Maßstabsbalken wird vom Programm automatisch generiert. Er läßt sich frei plazieren, und die dargestellte Strecke kann verändert werden. Bei der Ausgabe können alle Legenden wie auch der Maßstabsbalken nur dadurch unterdrückt werden, daß unerwünschte Komponenten aus dem sichtbaren Kartenbereich herausgeschoben werden.

Ausdruck und Export. Beim Ausdruck stehen selbstverständlich alle von Windows unterstützten Geräte zur Verfügung. Wichtig ist, daß die beim Seitenlayout eingestellten Parameter bezüglich Seitengröße und -orientierung auch im Drukkermenü so eingestellt werden, da das Programm dies nicht automatisch vornimmt. Es empfiehlt sich, das Ergebnis eines Ausdrucks über die *Druckvorschau*, die ein sehr realistisches Bild vermittelt, zu überprüfen. Zu beachten ist, daß das Ergebnis des Ausdrucks von Flächenrastern und -schraffuren nur bedingt dem entspricht, was am Bildschirm angezeigt wird.

Für den Kartenexport bietet sich natürlich in erster Linie die Windows-Zwischenablage an. Es stehen jedoch auch mehrere Exportfilter zur Erzeugung von Graphikdateien zur Verfügung, z.B. TIFF, GIF und JPEG.

Benutzerfreundlichkeit. Die Installation verläuft problemlos. Das Handbuch ist übersichtlich und durch Abbildungen illustriert. Für Programmanfänger enthält es einen einführenden Abschnitt, der einen schnellen Einstieg ermöglicht.

Die Programmbedienung über die Menüs ist unkompliziert. Dort, wo Einstellungen vorgenommen werden müssen, zum Beispiel bei der Diagrammgröße, bietet das Programm Werte an, die eher zufällig sind und selten passen. Die optimalen Werte lassen sich nur durch Ausprobieren finden, was allerdings recht schnell geht.

Bei der Erarbeitung von Kartenserien ist es möglich, jeweils eine Karte als Vorlage für die nächste zu verwenden und nur die Beschriftung, die Daten und/oder die Darstellungsform zu ändern. Auch durch die Verwendung abgespeicherter Schraffur- oder Farbreihen läßt sich die Arbeit beschleunigen.

Das Verschieben und Skalieren von Elementen läßt sich ohne Zwischenschritte direkt am Bildschirm mit der Maus erledigen. Um eine exakte Positionierung zu ermöglichen, lassen sich exakte Koordinaten für die Position eines Objekts angeben.

Beurteilung. MERCATOR ist ein Kartographieprogramm, das einerseits ein breites Spektrum an Möglichkeiten bietet und in vielen Bereichen sehr flexibel ist, andererseits durch seine leicht erlernbare Funktionalität besticht. Der Kartenentwurf geht schnell und läßt wenige Wünsche offen. Die Diagrammformen sind gut und vielgestaltig und auch das Layout wird praktisch nur durch die Ideen des Bearbeiters limitiert, nicht durch das Programm. Ähnliches ließe sich für gestalterische Fragen formulieren. An einigen Stellen wirkt das Programm noch etwas unausgereift, was die Arbeit aber nur geringfügig behindert.

Bei der Beurteilung des Preis-Leistungs-Verhältnisses sind die Geometriedaten der entscheidende Faktor. Das Programm selbst ist nicht zu teuer und wird für Lehrer und Studierende deutlich ermäßigt angeboten. Ob die mitgelieferten Koordinaten ausreichen und was zusätzlich benötigte Geometriedaten kosten, ist im Einzelfall festzustellen. Auch ist zu berücksichtigen, daß Änderungen an den Koordinaten wie Grenzkorrekturen etc. im Programm selbst nicht vorgenommen werden können.

MERCATOR eignet sich aus den genannten Gründen für solche PC-Anwender, die nur wenig Zeit in die Kartenerstellung investieren können oder wollen und deren Darstellungsraum nicht häufigen Änderungen unterworfen ist. In Bezug auf Kartenentwurf und Kartengestaltung anspruchsvoller Anwender bietet das Programm gute Möglichkeiten. Insgesamt erlaubt es MERCATOR, mit wenig Aufwand kartographisch korrekte, äußerlich ansprechende und inhaltlich aussagekräftige Karten zu erstellen.

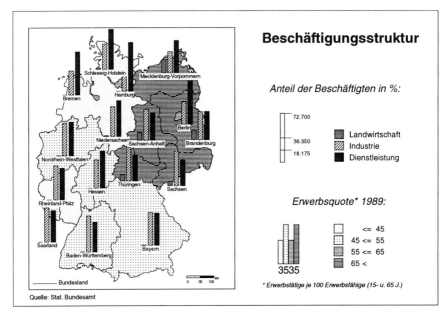

Abb. 4.37. Überlagerung einer Choroplethenkarte mit Stabdiagrammen in MERCATOR

MERCATOR 4.5

Vertrieb:	SDE Sigrid Schüller Schillerstraße 19, 68723 Plankstadt
Voraussetzungen:	ab PC-386, mind. 4 MB Hauptspeicher mind. 4 MB freie Festplattenkapazität ab Windows 3.1
Geometriedaten:	
Format:	Vektor (ASCII+Binär) Raster (z.B. TIFF, PCX, BMP)
Importfilter:	mit Zusatzprogramm: DXF, ARCINFO, ATKIS, SAS
Digitalisierung:	integrierter Punkteditor; mit Zusatzprogramm
Sachdaten:	
Format:	ASCII
Importfilter:	Lotus 1-2-3, Symphony, QuattroPro, Excel, dBASE, ASCII
Darstellungsformen:	Choroplethen, Diagramme, Symbole
Diagramme:	Balken, Kreissektor, Kurven, Sektorflügel Symbol (auch Mengen und Kleingeld)
Klassifizierungen:	gleichverteilt, arithmetisch, äquidistant, logarithmisch, reziprok, radizierend, benutzerdefiniert
Kartogr. Elemente:	Maßstab, Legenden, freie Beschriftung, Graphiken
Farben:	frei definierbar (FSH- und RGB-Modell)
Muster:	20
Linien:	48 Schraffuren und Raster in allen Farben
Drucker / Plotter:	alle von Windows unterstützten Geräte
Exportfilter:	Rasterformate: zahlreiche (u.a. GIF, JPG, PCX, TIFF) Vektorformat WMF
Lieferumfang:	Handbuch, deutsch Koordinaten: EU (Staaten), Deutschland (Kreise, Regierungsbezirke, Länder)
Preis Software:	DM 1050.- Mengenrabatte, Rabatte für Bildungseinrichtungen

4.3.9 PCMap

PCMap wurde schon Ende der 70er Jahre für den Großrechner entwickelt und Mitte der 80er Jahre für den PC angepaßt. Das Programm ist eine hybride Kartographiesoftware, d.h. es können Raster- und Vektordaten miteinander kombiniert werden. PCMap ist nicht ausschließlich auf die Erstellung thematischer Karten beschränkt, sondern dient auch zur Weiterverarbeitung digitaler Karten aus dem CAD- und GIS-Bereich, wie beispielsweise Liegenschaftskarten. Durch diese breitgefächerten Anwendungsmöglichkeiten wird das Programm in vielen Bereichen von Forschung, Planung und Verwaltung eingesetzt. Es kann als universell nutzbares Multimedia-Informationssystem angesehen werden.

Vor diesem Hintergrund ist PCMap so konzipiert worden, daß es auf einfachen PCs ohne teure Spezialausstattung genutzt werden kann. PCMap läuft nicht nur unter Windows 3.1, sondern auch unter Windows 95 und Windows NT.

Oberfläche. Wie bei allen Windows-Programmen können sämtliche Funktionen bequem mit der Maus angewählt werden. Nach dem Programmstart erscheinen die Menüleiste und zusätzlich ein Statusfeld (Bildschirmkoordinaten), ein Typenfeld (Einstellungen für Farben, Linien, Muster, Schriftfonts) sowie ein weiteres Feld mit zehn Funktionstasten (vgl. Abb. 4.38).

Die Befehle können mit der Maus in Form von Pull-Down-Menüs aktiviert werden. Nach dem Anklicken eines Befehls öffnet sich ein Dialogfenster, das weitere Optionen zeigt. So werden beim Befehl LESEN (GESAMTE KARTE) alle Dateinamen der zur Verfügung stehenden Karten angezeigt. Diese Dialogfenster können mit der Maus beliebig verschoben werden.

Geometriedaten. Die Geometriedaten liegen bei PCMap in einem speziellen Format vor, wobei die abgespeicherten Informationen im Vergleich zu anderen Programmen extrem komprimiert sind. Im Lieferumfang befinden sich eine Weltkarte, eine Europakarte sowie eine Deutschlandkarte auf Basis der Bundesländer und Regierungsbezirke. Weitere Geometriedaten können beim Vertreiber der Software bestellt bzw. in Auftrag gegeben werden.

Die internen Geometriedaten werden mit Hilfe des Menüs DATEI LESEN ins Programm geladen. Außerdem können Importfilter zum Einbinden von Dateien im DXF-Format, SQD-Format (SICAD) oder im ARC/INFO-Format verwendet werden. Die Importfilter zeichnen sich dadurch aus, daß alle Attribute, die im Originalprogramm für die Geometriedaten vorliegen, 1:1 übernommen und darüber hinaus von PCMap verwaltet werden können. Durch diese speziellen Importfilter wird die Funktionalität des Programms erheblich erweitert, da sie erlauben, viele Koordinaten und Daten aus der amtlichen Vermessung direkt zu übernehmen.

4.3.9 PCMap

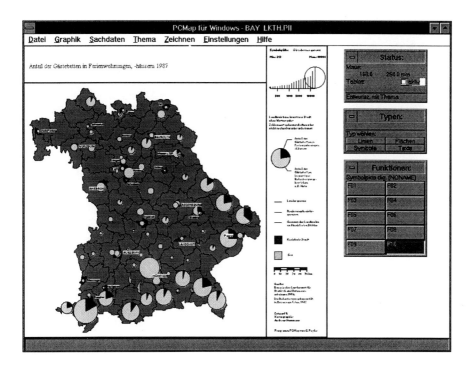

Abb. 4.38. Oberfläche von PCMap

Die Eingabe von Geometriedaten kann auch mittels Digitalisierung erfolgen. Zum Digitalisieren werden eine Reihe marktgängiger Tabletts unterstützt. Dabei können Formate von 30x30 cm bis DIN A0 verwendet werden. Nicht unterstützte spezielle Tabletts können vom Benutzer selbst integriert werden. Dazu wird eine TAB-Datei erzeugt, die automatisch ins Menü aufgenommen wird. Bei der Digitalisierung können entweder frei skalierbare Tischkoordinaten oder echte Koordinaten, wie beispielsweise Gauß-Krüger-Koordinaten, ausgewählt werden. Des weiteren erlaubt eine Funktion zum Einlesen von Rasterdaten die Visualisierung von Bildern am Bildschirm und ermöglicht so die direkte Digitalisierung von Objekten aus gescannten Karten oder Luftbildern sowie digitalen Satellitenbildern. Weiterhin gibt es eine Option, diese Rasterbilder zu geokodieren und auf eine geodätische Referenz, z. B. Gauß-Krüger-Koordinaten, zu entzerren. Beim Druck können die Rasterbilder sowohl im Vordergrund, d.h. vor den Flächen, als auch im Hintergrund ausgedruckt werden.

Sachdaten. In PCMap können Sachdaten aus ASCII- oder dBASE- Dateien eingelesen werden. Mit dem dBF-Format sowie mittels DDE sind alle Tabellenkalkulationsprogramme und fast alle Datenbankprogramme anbindbar. Das Editieren und Verändern dieser Dateien erfolgt im Programm mittels eines integrierten Editors. Durch die Eingabe von Sonderzeichen wie eckigen Klammern können Kommentare in die Dateien geschrieben werden. Diese Zeichen werden beim Einlesen der Daten ignoriert und stellen somit eine Dokumentationsmöglichkeit dar.

Die Verbindung der Sachdaten mit den Geometriedaten erfolgt über eine ID-Variable. Bei Verwendung von hierarchischen Kennziffern als IDs kann PCMap eine Selektion der gewünschten Ebenen vornehmen. Liegt beispielsweise eine Karte von Deutschland auf Kreisbasis vor, so können diese zu Regierungsbezirken oder Ländern aggregiert werden.

Darstellungsformen. PCMap bietet die folgenden Darstellungsmöglichkeiten:

- Zur Darstellung relativer Werte stehen *Choroplethenkarten* mit unterschiedlichen Farben bzw. Mustern zur Verfügung.
- Für *Symbolkarten* und *Symboldiagramme* werden eine ganze Reihe integrierter Symbole angeboten. Des weiteren können Symbole selbst konstruiert bzw. digitalisiert werden. Komplexe Symbolverkettungen sind für Liniendarstellungen bzw. -markierungen verwendbar.
- Bei der Darstellung von *Kreissektoren* können die Sektoren bezüglich ihrer Reihenfolge und Größe variabel gestaltet werden (vgl. Abb. 4.39). Weiterhin können die einzelnen Sektoren als Sektorflügel abgebildet werden.
- Die Einbindung von *Säulendiagrammen* ist wegen der unterschiedlichen Anordnungsmöglichkeiten sehr variantenreich. So können die Diagramme nicht nur durch den Abstand und die Breite verändert, sondern auch kreisförmig angeordnet werden. Dadurch ist es möglich, Winddiagramme zu erzeugen.

Neben diesen automatisierten Darstellungsmöglichkeiten lassen sich weitere über den Umweg der Digitalisierung realisieren. So können z.B. Höhenlinien digitalisiert und mit anderen Geometriedaten verknüpft werden. Die Höhenlinien oder auch andere Isolinien sind dann wie Liniendiagramme variabel gestaltbar.

Kartenentwurf. Um in PCMap eine Karte zu entwerfen, ist eine Kartendefinitionsdatei anzuklicken; alle weiteren benötigten Komponenten lädt PCMap automatisch. Durch eine integrierte Layer-Funktion können auf diese Karte schichtweise weitere kartographische Elemente in die Karte eingetragen werden, wie Straßen oder Flüsse. Diese Schichten können unabhängig voneinander gestaltet und einzeln abgespeichert werden.

Zur Klassifizierung von Variablen können äquidistante, gleichverteilte oder von statistischen Kenngrößen abhängige Klassen gebildet werden. Dieser Vorgang wird durch die Angabe wichtiger statistischer Parameter erleichtert, die für jede Variable in einem Fenster abrufbar sind.

Gestaltung. Die Gestaltung von Karten erfolgt in PCMap teils interaktiv mit der Maus, teils durch die Eingabe von Parametern. Vor der Plazierung der Schrift wird diese zunächst in einem Fenster editiert und bezüglich Schriftart, -größe und -farbe entsprechend definiert. Anschließend kann die Schrift mit der Maus

4.3.9 PCMap

an jede Stelle in der Karte verschoben werden. Soll die Schrift freigestellt oder in einem bestimmten Winkel gedreht werden, sind die notwendigen Parameter im Definitionsfenster anzugeben. Nach dem gleichen Prinzip erfolgt die Gestaltung von Linien, Füllmustern und Farben.

Linien lassen sich mit unterschiedlichen Stärken, Farben und Mustern gestalten. Da diese Gestaltung auch automatisiert für Liniengruppen vorgenommen werden kann, ist die Umsetzung linienbezogener Daten, z.B. Verkehrsdichten auf Straßen, möglich.

An Füllmustern und Schraffuren gibt es 31 vordefinierte Formen, wobei weitere konstruiert bzw. digitalisiert werden können. Durch die Abspeicherung in eine Datei stehen diese neuen Muster für weitere Karten zur Verfügung.

Es stehen 31 Farben zur Auswahl. Für die Ausgabe besteht die Möglichkeit, jede dieser Farben benutzerdefiniert nach dem RGB-, HSB- oder CYMK-Modell zu modifizieren. Die Farbpaletten können in Bibliotheken abgespeichert und am Bildschirm angeschaut werden.

Als weitere Gestaltungsmöglichkeit können Nebenkarten und Tabellen in die Karte eingebunden werden, wobei die Positionierung frei wählbar ist. Das gleiche gilt für alle anderen zusätzlichen kartographischen Elemente.

Neben den oben aufgeführten Gestaltungsmerkmalen zeichnet sich das Programm durch die konsequente Anwendung kartographischer Grundregeln aus. So werden beispielsweise die Kreisradien den Gebieten automatisch angepaßt, so daß nur noch kleine Änderungen notwendig sind. Weiterhin werden automatisch kleine Kreise vor größere Kreise gestellt.

Legende, Maßstab, Nordpfeil. Legendenkomponenten können an jede Stelle in der Karte positioniert werden. Für themabezogene Legendenbausteine wird zunächst mit der Maus ein Rechteck an der gewünschten Stelle aufgespannt, in das anschließend die Legende gezeichnet wird, wobei eine automatische Größenanpassung erfolgt. Die Beschriftung der Legende und die Position einzelner Elemente zueinander kann auch interaktiv gestaltet werden, lediglich die für eine schnelle Kartenerstellung verfügbaren „vorgefertigten" Komponenten sind fest vorgegeben.

Falls ein Maßstab in die Karte digitalisiert wurde, kann dieser als Balkenmaßstab mit der entsprechenden Beschriftung dargestellt werden. Die Darstellungsform läßt sich durch Linienattribute verändern. Neben dem Kartenfenster sind die Koordinaten der Karte angegeben, dadurch kann nachträglich ein Maßstab auf dem Bildschirm als Linie digitalisiert werden.

Für einen Nordpfeil stehen unterschiedliche Symbole zur Verfügung. Zusätzlich können auch weitere Formen auch digitalisiert werden.

Ausdruck und Export. PCMap kann alle unter Windows verfügbaren Ausgabegeräte verwenden. Weiterhin ist es möglich, Karten in ein PCMap-spezifisches Post Script-Format auszugegeben, wodurch die Druckausgabe enorm beschleunigt wird.

Als Zusatzfunktion bietet das Programm die Möglichkeit, eine Karte in Ausschnitten auszudrucken. Da diese Ausschnitte an den Nahtstellen sehr genau aneinanderpassen, können größere Formate, als sie der Drucker oder Plotter vorsieht, erzeugt werden.

Spezielle Export- wie Importfilter sind gegen einen Aufpreis erhältlich (z.B. SICAD). Sie gewährleisten die Abspeicherung der Geometriedaten in bestimmten Formaten.

Benutzerfreundlichkeit. PCMap ist einfach zu bedienen; alle Funktionen können mausgesteuert ausgeführt werden. Einige Funktionen sind auch über Tastaturcodes zu aktivieren.

Integrierte Hilfe steht über das Windows-Hilfesystem zur Verfügung, wobei sich allerdings die meisten Befehle und Optionen selbst erklären. Zum Nachschlagen steht ein umfangreiches und sehr gut verständliches Handbuch mit vielen Abbildungen und Anregungen zur Verfügung.

Beurteilung. PCMap ist durch die spezifische Programmphilosophie und durch den Umfang an kartographischen Möglichkeiten sicherlich mehr als nur ein einfaches Desktop-Mapping-Programm. Es ist vielmehr für die professionelle Kartenerstellung konzipiert worden. Dies wird u.a. durch die Schnittstellen zu ARC/INFO, AutoCAD und SICAD deutlich. Dadurch kann ein sehr großes Kartenspektrum bearbeitet werden, das von einfachen thematischen Karten bis zu Planungskarten reicht. Durch eine beliebige Verknüpfung von Objekten einer Karte mit Dokumenten von anderen Anwendungen (z.B. Videos, Bilder, Tabellen, Texte etc.) kann PCMap auch im Multimediabereich eingesetzt werden.

PCMap ist in der Grundfunktion leicht und schnell erlernbar, und bietet dennoch für sehr weitgehende Ansprüche eine vielfältige Funktionalität, die sich nur dem Fachanwender erschließt.

Überzeugend sind bei PCMap die technischen Eigenschaften. Das Programm braucht wenig Speicherplatz und läuft auf allen PCs mit Windows 3.1 und höher. Weiterhin ist der Bildaufbau atemberaubend schnell und vielen anderen Programmen überlegen. Dies wird durch eine optimierte Programmierung entsprechender Programmteile gewährleistet, so daß auch Anwender mit nicht sehr leistungsfähigen PCs kaum Nachteile erleiden.

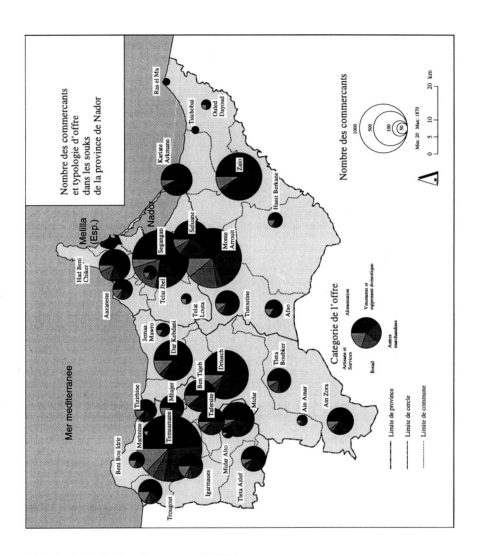

Abb. 4.39. Kreissektordiagramme mit PCMap

PCMap 9.0

Vertrieb:	GISCAD Institut, Prof. Dr. G. Peyke, Fesenmayrstraße 6, 86495 Freienried
Voraussetzungen:	PC-486 mit Windows 3.1 oder höher
Geometriedaten:	
Format:	Internes Format oder ASCII
Importfilter:	ARC/INFO, AutoCAD (DXF), SICAD
Digitalisierung:	möglich
Sachdaten:	
Format:	ASCII oder DBF (dBASE), DDE
Importfilter:	-
Darstellungsformen:	Choroplethen, Diagramme, Symbole
Diagramme:	Balken, Kreissektor, Sektorflügel, Symbol, Linien etc.
Klassifizierungen:	äquidistant, gleichverteilt, benutzerdefiniert
Kartogr. Elemente:	Legende, freie Beschriftung, Nordpfeil, Maßstab
Farben:	31, zur Ausgabe definierbar, CMYK-, HSB- und RGB-Modell
Muster:	31
Linien:	frei definierbar
Drucker / Plotter:	alle unter Windows verfügbaren Geräte
Exportfilter:	Vektorformate ARC/INFO, DXF, SICAD
Lieferumfang:	Handbuch, deutsch Koordinaten Welt, Europa, Deutschland
Preis Software:	DM 2600.-, Rabatt für Mehrfachlizenzen in der Lehre

4.3.10 PolyPlot

PolyPlot wurde am Institut für Geographie der Universität Hamburg entwickelt, wo es seit 1990 in der Lehre eingesetzt wird. Das Programm unterscheidet sich durch seine DOS-Oberfläche, aber auch durch seine Philosophie deutlich von den meisten anderen Kartographieprogrammen. Wie bereits der Name andeutet, handelt es sich im Prinzip um ein Zeichenprogramm, das die Werkzeuge zum Kartenentwurf zur Verfügung stellt. Von reinen Zeichenprogrammen hebt es sich allerdings dadurch ab, daß Flächen und Punkte mit Sachdaten verbunden werden können und somit thematische Karten automatisiert erstellbar sind. Im Prinzip läßt sich das Programm aber auch als Hilfsmittel zur Erstellung von Diagrammen oder beliebigen Graphiken einsetzen.

Alle mit PolyPlot erstellten Graphiken bestehen maximal aus sechs Objektarten: Segmente, Flächen, Symbole, Diagramme, Texte und Bilder. Die Objekte sind auf verschiedenen Zeichenebenen gespeichert und lassen sich beliebig übereinanderlegen.

Oberfläche. PolyPlot besitzt eine graphische DOS-Oberfläche. Nach dem Programmstart erscheint am oberen Bildschirmrand eine Menüzeile mit verschiedenen Pull-Down-Menüs und Informationen. Der übrige Bildschirm bleibt zunächst leer, abgesehen von einem durch die Maus bewegten Fadenkreuz. In diesen Bereich kann nun eine Graphik geladen oder neu erstellt werden (vgl. Abb. 4.40)

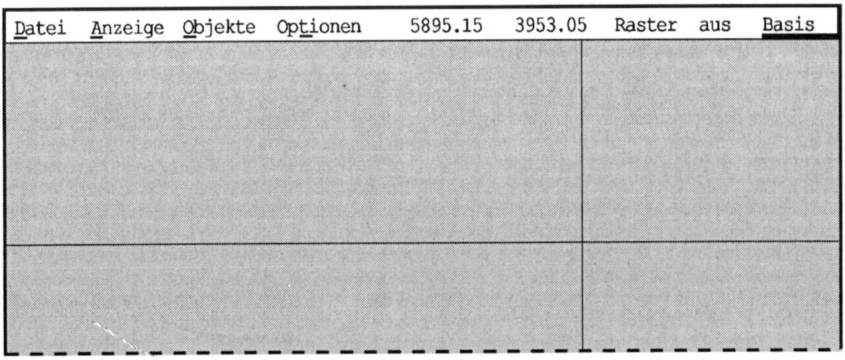

Abb. 4.40. Oberfläche von PolyPlot (obere Bildschirmhälfte)

Die wichtigsten Programmfunktionen sind in nur vier Pull-Down-Menüs gruppiert. Das DATEI-Menü enthält die Befehle zum Laden, Speichern und Drucken, das Menü ANZEIGE kontrolliert den Bildschirmausschnitt. Die übrigen zwei Menüs steuern Entwurf und Gestaltung. Während sich hinter OPTIONEN allgemeine

Voreinstellungen verbergen, lassen sich mit OBJEKTE einzelne Objekte gezielt ansprechen, wobei die Funktionen nach den sechs Objektarten gruppiert sind. Alle Funktionen werden mit der Maus bedient, abgesehen von Text- oder Zahleneingaben.

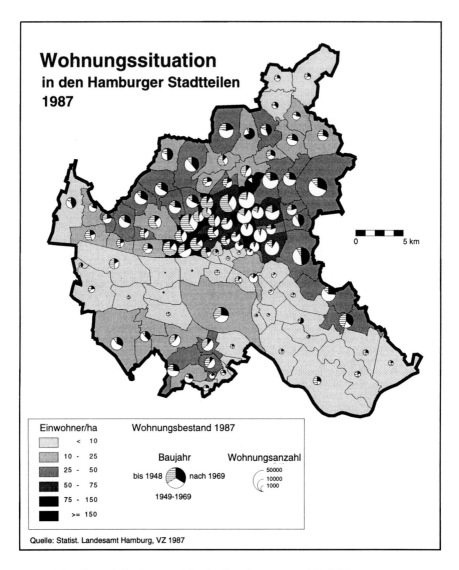

Abb. 4.41. Choroplethenkarte und Kreissektordiagramme mit PolyPlot

Geometriedaten. Geometriedaten sind in PolyPlot die als *Segmente* bezeichneten Linien sowie die Flächen. Die Vorgehensweise ist dabei generell so, daß zuerst Segmente digitalisiert werden, aus denen sich anschließend gegebenenfalls Flächen definieren lassen. Wird eine Fläche definiert, so muß diese benannt und mit einer festen, layerabhängigen oder datenabhängigen Schraffur versehen werden. Punkte werden als Flächenmittelpunkte automatisch erzeugt und lassen sich beliebig verschieben. In PolyPlot werden alle graphischen Objekte außer Diagrammen und Symbolen durch Digitalisierung erzeugt und zählen damit zu den Geometriedaten, also z.B. auch ein Kartenrahmen oder die Legendenkästchen.

Da nur sehr wenige Geometriedaten mitgeliefert werden, müssen Koordinaten entweder aus Fremdformaten importiert oder neu digitalisiert werden Das Digitalisieren ist eine der Hauptfunktionen des Programms. Es kann wahlweise mit einem Digitizer oder mit der Maus direkt am Monitor vorgenommen werden. Mit einer einfachen Tastenkombination wird zwischen den beiden Eingabegeräten hin- und hergeschaltet. Der Digitizer wird eigentlich nur zum einmaligen Abtasten der Linienstruktur von einer Vorlage gebraucht. Die Nachbearbeitung der Geometriedaten, beispielsweise das Verschieben, Kopieren oder Verbinden von Linien, sowie die Flächendefinition werden interaktiv mit der Maus vorgenommen. Hierbei bietet das Programm eine Fülle von Möglichkeiten. Im Gegensatz zu den meisten anderen Kartographieprogrammen können Linien in PolyPlot auch aus echten Kurven bestehen. Diese werden als Kreisbögen oder Bézier-Kurven definiert (vgl. Abb. 4.42).

Die Geometriedaten werden vom Programm in verschiedenen Dateien, jeweils eine pro Objektart, abgespeichert, wahlweise im binären oder im ASCII-Format. Die Struktur des ASCII-Formats ist im Handbuch dokumentiert, so daß Im- und Export von Geometriedaten grundsätzlich möglich ist. Die Koordinatenwerte selbst sind Zeicheneinheiten, deren Größenordnung beim Ausrichten der Vorlage auf dem Digitalisiertablett festgelegt wird. Später läßt sich jederzeit angeben, wievielen Metern in der Realität eine Zeicheneinheit entspricht. Dadurch sind maßstabsgenaue Darstellungen möglich.

Sachdaten. Bei der Flächendefinition kann jeder Fläche ein Sachdatenwert zugeordnet werden, der für eine Choroplethendarstellung verwendet werden soll. Variablen können aber auch aus ASCII-Dateien eingelesen werden. Daß hierbei keine Variablennamen vergeben werden können, trägt nicht eben zur Übersichtlichkeit bei. Nützlich ist hingegen die Programmfunktion, die Fläche der Gebiete aus den digitalisierten Koordinaten selbst zu berechnen und den Wert für die Indikatorenbildung zur Verfügung zu stellen. Zum Beispiel läßt sich dadurch automatisch aus der Einwohnerzahl die Bevölkerungsdichte errechnen und darstellen. Andere Datenberechnungen sind im Programm nicht möglich.

Darstellungsformen. Das Programm unterscheidet zwischen Flächenschraffuren, Diagrammen und Symbolen. Diese Darstellungsformen können datenabhängig erstellt oder frei definiert und in der Graphik plaziert werden. Flächenfüllungen lassen sich individuell festlegen, wenn zum Beispiel eine Wasserfläche unabhängig von irgendwelchen Sachdaten immer blau dargestellt sein soll.

Werden Flächenschraffuren datenabhängig vergeben, sind Klassenzahl und Klassengrenzen frei definierbar, oder es kann aus fünf Verfahren zu automatischen Klassenbildung gewählt werden. Diagrammformen sind Balkendiagramm, Kreissektordiagramm, Sektorflügeldiagramm und Symboldiagramm. Symbole sind im Programm in begrenztem Umfang enthalten. Sie lassen sich auch frei digitalisieren oder im DXF-Format aus anderen Programmen importieren.

Kartenentwurf. Bei den Möglichkeiten des Kartenentwurfs kommen die Vorteile der Programmphilosophie als Zeichenbaukasten voll zur Geltung. Kartenausschnitt, Struktur und Anordnung der einzelnen Elemente lassen völlig frei bestimmen. Die Objektarten sind jeweils nicht auf bestimmte Kartenbereiche oder bestimmte Zwecke beschränkt, sondern können beliebig eingesetzt werden. Durch den Verzicht auf automatische Vorgaben, zum Beispiel für Legende oder Maßstab, ist der Entwurf allerdings eine vergleichsweise langwierige und nicht ganz einfache Arbeit.

Sehr bedeutsam ist die Layer-, d.h. Ebenentechnik des Kartenentwurfs in PolyPlot. Alle Informationen sind auf einem von bis zu 256 Layern abgespeichert. Diese können ein- oder ausgeblendet und in der Zeichenreihenfolge variiert werden. Auf diesen Ebenen lassen sich beliebige Informationen zur Karte hinzufügen und frei positionieren, seien es graphische Elemente oder Texte. Das Programm bietet auch die Möglichkeit, die Karte auf dem untersten Layer mit einer Rastergraphik zu unterlegen, z.B. mit einer eingescannten oder mittels eines anderen Programms erzeugten Karte.

Da Linien und Flächen zwei verschiedene Objektarten sind, die getrennt voneinander gespeichert werden, lassen sich Grenzlinien bei Bedarf weglassen oder in differenzierter Form darstellen (vgl. Abb. 4.41).

Gestaltung. Die Gestaltung der Objekte in PolyPlot ist, was die Vielfalt der Möglichkeiten angeht, sehr gut. Die Methode der Zuordnung von Objekteigenschaften ist allerdings teilweise etwas kompliziert und umständlich. Eigenschaften wie Farbe etc. lassen sich fest an ein Objekt binden oder können an den Layer gekoppelt werden. Dann lassen sich diese Eigenschaften jederzeit für alle Objekte einer bestimmten Ebene einheitlich gestalten.

Der Linientyp wird nicht aus einer vordefinierten Liste ausgewählt, sondern aus Strichstärke sowie, für nicht durchgezogene Linien, Strichlänge und -abstand individuell definiert. Durch Kombination mehrerer unterschiedlich gestalteter Linien lassen sich beispielsweise auch Straßen- und Schienensymbole sowie Böschungslinien konstruieren (vgl. Abb. 4.42). Flächenfüllmuster werden auf ähnliche Art konstruiert. Es stehen verschiedene Grundtypen zur Verfügung, zum Beispiel durchgezogene Linien, gestrichelte Linien oder Grauraster. Diese können dann vielfältig definiert und kombiniert werden, um individuelle Raster zu erzeugen. Symbole lassen sich zur Schraffurgestaltung verwenden (vgl. Abb.

4.42). Die Schriftart wird aus einer recht umfangreichen Liste ausgewählt. Text kann, wie alle anderen Objekte, in jeder beliebigen Farbe ausgegeben werden. Symbole und Texte lassen sich auch drehen.

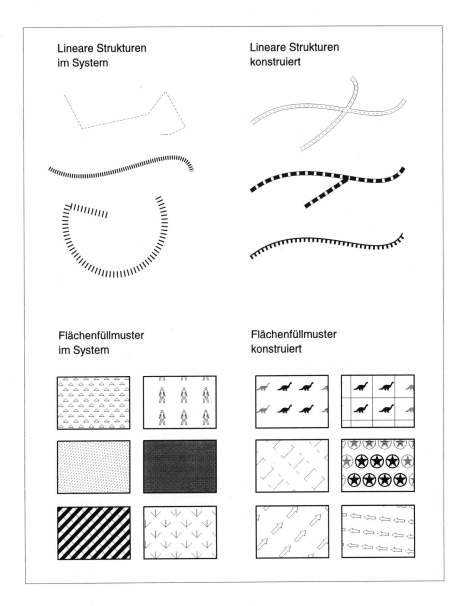

Abb. 4.42. Linien- und Flächenmuster in PolyPlot

Schließlich sind auch die Gestaltungsmöglichkeiten für die Diagramme als sehr gut zu bezeichnen. Die Abb. 4.43 zeigt zum Beispiel ein Dialogfeld für Entwurf und Gestaltung von Balkendiagrammen. Die Zuordnung von Sachdaten und die Balkenschraffuren werden an anderer Stelle festgelegt.

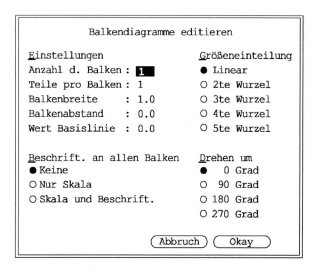

Abb. 4.43. Dialogfeld "Balkendiagramme editieren" in PolyPlot

Legende, Maßstab, Nordpfeil. Entsprechend der Grundphilosophie des Programms, keine automatischen Vorgaben zu machen, müssen die kartographischen Elemente Legende, Maßstab und Nordpfeil selbst konstruiert werden, wenn sie in der Karte erscheinen sollen. Immerhin bietet das Programm Legenden, Maßstabsbalken und Nordpfeil als mitgelieferte Symbole an, die in die Karte eingebracht werden können, allerdings noch ausgestaltet werden müssen. Außerdem kann ein Legendendiagramm eingefügt werden, welches bei größenproportionaler Darstellung die Rekodierung vornimmt.

Wurde der Umrechnungsfaktor zwischen Zeicheneinheiten und Metern korrekt eingegeben, kann für den Ausdruck ein fester Maßstab, z.B. 1:5000, angegeben werden.

Ausdruck und Export. Für die Kartenausgabe unterstützt das Programm Stiftplotter und eine Reihe von Druckern, namentlich PostScript-Laserdrucker, LaserJet, DeskJet, Paint-Jet, Design-Jet und Epson-Matrixdrucker. Zur Steuerung der Druckausgabe sind eine große Zahl von Optionen einstellbar. Zum Beispiel läßt sich die Ausgabegröße maßstabsgetreu festlegen oder an die Blattgröße

anpassen. Diese Blattgröße kann im Bereich zwischen DIN A4 und DIN A0 definiert werden.
Um eine Graphik im Text einzubinden oder in einem anderen Graphikprogramm weiterzubearbeiten, bietet das Programm eine Reihe von Exportdateiformaten, darunter Schnittstellen zu den Programmen IDRISI und AutoCAD.

Benutzerfreundlichkeit. Die Programminstallation ist problemlos und der Einstieg in das Programm zwar vergleichsweise schwierig, gelingt mit Hilfe des Tutorials aber in vertretbarer Zeit. Insgesamt wirkt das Programm recht ausgereift und weitestgehend fehlerfrei. Die Menübefehle und die einzelnen Optionen sind in ihrer Funktion zumeist gut erkennbar, teilweise aber durch ihre Komplexität nur mit Handbuch verständlich. Dieses ist übersichtlich und gut verständlich. Die im allgemeinen recht selten auftretenden Fehlermeldungen sind anschaulich und witzig formuliert, z.B. "Ein Linienabstand von 0 dauert beim Plotten bis ins Jahr 2040".
Jederzeit ist es möglich, beliebige Bereiche der Graphik am Bildschirm herauszuvergrößern. Das Monitorbild entspricht dabei weitestgehend der Druckausgabe, Schrift wird allerdings etwas unscharf wiedergegeben. Wenn der Bildschirmaufbau bei komplexen Schraffuren zu lange dauert, besteht die Möglichkeit, die Plotterschraffur durch eine einfache, nur am Monitor verwendete Bildschirmschraffur zu ersetzen.

Beurteilung. PolyPlot ist ein Programm, mit dem beliebige graphische Darstellungen möglich sind, auch wenn das Handbuch nur die Konstruktion von Karten beschreibt. Der Anteil an Arbeit, der dem Anwender dabei vom Programm abgenommen wird, ist vergleichsweise klein. Die Software verzichtet weitgehend darauf, feste Vorgaben für Kartenentwurf und -gestaltung zu machen, setzt der Phantasie andererseits aber kaum Grenzen. Das bedeutet, daß es wenige graphische Darstellungen gibt, die mit PolyPlot grundsätzlich unmöglich sind. Vieles muß allerdings selbst digitalisiert werden. Der Vorgang der Digitalisierung ist in PolyPlot sehr komfortabel. Unter den Dingen, die mit PolyPlot nicht gehen, fallen einige Diagrammformen ins Gewicht. So fehlen zum Beispiel Kurvendiagramme und dreidimensionale Darstellungen.
PolyPlot eignet sich aus den genannten Gründen für Anwender mit guten kartographischen Grundkenntnissen, einiger PC-Erfahrung und einem Gefühl für ansprechende graphische Gestaltung. Bei Vorliegen dieser Voraussetzungen ist das Programm aufgrund seiner Offenheit ein hervorragendes Werkzeug, welches anderen Programmen vor allem dann überlegen ist, wenn nicht mit Standardgeometrien gearbeitet wird, sondern selbstdefinierte Gebiete darzustellen sind, so daß die Digitalisierfunktion wichtig ist. Vielen anderen Kartographieprogrammen ist es ferner dadurch überlegen, daß es kaum Beschränkungen auferlegt. Hardwareanforderungen und Preis dürften keine unüberwindlichen Hürden sein.

PolyPlot 4.1

Hersteller:	Dr. Joachim Krebs & Jörn Hauser Institut für Geographie, Universität Hamburg Bundesstraße 55, 20146 Hamburg
Vertrieb:	Springer-Verlag, 69121 Heidelberg Die Studentenversion und die Netzwerkversion werden direkt vom Hersteller vertrieben.
Voraussetzungen:	ab PC-286 (486 oder höher empfohlen), ca. 450 KB freier RAM, mind. 2 MB freie Festplattenkapazität ab DOS 3.3
Geometriedaten:	
Format:	internes Format oder ASCII
Importfilter:	DXF-Dateien (z.B. aus AutoCAD), PCMap, Catlas, SPANS, Rastergraphik
Digitalisierung:	möglich
Sachdaten:	
Format	ASCII
Importfilter:	-
Darstellungsformen:	Choroplethen, Diagramme, Symbole
Diagramme:	Balken, Kreissektor, Sektorflügel, Symbol
Klassifizierungen:	äquidistant, arithmetisch, geometrisch, reziprok, gleichverteilt, benutzerdefiniert
Kartogr. Elemente:	freier Text, freies Zeichnen, Hilfssymbole zum Entwurf von Legende, Maßstab und Nordpfeil
Farben:	256
Muster:	frei definierbar
Linien:	frei definierbar
Drucker / Plotter:	PostScript, LaserJet, DeskJet/C, PaintJet, Design-Jet, Nadeldrucker, Stiftplotter
Exportfilter:	Rasterformate IMG, PCX Vektorformate DXF, HPGL, EPS, SPANS
Lieferumfang:	Handbuch und Tutorial, deutsch Geometriedaten für Hamburg
Preis:	DM 1500.-, Netzversion DM 5100.-, Studentenversion DM 130.-

4.3.11 RegioGraph

RegioGraph ist seit 1991 auf dem Markt und läuft unter Windows. Die Flexibilität in der Datenverarbeitung macht RegioGraph zu einer Art elektronischem Planungshelfer, den nicht nur Firmen im Marketing-Bereich einsetzen, sondern der auch von öffentlichen Verwaltungen und Forschungseinrichtungen verwendet wird. Durch die unkomplizierte Programmstruktur, die schnell zum Ergebnis führt, ist RegioGraph für viele Anwendungsbereiche interessant.

Damit die volle Leistungsfähigkeit von RegioGraph gewährleistet ist, muß mindestens ein PC-486 mit 8 MB Hauptspeicher eingesetzt werden. Des weiteren muß die freie Festplattenkapazität mindestens 35 MB betragen. Der Einsatz von VGA und Maus versteht sich bei diesem Programm von selbst. Als Voraussetzung ist Windows 3.1 bzw. Windows 95 vorgesehen.

Oberfläche. Wie die meisten Windows-Programme zeichnet sich auch RegioGraph durch eine leichte Bedienbarkeit aus. Schon nach dem Programmstart erleichtert das Anklicken entsprechender Icons die ersten Programmschritte, wobei die Bedeutung der Symbole durch einen eingeblendeten Text neben dem Symbol zusätzlich erläutert wird. Der Hauptbildschirm ist sehr übersichtlich aufgebaut und erlaubt die Auswahl gewünschter Funktionen entweder durch Anklicken der oberen Menüleiste oder durch Anklicken der linksseitigen Werkzeugleiste (vgl. Abb. 4.44).

Die Schritte, die bei der Erstellung einer Karte zu durchlaufen sind, erscheinen logisch und gut nachvollziehbar. Die Kartenerstellung erfolgt nach dem Layer-Prinzip, bei dem die Basisgebiete mit den administrativen Einheiten und weiteren Informationsebenen, z.B. Punkten, Streckennetzen, Flächen oder multimedialen Objekten, überlagert werden.

Geometriedaten. In RegioGraph stehen die Geometriedaten in einem internen Format zur Verfügung. Dabei gehören als Basiskarten die Bundesländer, Regierungsbezirke, Kreise und Postleitzahlgebiete der BRD sowie ein bis zwei administrative Gliederungen der EG-Staaten zum Lieferumfang. Außerdem werden weitere Kartenschichten mit dem Straßen-, Fluß-, Seen- und Städtenetz der BRD zur Verfügung gestellt. Alle mitgelieferten Karten enthalten als Tabelle die Einwohner- und Flächenangaben.

Bei den Geometriedaten können Gebietsebenen mittels einer Spezialfunktion aggregiert, umgeordnet oder gelöscht werden. Neben den mitgelieferten Geometriedaten können weitere Basiskarten käuflich erworben werden. Außerdem bietet die Vertreiberfirma von RegioGraph die Möglichkeit an, bei Bedarf individuelle Karten zu digitalisieren. Geometriedaten können mit Hilfe des optional erhältlichen Moduls *Kartograph* digitalisiert werden.

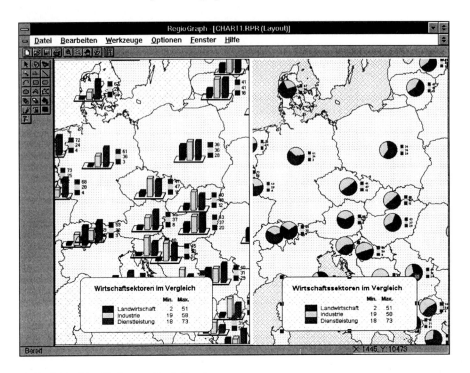

Abb. 4.44. Oberfläche von RegioGraph

Sachdaten. Sachdaten werden in RegioGraph als Tabellen gespeichert. Dabei können diese Tabellen auf vier verschiedene Arten mit Daten versorgt werden, und zwar durch das Eintippen der Daten, durch den Import aus ASCII-Dateien, das Einfügen über die Windows-Zwischenablage oder die ODBC (open database connectivity)-Schnittstelle.

Die Verbindung der Sachdaten mit den internen Geometriedaten erfolgt über eine ID-Variable. Alle weiteren Daten stehen spaltengebunden hinter dieser ID. Der Import von Daten aus ASCII-Dateien funktioniert problemlos. Vor dem eigentlichen Importvorgang wird eine leere Tabelle initialisiert, die die Kennung wie die zu ladende ASCII-Datei enthält. Das gleiche gilt für das Einfügen von Daten über die Windows-Zwischenablage.

Darstellungsformen. Im Rahmen von RegioGraph stehen folgende Darstellungsformen zur Verfügung:

- Die datenbezogene oder individuelle *Einfärbung von Gebieten* (Choroplethenkarten) wird durch die Darstellung von individuellen Mustern, Farben oder Schraffuren ermöglicht.
- Die *Punktdichtefunktion* ermöglicht die Visualisierung einer Variablen als Punktwolke. Bei der Punktdarstellung können sowohl die Anzahl der Punkte

als auch die Anzahl der Werte pro Punkt variiert werden. Die Umsetzung der Punkte kann farbig erfolgen.
- Mit *Tortendiagrammen* (Kreissektoren) oder *Balkendiagrammen* können mehrere oder gegliederte Variablen dargestellt werden. Bei diesen Diagrammarten sind maximal 10 Sektoren bzw. Balken möglich.
- Bei *Symbolen* können frei skalierbare und variablenabhängige Formen gewählt werden, d.h. es sind sowohl Symbolkarten als auch Symboldiagramme möglich. Neben den internen Symbolen können beliebig viele Symbole selbst konstruiert werden. Des weiteren können Symbole im Bitmap-Format (BMP) oder im Windows-Metafile-Format (WMF) importiert werden.
- Bivariate Beziehungen können durch die Option *Regionalportfolio* dargestellt werden, wohinter sich eine zweidimensionale Choroplethenkarte verbirgt. Mit Hilfe dieser Funktion ist es möglich, Kreuztabellen graphisch umzusetzen. Bei einer 2x2-Tabelle werden die vier Felder farbig voneinander abgesetzt.
- Mit den Darstellungsformen *3D-Prismen* und *3D-Gitter* lassen sich Variablen auch dreidimensional abbilden.

Entwurf. Wie die meisten Kartographieprogramme, so lehnt sich auch RegioGraph beim Kartenentwurf an das in Kapitel 2.1 skizzierte Schichtenmodell an. So wird zunächst die gewünschte räumliche Aggregationsebene gewählt, die als Grundkarte später die Verbindung mit den Daten herstellt. Danach können verschiedene Kartenschichten darüber gelagert werden, z.B. Gebietsnamen oder Flüsse. So ist es einerseits möglich, komplexe Karten zu erstellen, andererseits kann durch das Ausblenden von Schichten eine zielgerichtete Analyse erfolgen.

Zur Klassifizierung der Daten stehen verschiedene Methoden zur Verfügung. Es lassen sich äquidistante, gleichverteilte, logarithmische, radizierende oder benutzerdefinierte Klassen bilden. Als Hilfe werden statistische Parameter wie Minimum, Maximum, arithmetisches Mittel und Anzahl angegeben.

Gestaltung. RegioGraph bietet eine Vielzahl von Möglichkeiten zur Gestaltung von Karten. Gebietsumrandungen können in Farbe, Art oder Stärke geändert werden. Bei Linien stehen 50 Stärken und 5 Muster zur Auswahl. Darüber hinaus können Linien transparent formatiert werden. Dadurch lassen sich Gebiete ohne Umrandung zeichnen. Die Linienfarbe wird mit einer von 16 Farben aus einer Palette eingefärbt. Für die gepunkteten oder gestrichelten Linien kann der Zwischenraum mit einer anderen Hintergrundsfarbe gestaltet werden.

Schrift kann mittels der Schriftartoption gestaltet werden. Dieses Menü erlaubt es, Art, Stil und Größe zu variieren. Dabei greift das Programm auf alle unter Windows verfügbaren Schriften zurück.

Im Einfärbungsmenü können Farben und Muster gestaltet werden. Zur Farbgebung stehen die RGB- und HSB-Farbmodelle zur Verfügung, wobei auch Farbverläufe realisiert werden können. Für Muster und Schraffuren gibt es programminterne Paletten zur Auswahl. Daneben können neue Muster kreiert werden, indem auf einer Mustermatrix mit 8x8 Bildelementen einzelne Pixel schwarz oder weiß eingefärbt werden (vgl. Abb. 4.45).

Kartenelemente können durch Anklicken, Einkreisen oder Umranden mit der Maus markiert werden, um anschließend entweder umgestaltet oder bewegt zu werden.

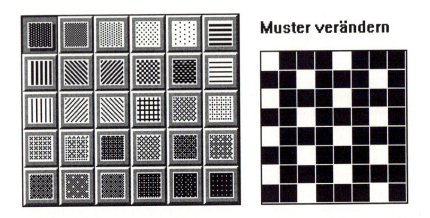

Abb. 4.45. Ausschnitt aus dem Mustermenü von RegioGraph

Legende, Maßstab, Nordpfeil. Für jede dargestellte Kartenschicht steht eine automatische Legende zur Verfügung, es kann aber auch eine individuelle Legende erstellt werden. Plazierung und Größe der Legende werden mit der Maus realisiert, wobei es keine Restriktionen gibt. Des weiteren können Legendenattribute wie Hintergrundfarbe, Schattenart, Linienstärke und -farbe der Umrandung blitzschnell variiert werden. Das gleiche gilt für den Schrifttyp und die Schriftgröße.

Die Darstellung eines Reduktionsmaßstabs ist in diesem Programm nicht vorgesehen. Weiterhin bietet das Programm keine Auswahl an Nordpfeilen. Diese Elemente können allerdings durch die Anwendung entsprechender Zeichenroutinen nachträglich erstellt werden.

Ausdruck und Export. Da RegioGraph ein Windows-Programm ist, können alle unter Windows zur Verfügung stehenden Ausgabegeräte genutzt werden. Der Datenexport ist lediglich auf RegioGraph-Tabellen beschränkt. Für den Graphikexport sind zahlreiche Formate, z.B. BMP, GIF, TIFF, WMF, vorhanden.

Benutzerfreundlichkeit. RegioGraph zeichnet sich durch die einfache mausgesteuerte Bedienung aus. Alle wichtigen Funktionen sind als Icons in einer Werkzeugleiste und Werkzeugpalette anklickbar und werden zusätzlich durch Quick-

Infos/Tools-Infos noch erläutert. Die Wechsel zwischen den Karten- und Tabellenebenen sowie die Layoutgestaltung verlaufen ohne Probleme.

Das mitgelieferte Handbuch ist verständlich aufgebaut und sehr gut illustriert, was das Nachvollziehen von Programmfunktionen erleichtert.

Beurteilung. Durch die Benutzerfreundlichkeit bereitet das Erlernen des Programms keine größeren Probleme. Einfache Karten können in kürzester Zeit erstellt werden. Die Gestaltung komplexer Karten ist allerdings mit Zeitaufwand verbunden, da die vielen Möglichkeiten sich nicht sofort erschließen.

Als Zielgruppe des Programms sind in erster Linie Firmen im Marketingbereich angesprochen. Dafür bietet das Programm zusätzliche Funktionen in der Tabellenkalkulation wie z.B. Selektionen, Spaltenberechnungen und Aggregationen. Für komplexe kartographische Lösungen, die z.B. in der Planungskartographie umgesetzt werden müssen, ist RegioGraph sicherlich nicht konzipiert worden.

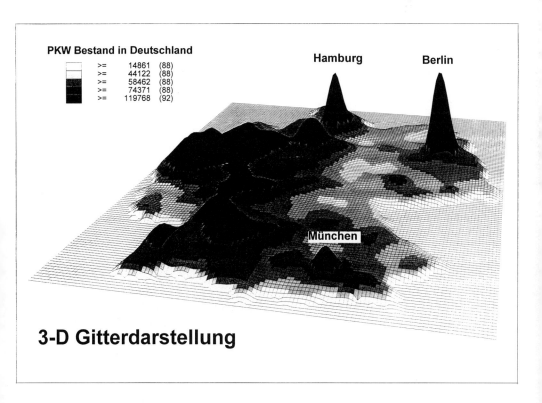

Abb. 4.46. 3D-Gitterdarstellung mit RegioGraph

RegioGraph 2.0

Vertrieb:	MACON GmbH Schönbornstr. 21, 68753 Waghäusel
Voraussetzungen:	ab PC-486, 8 MB RAM (mehr empfohlen) mind. 35 MB freie Festplattenkapazität ab Windows 3.1
Geometriedaten:	
Format:	Internes Format
Importfilter:	DXF, ASCII (Kartograph)
Digitalisierung:	mit Zusatzmodul *Kartograph*
Sachdaten	
Format:	Internes Format
Importfilter:	ASCII, ODBC
Darstellungsformen:	Choroplethen, Diagramme, Symbole, 3D-Oberflächen
Diagramme:	Balken, Kreissektor, Symbol
Klassifizierungen:	äquidistant, gleichverteilt, logarithmisch, radizierend, benutzerdefiniert
Graph. Elemente:	Legende, freie Beschriftung, freies Zeichnen
Farben:	beliebig definierbar, HSB- und RGB-Modell
Muster:	frei definierbar
Linien:	5 Typen in 50 Stärken
Drucker / Plotter:	alle von Windows unterstützten Geräte
Exportfilter:	Rasterformate BMP, GIF, PCX, TIFF u.v.m. Vektorformate WMF
Lieferumfang:	Handbuch, deutsch Koordinaten EU, Deutschland (u.a. Postleitgebiete)
Preis:	DM 1300.-, Rabatt für Mehrfach- und Netzlizenzen, Unternehmen und Hochschulen

4.3.12 THEMAK2

THEMAK2 wird seit 1986 von der Firma GraS vertrieben und wird von Behörden, Ämtern und privatwirtschaftlichen Unternehmen zur Lösung komplexer kartographischer Fragestellungen eingesetzt. Das System wurde 1980 als batchorientierte Software (THEMAK1) an der FU Berlin erstmals angewendet und stetig weiterentwickelt.

Als Hardwareausstattung werden ein PC 486 oder Pentium, mindestens 20 MB Speichervolumen auf einer Festplatte und 8 MB Arbeitsspeicher empfohlen.

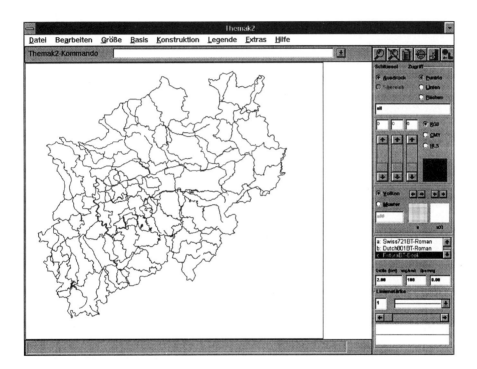

Abb. 4.47. Oberfläche von THEMAK2

Oberfläche. In Abbildung 4.47 ist die Benutzeroberfläche von THEMAK2 dargestellt. Sie gliedert sich in vier Bereiche, und zwar in die Menüleiste, die Kommandoeingabezeile, die Tastenleiste und den Arbeitsbereich. Über die Menüleiste können einzelne Menüs aktiviert werden. So enthält beispielsweise das Menü BASIS alle Zeichenfunktionen wie Linien, Texte, Flächen usw. In der

Kommandoeingabezeile können jederzeit THEMAK2-Kommandos zur Konstruktion und Erstellung von Karten eingeben werden, wobei die Kommandos über voreingestellte Parameter verfügen. Daneben sind in der Tastenleiste oft verwendete Funktionen wie *Löschen* oder *Vergrößern* aktivierbar. Im Arbeitsbereich können Attribute für Linien, Muster und Farben gewählt werden.

Geometriedaten. THEMAK2 kann Geometriedaten getrennt nach Punkt-, Linien- und Flächenobjekten verwalten. Punktobjekte bestehen aus einer xy-Koordinate und dienen als Ansatzpunkte für Texte, Diagramme oder Symbole. Während Linienobjekte aus mindestens zwei xy-Koordinaten bestehen, z.B. Flüsse oder administrative Grenzen, setzen sich Flächenobjekte aus einzelnen Linienobjekten zusammen, wie etwa Seen oder Planungsflächen. Die Geometriedaten sind im ASCII-Format abgespeichert und können editiert werden. Es lassen sich auch ASCII-Daten aus anderen Programmen problemlos einbinden.

Sachdaten. Sachdaten werden in einer Attributedatei abgelegt, die ebenfalls auf dem ASCII-Format beruht. Die Verknüpfung der Geometrie- und Sachdaten geschieht über Objektschlüssel, die zusätzlich eine Selektion einzelner Elemente in der Karte, wie beispielsweise Teilkarten, erlauben. Auch diese Daten können verändert werden.

Darstellungsformen. THEMAK2 stellt eine sehr große Auswahl von Kartentypen zur Verfügung (vgl. Abb. 4.48).

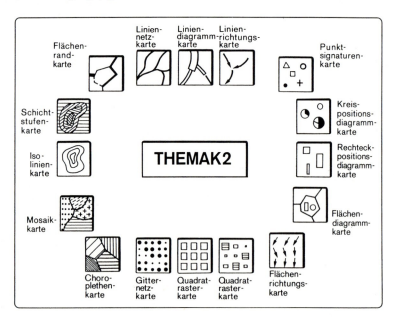

Abb. 4.48. Mögliche Kartentypen in THEMAK2

In diesen Kartentypen sind Darstellungsformen enthalten, die von den anderen Programmen nicht angeboten werden:

- Bei *Isolinienkarten* werden benachbarte Punkte gleicher Werte nach einem Interpolationsverfahren durch Linien miteinander verbunden. So können beispielsweise Höhenlinien oder Temperaturwerte dargestellt werden.
- *Schichtstufenkarten* sind eine spezielle Art der Isolinienkarten, da zusätzlich die Bereiche zwischen den Isolinien durch Muster oder Farben gefüllt werden können.
- Mit der *Flächenrichtungskarte* werden sowohl Winkeldaten als auch in einer zweiten Ausagen-Ebene quantitative Werte veranschaulicht.

Entwurf. Wie die meisten Programme, so lehnt sich auch THEMAK2 an das Schichtenmodell an. Zunächst wird die Basiskarte mit den Geometriedaten erstellt. Anschließend erfolgt die Auswahl der Sachdaten sowie der gewünschten Darstellungsart. Darauf aufbauend können weitere Kartenschichten hinzugenommen werden. Über den Menüpunkt DATEI | RASTER können Rasterdaten wie gescannte Karten oder Satellitenbilder im TIFF-Format als Kartenhintergrund dienen.

Zur Klassenbildung können verschiedene Methoden eingesetzt werden. So lassen sich äquidistante, exponentielle, gleichverteilte und logarithmische sowie benutzerdefinierte Klassen bilden.

Gestaltung. THEMAK2 verwendet nicht die unter Windows verfügbaren Schriftarten, sondern stellt 18 integrierte Fonts zur Verfügung. Diese Schriften können sowohl frei angeordnet als auch in Größe und Drehrichtung verändert werden. Des weiteren ist es möglich, die Schrift freizustellen.

Für die Gestaltung von Linien können 165 Linientypen eingesetzt werden, die sich in Breite und Farbe verändern lassen. Bei den Linientypen sind auch Liniensymbole, wie Straßen oder Eisenbahnlinien, integriert.

Mit 230 Flächenmustern bietet THEMAK2 überragende Auswahlmöglichkeiten für alle Anwendungsbereiche. Neben den klassischen Schraffuren und Flächentönen, sind auch sinnvolle Muster für Flächennutzungskategorien, z.B. Laub-, Nadel- und Mischwald, vorhanden. Bei den 60 Symbolen, die in einer Standarddatei abgespeichert sind, handelt es sich um geometrische und bildhafte Formen.

Farben können beliebig in die Karte eingebracht werden. Als Farbmodelle stehen dabei RBG, CMYK und HSB zur Verfügung. Diese Gestaltungsmöglichkeiten sind im Arbeitsbereich der Benutzeroberfläche bequem mit der Maus einstellbar.

Legende, Maßstab, Nordpfeil. Vor Beginn der Legendengestaltung muß zunächst ein Legendenkasten definiert werden, dessen Größe und Position durch das Aufziehen eines Rechtecks mit der Maus festzulegen ist. Anschließend ist es erforderlich, eine Legendenüberschrift einzugeben. Erst danach kann der Menüpunkt LEGENDENTEIL aktiviert werden, der die Grundeinstellungen bezüglich Schriftgröße, Kästchenbreite etc. enthält. Nach dem Bestätigen der Grundeinstellungen wird die Legende in der Karte gezeichnet. Jetzt können die einzelnen Komponenten mit der Maus beliebig verschoben werden.

Die Darstellung des Maßstabs geschieht über ein spezielles Menü, das sehr viele Gestaltungsmöglichkeiten erlaubt. So können beim Maßstabsbalken Länge, Breite und Anzahl der Abschnitte sowie Form, Teilung und Beschriftung verändert werden.

Ein eigenes Menü zur Darstellung des Nordpfeils ist in THEMAK2 nicht vorgesehen. Da das Programm auch kein freies Zeichnen am Bildschirm erlaubt, kann der Nordpfeil nur als Symbol aus der Symbolbibliothek in der Karte plaziert werden.

Ausdruck und Export. Für den Ausdruck der Karten eignen sich alle unter Windows aufgeführten Drucker. Des weiteren gestattet das Programm die Herstellung aufgerasterter Druckvorlagen mit hochauflösenden Rasterplottern sowie eine automatische Farbtrennung Um Karten in andere Programme einzubinden, steht entweder die Zwischenablage oder das WMF-Format zur Wahl.

Benutzerfreundlichkeit. Programmfunktionen sind mit der Maus zu bedienen, können aber auch über die Tastatur eingegeben werden. Die Benutzerführung wird durch sog. Kommandodateien wesentlich erleichtert. In diese Dateien lassen sich die zur Kartenerstellung notwendigen Kommandos abgespeichern. Dadurch können Kartenserien, die auf der gleichen Grundkarte basieren, wesentlich schneller produziert werden.

Die Handbücher von THEMAK2 sind didaktisch sehr gut aufgebaut. Alle zur Kartenerstellung notwendigen Schritte werden detailliert erklärt und sind durch viele Beispiele leicht nachvollziehbar. In einem eigenen Darstellungshandbuch können die verfügbaren Linien, Muster, Schriften und Symbole nachgeschlagen werden. Die im Programm aufrufbare Hilfefunktion informiert ausführlich über alle wichtigen Teilfragen.

Beurteilung. Von der Benutzerführung her bietet THEMAK2 nicht den Komfort vieler Windowsprogramme, da keine Werkzeugleisten vorhanden sind und auch kein freies Zeichnen möglich ist. Die Stärken des Programms liegen sicherlich nicht im schnellen Erstellen einfacher Karten, sondern vielmehr im Umsetzen komplexer Sachverhalte.

Durch die große Auswahl von Kartentypen, die vielfältigen Gestaltungsmöglichkeiten und die präzise zeichnerische Darstellung eignet sich THEMAK2 in erster Linie für den Bereich der Planungskartographie und für größere thematische Kartenwerke.

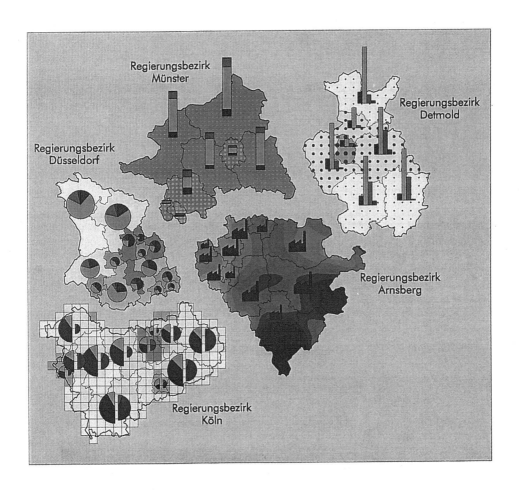

THEMAK2 3.1	
Vertrieb:	GraS Graphische Systeme Mecklenburgische Str. 27, 12197 Berlin
Voraussetzungen:	ab PC-486, 8 MB RAM (mehr empfohlen) mind. 20 MB freie Festplattenkapazität ab Windows 3.1

Geometriedaten:
   Format:
   Importfilter:
   Digitalisierung:
	
	ASCII
	ASCII
	-

Sachdaten
   Format:
   Importfilter:
	
	ASCII
	ASCII

Darstellungsformen: Diagramme:	Choroplethen, Diagramme, Symbole u.a. Balken, Kreissektor, Symbol
Klassifizierungen:	äquidistant, arithmetisch, logarithmisch, gleichverteilt, benutzerdefiniert
Graph. Elemente:	Legende, freie Beschriftung
Farben:	CYMK-, HSB- und RGB-Modell
Muster:	230
Linien:	165
Drucker / Plotter:	alle von Windows unterstützten Geräte
Exportfilter:	Vektorformat WMF
Lieferumfang:	3 Handbücher, deutsch
Preis:	DM 2990.-, Rabatt für Hochschulen

4.4 Kartographieprogramme auf anderen Rechnertypen

Im Bereich der Mikrocomputer, zu denen die IBM-kompatiblen PCs gezählt werden, können noch drei weitere Computertypen unterschieden werden, und zwar Amiga, Apple Macintosh und Atari ST. Von diesen Mikrocomputern ist der Apple Macintosh für den Einsatz im Deskop-Mapping-Bereich am besten geeignet.

Neben den Mikrocomputern werden *Workstations* in der Computerkartographie eingesetzt. Als Workstation wird allgemein ein leistungsfähiges Graphiksystem mit einem eigenen Rechner und interaktiver Software verstanden. Daneben wird der Begriff Workstation auch synonym für hochleistungsfähige Rechner der Firmen Apollo, DEC, HP, SiliconGraphics, SUN usw. verwendet.

Im Vergleich zu PCs zeichneten sich Workstations zunächst durch die standardmäßige Ausstattung mit großen, hochauflösenden Bildschirmen, schnelleren Prozessoren und wesentlich mehr Arbeitsspeicher aus. Durch die rasante Entwicklung im PC-Bereich verwischen sich diese Unterschiede aber immer mehr, so daß der graphische Arbeitsplatz heute nicht mehr an bestimmte Hardwareplattformen gebunden ist.

Im folgenden werden als Ergänzung zu den Kartographieprogrammen für IBM-kompatible PCs zwei weitere Programme vorgestellt, die u.a. auf Apple-Rechnern bzw. Workstations laufen. Des weiteren wird kurz das Betriebssystem UNIX vorgestellt, das aufgrund spezifischer Systemeigenschaften einen Standard im Bereich der Workstations darstellt.

4.4.1 Desktop Mapping mit Apple Macintosh

Die Firma Apple-Computer brachte 1977 die ersten Mikrocomputer auf den Markt und läutete so das PC-Zeitalter ein. Seit der Entwicklung der Rechner des Typs Macintosh 1984 erreichte das Unternehmen eine führende Stellung auf dem Weltmarkt. Apple ist in den USA mit rund 15% aller PCs der zweitgrößte Hersteller in diesem Sektor. Bekannt sind die Macintoshs durch die systemspezifische graphische Oberfläche, die von den meisten Fachleuten als die benutzerfreundlichste angesehen wird. Sie gilt als die erste im PC-Bereich überhaupt.

> Diese Benutzeroberfläche hat ein ähnliches Erscheinungsbild wie MS-Windows, ist allerdings noch leichter mit der Maus zu bedienen. Soll beispielsweise eine Datei gelöscht werden, steht dafür ein Papierkorb zur Verfügung, in den das angeklickte Dateisymbol einfach "hineingeworfen" wird. Außerdem wird die Arbeit mit der Benutzeroberfläche durch entsprechende akustische Warntöne unterstützt.

Neben der Benutzeroberfläche zeichnen sich die Macintoshs auch in folgenden Punkten aus:

- Die Benutzeroberfläche ist in den Hauptspeicher integriert. Dadurch sind alle Programme auf- und abwärtskompatibel.
- Leistungsfähige Mikroprozessoren von Motorola. Motorola ist ein bekannter US-amerikanischer Hersteller von Mikroprozessoren. Die in den Macintoshs eingebauten Ausführungen sind bis zu 50 MHz getaktet und können einen Bereich von 4 GByte adressieren.
- Hochauflösende, flimmerfreie Graphikkarten.
- Leichter Anschluß von Peripheriegeräten.
- Einfache Vernetzung der Rechner möglich.

Aufgrund dieser Fähigkeiten waren die Macintoshs im Gegensatz zur IBM-PC-Welt bereits Mitte der 80er Jahre Plattformen für die graphische Datenverarbeitung, vor allem für den Bereich des *Desktop Publishing*.

> Desktop Publishing (DTP) ist ein Konzept zur Erstellung integrierter Druckvorlagen mit Graphik und Text am Bildschirm und anschließender Ausgabe über einen Laserdrucker.

Für Apple Macintosh gibt es eine Reihe von Graphik- und Desktop-Mapping-Programmen, wie beispielsweise cart/o/graphix.

Das Programmsystem cart/o/graphix. Mit dem Programmsystem cart/o/graphix können nicht nur thematische Karten mit Symbolen, Diagrammen oder Flächen erstellt werden, sondern auch andere Graphiken, wie Profile oder Kurvendiagramme. Cart/o/graphix wird in den Bereichen Geographie, Statistik, Umweltschutz und Raumplanung eingesetzt. Das Programm ist folgendermaßen konzipiert:

- Die *Benutzeroberfläche* entspricht in etwa den Kartographieprogrammen unter MS-Windows und enthält Menüs mit den entsprechenden Befehlen.
- Die *Geometriedaten* werden im Vektorfenster dargestellt. Sie können entweder mit dem Modul cart/o/DIGI selbst digitalisiert oder von anderen Programmen durch die Import-Funktion eingebunden werden. Die Geometriedaten können in Gruppen zusammengefaßt werden und erhalten Gruppennummern, wie beispielsweise 1 für Landesgrenzen, 2 für Seen usw. So können diese Gruppen bezüglich Farbe, Muster oder Strichstärke einheitlich behandelt werden.
- Die Zuweisung der *Sachdaten* zu den *Geometriedaten* erfolgt über einen Index, der z.B. ein Gemeindeschlüssel sein kann. Die *Sachdaten* können entweder über die Tastatur eingegeben oder aus anderen Programmen importiert werden.
- In bezug auf die *Darstellungsformen* läßt cart/o/graphix kaum Wünsche offen. So können Choroplethenkarten, Symbolkarten und Isolinienkarten erstellt werden. Im Bereich der Diagrammkarten können beispielsweise acht verschiedene Kreissektorendiagramme verwendet werden. Bei Balkendiagrammen sind beliebige Kombinationen bis hin zur Bevölkerungspyramide möglich. Als weite-

re Besonderheiten sind u.a. die Erstellung digitaler Geländemodelle und die Verarbeitung von Rasterdaten zu nennen.

4.4.2 Kartographie mit Workstations unter UNIX

UNIX ist ein universelles Standard-Betriebssystem für verschiedene Hardwareplattformen und entstand Ende der 60er Jahre. Das fast vollständig in der Programmiersprache C geschriebene Betriebssystem ist auf fast allen Computern einsetzbar. In diesem Zusammenhang ist auch der Name UNIX zu sehen, der die Begriffe "Universal" und "Exchange" beinhaltet.

Neben der hohen Flexibilität zeichnet sich UNIX durch seine enorme Leistungsfähigkeit aus. Da es von Anfang an als offenes System konzipiert wurde, kennt es nur wenige Schranken. So ist beispielsweise die unter MS-DOS übliche 640-kB-Begrenzung des Hauptspeichers bei UNIX nicht gegeben. Weiterhin sind die *Multitasking-* und *Multiuser-Fähigkeiten* zu nennen. Beim Multitasking kann der Rechner gleichzeitig mehrere verschiedene, voneinander unabhängige Aufgaben erledigen. Dabei sorgt das UNIX-System für eine effektive Aufteilung der Prozessorzeit. Die Multiuser-Fähigkeit bedeutet, daß nicht nur eine, sondern mehrere Personen gleichzeitig auf ein und demselben Rechner von mehreren Arbeitsplätzen aus arbeiten können, was bei den Mikrocomputern nicht geht.

Seit einigen Jahren gibt es graphische Oberflächen für UNIX, die die Arbeit mit diesem Betriebssystem wesentlich erleichtern. Als Standard hat sich dabei X-Windows etabliert. X-Windows wurde Mitte der 80er Jahre vom MIT (Massachusetts Institute of Technology) in Boston entwickelt und erlaubt die gleichzeitige Arbeit mit mehreren Programmen, die alle jeweils in einem eigenen Fenster auf dem Bildschirm dargestellt werden. Andere graphische Oberflächen sind Motif und OpenWindows.

4.5 Geoinformationssysteme (GIS)

Der Begriff *Geoinformationssystem* (engl. Geographical Information System) wurde bereits 1963 von R.F. Tomlinson eingeführt und entstand parallel zum Einsatz der elektronischen Datenverarbeitung für die Analyse raumbezogener Daten (Bill und Fritsch 1991). Als verwandte Begriffe für die EDV-gestützte Verarbeitung solcher Daten existieren Raumbezogene Informationssysteme oder Landinformationssysteme. GIS hat sich als Abkürzung eingebürgert.

Nach Bill und Fritsch (1991) kann ein Geoinformationssystem als ein System definiert werden, "das aus Hardware, Software, Daten und den Anwendungen besteht. Mit ihm können raumbezogene Daten digital erfaßt und redigiert, gespeichert und reorganisiert, modelliert und analysiert sowie alphanumerisch und graphisch präsentiert werden".

Der Dateninput in GIS kann je nach Datenart auf verschiedene Arten erfolgen:

- *Vektordaten* können direkt aus Luft- und Satellitenbildern sowie Karten digitalisiert werden.
- *Rasterdaten* können entweder direkt in Form von digitalen Satellitendaten oder indirekt über gescannte Vorlagen eingebunden werden.
- *Sachdaten* liegen entweder bereits digital vor oder werden über die Tastatur eingegeben.

Der Hauptunterschied zu kartographischer Software, wie sie in den vorangehenden Abschnitten vorgestellt wurde, besteht darin, daß alle Informationen integriert in einem räumlichen System abgespeichert sind. Das umfaßt sowohl verschiedene Ebenen von Geometriedaten als auch die Sachdaten. Die Sachdaten müssen in einem GIS nicht erst bei der Kartenerstellung mit Geometriedaten verknüpft werden, sondern werden von Anfang an mit Raumbezug abgespeichert. Dadurch sind auch andere räumliche Analysen als die der kartographischen Darstellung möglich. Beispielsweise lassen sich Daten, die sich auf den Gebietsstand von 1990 beziehen, auf den Gebietsstand von 1960 umrechnen, wenn die Koordinaten beider Zeitpunkte im GIS gespeichert sind und das Schätzverfahren vorgegeben wird.

Tabelle 4.2. GIS-Programme im Überblick (nach Wiesel 1995, 54f.)

Software	Anbieter	Hardware-plattform		Datenformat	
		PC	WSt.	Vektor	Raster
ADALIN	Adasys	✓	✓		✓
ALK-GIAP/ALK-GIS	AED Graphics		✓	✓	
ARC/INFO	ESRI	✓	✓	✓	✓
ATLAS GIS	Geospace	✓		✓	
DAVID	IBR-Ing. Büro Riemer		✓	✓	✓
EASI/PACE	CGI Systems	✓	✓	✓	✓
ERDAS	Geosystems	✓	✓	✓	✓
GRADIS-GIS	strässle Informationssysteme		✓	✓	✓
GRIPS	Poppenhäger-GRIPS		✓	✓	
INTERGRAPH GIS	Intergraph	✓	✓	✓	✓
MAPIX	PH GIS&GPS	✓	✓		✓
PHOCUS	Carl Zeiss		✓	✓	
SAS/GIS	SAS Institute	✓	✓	✓	
SAT-GIS	ESG	✓		✓	✓
SICAD	Siemens Nixdorf		✓	✓	✓
SMALLWORLD	Smallworld Systems		✓	✓	✓
SPANS	AKG-Software	✓	✓	✓	✓
TELLUS	Comtec	✓	✓	✓	✓

Im folgenden werden vier GIS-Programme vorgestellt: ARC/INFO und Atlas GIS als Beispiele für vektororientierte Systeme sowie ERDAS und EASI/PACE als Beispiele für rasterorientierte Systeme. Weitere bekannte GIS-Programme sind GRASS, SICAD und SPANS (vgl. Stahl 1995; Wiesel 1995). Tabelle 4.2 gibt eine Marktübersicht, weitere Informationen finden sich bei Bill (1993).

ARC/INFO. ARC/INFO wurde in Amerika von ESRI (Environmental Systems Research Institute) vor 13 Jahren als erstes datenbasisorientiertes GIS eingeführt und stellt mittlerweile das führende Softwaresystem im GIS-Bereich dar (Schaller und Werner 1992). So wird ARC/INFO weltweit von über 6000 Organisationen auf verschiedenen Hardwareplattformen, insbesondere auf PCs und Workstations, betrieben. Das Spektrum der Anwendungen reicht vom Umweltschutz über Regional- und Stadtplanung bis hin ins Dienstleistungswesen; ARC/INFO wird in Universitäten, Forschungseinrichtungen, öffentlichen Verwaltungen und Planungs- und Ingenieurbüros zur Lösung komplexer Sachverhalte eingesetzt.

Durch die Programmphilosophie von ARC/INFO, die die Programmierung von eigenen Applikationen erlaubt, wird der Anwender in die Lage versetzt, das Programm an seine Anwendungen optimal anzupassen.

ARC/INFO basiert auf einer topologisch-relationalen Datenstruktur. Das bedeutet, daß die *Geometriedaten* mit *Sachdaten* verknüpft und in relationaler Bedeutung zueinander dargestellt, analysiert und ausgewertet werden können. Es lassen sich vier verschiedene Datenarten integrieren, nämlich Vektordaten, Rasterdaten, Bilddaten sowie relational gespeicherte Sachdaten.

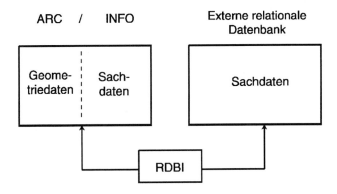

Abb. 4.50. ARC/INFO-Datenmodell

Die geographische Sicht auf die Daten wird durch die Analyse der Vektor- oder Rasterdaten ermöglicht und die Merkmalsabfrage durch die relationale Datenbank (vgl. Abb. 4.50).

Eine relationale Datenbank kann mit einer Tabelle verglichen werden, in der die Daten über Spalten- und Zeilenbeziehungen verwaltet werden. Dabei lassen sich die Spalten über Spaltennamen bzw. Spaltennummern und die Zeilen über Zeilennamen bzw. Zeilennummern erreichen.

Durch eine Schnittstelle zu anderen relationalen Datenbanken (RDBI = Relationales DatenBankInterface) können externe Datenbanken, wie z.B. ORACLE, genutzt werden.

Atlas GIS. Atlas GIS für Windows ist ein US-amerikanisches Programm und wird von der Firma SMI (Strategic Mapping Inc.) hergestellt. Es dient der Analyse und der graphischen Darstellung von räumlichen und statistischen Daten. Atlas GIS unterstützt Betriebe im räumlichen Marketing und bei der Standortplanung. Es wird aber ebenso in den Bereichen Umweltschutz, Liegenschaftsverwaltung, Raum- und Verkehrsplanung eingesetzt.

Die Sachdaten werden wie bei ARC/INFO in einer relationalen Datenbank verwaltet. Weiterhin besteht ein SQL-Zugriff auf externe Datenbanken. Das integrierte Digitalisierungsmodul erlaubt die Aufnahme eigener Geometriedaten.

Zur Erstellung von thematischen Karten kann das Zusatzmodul *Atlas Mercator* eingesetzt werden. Die Geometriedaten und Sachdaten werden direkt von Atlas GIS übernommen. Atlas Mercator besitzt die gleiche Funktionalität wie das in Abschnitt 4.3.8 beschriebene MERCATOR.

EASI/PACE. EASI/PACE von der kanadischen Firma PCI ist ein rasterorientiertes GIS zur Bildverarbeitung und Auswertung von Fernerkundungsdaten. EASI (Engineering Analysis and Scientific Interface) ist eine einheitliche Bederoberfläche, über die alle Interaktionen zwischen Benutzer und System ablaufen. EASI eliminiert herstellerspezifische Unterschiede zwischen den Betriebssystemen, Editoren und Dateistrukturen, indem es dem Anbieter eine einfach zu bedienende und zweckorientierte Arbeitsumgebung bietet.

PACE (Picture Analysis Correction and Enhancement) ist eine Programmsammlung zur Bildverarbeitung und Auswertung von Fernerkundungsdaten. Dem Benutzer stehen hier mehr als 500 Einzelprogramme, die in 20 Modulen zusammengefaßt sind, zur Verfügung.

EASI/PACE ist für alle gängigen UNIX-VMS-Workstations verfügbar. Daneben ist die Software für die weitverbreiteten PC-Betriebssysteme DOS mit Windows 3.1, Windows 95, Windows NT, OS/2 und SCO UNIX erhältlich. Auch auf Apple Macintosh kann EASI/PACE unter A/UX und unter MacOS eingesetzt werden.

ERDAS. ERDAS ist ein rasterorientiertes Bildverarbeitungs- und geographisches Informationssystem. In der Bundesrepublik wird ERDAS seit 1984 angeboten und wird von Institutionen in den Bereichen Geographie, Geologie Forstwirtschaft, Umweltschutz, Kartographie Regional- und Landesplanung u.v.m.

eingesetzt (vgl. Abele 1992). Die Software läuft auf PCs und Workstations unter den Betriebssystemen DOS, UNIX und Windows-NT.

ERDAS wird in erster Linie zur Verarbeitung von digitalen Satellitendaten verwendet (vgl. Abb. 4.51). Dazu gibt es spezielle Programmfunktionen, die alle wichtigen Verfahren der digitalen Bildverarbeitung sowie der Geokodierung beinhalten. Als weitere Informationsebenen können auch digitale Geländemodelle oder Vektordaten in ERDAS verarbeitet werden. Die Geometrie- und Sachdaten werden in einem speziellen GIS-Modul integriert, das vielfältige Verknüpfungen und Analysen ermöglicht.

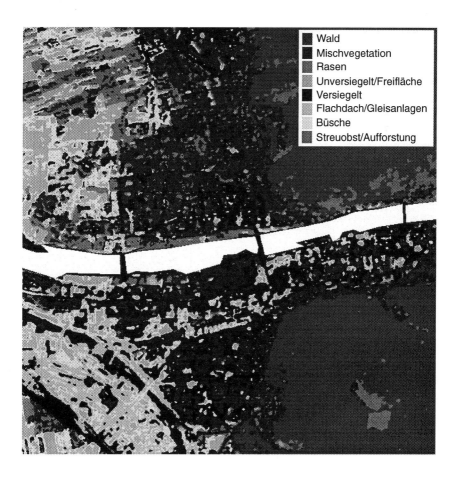

Abb. 4.51. Klassifiziertes Satellitenbild von Heidelberg mit ERDAS

4.6 Zeichenprogramme

Auch Graphikprogramme, die nicht speziell für die Kartographie entwickelt wurden, sondern das Zeichnen und Entwerfen am Computer ermöglichen, lassen sich für die thematische Kartographie nutzen. Beispielsweise werden die Konstruktionssoftware AutoCAD (vgl. Helfer 1995) sowie verschiedene allgemeine Zeichenprogramme zum Kartenentwurf eingesetzt. Zeichenprogramme sind vektororientierte Graphikprogramme zur Erstellung verschiedenster Darstellungen. Bei der Arbeit am PC sind sie ein vielseitiges Hilfsmittel und können auch für kartographische Zwecke eingesetzt werden, obwohl ihr hauptsächlicher Anwendungsbereich in anderen Gebieten liegt, z.B. im Design von Produktverpackungen, Werbeanzeigen oder Firmenlogos.

Praktisch alle gängigen Programme laufen unter Windows, so z.B. CorelDraw, Designer, Freelance Graphics, Freehand, Adobe Illustrator und Arts&Letters. Der Funktionsumfang der Zeichenprogramme ist zwar unterschiedlich, enthält aber im wesentlichen immer einen Kern ähnlicher graphischer Werkzeuge. Die Unterstützung folgender Funktionen ist charakteristisch (vgl. Abb. 4.52):

- Graphiken aus verschiedensten Quellen und in unterschiedlichen Formaten können *importiert*, kombiniert und verändert werden.
- Beim *Entwurf von Linien, geometrischen Figuren* und *Text* lassen Zeichenprogramme im allgemeinen keine Wünsche offen. Linien können als Geraden oder Kurven gezeichnet, Flächen können definiert werden. Die Elemente sind in Ebenen vor- bzw. hintereinander anzuordnen.
- Die *Gestaltung von Linien, Flächen, Symbolen* und *Text* bietet mehr Möglichkeiten, als es in Kartographieprogrammen üblich ist. So können beispielsweise die Umrandungen von Flächen in Farbe und Strichstärke beeinflußt werden, und für Füllungen stehen Kataloge mit Spezialmustern zur Verfügung.
- Besondere *graphische Effekte,* wie z.B. Farbverläufe, Verzerren, Drehen, 3D-Effekte usw. sind einsetzbar.
- Die Zeichenprogramme bieten *Symbol- und Clipart-Bibliotheken*. Das sind Kataloge vorbereiteter Bilder, die sich in jede Graphik einbinden und weiterverarbeiten lassen.

Die Anwendungsmöglichkeiten von Zeichenprogrammen in der Computerkartographie sind vielfältig. Es lassen sich drei Gruppen von Einsatzmöglichkeiten unterscheiden, nämlich die Nachbearbeitung von Karten, das eigenständige Zeichnen von Karten und der Entwurf kartographischer Elemente.

Bei der *Nachbearbeitung von Karten,* die mit kartographischer Software erstellt wurden, lassen sich u.a. die in Abb. 4.52 gezeigten Funktionen nutzen. Beschriftungen können ergänzt oder verändert, Clipart-Bilder eingefügt oder die Legendengestaltung verbessert werden. Die Karten werden über die Windows-Zwischenablage oder als Graphikdateien importiert. Die Nachbearbeitung umfaßt die Möglichkeit zur Kombination und Anordnung mehrerer Karten auf einer Seite.

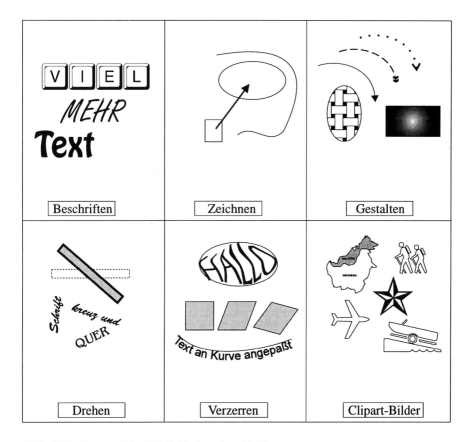

Abb. 4.52. Ausgewählte Möglichkeiten eines Zeichenprogrammes

Zum *eigenständigen Zeichnen von Karten* können Zeichenprogramme dann eingesetzt werden, wenn Darstellungsformen verwendet werden sollen, die das vorhandene Kartographieprogramm nicht unterstützt. CRIBB (1994) beschreibt die Produktion eines historischen Atlas, der ausschließlich mit CorelDraw erstellte Karten enthält. Als Kartenvorlagen können zum Beispiel Karten aus der Clipart-Bibliothek dienen, aber auch importierte Karten aus kartographischer Software. Da sich Diagrammberechnungen etc. nur eingeschränkt automatisieren lassen, ist der Kartenentwurf insgesamt relativ mühsam. Deshalb ist diese Vorgehensweise nur bei kleineren Karten oder bei Karten mit einer geringen Beziehung zu Sachdaten, z.B. Lageplänen, sinnvoll.

262   4 Software zur Computerkartographie

In Abbildung 4.53 wurde im Programm CorelDraw eine thematische Karte mit Rechteckdiagrammen erstellt. Ein Rechteckdiagramm stellt zwei Variablen dar, eine auf der x-Achse, die andere auf der y-Achse. Die Fläche des Rechtecks stellt die Multiplikation der dargestellten Werte dar, in diesem Beispiel die Anzahl der Übernachtungen. Als Grundkarte fand eine als Clipart-Graphik mitgelieferte Spanienkarte Verwendung. Die Größenrelationen der Diagramme wurden errechnet und die einzelnen Elemente dann gezeichnet. In den Beschriftungskästchen finden sich weitere Clipart-Bilder.

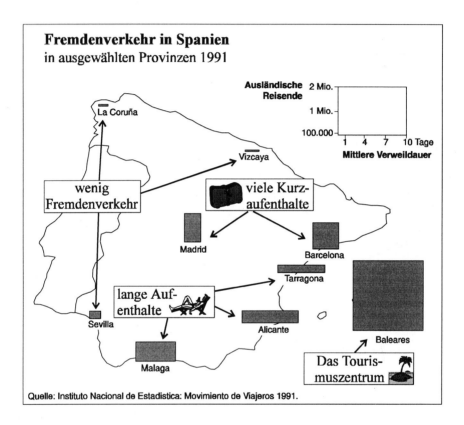

Abb. 4.53. Mit CorelDraw entworfene Karte

Schließlich können Zeichenprogramme zum *Entwurf von Graphikelementen*, vor allem Symbolen, eingesetzt werden. Diese lassen sich in manche Kartographieprogramme einlesen und dort für Entwurf oder Gestaltung von Karten verwenden.

4.7 Programme zur Bildbearbeitung

Bei vielen Kartographieprogrammen ist es mittlerweile möglich, Rasterdaten zu integrieren, sei es als Digitalisierungsgrundlage, Kartenhintergrund oder bildhafte Zusatzinformation. Allerdings sind die wenigsten Programme in der Lage, diese Bildinformationen befriedigend zu bearbeiten. Es gibt eine Reihe von Programmen zur Bildbearbeitung wie u.a. Corel Photo Paint, Paintbrush, Photoshop, Photo Magic oder Picture Publisher. Von diesen Programmen ist Photoshop seit 1988 der uneingeschränkte Marktführer.

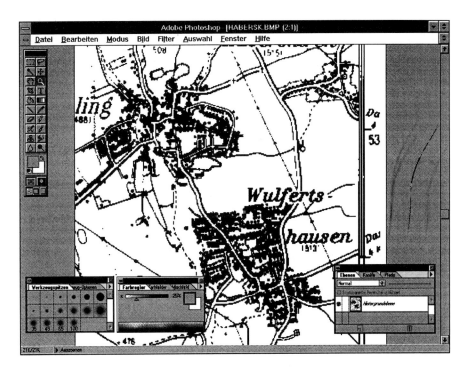

Abb. 4.54. Bildbearbeitung mit Photoshop

Photoshop wird im Rahmen von DTP-Anwendungen hauptsächlich für folgende Aufgaben angewendet:
- Zur Bearbeitung von Scan-Vorlagen, um störende graphische Effekte, wie Moirémuster zu beseitigen oder abzuschwächen;
- Zur Retusche von Bildern, um beispielsweise Gegenstände zu entfernen oder Farben anzugleichen;
- Zur stufenlosen Änderung der Bildauflösung;

- Zur Farbseparation von farbvereinigten Orginalen.

Obwohl Photoshop ein sehr leistungsfähiges Programm ist, wird es dem Anwender durch eine Vielzahl von Werkzeugen und einblendbaren Paletten leicht gemacht, sich schnell in die Funktionsweise einzuarbeiten (vgl. Abb. 4.54).

4.8 Computerkartographie und Internet

Das Internet ist das umfangreichste Computer-Netzwerk der Welt. Es verbindet mehrere Millionen Computer und mehrere zehn Millionen Menschen (vgl. Scheller et al. 1994). Das Internet unterstützt viele verschiedene Services. Die wichtigsten sind:
- *Telnet* für den Aufruf von Programmen auf anderen Computern.
- *FTP* (File Transfer Protocol) für die Übertragung von Files auf andere Computer.
- *Electronic Mail* (elektronische Brief-Post) und *Usenet News* (Veröffentlichungen in Diskussions-Foren) für den Austausch von Informationen mit anderen Computer-Benutzern.
- *Gopher* und *World-Wide-Web* für den Zugriff auf Informationssysteme in aller Welt.

Für die Kartographie ist vor allem das Multimedia-Werkzeug "World-Wide-Web" (WWW) von Bedeutung. WWW integriert alle anderen Internetdienste unter einer komfortablen graphischen Oberfläche und überträgt nicht nur Text, sondern auch Bilder und Töne. Ein *WWW*- oder *Web-Server* wird von einem speziellen Programm, die gängigsten heißen *Mosaic* und *Netscape*, über eine Internet-Adresse angesteuert.

Anfangs fast ausschließlich an den Hochschulen verbreitet, findet das WWW inzwischen auch zahlreiche Nutzer im privaten und im kommerziellen Bereich. Sowohl das Angebot als auch die Nutzerzahl befinden sich in einer rasanten Aufwärtsentwicklung. Deshalb ist davon auszugehen, daß in absehbarer Zeit an zahlreichen Stellen digitale Koordinaten bzw. thematische Karten im Internet abgerufen werden können. Hier eine kurze Auswahl einiger WWW-Server, die in diesem Bereich zu den ersten Anbietern gehören.

Make a map with NAIS-Map. NAIS-Map bezeichnet sich selbst als weltweit erstes WWW-gestütztes Geoinformationssystem. Inhaltlich handelt es sich um den kanadischen Nationalatlas, dessen Karten vom Benutzer interaktiv entworfen werden können. Räumliche Informationsebenen wie Gewässernetz, Verkehrswege oder Verbreitungsgebiete bestimmter Tier- und Pflanzenarten lassen sich beliebig auswählen, gestalten und in Schichten übereinanderlegen. Schließlich wird die fertige Karte am Bildschirm angezeigt und kann exportiert oder ausgedruckt werden. Internet-Adresse: *http://ellesmere.ccm.emr.ca/wnaismap/naismap.html*

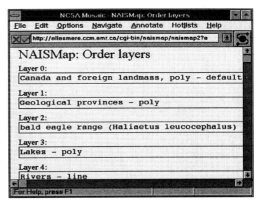

Abb. 4.55. NAISMap-Webserver unter Mosaic

PCL Map Collection. Die Kartensammlung der Perry-Castañeda-Library an der University of Texas in Austin verfügt insgesamt etwa über 230.000 Karten und bietet einen Teil davon in digitaler Form kostenlos über das WWW an. Die Karten sind in geographisch geordneten Menüs aufgelistet und können am Bildschirm betrachtet und exportiert werden. Internet-Adresse: *http://www.lib.utexas.edu/Libs/PCL/Map_collection/Map_collection.html*

DeLorme Map Gate. DeLorme ist ein Beispiel für eine private Firma, die wie viele andere im Bereich Kartographie/GIS im Internet Werbung für ihre Produkte macht. Der Vorteil liegt in der Aktualität und graphischen Anschaulichkeit der Produktinformationen. Internet-Adresse: *http://www.delorme.com*

ESF GISDATA. GISDATA ist ein internationales Programm, welches von der European Science Foundation gefördert wird und der Verbesserung der Infrastrukturen im Bereich Geoinformationssysteme dient. Der Webserver ist vor allem interessant, weil er eine Vielzahl relevanter Internet-Adressen enthält. Internet-Adresse: *http://www.shef.ac.uk/uni/academic/D-H/gis/gisdata.html*

Xerox PARC Map Viewer. Dieser Server bringt eine Weltkarte auf den Bildschirm und auf Klick mit der Maustaste werden bestimmte Gebiete herausvergrößert. Die Vergrößerung ist je nach Region unterschiedlich weit möglich, wobei die genauesten Karten für die USA verfügbar sind. Weitere Funktionen ermöglichen die Suche bestimmter Lokalitäten oder den Wechsel der Projektion. Internet-Adresse: *http://pubweb.parc.xerox.com/map*

5 Zusammenfassung

Drei Voraussetzungen müssen erfüllt sein, um gute Karten am Computer entwerfen und gestalten zu können: Ein Mindestmaß an kartographischen Grundkenntnissen, Fertigkeiten in der EDV und Software, die den benutzerspezifischen Erfordernissen angepaßt ist.

Die theoretischen Grundlagen der thematischen Kartographie unterscheiden sich in einem Punkt wesentlich von den Grundlagen der EDV. Sie unterliegen nicht einer turbulenten Entwicklung, sondern es handelt sich um Grundlagen, die noch in vielen Jahren die gleiche Gültigkeit haben werden wie heute. Das heißt nicht, daß die Entwicklung in der Kartographie stillsteht, aber sie verläuft in einer anderen zeitlichen Dimension. Die Konsolidierung der Kenntnisse hat vor fast zwei Jahrzehnten stattgefunden und kam in den großen Lehrbüchern zum Ausdruck, die in den 70er Jahren erschienen sind. Die darin aufgezeigten theoretischen Grundlagen haben bis heute, und nicht nur in ihren Grundzügen, Gültigkeit. Lediglich die Akzentuierung ist einem Wandel unterworfen, der vom herrschenden Zeitgeist abhängt.

Besonders in wissenschaftlichen Publikationen herrscht heute in der Kartographie eine starke Sachlichkeit des Ausdrucks vor. Ziel ist es, mit minimalem Einsatz von Ausdrucksmitteln eine zielgruppengerechte Karte zu entwerfen. Das Erscheinungsbild wird im wesentlichen durch die Daten und das Ziel der Darstellung bestimmt. Auf schmückendes Beiwerk wird im Interesse der Lesbarkeit weitestgehend verzichtet. Eine Entwicklung, die den Inhalt der Karte in den Mittelpunkt stellt.

Während bis vor wenigen Jahren nur ein kleiner Kreis Zugang zur Kartographie hatte und dieser Kreis überwiegend mit den theoretischen Grundlagen vertraut war, hat sich dies heute grundlegend geändert. Modern gestaltete und benutzerfreundliche Desktop-Mapping-Software erlaubt es fast jedem, Karten zu erzeugen, und zwar ohne theoretische Grundkenntnisse. Die Computerkartographie hat jedoch die Gültigkeit der in Kapitel 2 dargelegten Grundsätze aus Graphik und Kartographie keineswegs gemindert. Deshalb ist deren Kenntnis nach wie vor von größter Wichtigkeit, und eine intensive Beschäftigung mit ihnen ist unabdingbar. Ratschläge wie "das Erscheinungsbild wird durch die Daten bestimmt" sind ohne weitergehende Kenntnisse eine leere Phrase.

Die Qualität einer Software läßt sich daran messen, inwieweit sie die Umsetzung der kartographischen Grundprinzipien erleichtert oder zumindest ermöglicht. Für den größten Teil der Software kann dies gelten, auch wenn bei weitem nicht die Vielfalt thematischer Kartographie abgedeckt wird.

Vergleich der PC-Programme. Die Computerkartographie hat im PC-Bereich, analog zur Hardware, eine bemerkenswerte Entwicklung genommen. Noch Ende der 80er Jahre waren am PC erstellte Karten eindeutig als solche erkennbar, und zwar am technischen Erscheinungsbild. Aus kartographischer Sicht wiesen sie häufig Mängel auf, die sich mit den Programmen nicht beheben ließen. Diese Kinderkrankheiten sind mittlerweile aber von den meisten Programmen überwunden. Sowohl die Funktionen als auch die Art der Bedienung wurden entscheidend verbessert. Die Unterschiede zwischen den einzelnen Programmen, wie sie aus Kap. 4.3 hervorgehen, sind in der Tabelle 5.1 vereinfacht zusammengefaßt.

Die Mehrzahl, 10 von 12 getesteten Programmen, läuft inzwischen unter der Windows-Oberfläche. Windows erweist sich in vielerlei Hinsicht als sehr gut geeignet für kartographische Zwecke und löste bei vielen Programmen die zuvor bestehenden Probleme mit Schriftarten und Druckertreibern. Das DOS-Programm PolyPlot besitzt ebenfalls eine moderne, graphisch gestaltete Oberfläche. Einzig GoMAP wirkt in seiner Bedienungsform, die eindeutig die Herkunft aus einem batchorientierten Großrechnerprogramm erkennen läßt, antiquiert.

Beim *Kartenentwurf* unterscheiden alle Programme zwischen der Geometriedatenebene und der Sachdatenebene. Einige können die Informationen auf etlichen weiteren Ebenen abspeichern, die sich dann wie Transparentfolien übereinander legen lassen. Diese Arbeitsweise, die als *Multi-Layer-Technik* bezeichnet wird, findet sich am ausgeprägtesten bei den Programmen MapViewer, PolyPlot, MapInfo und RegioGraph.

Als *Darstellungsformen* bieten alle Programme Choroplethenkarten und Diagrammkarten, die meisten auch Symbolkarten. Alle erlauben es, Choroplethenkarten mit zumindest einer weiteren Darstellungsform zu überlagern. Die Klassenbildung wird durch verschiedene Methoden unterstützt, wobei sich die Programme in der Anzahl der möglichen Methoden unterscheiden. Deutlicher sind die Unterschiede bei den Diagrammkarten. Alle Programme bieten Symboldiagramme, Balkendiagramme und Kreisdiagramme, wobei allerdings die Auswahl innerhalb dieser Diagrammgruppen unterschiedlich ausfällt. Bei einigen Programmen ist die Auswahl mit diesen Typen bereits erschöpft, andere bieten weitere Formen an, zu nennen ist aufgrund der reichlichen Auswahl sinnvoll einsetzbarer Darstellungsformen MERCATOR.

Die *Gestaltungsmöglichkeiten* in den Programmen sind ebenfalls recht unterschiedlich, von den einheitlichen Schriften der Windows-Software abgesehen. Die meisten Programme lassen dem Anwender bei der Anordnung der Elemente freie Hand. Andere erlauben die Variation nur innerhalb enger Grenzen, z.B. GoMAP, Map-It! und GeoStat.

Tabelle 5.1 Ausgewählte Eigenschaften der PC-Software im Vergleich

✓ möglich (✓) möglich, mit Einschränkung - nicht möglich n Anzahl Varianten	ArcView	EASYMAP	GeoStat	GoMAP	Mapinfo	Map-It!	MapViewer	MERCATOR	PCMap	PolyPlot	RegioGraph	THEMAK2
Version	2.1	6.1	1.03	1.2	3.0	2.0	2.1	4.5	9.0	4.1	2.0	3.1
Betriebssystem/Oberfläche	win	win	win	dos	win	win	win	win	win	dos	win	win
Darstellungsformen												
Choroplethenkarten	✓	✓	✓	✓	✓	✓	✓	✓	✓	✓	✓	✓
Diagrammkarten	✓	✓	✓	✓	✓	✓	✓	✓	✓	✓	✓	✓
Symboldiagramme (n)	1	1	1	1	3	1	2	2	2	1	2	3
Kreisdiagramme (n)	1	1	1	3	1	1	1	2	1	2	1	2
Balkendiagramme (n)	2	2	2	2	2	2	-	5	3	4	2	2
Weitere Darstellungen (n)	1	-	1	-	1	1	1	1	1	-	1	2
Symbolkarten	✓	✓	✓	-	✓	✓	✓	✓	✓	✓	✓	✓
Hilfsmittel beim Entwurf												
Klassifikationsverfahren (n)	3	3	2	2	4	3	3	8	4	6	5	5
mitgelieferte Symbole	>60	>60	>60	2	36	5	6	-	9	>60	25	>60
Import zusätzlicher Symbole	✓	✓	✓	-	✓	✓	✓	✓	✓	✓	✓	✓
Anzahl Layer	>10	>10	2	>10	>10	>10	>10	10	>10	>10	>10	>10
Geometriedaten												
Einlesen aus ASCII	✓	-	-	✓	✓	-	✓	✓	✓	✓	✓	✓
Einlesen Rasterkarten	✓	-	-	-	✓	-	✓	✓	✓	✓	-	✓
Modifikation	✓	-	-	-	✓	(✓)	✓	-	✓	✓	✓	✓
Digitalisierung	✓	-	-	-	✓	-	✓	-	✓	✓	✓	-
Sachdaten												
Modifikation im Programm	✓	-	(✓)	-	✓	✓	✓	✓	✓	-	✓	✓
Dynamischer Datenaustausch	✓	✓	-	-	✓	✓	-	-	✓	-	✓	-
Statistische Parameter	✓	✓	-	-	✓	-	✓	✓	✓	-	✓	-
Gestaltung												
Drag and drop (verschieben)	✓	✓	✓	-	✓	✓	✓	✓	✓	✓	✓	✓
Freies Zeichnen	✓	-	-	-	✓	-	✓	-	✓	✓	✓	-
Legende	✓	✓	✓	✓	✓	✓	✓	✓	✓	(✓)	✓	✓
Nordpfeil	✓	✓	(✓)	-	✓	-	✓	-	✓	(✓)	-	✓
Reduktionsmaßstab	✓	✓	-	-	(✓)	-	-	-	✓	(✓)	-	✓
Maßstabsbalken	✓	✓	-	✓	✓	-	-	✓	✓	(✓)	-	✓
Mögliche Schriftblöcke	>10	>10	2	3	>10	1	>10	>10	>10	>10	>10	>10
frei anzuordnen	✓	✓	(✓)	-	✓	✓	✓	✓	✓	✓	✓	✓
freistellen (automatisch)	-	✓	-	-	✓	✓	✓	-	✓	✓	✓	✓
Ausgabe												
Wysiwyg realisiert	✓	✓	✓	-	✓	-	(✓)	✓	✓	✓	✓	✓
Graphik-Exportfilter (n)	4	-	1	7	3	-	1	8	5	7	17	1
Object linking & embedding	-	-	-	-	-	✓	-	-	-	-	✓	-

Anm.: Die Eintragungen sind nach vergleichbaren Kriterien ermittelt und können von Herstellerangaben abweichen.

Die optimale Software. Nachdem insgesamt 12 PC-Kartographieprogramme ausgiebig getestet wurden, drängt sich die Frage nach dem besten Programm auf. Diese läßt sich nicht generell beantworten, da alle Programme Stärken und Schwächen in bestimmten Bereichen aufweisen. Grundsätzlich ist an ein Kartographieprogramm die Anforderung zu stellen, daß es die Herstellung vollständiger und korrekter Karten ermöglichen muß. Programme, die dies nicht oder nur auf Umwegen gestatten, können generell nicht empfohlen werden. Bei den anderen Programmen läßt sich keine Rangliste aufstellen. Welche Vor- oder Nachteile der Programme letztlich entscheidend sind, hängt von den Anforderungen und Wünschen des jeweiligen Anwenders ab. Die Qualität einer Software bemißt sich danach, inwieweit sie diesen Anforderungen entspricht. Neben dem Funktionsumfang spielt auch die Art der Bedienung, d.h. die Oberfläche, eine wichtige Rolle.

Vereinfacht lassen sich verschiedene Typen von Anwendern unterscheiden, wobei das Spektrum vom Gelegenheits-Kartographen bis hin zum hauptberuflich mit der Kartenerstellung befaßten Profi reicht.

Die erste Gruppe bilden Anwender, die Karten nur gelegentlich einsetzen. Daraus folgt, daß ein geeignetes Kartographieprogramm einfach strukturiert und leicht zu erlernen sein muß. Diese Personen verfügen außerdem in der Regel über keinerlei kartographische Vorkenntnisse und verspüren wenig Lust, sich diese anzueignen. Zur Kartenerstellung sollten deshalb nur wenige Schritte erforderlich sein, bei denen das Programm den Anwender weitgehend bei der Hand nimmt und auf den richtigen Weg leitet. Essentielle Kartenelemente, z.B. der Maßstab oder die Legende, sollten vom Programm automatisch angefordert und eingezeichnet werden. Allzu viele Einstellungsmöglichkeiten erweisen sich hier zumeist als Fehlerquellen, und Variationen beim Layout führen leicht zu einem chaotischen Kartenbild. Die genannten Anforderungen werden z.B. von den Programmen EASYMAP und RegioGraph weitgehend erfüllt.

> In diese Gruppe fällt unter anderem die Marktforschung. Die Betroffenen sind im Rahmen ihrer Ausbildung der Kartographie nicht begegnet und sie arbeiten nur gelegentlich mit räumlichen Themen, die sich in Kartenform darstellen lassen, z.B. Einzugsbereiche von Einkaufszentren o.ä.

Anwender, die im Rahmen ihrer Tätigkeit regelmäßig Karten verwenden und erstellen wollen, bilden die zweite Gruppe. Bei ihnen kann ein gewisses Maß an kartographischem Sachverstand sowie an graphischem Gespür vorausgesetzt werden. Dennoch ist die Kartenerstellung nur ein Nebenaspekt der Aufgabe, woraus folgt, daß die Kartenerstellung nicht allzu viel Zeit in Anspruch nehmen sollte. Gewisse Einschränkungen, was Entwurf und Gestaltung der Karte angeht, werden dafür hingenommen. Geeignet für diese Anwendergruppe sind z.B. die Programme MERCATOR und EASYMAP. Weiterhin kommt das Programm MapInfo in Frage, wobei dieses allerdings mehr Einarbeitungszeit verlangt.

Ein Beispiel für diese Anwendergruppe ist ein mit räumlichen Fragestellungen arbeitender Wissenschaftler, der Karten sowohl als Analyse- wie auch als Präsentationsinstrument einsetzt.

Anwender, die häufig Karten erstellen, gute kartographische Grundkenntnisse haben und hohe Ansprüche an Entwurf und Gestaltung einer Karte stellen, bilden die dritte Kategorie. Karten werden regelmäßig für Publikationen erarbeitet, die für ein kartographisch geschultes Fachpublikum bestimmt sind. Solche Anwender sind bereit, einen hohen Einarbeitungsaufwand hinzunehmen und gegebenenfalls viel Zeit in die Erarbeitung einer Karte zu investieren. Dementsprechend sollte ein geeignetes Kartographieprogramm wie ein Werkzeugkasten aufgebaut sein, der keine vorgefertigten Lösungen oder Rezepte liefert, sondern Unterstützung beim freien Entwurf einer Karte anbietet. Für solche Anwender eignen sich zum Beispiel die Programme PolyPlot, PCMap, MapInfo, THEMAK2 und mit kleinen Einschränkungen auch MapViewer. Werden auch GIS-Funktionen benötigt, ist ArcView empfehlenswert.

Ein Beispiel für diese Anwenderkategorie sind Geographen oder Kartographen, die als Fachkräfte innerhalb bestimmter Einrichtungen wie Behörden, Firmen etc. hauptberuflich für Graphik und Kartographie zuständig sind.

Eine Sonderstellung nehmen solche Anwender ein, die nur Arbeitskarten als Analyseinstrument für ihre räumlichen Daten einsetzen wollen und an einer Präsentation fertiger Karten nur untergeordnetes Interesse haben. Diese Anwender können eventuell mit den Kartographiemöglichkeiten innerhalb der Tabellenkalkulations- oder Statistiksoftware zufrieden sein, z.B. wenn Excel, SAS oder NSDstat verwendet wird.

SAS ist ein sehr teures und kompliziertes Programm. Es lohnt sich keinesfalls, es nur wegen der Kartenfunktion zu erlernen oder gar anzuschaffen. Wenn es jedoch sowieso vorhanden ist und für die Datenanaylse eingesetzt wird, kann die Kartographiefunktion mit wenig Zusatzaufwand genutzt werden. Je nach Intensität des Bedarfs kann dann die Anschaffung eines eigenen Kartographieprogramms entfallen, v.a. dann, wenn zusätzlich zu Excel oder SAS ein Zeichenprogramm zur Nachbearbeitung vorhanden ist.

Außerdem spielen Faktoren wie der Preis, die Zugänglichkeit von Koordinaten oder die Programmsprache eine Rolle, diese können aber von jedem selbst nach den eigenen Maßstäben gewichtet werden. Beim Preis ist unbedingt zu berücksichtigen, daß er sich aus zwei Komponenten zusammensetzt, und zwar aus den Kosten für die Software und den Kosten für die Geometriedaten. Ein Preisvergleich muß beide Faktoren einbeziehen.

Schließlich zeigt die Betrachtung der kartographischen Software auf anderen Rechnertypen, daß sowohl im Workstation- als auch im Apple-Bereich Programme vorliegen, die denen der IBM-Welt teilweise überlegen sind. Hingegen handelt es sich bei den Geoinformationssystemen um einen anderen Programmtyp, der sich nicht direkt mit kartographischer Software vergleichen läßt. Bei einem GIS steht nicht die Darstellung, sondern Speicherung und Analyse der Daten im Mittelpunkt.

Ausblick. Die zukünftige Entwicklung der computergestützten thematischen Kartographie auf PCs wird in erster Linie von der rasanten Entwicklung im Hardwarebereich bestimmt. Immer schnellere Prozessoren und höhere Speicherkapazitäten ermöglichen eine stetige Erweiterung der Funktionen kartographischer Programme. Leistungsfähige und preisgünstige Drucker erlauben die Ausgabe sehr hochwertiger Karten, wobei die Farbausgabe zunehmend zum Standard wird.

Parallel dazu wird DOS als klassisches PC-Betriebssystem immer mehr an Bedeutung verlieren und in absehbarer Zeit durch Windows komplett ersetzt werden. Der Vorteil der neusten Windows-Versionen NT bzw. 95 ist die Unabhängigkeit von DOS und damit die Aufhebung der 640kB-Hauptspeichergrenze. In Zukunft werden keine neuen DOS-Programme mehr auf den Markt kommen und die wenigen verbliebenen werden über kurz oder lang auf Windows umstellen oder vom Markt verschwinden.

Als weiterer Schritt zeichnet sich der Einsatz von *Multimedia* in der thematischen Kartographie ab (Mayer 1992). Der Begriff Multimedia, "*Wort des Jahres 1995*", stammt aus dem Bereich des modernen Kommunikationswesens und bedeutet den Einsatz aller Medien im Rahmen eines komplexen Informationssystems, darunter z.B. Karten, Graphiken, Bilder, Texte, Filme und Klang. Bei den klassischen thematischen Karten in analoger oder digitaler Form muß der Betrachter die Umsetzung der dargestellten Informationen je nach seinem Kenntnisstand selbst vollziehen. Dieses Informationsangebot wird durch Multimedia wesentlich erweitert. So können Filme und gesprochene Texte Informationen über das dargestellte Gebiet oder das Thema geben. Auf diese Art können komplexe Sachverhalte anschaulich vermittelt werden. Karten sind neben anderen audiovisuellen Techniken elementare Bestandteile von multimedialen Systemen und behalten somit ihre Funktion zur Darstellung raumbezogener Informationen bei.

Insgesamt wird das Desktop Mapping in immer stärkerem Maße allgemeine Verbreitung finden. Hierzu wird ganz wesentlich beitragen, daß Software-Riesen wie Lotus und Microsoft gerade dabei sind, mit eigenen Produkten auf dem Markt zu erscheinen bzw. Kartographiemodule in ihre Tabellenkalkulationsprogramme zu integrieren. Die Karte, als hervorragend geeignetes Medium zur Vermittlung räumlicher Informationen, begegnet uns damit noch häufiger als bisher in vielen Bereichen des öffentlichen Lebens.

Anhang 1: Statistische Ämter

Albanien: Republika e Shqiperise , Ministria e Financave dhe e Ekonomise
Drejtoria e Pergithshme e Statistikes, AL-Tirana

Australien: Australian Bureau of Statistics
Cameron Offices, Belconnen, P.O.Box 10, ACT 2616, Tel. 0061 - 62 - 526627

Belgien: Institut National de Statistique
Rue de Louvain 44, B-1000 Bruxelles, Tel. 0032 - 2 - 5486211

Dänemark: Danmarks Statistik
Sejrogade 11, DK-2100 København Ø, Tel. 0045 - 391 73917

Deutschland: Statistisches Bundesamt
65180 Wiesbaden, Tel. 0611 - 752405

Deutschland / Baden-Württemberg: Statistisches Landesamt
Postfach 106033, 70049 Stuttgart, Tel. 0711 - 6412383

Deutschland / Bayern: Bayerisches Landesamt für Statistik und Datenverarbeitung
80288 München, Tel. 089 - 2119218

Deutschland / Berlin: Statistisches Landesamt
10702 Berlin, Tel. 030 - 8675060

Deutschland / Brandenburg: Landesamt für Datenverarbeitung und Statistik
Postfach 601052, 14410 Potsdam, Tel. 0331 - 39405

Deutschland / Bremen: Statistisches Landesamt
Postfach 101309, 28195 Bremen, Tel. 0421 - 3616480

Deutschland / Hamburg: Statistisches Landesamt
20453 Hamburg, Tel. 040 - 36811766

Deutschland / Hessen: Hessisches Statistisches Landesamt
65175 Wiesbaden, Tel. 0611 - 3682370

Deutschland / Mecklenburg-Vorpommern: Statistisches Landesamt
Postfach 02 01 35, 19018 Schwerin, Tel. 0385 - 40434

Deutschland / Niedersachsen: Niedersächsisches Landesamt für Statistik
Postfach 4460, 30044 Hannover, Tel. 0511 - 9898324

Deutschland / Nordrhein-Westfalen: Landesamt für Datenverarbeitung und Statistik
Postfach 101105, 40002 Düsseldorf, Tel. 0211 - 944901,
Internet: http://www.lds.nrw.de

Deutschland / Rheinland-Pfalz: Statistisches Landesamt
Mainzer Straße 14-16, 56130 Bad Ems, Tel. 02603 - 71468

Deutschland / Saarland: Statistisches Amt des Saarlandes
Postfach 103044, 66030 Saarbrücken, Tel. 0681 - 505913

Deutschland / Sachsen-Anhalt: Statistisches Landesamt
Postfach 262, 06106 Halle, Tel. 0345 - 616787

Deutschland / Sachsen: Statistisches Landesamt
Postfach 105, 01911 Kamenz, Tel. 03578 - 703377

Deutschland / Schleswig-Holstein: Statistisches Landesamt
Postfach 1141, 24100 Kiel, Tel. 0431 - 6895278

Deutschland / Thüringen: Thüringer Landesamt für Statistik
Postfach 863, 99017 Erfurt, Tel. 0361 - 571486

Europäische Union: Eurostat Information Office
Jean Monnet Building, L-2920 Luxembourg, Tel.00352 - 4301 34567

Finnland: Statistics Finland
P.O.Box 504, FIN-00101 Helsinki, Tel. 00358 - 0 - 17341,
Internet: http://www.stat.fi/sf/home.html

Frankreich: INSEE
18, boulevard Adolphe Pinard, F-75675 Paris CEDEX 14, Tel. 0033 - 1 - 41175050

Griechenland: National Statistical Service of Greece
14-16 Lycourgou Street, GR-10166 Athens, Tel. 0030 - 1 - 3248512

Irland: Central Statistics Office
St. Stephens Green House, Earlsfort Terrace, Dublin 2, Tel. 00353 - 1 - 767531

Italien: Instituto Nazionale di Statistica
Via Cesare Balbo, 16, I-00100 Roma, Tel. 0039 - 6 - 46731

Japan: Statistics Bureau, Managament & Coordination Agency
95 Wakamatsucho, Shinjuku-ku Tokyo 162, Tel. 0081 - 3 - 2021111

Jugoslawien: Saveni Zavod za Statistiku
Kneza Milosa 20, YU-11011 Beograd, Tel. 00381 - 11 - 681999

Kanada: Statistics Canada
Turney`s pasture, Ottawa, Ontario, K1A 0T6, Tel. 001 - 613 951 8219

Kroatien: Central Bureau of Statistics
41 000 Zagreb, Ilica 3, P.O.B. 671, Tel. 00385 - 41 - 454422

Luxemburg: STATEC
B.P. 304, L-2013 Luxembourg, Tel. 00352 - 4781

Mazedonien: Statistical Office of the Republic of Macedonia
Dame Gruev - 4, Skopje, Tel. 00389 - 91 - 115 022

Niederlande: Centraal Bureau voor de Statistiek
Prinses Beatrixlaan 428, NL-2273 XZ Voorburg, Tel. 0031 - 45 - 5707070,
Internet: http://www.cbs.nl/

Norwegen: Statistik sentralbyra
Skippergata 15, P. O. Box 8131 Dep., N-0033 Oslo, Tel. 0047 - 22 - 864500,
Internet: http://www.ssb.no

Österreich: Österreichisches Statistisches Zentralamt
Hintere Zollamtsstraße 2b, A-1033 Wien, Tel 0043 - 222 - 71128

Polen: Statistical Publishing Establishment
al. Niepodleglosci 208, PL-00 - 925 Warsaw, Tel. 0048 - 22 - 251455

Portugal: Instituto Nacional de Estatistica
Av. Antonio José de Almeida 2, P-1078 Lisboa Codex, Tel. 00351 - 1 - 8470050

Schweden: Statistics Sweden
Information Services, S-115 81 Stockholm, Tel. 0046 - 8 - 7834801,
Internet: http://www.scb.se

Schweiz: Bundesamt für Statistik
Schwarztorstraße 96, CH-3003 Bern, Tel. 0041 - 31 - 3256060

Slowakei: Slovenký Statistický Ùrad (SSÙ)
Informacnom servise SSÚ, Mileticova ul. c. 3, 824 67 Bratislava

Slowenien: Zavod Republike Slovenije za Statistiko
Vozarski pot 12, SLO-61000 Ljubljana, Tel. 00386 - 61 - 216951,
Internet: http://www.sigov.si/zrs/index_e.html

Spanien: Instituto Nacional de Estadística
Paseo de la Castellana 183, E-28046 Madrid, Tel. 0034 - 1 - 5839100

Tschechische Republik: Ceský Statistický Úrad
Sokolovská 142, 186 04 Praha 8, Tel. 0042 - 2 - 6604 2451,
Internet: http://infox.eunet.cz/csu/csu_e.html

Türkei: State Institute of Statistics
TR-06100 Ankara, Tel. 0090 - 312- 425 5008
Internet: http://www.mfa.gov.tr/grupa/Stat.htm

Ungarn: Hungarian Central Statistical Office
Keleti Károly u. 5-7, H-1525 Budapest II., Tel. 0036 - 1 - 358530

USA: U.S. Bureau of the Census
Washington, DC 20233, Tel. 001 - 301 - 7634100

Vereinigtes Königreich: Central Statistical Office
Great George Street, London SW1P 3AQ, Tel. 0044 - 71 - 2706357,
Internet: http://www.emap.co.uk/cso/

Anhang 2: Kartographische Software

A. Im Text aufgegriffene Software

3D Atlas: Electronic Arts, 33332 Gütersloh, ca. DM 100.-

ARC/INFO: ESRI Gesellschaft für Systemforschung und Umweltplanung mbH, Ringstraße 7, 85402 Kranzberg. DM 11-30000 (je nach Komponenten), Uni-Rabatt

ArcView: siehe S. 176

Atlus: Autor: Hyrax Systems, P.O.Box 860611, Plano, Texas 75086-0611, USA Shareware, z.B. bei PD Profi G. Zöttlein, Schulstr. 13, 86666 Burgheim, Registrierung US-$ 20.-

cart/o/graphix: CART/O/INFO Software GmbH, Karlstraße 95, 76137 Karlsruhe. ab DM 5000.-, Uni-Rabatt

CD-Atlas de France: Chadwyck-Healey Ltd., Cambridge Place, Cambridge, CB2 1NR, England, £ 925.-

CD-ROM Atlas Pack: DM 198.- bei PD Profi G. Zöttlein, Schulstr. 13, 86666 Burgheim

CD-ROM I.N.S: Institute National de Statistique, 44, Rou de Louvain, 1000 Bruxelles, Belgien, ca. DM 2500.-

Centennia: Heureka-Klett, 71398 Korb, DM 68.-

CH-Atlas für Windows: Shareware, z.B. bei HE Software, Röntgenstr. 11, 72770 Reutlingen. Registrierung SFr. 119.- bei Amadeus Informatik AG, Waldegg 7, CH-6210 Sursee

Deutschland Atlas: Autor: Amadeus Informatik AG, Waldegg 7, CH-6210 Sursee Shareware, z.B. bei Shareware2000, Wittlagerstr. 34, 49152 Bad Essen Registrierung DM 89.- bei Suter GmbH, Postfach 104555, 40036 Düsseldorf

Digital Chart of the World (DCW): Chadwyck-Healey Ltd., Cambridge Place, Cambridge, CB2 1NR, £ 215.-

EASYMAP: siehe S. 183

EducAtlas: Shareware z.B. bei PD Profi G.Zöttlein, Schulstr. 13, 86666 Burgheim, Registrierung US-$ 20.- bei F. Jarraud, 3 Place Kennedy, 92130 Issy, Frankreich

Eurostat-CD. Elektronisches statistisches Jahrbuch der EG:
Eurostat Information Office, L-2920 Luxembourg, ECU 750.-

Fastmap: Freeware, z.B. bei PD Profi G.Zöttlein, Schulstr. 13, 86666 Burgheim

Finger Maps: Shareware, z.B. bei HE Software, Röntgenstr. 11, 72770 Reutlingen Registr. US-$ 15.- bei Poisson Techn., 816 Gregory Court, Fremont, CA 94539, USA

GeoStat: siehe S. 189

Global Explorer: DeLorme Mapping, Falltal 5, 67731 Otterbach, ca. DM 130.-

GoMAP: siehe S. 195

MapInfo: siehe S. 202

Map-It!: siehe S. 209

Maps & Data: im Softwarehandel, z.B. bei Softline, Tel. 07802/924222, Fax 07802/924240, DM 333.-

MapViewer: siehe S. 216

MEGASTAT-La France: Éditions NATHAN-LOGICIELS, 3-5 Avenue Gallieni, 94257 Gentilly CEDEX., ca. FF 6000.-

MERCATOR: siehe S. 225

NSDstat: ZUMA, B2,1 , 68159 Mannheim, DM 513.-, Studentenrabatt, Aufschlag bei kommerzieller Nutzung

PC Globe: z.B. bei Cornelsen Verlag, Postfach 33 01 09, 14171 Berlin, DM 158.-

PCMap: siehe S. 232

PolyPlot: siehe S. 240

RegioGraph: siehe S. 246

RUDI Ruhr: Cornelsen Verlag, Postfach 33 01 09, 14171 Berlin, DM 298.-, Schulrabatt

SAS: SAS Institute, Postfach 10 53 07, 69118 Heidelberg

The 1981 census small area statistics for England, Wales and Scotland
Chadwyck-Healey Ltd., Cambridge Place, Cambridge, CB2 1NR, England, £ 2500.-

THEMAK2: siehe S. 252

Toolworks Welt Atlas: erhältlich im Fachhandel, ca. DM 20.- (englische Version) oder DM 50.- (deutsche Version)

Weltatlas Professional: 1&1, 56410 Montabaur, DM 49.-

B. Desktop Mapping Software in USA

Im folgenden ist eine Auswahl englischsprachiger Produkte zusammengestellt, die in den USA vertrieben werden (aus: Baker/Baker 1993, 211ff.). Es handelt sich dabei um zum Teil sehr leistungsfähige Software, die nicht selten Elemente von Geoinformationssystemen besitzen. Leider sind die Produkte häufig nur sehr schwierig zu beziehen, da es nur in wenigen Fällen Lieferanten in Deutschland oder in einem anderen europäischen Land gibt.

ComGraphix Inc.
620 E St.
Clearwater, FL 34616
Fax: (813) 443 7585

ComGraphix ist eine Softwaregesellschaft, die *MapGraphix GIS*, ein umfangreiches GIS sowie *MapLink*, ein Übersetzungsmodul für unterschiedliche Datenformate und *MapGraphix Display*, eine preiswerte vereinfachte Version von MapGraphix auf den Markt bringt.

GeoQuery Corporation
475 Alexis R. Shuman Blvd.
Suite 385E
Naperville, IL 60563-8453
Fax: (708) 717 4254

GeoQuery Corporation entwickelte und verkauft *GeoQuery* für Macintosh, ein Analyse- und Kartographieprogramm, das preiswert und voll ausgestattet ist. Die Gesellschaft verkauft auch Daten für GeoQuery.

Hawthorne Software Company, Inc.
P.O.Box 35
Hawthorne, NJ 07507

Hawthorne Software bietet *PINMAP* an, ein Kartographieprogramm auf PC-Basis, das vor allem auf den amerikanischen Markt zugeschnitten ist.

Lantern Corporation
63 Ridgemoor Drive
Clayton, MO 63105

Lantern Corporation entwickelt und verkauft *Voyager* für Windows, ein ausgefeiltes Produkt, das insbesondere für Zeitreihenanalysen Möglichkeiten bietet, d.h. Veränderungen von Daten und Grenzen können im Zeitverlauf dargestellt werden. Darüber hinaus ermöglicht es auch Datenbankverbindungen, eine Vielzahl verschiedener Präsentationsgraphiken und unterstützt zusätzlich fortgeschrittene Analyseverfahren.

Sammamish Data Systems
1813 130th Avenue, NE, Suite 216
Bellevue, WA 98005-2240

Sammamish Data Systems bietet zwei Software Produkte an, die beide für die kommerzielle Marktforschung entwickelt wurden. *Geosight* verbindet Datenbankinformationen mit Lageinformationen und mit Hilfe des *Territory Management System* können Gebiete unter Zuhilfenahme verschiedener Werkzeuge interaktiv abgegrenzt werden.

Software Publishing Corporation
1901 Landings Drive
P.O.Box 7210
Mountain View, CA 94039-7210

Software Publishing Corporation ist ein internationaler Anbieter von Software für IBM und kompatible PCs. *Harvard Geographics* ist ein auf DOS basierendes Darstellungsprogramm für Repräsentationskarten wie sie in Geschäftsberichten Anwendung finden. Die Karten sind mit Harvard Graphics, dem bekannten firmeneigenen Graphikprogramm und auch einigen anderen gebräuchlichen Graphikformaten kompatibel.

Tactics International Limited
16 Havervill Street
P.O.Box 4016 BV
Andover, MA 01810
Fax: (508) 475-2136

Tactics International liefert Technologien, die leitende Angestellte wie Manager und Geschäftsführer unterstützen soll. Ihr Flaggschiff ist das ausgezeichnete *Tactician*, ein ausgefeiltes Analyseprogramm mit GIS-Merkmalen, das Datenbankmanagement, Zugang zu Großrechnerdaten, Entscheidungshilfe-Funktionen und vieles mehr vereint. Es gibt Versionen von Tactics für den PC unter Windows und für Macintosh. Die Gesellschaft bietet eine große Zahl von Daten aus privaten und öffentlichen Quellen.

Urban Decision Systems, Inc.
2040 Armacost Ave.
P.O.Box 25953
Los Angeles, CA 90025
Fax: (213) 826 0933

Urban Decision Systems Inc. begann als Anbieter von demographischen und ökonomischen Daten. Ihre verschiedenen Datenangebote können als gedruckte Berichte oder in maschinenlesbarem Format erworben werden. UDS ist dabei, die Entwicklung eines Kartographieprogramms, nämlich Scan/US, abzuschließen. Es handelt sich um ein leistungsfähiges Kartographieprodukt, daß unter Windows auf dem PC läuft. Das Produkt vereint Entscheidungshilfen, Datenmanagement und geographische Informationsfunktionen.

Anhang 3: Geometriedaten im Preisvergleich

Tabelle A.1 gibt einen Überblick über die Verfügbarkeit von Geometriedaten der vorgestellten PC-Programme. Die erstellten Kostenvoranschläge der Anbieter sind als Richtwerte zu verstehen. Die tatsächlichen Kosten, insbesondere für Digitalisierungen, können stark variieren und sind auch von der Qualität des Ausgangsmaterials abhängig.

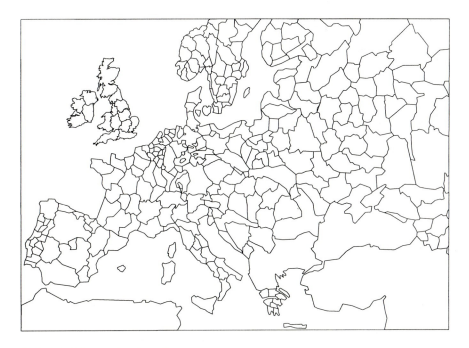

Abb. A.1. Historische Karte Europas

Folgende Karten wurden angefragt:
- *Weltkarte*: Alle Nationen.
- *Deutschland*: Neue und alte Bundesländer auf der Basis der Stadt- und Landkreise.
- *Europa*: Regionale Karte auf der NUTS2-Ebene, nur Mitglieder der europäischen Union. Unter NUTS versteht man die Regionalsystematik der Europäischen Union, die in mehrere Ebenen eingeteilt ist. Die NUTS2-Ebene hat 183 regionale Einheiten.
- *Historische Karte*: Digitalisierung der in Abbildung A.1 dargestellten historischen Karte von Europa um 1870 mit ca. 300 Regionen. Das Original ist auf einer voll ausgefüllten DIN-A4-Seite wiedergegeben.
- *Italien*: Umformung von im ASCII-Format vorhandenen Koordinaten. Eine Diskette mit den Koordinaten der 95 Provinzen Italiens (ca. 2800 Punkte) wurde beigelegt.

Tabelle A.1. Lieferumfang und Kostenvoranschläge für Geometriedaten

	Weltkarte	Deutschland	Europa	Historische Karte	Italien
ArcView	i.L.	1500 DM[6]	i.L.	500 DM	i.L.
EASYMAP	i.L.	i.L.	450 DM	1500 DM	200 DM
GeoStat	- Lieferant beantwortete Anfrage nicht -				
GoMAP	90 DM	5000 DM	5000 DM	5000 DM	1000 DM
MapInfo[1]	i.L.	i.L.	i.L.	o. Preis	o. Preis
Map-It!	i.L.	i.L.	o. Preis	k.A.	k.A.
MapViewer	i.L.	k.A.[2]	k.A.[2]	400 DM	200 DM
Mercator	315 DM	i.L.	308 DM	500 DM	50 DM
PCMap	i.L.	400 DM[3]	795 DM[4]	1000 DM	200 DM
PolyPlot[5]	k.A.	k.A.	k.A.	100 DM	100 DM
RegioGraph	250 DM	i.L.	i.L.	400 DM	i.L.
THEMAK2	300 DM	i.L.	300 DM	k.A.	400 DM

Anmerkungen:
1   Dienstleistungen möglichst über autorisierten Fachhändler
2   Kostenvoranschlag nur mit Kartenvorlage möglich
3   "Deutschland-Set" enthält des weiteren Postleitzahlenzonen und -regionen
4   "Europa-Set" enthält alle Grenzen NUTS0-NUTS3
5   bieten im allgemeinen keine Dienstleistung an, über Schnittstellen können viele Formate übernommen werden
6   inkl. Gemeindegrenzen

i.L.   = im Lieferumfang
-- DM   = Preis nach Kostenvoranschlag
k.A.   = keine Angaben
o. Preis = Dienstleistung möglich, ohne Preisangabe

Anhang 4: Dokumentation der CD-ROM

Hersteller von Kartographieprogrammen bieten in der Regel Demoversionen ihrer Programme an, die dazu gedacht sind, Kaufinteressenten die Funktionsweise des Programms zu veranschaulichen und ein Ausprobieren zu ernöglichen. Diese "Demos" sind zumeist kostenlos oder gegen eine geringe Schutzgebühr erhältlich. Dem Buch liegt eine CD-ROM bei, die Demos der meisten im Kapitel 4.3 getesteten Kartographieprogramme sowie einige Shareware-Programme enthält. Bei den Demos handelt es sich teilweise um selbsttätig ablaufende Bildschirmpräsentationen, teilweise um vollständige Programmversionen, bei denen lediglich Druck- und Speicherfunktionen abgeschaltet sind.

Tabelle A.2. Inhalt der CD-ROM

Verzeichnis	Inhalt	vgl. Kapitel
ARCVIEW	Demo ArcView 2.1	4.3.1
EASYMAP	Demoversion von EASYMAP 6.1	4.3.2
EASYVIEW	Demoversion von EASYVIEW (Präsentationsprogramm für EASYMAP-Karten)	4.3.2
MAPINFO	Demo MapInfo Professional	4.3.5
MAP-IT!	Demoversion von Map-It! 3.0	4.3.6
MAPVIEW	Demoversion von MapViewer 2.1	4.3.7
MERCATOR	Demoversion von MERCATOR 4.5	4.3.8
PCMAP	Demoversion von PCMap 9.0	4.3.9
POLYPLOT	Demoversion von PolyPlot 4.1	4.3.10
REGIOGRA	Demoversion von RegioGraph 2.0	4.3.11
THEMAK2	Demoversion von THEMAK2 3.1	4.3.12
SHAREWAR	Atlasprogramme ATLUS, CH-Atlas, Deutschland-Atlas, EducAtlas, Finger Maps, Jennifer Maps	4.1

Die Programme sind nicht direkt von der CD-ROM aus lauffähig, sondern müssen zuerst auf der Festplatte installiert werden. Alle Verzeichnisse enthalten auf der ersten Ebene eine Datei LIESMICH.TXT mit Installationshinweisen. Bei Problemen mit Installation oder Bedienung der Programme ist der jeweilige Programmhersteller bzw. -lieferant der kompetente Ansprechpartner, der auch die alleinige Verantwortung für die Funktionsfähigkeit trägt..

Die Drucklegung dieses Buches erfolgte früher als die Herstellung der CD-ROM. Deshalb ist es möglich, daß deren Inhalt geringfügig von dem abweicht, was in der Tabelle wiedergegeben ist. Änderungen sind gegebenenfalls in der Datei LIESMICH.TXT im Hauptverzeichnis der CD-ROM dokumentiert.

Literatur

ABELE, L. (1992): Das System ERDAS. In: KILCHENMANN, A. (Hrsg.): Technologie Geographischer Informationssysteme, 181-190. Berlin.

ADOBE SYSTEMS INC. (Hrsg.) (1988): PostScript: Einführung und Leitfaden. Bonn.

ARNBERGER, E. (1966): Handbuch der thematischen Kartographie. Wien.

ARNBERGER, E. (1968): Ein grundlegender Beitrag der Raumforschung und Landesplanung zur Methodenlehre der thematischen Kartographie. In: Mitteilungen der Österreichischen Geographischen Gesellschaft, 110, 265-277. Wien.

ARNBERGER, E. (1979): Die Bedeutung der Computerkartographie für Geographie und Kartographie. In: Mitteilungen der Österreichischen Geographischen Gesellschaft, 121, 9-45. Wien.

ARNBERGER, E. (1983): Thematische Kartographie - Revolution oder Evolution? In: Kartographische Nachrichten, 35, 109-115.

ARNBERGER, E. (1987): Thematische Kartographie. Braunschweig.

ASCHE, H. (1989): Einsatz von Mikrocomputern in der Kartographie. In: Wiener Schriften zur Geographie und Kartographie, 2, 182-190.

ASCHE, H. & C.M. HERRMANN (1994): Desktop Mapping in der thematischen Kartographie. Stand der Technik und Marktübersicht. In: Dodt, J. & W.Herzog (Hrsg.): Kartographisches Taschenbuch 1994/95, 75-94. Bonn.

BAGER, J. (1995): Malen nach Zahlen. Desktop-Mapping-Systeme machen Statistikdaten anschaulich. In: c't, 9, 112-117.

BAHRENBERG, G., GIESE, E. & J. NIPPER (1990^3): Statistische Methoden in der Geographie. Band 1: Univariate und bivariate Statistik. Stuttgart.

BÄHR, H.-P. & T. VÖGTLE (1991^2): Digitale Bildverarbeitung. Anwendung in Photogrammetrie, Kartographie und Fernerkundung. Karlsruhe.

BAKER, S. & K. BAKER (1993): Market Mapping. How to use revolutionary new software to find, analyze, and keep customers. New York.

BÄR, W.-F. (1976): Zur Methodik der Darstellung dynamischer Phänomene in thematischen Karten. Frankfurter Geographische Hefte, 51.

BARTHELME, N. (1994): Geoinformatik. Modelle, Strukturen, Funktionen. Berlin.

BÄTZ, W.H. & R. HAYDN (1989): Satellitendaten als Informationsbasis für thematische Kartierungen. In: Internationales Jahrbuch für Kartographie, 24, 33-53.

BECK, U. (1987): Computer-Graphik. Basel.

BEISEL, H. (1993): Graphik-Files auf Mainframes und PCs. In: PC-Nachrichten des Universitätsrechenzentrums Heidelberg, 11, 18-22.

BERNHARDSEN, T. (1992): Geographic Information Systems. Arendal.

BERTIN, J. (1974): Graphische Semiologie. Berlin.

BERTIN, J. (1982): Graphische Darstellungen. Berlin.

BILL, R. & D. FRITSCH (1991): Grundlagen der Geo-Informationssysteme. Band 1: Hardware, Software und Daten. Karlsruhe.

BILL, R. (1993): Geographische Informationssysteme für Fernerkundungsanwendungen - eine Marktübersicht. In: Strathmann, F.-W. (Hrsg.): Taschenbuch zur Fernerkundung. Karlsruhe. S.87-95.

BOESCH, H. (1968): The World Land Use survey. In: Internationales Jahrbuch für Kartographie, 3, 136-143.

BOESCH, H., SCHIESSER, H.H. & U. SCHWEIZER (1975a): Themakarten: Konzept, Grundlagen und kartographischer Entwurf (I). In: Geographica Helvetica, 3, 133-134.

BOESCH, H., SCHIESSER, H.H. & U. SCHWEIZER (1975b): Themakarten: Konzept, Grundlagen und kartographischer Entwurf (II). In: Geographica Helvetica, 4, 179-180.

BOLLMANN, J. (1984): Stand und Entwicklung der computergestützten Kartographie an der Freien Universität Berlin, Fachrichtung Kartographie. In: Internationales Jahrbuch für Kartographie, 19, 39- 46.

BORN, G. (1993): Referenzhandbuch Dateiformate: Grafik, Text, Datenbanken, Tabellenkalkulation. Bonn.

BRASSEL, K. (1983): Grundkonzepte und technische Aspekte von Geographischen Informationssystemen. In: Internationales Jahrbuch für Kartographie, 23, 31-51.

BRASSEL, K. (1985): Strategies and Data Models for Computer-Aided Generalization. In: Internationales Jahrbuch für Kartographie, 25, 11-27.

BRASSEL, K. (1988): EDV-Kartographie in der geographischen Lehre und Forschung. In: Wiener Schriften zur Geographie und Kartographie, 1, 11-38.

BRUNNER, K. (1995): Digitale Kartographie an Arbeitsplatzrechnern. In: Kartographische Nachrichten, 45, 66-68.

CAUVIN, C. (1991): De la cartographie de report à la cartographie transformationelle. In: Espace, Populations, Sociétés, 1991-3, 487-503.

CLARKE, K.C. (1990): Analytical and computer cartography. Englewood Cliffs, NJ.

COULSON, M.R.C. (1990): In Praise of Dot Maps. In: Internationales Jahrbuch für Kartographie, 30, 51-61.

CRIBB, R. (1994): Using CorelDRAW for Thematic Maps: An Atlas of Indonesian History. In: Goerke, M. (Hrsg.), Coordinates for Historical Maps, St. Katharinen: Scriptae Mercaturae Verlag, 17-22.

DEPUYDT, F. (1988): Optimization of the Cartographic Communication Process in Chropleths by Computer Assistance. In: Internationales Jahrbuch für Kartographie, 28, 203-211.

ENGELHARDT, H.P. (1993): Entwicklung und heutiger Stand der digitalen Kartendarstellung. In: Kartographische Nachrichten, 43, 7-12.

FASBENDER, M. (1991): Computergestützte Erstellung von komplexen Choroplethenkarten, Isolinienkarten und Gradnetzentwürfen mit dem Programmsystem SAS/GRAPH. Heidelberger Geographische Bausteine, 9.

FEHL, G. (1967): Karten aus dem Computer. In: Stadtbauwelt, 13, 1001-1008.

FREITAG, U. (1987): Die Kartenlegende - nur eine Randangabe? In: Kartographische Nachrichten, 37, 42-49.

FREITAG, U. (1991): Zur Theorie der Kartographie. In: Kartographische Nachrichten, 41, 42-50.

GARDINER, V. & D.J. UNWIN (1987): Computer cartography. London.

GOERKE, M. (Hrsg.) (1994): Coordinates for Historical Maps. = Halbgraue Reihe zur Historischen Fachinformatik, A25. St. Katharinen: Scriptae Mercaturae Verlag.

GÖPFERT, W. (1991^2): Raumbezogene Informationssysteme. Karlsruhe.

GRÖSSCHEN, H.W. (1981): Neue Wege zur "Automation" in der Kartographie. In: Internationales Jahrbuch für Kartographie, 21, 97-119.

GRÖSSCHEN, H.W. (1988): Digitale Kartographie in Vektor- und Rastertechnik. In: Wiener Schriften zur Geographie und Kartographie, 1, 180-183.

GROSSER, K. (1982): Zur Konzeption thematischer Grundlagenkarten. In: Geographische Berichte, 27, 171-183.

GRÜNREICH, D. (1992): Welche Rolle spielt die Kartographie beim Aufbau und Einsatz von Geo-Informationssystemen. In: Kartographische Nachrichten, 42, 1-6.

GRÜNREICH, D. (1993): Stand der Forschung und Entwicklung in der digitalen Kartographie - ein Überblick. In: Kartographische Schriften, 1, 10-18. Bonn.

GUNN, C.A. & T.R. LARSEN (1988): Tourism potential-aided by computer cartography. Aix-en-Provence.

HAKE, G. ($1982^{6)}$: Kartographie I . Berlin.

HAKE, G. (1985^3): Kartographie II . Berlin.

HAKE, G. (1988): Gedanken zur Form. In: Kartographische Nachrichten, 38, 65-72.

HAKE, G. (1991): Die Entwicklung der Kartentechnik seit 1950. In: Kartographische Nachrichten, 41, 50-59.

HAKE, G. & D. GRÜNREICH (1994⁷): Kartographie. Berlin.

HEIDORN, D. (1990): THEMSE: Ein Verfahren zur rechnergestützten Herstellung thematischer Karten. In: Kartographische Nachrichten, 40, 108-112.

HELFER, M. (1995): Computerkartografie. Anwendung von AutoCAD. Saarbrücken: Akademie Verlag.

HERDEG, E. (1993): Die amtliche Kartographie zwischen analoger und digitaler Karte. In: Kartographische Nachrichten, 43, 1-7.

HERRMANN, C.M., ASCHE, H. & V. ANTUNES (1991): Desktop Mapping mit dem Apple Macintosh - ein neues Arbeitsmittel für den Kartographen. In: Kartographische Nachrichten, 41, 170-178.

HERZOG, A. (1988): Desktop Mapping. In: Geographica Helvetica, 43, 21-26.

HÜTTERMANN, A. (1979): Karteninterpretationen in Stichworten. Teil II : Geographische Interpretation thematischer Karten. Kiel.

ILLERT, A. (1990): Methoden und Anwendungen der kartographischen Mustererkennung. In: Kartographische Nachrichten, 39, 93-97.

ILLERT, A. (1992): Automatisierte Digitalisierung von Karten durch Mustererkennung. In: Kartographische Nachrichten, 42, 6- 12.

ILLERT, A., & B.M. POWITZ (1992): Automatisierung der kartographischen Datenerfassung und Generalisierung. In: KILCHENMANN, A. (Hrsg.): Technologie Geographischer Informationssysteme, 75-85. Berlin.

IMHOF, E. (1972): Thematische Kartographie. Berlin.

JÄGER, E. (1990): Methoden zur Ableitung Digitaler Kartographischer Modelle im Rasterdatenformat. In: Kartographische Nachrichten, 40, 101-105.

JUNIUS, H. (1988): Planungskartographie: ARC/INFO - ein wirksames Hilfsmittel beim Aufbau von Planungssystemen. In: Kartographische Nachrichten, 38, 105-113.

JUNIUS, H. (1991): Kartographische Darstellungsmöglichkeiten bei ARC/INFO. In: Kartographische Nachrichten, 41, 136-144.

KANT, E. (1970): Über die ersten absoluten Punktkarten der Bevölkerungsverteilung. Bemerkungen zur Geschichte der thematischen Kartographie. In: Lund Studies in Geography, Series B, 36, 1-12.

KEATES, J.S. (1989): Cartographic Design and Production. Essex.

KELNHOFER, F. (1984): Themakartenentwurf und Datenbindung. In: Kartographische Nachrichten, 34, 1-15.

KERN, H. (1988): Anforderungen an EDV-Programmsysteme aus der Sicht der Thematischen Kartographie. In: Wiener Schriften zur Kartographie, 1, 154-165.

KERN, K. (1977): Thematische Computerkartographie. Entwicklungen und Anwendungen. Karlsruher Manuskripte zur Mathematischen und Theoretischen Wirtschafts- und Sozialgeographie, 22.

KILCHENMANN, A. (Hrsg.) (1992): Technologie Geographischer Informationssysteme. Berlin.

KILCHENMANN, A., STEINER, D., MATT, O.F. & E. GÄCHTER (1972): Computer-Atlas der Schweiz. Bern.

KRÄMER, W. (1991): So lügt man mit Statistik. Frankfurt.

KRETSCHMER, I. (1991): Wissenschaft und Technik der Kartographie im zukünftigen Deutschland. In: Kartographische Nachrichten, 41, 23-26.

KRUSE, I. (1990): Neuere Entwicklungen und Einsatzmöglichkeiten des Programmsystems TASH. In: Kartographische Nachrichten, 39, 90-93.

KUNZMANN, K.R. (1993): Geodesign: Chance oder Gefahr? In: Informationen zur Raumentwicklung, 7, 389-396.

LAMMERS, D.A. (1980): Graphische Datenverarbeitung in der Geographie. Karlsruher Manuskripte zur Mathematischen und Theoretischen Wirtschafts- und Sozialgeographie, 50.

LICHTNER, W. (1983): Computer-unterstützte Verzerrung von Kartenbildern bei der Herstellung thematischer Karten. In: Internationales Jahrbuch für Kartographie, 23, 83-95.

LICHTNER, W. (1985): Investigations and Experiences on Automatic Digitization of Maps. In: Internationales Jahrbuch für Kartographie, 25, 101-107.

LICHTNER, W. (1987): RAVEL - Ein Programm zur Raster-Vektor-Transformation. In: Kartographische Nachrichten, 37, 63-68.

MacEACHREN, A.M. & D.R.F. TAYLER (Hrsg.) (1994): Visualization in Modern Cartography. Oxford.

MÄDER, C. (1992): Kartographie für Geographen. Geographica Bernensia, 22.

MAYER, F. (1990): Die Atlaskartographie auf dem Weg zum elektronischen Atlas. Wiener Schriften zur Geographie und Kartographie, 4, 124-143.

MAYER, F. (1992): Thematische Kartographie heute: Impulse/Zukunftsaspekte. In: Wiener Schriften zur Geographie und Kartographie, 6, 137-150.

McMASTER, B. & K.S. SHEA (1992): Generalization in Ditital Cartography. Washington D.C.

MEUSBURGER, P. (1979): Zum gegenwärtigen Stand der Computerkartographie. In: Mitteilungen der Österreichischen Geographischen Gesellschaft, 121, 3-8. Wien.

MEYNEN, E. (1975): Die Grund- und Aussageformen der thematischen Karte. In: Vermessung, Photogrammetrie, Kulturtechnik, 1, 1-11.

MOCKER, U, MOCKER, H. & M. WERNER (1990): Computergestützte Arbeitstechniken für Geistes- und Sozialwissenschaftler. Bonn.

MONMONIER, M. (1982): Computer-Assisted Cartography. Principles and Prospects. Englewood Cliffs, New Jersey.

MONMONIER, M. (1985): Technological Transition in Cartography. Wisconsin.

MONMONIER, M. (1991): How to Lie with Maps. The University of Chicago Press.

MONMONIER, M. (1993): Mapping it out: Expository cartography for the humanities and social sciences. The University of Chicago Press.

MULLER, J.C. (1985): Wahrheit und Lüge in thematischen Karten - Zur Problematik der Darstellung statistischer Sachverhalte. In: Kartographische Nachrichten, 35, 44-52.

MUTUNAYAGAM, B.N. & A. BAHRAMI (1987): Cartography and Site Analysis with Microcomputers. New York.

NORDBECK, S. & B. RYSTEDT (1967): Computer cartography point in polygon programs. Lund studies in geography. Serie C, 7.

o.A. (1993): Kartographie und Geo-Informationssysteme: Grundlagen, Entwicklungsstand und Trends. Kartographische Schriften, 1. Bonn.

o.A. (1996): Scheibenwelten. In: PC Anwender, 1, 54-62.

OEST, K. & P. KNOBLOCH (1974): Untersuchungen zu Arbeiten aus der Thematischen Kartographie mit Hilfe der EDV. Abhandlungen der Akademie für Raumforschung und Landesplanung, 72. Hannover.

OEST, K. & P. KNOBLOCH (1976): Untersuchungen zu Arbeiten aus der Thematischen Kartographie mit Hilfe der EDV. 2. Teil. Abhandlungen der Akademie für Raumforschung und Landesplanung, 72. Hannover.

PESCHEL, G.J. (1991): Klassifizierung Geowissenschaftlicher Informationen. Köln (=Beiträge zur Mathematischen Geologie und Geoinformatik, 1).

PEYKE, G. (1989): Thematische Kartographie mit PC und Workstation. In: Kartographische Nachrichten, 39, 168-174.

POEHLMANN, G.M. (1989): Map Production Today and at the End of the 1990's. In: Internationales Jahrbuch für Kartographie, 29, 217- 227.

POWITZ, B.M. (1990): Automationsgestützte kartographische Generalisierung: Voraussetzungen, Strategien, Lösungen. In: Kartographische Nachrichten, 39, 97-101.

PRECHT, M., MEIER, N. & J. KLEINLEIN (1992): EDV-Grundwissen: Eine Einführung in Theorie und Praxis der EDV. Bonn.

PUDLATZ, H. (1982): Computer-Kartographie. Möglichkeiten des EDV- Einsatzes bei der Erzeugung thematischer und topographischer Karten. Schriftenreihe Rechenzentrum Universität Münster, 52.

QUICK, M. & J. SCHWEIKART (1996): Computer Cartography in Social Research: Desktop Mapping with Microsoft Excel 7.0. In: EURODATA Newsletter, 3.

RASE, W.D. (1988): Rechnergestützte Zeichnung von thematischen Karten für die Raumplanung. In: Wiener Schriften zur Geographie und Kartographie, 1, 122-138.

RASE, W.D. (1992): Kartographische Anamorphosen. In: Kartographische Nachrichten, 42, 99-105.

RASE, W.-D. & T.K. PEUKER (1971): Erfahrungen mit einem Computer-Programm zur Herstellung thematischer Karten. In: Kartographische Nachrichten, 21, 50-57.

RASSO, H. & P. RUPPERT (1979): Computerkartographie. Industriegeographische Anwendungsbeispiele. Nürnberger Wirtschafts- und sozialgeographische Arbeiten, 31.

RECHENBERG, P. (1991): Was ist Informatik? Eine allgemeinverständliche Einführung. München.

REY, B.M. (1991): Kartographie in der Wirtschaft. In: Kartographische Nachrichten, 41, 17-23.

RHIND, D. (1993): Maps, Information and Geography: a New Relationship. In: Geography, 339, 150-159.

RITTER, H. (1991): PC-Graphik-Programme in der Statistik. Stuttgart.

SARADETH, S. & A. SIEBERT (1993): Info-Karten hausgemacht. In: Magazin für Computer Technik, Heft 8, 74-78.

SCHALLER, J. & C.D. WERNER (1992): Das Softwaresystem ARC/INFO. In: KILCHENMANN, A. (Hrsg.): Technologie Geographischer Informationssysteme, 141-154. Berlin.

SCHEEPERS, C.F. (1986): Graphical communication and symbolism in a computerized cartography and map compilation system. Pretoria.

SCHEIBE, C. (1992): Moderne Kartographie. In: DOS- Shareware, Heft 11, 35-41.

SCHELLER, M., BODEN, K.-P. & J. KAMPERMANN (1994): Internet: Werkzeuge und Dienste. Berlin.

SCHIEB, J. (1992): Neue Schriftentechnologie: TrueType. In: Microsoft Anwender Journal Extra, 100-103.

SCHIEDE, H. (1962): Die Farbe in der Kartenkunst. In: BOSSE, H. (Hrsg.): Kartengestaltung und Kartenentwurf, 23-37. Mannheim.

SCHIEDE, H. (1970): Das Element Farbe in der thematischen Kartographie. In: Mitteilungen der Österreichischen Geographischen Gesellschaft, 112, 293-313. Wien.

SCHILCHER, M. (1990): CAD-Kartographie. Anwendungen in der Praxis. Karlsruhe.

SCHLÄPFER, K. (1991): Definition von Farben und Farbräumen in der digitalen Bildverarbeitung. In: FOGRA-Mitteilungen, 143, 8-14.

SCHMID, D. (1988): Die Topographischen Landeskartenwerke in der Bundesrepublik Deutschland. In: Kartographisches Taschenbuch 1988/89, 21-46. Stuttgart.

SCHMUDE, J. & M. HOYLER (1992): Computerkartographie am PC: Digitalisierung graphischer Vorlagen und interaktive Kartenerstellung mit DIGI90 und MERCATOR. Heidelberger Geographische Bausteine, 11.

SCHNURER, G. (1991): Wachsender Überblick. In: c't, 7.

SCHOLZ, E., TANNER, G. & R. JÄNCKEL (1983): Einführung in die Kartographie und Luftbildinterpretation. Gotha.

SCHÖN, N. & P. MEUSBURGER (1986): GEOTHEM - I. Software zur computergestützten Kartographie. Heidelberger Geographische Bausteine, 2.

SCHOPPMEYER, J. (1991): Farbreproduktion in der Kartographie und ihre theoretischen Grundlagen. Frankfurt.

SCHOPPMEYER, J. (1992): Farbe - Definition und Behandlung beim Übergang zur digitalen Kartographie. In: Kartographische Nachrichten, 42, 125-134.

SCHWEIKART, J., QUICK, M. & G. Olbrich (1995): Stand und Entwicklung des Desktop Mapping am PC. In: Kartographische Nachrichten, 45, 1-9.

SCHWEIKART, J., SCHMUDE, J., OLBRICH, G. & U. BERGER (1989): Graphische Datenverarbeitung mit SAS/GRAPH - Eine Einführung. Heidelberger Geographische Bausteine, 7.

SEELE, E. & F. WOLF (1973): Darstellung thematischer Karten mit Schnelldrucker und Plotter auf der CD 3300. Mitteilungsblatt des Rechenzentrums der Universität Erlangen-Nürnberg, 15.

SPIESS, E. (1987): Computergestützte Verfahren im Entwurf und in der Herstellung von Atlaskarten. In: Kartographische Nachrichten, 37, 55-63.

STOLZE, D. (1991): Kartenspiele. Computeranwendungen in der Kartographie. In: c't, Heft 5, 50-59.

STRAHL, R. (1995): Grundlagen geographischer Informationssysteme. Moderne Landkarten. In: iX, 9, 42-50.

STRATHMANN, F.-W. (Hrsg.)(1993): Taschenbuch zur Fernerkundung. Karlsruhe.

TAINZ, P. (1991): Weiterentwicklung THEMAK2. In: Kartographische Nachrichten, 41, 188-191.

TAYLOR, D.R.F (1991): Geographic Information Systems. The Microcomputer and modern Cartography. Oxford.

TIEMEYER, E. (1992): Windows 3.1: Einsteigen leichtgemacht. Braunschweig.

TOBLER, W.R. (1959): Automation and Cartography. In: Geographical Review, 49, 526-543.

WEBER, W. (1991): Moderne Techniken der Kartenbearbeitung/Kartenherstellung - eine Übersicht. In: LEIBBRAND, W. (Hrsg.): Moderne Techniken der Kartenherstellung, 25-40. Bonn.

WIESEL, J. (1995): Geographische Informationssysteme in Deutschland. In: iX, 9, 51-55.

WIESNER, T. (1993): Beraten und verkauft. In: dos, Heft 11, 58-67.

WILHELMY, H. (1990^5): Kartographie in Stichworten. Unterägeri.

WITT, W. (1970^2): Thematische Kartographie. Hannover.

WITTENBERG, R. (1991): Computerunterstützte Datenanalyse. Stuttgart.

WOOD, D. & J. FELS (1993): The Power of Maps. London.

Sachverzeichnis

3D Atlas 159, 276
3D-Oberflächenkarte 54, 212

ADALIN 256
Adobe Illustrator 260
Aggregation 41–43
Aggregationsniveau 33
AI-Format 145
ALK-GIAP/ALK-GIS 256
Apple Macintosh 253–55
Arbeitsspeicher 101–2
ARC/INFO 256, 257–58, 276
ArcView *171–76*, 269, 271
Arts&Letters 260
ASCII 122
Atlas GIS 256, 258
Atlus 156, 276
AutoCAD 260

Balkendiagramm 46, *48–50*, 60, 61, 62, 66 (s. auch Stabdiagramm)
– gruppiertes 64
– kreisförmiges 49
Balkenmaßstab 22
Batchdatei 122–23
batchorientiertes Programm *16*, 268
Benutzeroberfläche 17
Betriebssystem 116
Bildbearbeitung 263
Bildschirm 100, *105–6*
BMP-Format 145
Breitenkreis 29
Bus 99, *102–3*

Cache-Speicher 102
cart/o/graphix 254–55, 276
CD-Atlas de France 161, 276
CD-ROM 99, 100, *105*, 158–62
CD-ROM Atlas Pack 159, 276
CD-ROM I.N.S. 160, 276
Centennia 157, 276
CGM-Format *145*, 151
CH-Atlas 158, 276
Choroplethenkarte 4, 33–34, 36, *38–44*, 45, 58, 61–63, 66, 151, 164, 182, 188, 193, 208, 215, 222, 224, 234
– Legende 89
– zweidimensionale *43–44*, 60, 68
CHOROS 16
Clipart 260
CMYK-Modell 83, 84
Controller 99, *103*
CorelDraw 144, 151, 260, 261, 262
CPU 101

Datei 122–27
– ausführbare 122–23
– Name 122
– Organisation 125–27
– programmspezifische 123–24
– unformatierte Textdatei 122
Daten (s .auch Sachdaten)
– flächenbezogene 38, *57*, 58
– linienbezogene *57*, 59
– Lücken 8
– punktbezogene 58, 61
– qualitative 35, 56
– quantitative 35, *57–68*
Datendatei 124
Datensicherung 127
Datenverwaltung 120–21
DAVID 256
DCS-Format 145, *146*
DDE 139–40

Defaultwert 121
Definition des Indikators 22
DeLorme Map Gate 265
Designer 260
Desktop Mapping 17
Desktop Publishing 254
Deutschland Atlas 157, 276
Diagrammkarte 8, 36, *44–53*, 60, 62–63, 68
Digital Chart of the World 158, 276
Digitalisiertablett 100, *112–14*, 132
Digitalisierung 132–34
Diskette 104
Dokumentdatei 124
DOS 116, 272
Drag and Drop 120
DXF-Format 145
dynamischer Datenaustausch 139–40

EASI/PACE 256, 258
EASYMAP *170–83*, 269, 270
echte und unechte Flächen 38
Editieren 122
EducAtlas 157, 276
Encarta 96 World Atlas 159
EPS (s. PostScript)
ERDAS 256, 258–59
ESF GISDATA 265
Eurostat-CD 161, 277
Excel 163, *167–69*, 271
Exportfilter 141

Farbatlas 84
Farbe 15, *78–86*
– Ausdruck 84
– digitale Definition 82
Farbfilmrecorder *111*, 112
Farbmodelle 82–84
Fastmap 157, 277
Fenstertechnik 117–18
Festplatte 100, *104*
File (s. Datei)
Finger Maps 157, 277
Flächendiagramm *51*, 64
Formdiagramm 48
Freehand 260
Freelance Graphics 260

Gauß-Krüger-System 30–32

Gebietsdiagrammkarte 44
Generalisierung 9
geodätische Abbildung 30
Geoinformationssystem 12, *255–59*, 265, 271
GEOMAP 15
Geometriedaten 23–25, *128* (s. auch Koordinaten)
– Erwerb 136
– Kombination 130
GeoStat *184–89*, 268, 269
GEOTHEM 16
Global Explorer 159, 277
GoMAP *163–95*, 268, 269, 270
GRADIS-GIS 256
Gradnetz 29
Graphic Workshop 144
Graphikdatei 124–25, *144–47*
Graphikkarte 103–5
Grenzlinien 33
GRIPS 256
Grundkarte 20, 25, 32–35

Halycon DoConvert 144
Hauptplatine 99, *101–2*
Helligkeit 79, 80, 81
Hijack Pro 144
Hochwert 30
HPGL 110, 144, 145, *147*
HSB-Modell 83

ID-Variable 131
IHS-Modell 83
IMG-Format 145
Importfilter 141
Indikator (s. auch Sachdaten)
– Berechnung 137
– Definition 138
Inselkarte *20–21*, 93–95
INTERGRAPH GIS 256
Internet 264–65

JPEG-Verfahren 145
JPG-Format 145

Karte 4
– analytische 7
– dynamische 7
– komplexe 7

Sachverzeichnis

– mehrschichtige 8, 36, *53–54*, 63, 68, 162, 182, 188, 193, 208, 215, 222, 224, 234
– qualitative 6
– quantitative 6
– statische 7
– synthetische *7*, 57
– thematische 2, *5*, 24
– topographische *4*, 31
– transformierte 54–55
Kartenfeld *20*, 24–25, 93
Kartengrundlage 24, *26*, 32
Kartenrahmen 20
Kartenrand 20
Kartogramm 5
Klassifizierung 39–41
– äquidistante Klassenbildung 40
– Klassenzahl *39–40*, 75
– logarithmische Klassenbildung 40
– natürliche Klassenbildung 41
– Quantilbildung 40
– Sinnklasseneinteilung 41
Kleingeldmethode 47
Koordinaten 112, *128–30* (s. auch Geometriedaten)
Koordinatensystem 29, *129*
Kreisdiagramm 46, *51–53*
Kreissektordiagramm *51–52*, 60, 182, 231, 234
Kurvendiagramm 46, *50–51*, 61, 62
– ringförmige Kurven 51

Längenkreis 29
Laserdrucker *109*, 112
Layout 69, 91, *93–95*
Legende 21–23, *87–89*
– Anordnung 93, 95
Liniendiagramm 50
Liniengestaltung 77
– Strichstärke 74
Lotus 1-2-3 167
Luftbild 26, 128

MapInfo *196–202*, 268, 269, 270, 271
Map-It! *195–209*, 268, 269
MAPIX 256
Maps & Data 167, 277
MapViewer *210–16*, 268, 269, 271

Maßstab 9, 21–23, *27*
– für Symboldiagramme 91
– Kartenmaßstab 90
Maßstabsbalken *90*, 96
Maus 100
Megastat 161, 277
MERCATOR 53, *210–25*, 268, 269, 270
Meridian 29
Metafile 142
metrisch skaliert (s. Skalenniveau)
Motherboard 99
Multi-Layer-Technik 268
Multimedia 17, *272*
Multitasking 117

Nadeldrucker *107–8*, 112
NAIS-Map 265
Netzentwurf 28–30
nominal skaliert (s. Skalenniveau)
Nordpfeil 22, *91*, 96, 200
NSDstat *163–64*, 271, 277

Object Linking and Embedding 152–53
ordinal skaliert (s. Skalenniveau)

Paint Shop Pro 144
Paintbrush 119
Pantone-Farbsystem 85–86
PC Globe 277
PC-Atlas 156–58
PCGlobe 157–58
PCL Map Collection 265
PCMap *226–32*, 268, 269, 271
PCX-Format 145
Pentium-Prozessor 101
Pfeilkarte 65–67
PHOCUS 256
Photoshop 263
Pixel 134, 135, *141*
Planisphäre 30
Plotter 14, 16, 100
– elektrostatischer *111*, 112
– Stiftplotter *110*, 112
PolyPlot *226–40*, 268, 269, 271
Positionsdiagrammkarte 44
PostScript 71, 111, 144, 145, *146*
Programmdatei 123
Projektion 21
Punktdichtekarte 47, 212

Quellenangabe 22, 138

Rahmenkarte *20–21*, 93–94
RAM 100, *101*
Raster 75–76
Rastergraphik 141–43
Rechenwerk 99
Rechteckdiagramm 262
Rechtswert 30
Reduktionsmaßstab 90
RegioGraph *241–46*, 268, 269, 270
RGB-Modell 83
RUDI Ruhr 158, 277

Sachdaten 23–25, 128, *136–38*
– Dokumentation 138–39
– Import 136
SAS 151, 163, *164–66*, 271, 277
SAS/GIS 256
SAT-GIS 256
Säulendiagramm 50
Scannen 134–35
Schichtenmodell 23–25
Schraffur 75–76
Schrift 22, 86–87
– digitale Speicherung 147
– unter Windows 119
Sektorflügeldiagramm *52–53*, 60, 62
SICAD 256
Skalenniveau *56*, 73, 74, 77
SMALLWORLD 256
Software 115
SPANS 256
Stabdiagramm *50*, 63, 208, 224 (s. auch Balkendiagramm)
Stapelbalkendiagramm *49*, 60, 64, 194
Statistische Ämter 273–75
Streamer 99, *104*, 127
Supermap 160
SYMAP 15
Symbol
– flächenhaftes 38
– geometrisches 37
– Gruppenbildung *37*, 56
– Kombination *37*, 56
– lineares 38
– sprechendes *37*, 56
Symboldiagramm *46–48*, 58, 62, 66, 91, 188, 193, 215
– klassifiziertes *48*, 192
– Kleingeldmethode 47
– Mengenmethode 47, 222
– proportionale Methode 47
– Umrißmethode 48
Symbolkarte 8, 35, *36–38*, 56, 166
SYMVU 15
Systemdatei 125

TELLUS 256
THEMAK2 *247–52*, 269, 271
THEMAP 15
Thermotransferdrucker *110*, 112
TIF-Format 145
Tintenstrahldrucker *108*, 112
Titel 21–23 (s. auch Schrift)
– Anordnung 93, 95
Toolworks Welt Atlas 159, 277
Tortendiagramm 51

UNIX 255
Untertitel 22

Vektorgraphik 141–43
Vektorisierung 135
Veränderungsrate 62–63
VGA 104
Vierfelderkarte 44

Weltatlas Professional 159, 277
Winddiagramm *49*, 66
Windows *116–19*, 272
– Kopieren 150
– Windows 95 *116*, 119, 122, 272
– Zwischenablage *118*, 145
WMF-Format 145
Workstation *253*
World-Wide-Web (WWW) 264
Wysiwyg 120

Xerox PARC Map Viewer 265

Zeilendrucker 14, 15, 18
Zeitbezug der Daten 8, 22
Zeitreihe 13, *60–64*
Zifferblattdiagramm 49
Zwischenablage *118*, 145

J. Krebs, J. Hauser

PolyPlot

Das Programm zur thematischen Kartographie

1996. Diskette 3 1/2", Handbuch mit etwa 200 S.
unverbindl. Preisempfehlung **DM 1500,-**; öS 10950,-; sFr 1410,-
ISBN 3-540-14531-1

Systemanforderung : IBM AT 486 oder kompatibel, VGA-Grafik, PC- oder MS-Dos-Version 3.3 oder höher, mindestens 2 MB freier Festplattenspeicher, mindestens 450 KB freier Arbeitsspeicher

PolyPlot eröffnet die Möglichkeiten der digitalen Kartographie. Mit dieser Software lassen sich thematische Karten unterschiedlichster Art erstellen. Die umfangreichen Digitalisier- und Bearbeitungsmöglichkeiten werden über eine leicht bedienbare graphische Benutzeroberfläche aktiviert. **PolyPlot** hebt sich von einem reinen Zeichenprogramm dadurch ab, daß Flächen und Punkte mit Sachdaten verknüpft und somit thematische Karten erstellt werden können. **PolyPlot** läßt sich natürlich auch zur Erstellung von Diagrammen oder beliebigen Graphiken einsetzen. Anderen Programmen ist **PolyPlot** u.a. dadurch überlegen, daß es kaum Beschränkungen auferlegt. Anwender mit kartographischen Grundkenntnissen erhalten mit dieser Software ein hervorragendes Programm zur Erstellung thematischer Karten.

■ ■ ■ ■ ■ ■ ■ ■ ■

Preisänderungen vorbehalten.

Springer-Verlag, Postfach 31 13 40, D-10643 Berlin, Fax 0 30 / 82 07 - 3 01 / 4 48   e-mail: orders@springer.de

Druck: Mercedesdruck, Berlin
Verarbeitung: Buchbinderei Lüderitz & Bauer, Berlin